KB142500

창세기,
인문의 기원

GENESIS

창세기, 인문의 기원

인문학을 위한
창세기 깊이 읽기

✝

평상 지음 | 박민호 · 박은혜 옮김

글항아리

일러두기

1. 성서에 등장하는 인명, 지명, 국가와 민족 등 고유명사는 『공동번역성서』의 표기를, 그 밖의 외래어는 국립국어원의 외래어표기법을 따랐다. 단, 성서의 판본마다 고유명사의 발음이 매우 다를 때에는 그 이름을 대괄호([ ])로 병기했다. 예: 에사오[에서], 티그리스[힛데겔], 가드[갓], 느빌림[네피림]

2. 성서는 특정 판본을 지칭할 때에만 겹낫표(『 』)로 표기했다.

3. 옮긴이 주는 별도로 표시했다.

돌아왔네, 지극히 거룩한 그 파도로부터
다시 살아났네, 새 나무가
다시 새 잎사귀를 내듯. 영혼이 정결해지고
모든 준비가 끝나면, 이 몸 별무리들을 향해 날아가리

단테, 『신곡』 「연옥」 33:142

GENESIS
THE LEGENDS AND INTERPRETATION

차례

창세기 역주 _409

죄에 관하여

1.

죄, 그것은 신의 피조물이 아니다. 그것은 흑암, 혹은 망망대해의 심연 같은 것이다.

하느님은 태초에 두 개의 세계, 혹은 두 가지 양태를 지닌 하나의 세계를 지었다. 그중 하나는 완벽한 모습이었다. 엿새 동안 창조된 그 세계는 「창세기」 1장에서 볼 수 있듯, 지존인 자가 일곱 번이나 '좋다[0b]'고 칭찬할 만한 것이었다. 하느님은 여섯 번째 날 남자와 여자를 지어 그들을 축복했고, 생육하고 번성하여 땅의 모든 새와 짐승, 물고기 들을 다스리라고 명령했다. 하느님의 형상대로 지어진 인류는 성별이나 피부색, 성격이나 재능을 막론하고 조물주의 거룩한 모양을 닮아 있었다. 신은 아홉 번 말씀으로 천지를 가득 채우고 창조를 마무리한 후 "보라, 매우 좋다 ṭobme'od"고 말씀하셨다.(「창세기」 1:31)

하느님이 보시기에 '매우 좋았던' 그 피조물에는 결함이 있을 리 없었다. 단 한 명의 죄인도 허용되지 않았던 그곳은 우리가 지금 살고 있는 이곳과는 전혀 달랐다.

그렇다면 나머지 하나, 혹은 다른 양태는 바로 우리가 사는 이 세계일 것이다. 성경은 이 세계에 죄가 횡행하고 폭력이 가득했다고 기록했다.(「창세기」 6:11) 어째서일까?

불가능한 일 하나가 발생함으로 인해, 우주에서 일어난 첫 번째 기적은 '기묘한 모사pele' yo'ez'(「이사야」 9:5)의 바람을 저버렸다.

"야훼 하느님이 하늘과 땅을 막 창조했을 때, 대지는 횅했고 초목도 없었다." 낮과 밤은 서로 역류하는 것 같았다. 창세의 세 번째 날로 돌아가보면, "야훼 하느님은 비를 내린 적이 없었고 밭을 가는 이도 없었다."(「창세기」 2:4~5) 그렇다. 야훼 하느님(이는 세계의 두 번째 양태가 우리에게 드러낸 거룩한 이름이다)은 지극히 인자했다. 그는 완벽한 세계 이외의 다른 세계를 구상하여 맑은 샘물로 대지를 적시고 친히 흙을 빚어 사람'adam을 만들었다. "그의 코에 생명의 기운을 불어넣자 아담'adam에게 영혼이 생겼다." 그러나 곧이어 문제가 생겼다. 전능한 자 자신의 말처럼 그의 창조에도 '좋지 않음lo'-ṭob'이 있었던 것이다. "아담이 홀로 외로워하는 것이 보기에 좋지 않았다."(「창세기」 2:18)

창세기, 인문의 기원

아니, 어떻게 에덴동산에 좋지 않은 것이 있었단 말인가! 초목이 무성한 그 동방 낙원의 중앙에는 새로 자란 두 그루의 나무가 바람을 따라 흔들리고 있었다. 나무의 과실은 지혜와 생명의 나무라 불릴 만큼 보기 좋고 아름다웠다! 신이 실수로 순서를 바꿔 인간을 그 과실들에 앞서 창조한 것일까? 그게 아니라면 흙으로 새와 짐승을 빚어 아담으로 하여금 이름을 짓게 하고 그것들을 그의 짝으로 삼는 보완 작업이 어째서 신의 마음에 들지 않았으며, 어울리지kenegdo 않았을까? 이후 조물주는 아담의 갈빗대를 취해 여인을 만들어 이름을 하와라 지음으로써 문제를 해결했다. 남자는 더 이상 외롭지 않았다. 어울리는 '배필', 또는 '조력자`ezer' (「창세기」 2:18, 2:20 및 「출애굽기」 18:4, 「신명기」 33:26을 떠올릴 것)를 발견한 것이다.

"이것이 바로 사내가 자신의 부모를 떠나 아내에게 안기고 그녀와 한 몸을 이루려 하는 이유다."(「창세기」 2:24) 하느님의 도움으로 두 영혼이 하나의 육체를 이룬 것이다.

그날은 분명 긴긴 하루였겠지만 밤이 지나자 아침이 도래했다. 그것은 기적이자 사랑이었다. 사람의 '뼈중의 뼈, 살중의 살'이 빚어낸 사랑 말이다.

2.

종교 사전의 정의에 따르면 죄란 어떤 행위(작위적이든 그렇지 않든)의 결과이거나 모종의 상태로, '사람과 신의 관계가 파열됨'을 의미한다. 기독교 전통에서 이 '파열'은 아담 부부가 명을 어기고 금지된 과실을 먹은 사건으로 거슬러올라간다. 바울 서신에는 "바로 한 사람(아담)으로 인해 죄가 세상에 들어왔고, 죽음은 죄로 인해 생겨났다. 후에 죽음이 사람에서 사람으로 전해진 것은 모든 사람이 이미 죄를 범했기 때문이다"(「로마서」 5:12, 「고린토인들에게 보낸 첫째 편지」 15:22 참조)라고 기록되어 있다. 또 "뱀이 계략으로 하와를 속였던 것처럼 너희의 마음을 속이지 말라"(「고린토인들에게 보낸 둘째 편지」 11:3)는 말은 사도가 모인 사람들에게 주는 충고였다.

유사한 관념을 바울 이전에 이미 '(신구新舊)약간約間 intertestamental'의 유대 문헌에서 볼 수 있다. 그리스어 문헌인 '제2경전'의 「지혜서」는 다음과 같이 기록하고 있다. "하느님이 신의 품성대로 사람을 지었으므로, 사람은 본디 죽지 않았다. 그러나 악마의 질투로 인해 죽음이 세상에 잠입하게 되었다.(「지혜서」 2:24, 외경 「에녹의 둘째 편지」 31:3을 참고할 것) 이는 낙원에 살던 뱀을 악마처럼 만들어 사탄의 변형으로 본 것이다. 「집회서」는 한발 더 나아가 아담이 아닌 하와를 최초의 죄인이라고 본다. 죄는 한 여인에게서 시작되었고, 그녀로 인해 우리는 모두 죽음을 면키 어렵게 되었다.(「집회서」

25:24) 결국 후세 사람들은 '반듯하게 행동하고' '정조를 지키며 사랑을 베푸는 거룩한' 여성이 아이를 낳아 기름으로써 구원을 얻을 수 있다는 말을 당연한 이치로 받아들이거나 설파했다.(「디모테오에게 보낸 첫째 편지」 2:12~15) 그러나 인간의 조상이 범한 '불효'를 '원죄peccatum originale'로 명명하고 그것이 정액에 감염되어 태胎를 오염시킨다는 발상은 교부의 발명품이지, 신약에서 유래한 설명은 아니다. 그러한 견해는 일반적으로 성 아우구스티누스(345~430)에게서 비롯되었다고 본다.

흥미로운 것은, 히브리 성경에서처럼 인류의 조상이 범한 불효로 인류가 에덴에서 추방당했다고 보는 견해가 '구세사Heilsgeschichte'를 희석시켰고, 이런 사실이 철저하게 '망각되었다'는 점이다. 성경 전체를 보면 하느님, 천사, 선지자, 성인, 군주, 백성 할 것 없이 인간 세상의 죄악과 재앙, 자손의 불효에 관해 말하면서도, 선악과에 대해서는 단 한 번도 언급하지 않았다. 사실 「창세기」 3장의 원문을 자세히 읽어보면, 그 위에 덧붙여진 여러 교의를 벗겨냈을 때 그러한 '망각'은 조금도 이상하지 않다. 논리적으로 만일 구세주가 전지전능하고 자애롭다면, 소위 아담과 하와의 '타락'과 '실락원'은 창세의 실수 때문이 아니라 예정된 계획이었어야 마땅하다. 따라서 인간과 신의 관계는 '파열'이 아니라 '첫 열매'로서, 인류가 성장을 위해 응당 거쳐야 하는 길이었던 것이다. 그 이유는 다음과 같다.

우선 죄는 이야기의 주제가 아니다. 「창세기」에는 '죄'라는 단어가 등장하지 않는다. 야훼는 사람이 몰래 선악과를 먹은 일을 죄라고 여기지 않았다. 서늘한 바람 속에서 지존한 자가 내린 저주의 대상은 아담 부부가 아니라 뱀과 땅이었다. 뱀은 사태를 야기한 '유혹자'였기 때문에 "그때부터 뱃가죽으로 땅을 기고, 평생 흙을 먹도록" 했다. 땅은 몸이 긴 그 동물의 공모자가 아닌 무고한 제3자였으나, '흙으로 지어진 사람'이 죄를 저질렀으므로 대신 벌을 받은 것이다. "너(아담)로 인해 이 땅이 내 저주를 받을 것이다."(「창세기」 3:14~17) 이 이상 하느님의 자비롭고 은혜로운 마음을 드러내는 것이 어디 있겠는가? 자녀가 유혹에 넘어가 눈이 밝아져 수치심을 알게 되었을 때도, 그는 계명을 어겨가며 그들을 용서하고자 했다.

둘째, 물론 그렇다 해도 야훼는 하와에게 두 가지 징벌을 내렸다. 여자는 "남편을 따르고 그를 사랑해야 하며" "참을 수 없는 고통" 속에서 아이를 임신하고 낳아야 한다. 이는 영원히 돌이킬 수 없는 저주였다. 그녀의 이름 ḥawwah처럼 그녀는 모든 살아 있는 것의 어머니가 되었다.(「창세기」 3:20) 당면한 역사적 조건으로서의 기표(즉 그 기의를 고정시키는 역사적 합리성)는 수정되고 개조될 수 있다. 같은 이치로, 진흙'adamah은 아담'adam을 빚은 재료였으므로 "범행에 연루되어" 하느님의 저주를 받았고, 사람이 "먹을 것을 찾는" "가시덤불로 가득한" 장소가 될 수 있었다.(「창세기」 3:17~18)

창세기, 인문의 기원

또한 사람에게 노동을 부여한다는 것은 노동을 영예롭게 여기고 땅을 생산수단으로 삼음을 의미한다. 즉 불로소득을 악으로 간주하고 땅을 점유함으로써 이익을 취하는 기생충 같은 생활을 부정하는 것이다. 하느님의 이러한 계명은 아담을 정죄한 것이 아니라 선악을 분별하고 그에게 생명의 가치를 일깨웠다.

셋째, 하와가 뱀에 의해 "유혹당하고 속았음을" 인정했지만, 실제로 뱀이 말한 내용은 거짓이 아니었다. 두 사람은 금단의 열매를 먹었지만 야훼의 경고와 달리 그 즉시 죽지는 않았다.(「창세기」 2:17) 도리어 명을 어긴 결과로 눈이 밝아져 "자신이 벌거벗었음을 알게 되었다." 즉 도덕을 각성했고 지혜의 싹이 돋아나 "하느님처럼 선과 악을 판단하게 된" 것이다.(「창세기」 3:5) "하느님이 지은 동물들 가운데 가장 교활한" 뱀은 조물주의 계명이 모두 진실은 아님을 분명 알고 있었다. 아마도 그는 일찍이 지혜의 열매를 맛보고 선악에 대해 음미한 후 하와에게 접근했을 것이다. 그러나 하느님의 눈은 과거와 현재, 미래를 동시에 볼 수 있으므로 뱀은 자신의 행적이나 계책으로 그를 속일 수 없었다. 하느님은 범죄자를 죽이는 대신 후환을 없앴다. 이는 뱀의 '유혹'과 저주받음이 창세의 기획에서 빼놓을 수 없는 고리였음을 알려준다.

넷째, 그런 까닭에 선악에 대한 인간의 인식hadda`ath tob wara` 자체는 죄가 아니며, 오히려 지극히 선한 것이다. 그렇지 않다면 인간이 어찌 하느님을 인정하고 선한 것을 따를 수 있겠는가? 다시 말해, 금단의 열매를 먹고 눈이 밝아져 부끄러움을 알게 된 것은 지혜를 얻게 되었음을 의미한다. 그들은 유일신 앞에서 옷을 벗고 있는 일이 불경함을 알게 되었고, 두려운 나머지 "숲 속으로 몸을 숨겼다."(「창세기」 3:8~10) 이는 지혜에서 기인한 경외심이며 "악으로부터 멀리 벗어나야 한다"는 사실에 대한 '깨달음'이다.(「욥기」 28:28, 「잠언」 1:7) 생각해보자. 만일 애초에 선악과나무 아래서의 유혹과 위반이 없었다면, 지금껏 무지몽매하여 선악을 구분하지도 못했을 아담의 자손이 어떻게 "죄인의 길을 오르지 않고, 조롱하고 중상하는 자들과 함께하지 않으며, 야훼의 법을 즐거워할"(「시편」 1:1~2) 수 있었겠는가? 그 일이 없었다면 자손들로 하여금 가르침을 이어가게 하고, 선지자들이 동경한 구원의 날, 즉 새 예루살렘이 영광스럽게 강림하여 "들판의 늑대가 양들과, 표범이 어린 염소와 같이 노니는"(「이사야」 11:6 이하) 그런 날을 기대하기란 불가능할 것이다.

나의 모든 거룩한 산 위에
다시는 죄가 없고 죽음이 없을 것이다
대지는 물이 바다를 뒤덮듯
야훼에 대한 앎^{de'ah 'eth-YHWH}으로 가득할지니

따라서 야훼가 화를 낸 것은 인간이 황당한 말을 믿고 금단의

창세기, 인문의 기원

열매를 따먹었기 때문이 아니다. 실상 그는 저주를 마친 뒤 친히 자녀들에게 가죽옷을 지어 입혔고, 뱀이 하와에게 한 말을 한 글자도 틀리지 않고 하늘의 천사들에게 반복하지 않았던가. "보라, 사람이 우리처럼 선악을 판단할 수 있게 되었다."(「창세기」 3:22) 바꿔 말해, 지존한 자는 '발뒤꿈치를 물게 될' 저주받은 뱀의 예언이 정확했고, 그가 '유혹자'가 아님을 인정한 것이다. 한발 양보하더라도, "하느님의 형상대로" 창조되어 그 모습이 그들과 "흡사했던" 인간이 선악과의 축복을 입어 도덕 감정과 자유의지를 지니고 감정, 인식, 사고, 판단에 있어 신과 같이 된 것이 어째서 '좋지 않은' 일이겠는가? 그런 능력과 지식을 갖게 되면, 사람 사이의 교류와 학습을 통해 생활의 경험은 갈수록 향상되고 진화되어 되돌릴 수 없어질 것이다.

하느님이 진정 우려했던 것은 바로 이 거룩한 말씀에 나타난다. "만일 그가 다시 손을 뻗어 생명나무의 열매를 먹는다면, 그는 영생불멸할 것이다!"

야훼는 어째서 생명나무를 봉쇄하지 않고 "머리를 치켜들고 날개를 펼친 짐승과 공중을 맴돌며 춤추는 화염검"을 보초 삼아 사람과 날짐승, 길짐승이 접근하지 못하게 했을까? 어째서 이미 "선악을 판단할 줄 알게 되어" 하느님을 경외한 아담 부부에게 영원한 생명이 천국과 인간 세상에 해를 끼칠 것이라는 이치를 명확하게 설명하지 않았을까? 왜 그들을 낙원으로부터 추방하지 않으면 안 되었던 것일까?

본래 에덴동산에서는 영원한 생명이 허용되지 않았다. 전능자가 선악의 열매를 먹지 못하게 금지한 까닭은 신계가 아닌 곳에서는 사람이든, 동물이나 물고기든 영원한 생명을 가진 것이라면 모두 소멸시켰기 때문이다.

말하자면, 인류의 생육과 노동, 가정과 사회생활에서의 존비尊卑, 애증, 투쟁, 그리고 여기서 발생하는 고통과 행복 따위의 온갖 감정은 모두 도덕적 각성과 윤리적 선택, 모색과 창조를 필요로 했다. 이것들은 에덴동산에서 수용되고 길러질 수 있는 것들이 아니었다. 이렇듯 낙원과의 이별은 마치 아이가 성장하여 부모를 떠나는 것과 같은 새로운 생활의 시작이었다. 그것은 "신과 흡사한" 인간의 자손이 번성하고, 인간이 "세계를 인식하여 개조하기" 위한 선결 조건이었다. 따라서 에덴동산은 인간의 조상이 오래 머무를 수 있는 곳이 아니었다. 신의 자녀들(그리고 동물들)이 에덴에서 쫓겨난 이유도 죄 때문은 아니었다.

따라서 인류는 "유혹되고 기만당하여" 금단의 열매를 먹은 일과 하느님 곁에서의 나태하고 불경한 생활이 종결된 일에 대해 후회할 필요가 없다.

3.

죄, 이것은 카인의 이름이다. 그가 후세에 남긴, 아니, 후세 사람들이 그의 이마에 새긴 저주의 이름이다.

그러나 그 죄는 '원죄'와는 무관하다. 사도들의 필설과 교부들의 입에서 나왔던 저 아담의 불효에서 비롯된 '죽음'과도 관련이 없다. 성경의 기록에 따르면, 남편과 하나의 육체를 이룬 하와는 카인을 낳고 얼마나 기뻐했는가! 그녀는 하느님이 그녀에게 준 일생의 고통인 분만 중에 "참을 수 없는 아픔으로 몸을 뒤흔들고 울부짖으며"(「이사야」 26:17, 「요한의 복음서」 16:21) 하늘을 향해 말한다.(「창세기」 4:1)

"야훼가 함께하셔서'eth-YHWH 사내아이'ish를 낳았구나!"

그렇다. 성경에 따르면 카인은 우리와 마찬가지로 하느님의 아들인 것이다.(「신명기」 14:1, 32:19) 무릇 여인에게서 태어난 사람은 모두 "신의 형상"을 지녔다. 이마에 "표시가 새겨진" 카인도, "주의 이름을 받들다" 추방당한 이들도, "거룩한 말씀으로 인해 벌벌 떠는" 이들도 모두.(「이사야」 66:9)

잉태케 한 것이 나인데 내 어찌 낳지 못하게 하겠는가?
야훼의 말씀이다
생육케 한 것이 나인데 내 어찌 자궁을 닫겠는가?
당신의 하느님이 주신 말씀이다

훗날 카인에게는 아벨이라는 동생이 생겼다. 카인은 형으로서

부업父業을 이었다. 그의 부친이 동산에서 받은 징벌을 짊어지고, 그는 매일같이 땀을 흘리며 자갈이 쌓인 척박한 땅을 일구었다. 동생은 다른 일을 찾아 목동이 되어 소와 양을 이끌고 초원을 떠돌았다. 그런데 왜 제사를 지내던 그날, 야훼께서는 계율을 회피한 목동의 희생양을 기뻐하며 받으시고 거룩한 말씀을 따른 농부의 과실은 거절했을까? 논밭이 저주를 받아 목초가 없었던 것일까? 하지만 저주를 내린 것은 제사를 받는 이였고, 곡식을 심는 이에게 그 일 외에 달리 어떤 다른 선택지가 있었겠는가. 그렇다면 카인은 어떤 '나쁜lo' thetib' 일을 저지른 것일까? 그리고 대체 누가, 동산 밖의 황무지에서 부모와 하느님, 피범벅이 된 동생 외에 어떤 이가 그것을 그에게 일러준 것일까?

하느님은 침묵했고 가엾은 카인은 '어두운 낯빛'을 숨기지 못했다.

아마 그의 얼굴을 보고 야훼가 분노를 참지 못해 침묵을 깨뜨렸을지 모른다. 농부가 들은 것은 해명도, 위로도 아니었다. 그것은 추궁과 질책이었다. "너는 어째서 화를 내고 있느냐?"(마치 잘못이 그에게 있는 것처럼 해명의 기회도 주지 않으며) "네가 옳은 일을 했다면 기쁘게 받았겠지만, 옳지 않은 일을 했다면 죄가 네 집 문 앞에 엎드려 침을 흘리며 호시탐탐 네가 그것을 제어하는지 엿볼 것이다!"(「창세기」 4:7)

이것이 성경에서 죄hatta'th가 처음으로 언급되는 대목이다. 또 하나의 키워드는 '침을 흘린다teshuqah'는 표현이다. 본래는 충동

내지는 욕망을 가리키기 때문에 앞서 하느님이 하와를 훈계하는 장면에서는 (남편에 대한 여자의) '사랑'으로 번역되었다. 그러나 여기서는 '죄'가 야수처럼 매복하여 포식의 기회를 엿보는 상황을 형용한다. 하느님의 말씀이 이와 같다면, 인간이 죄를 제어하지 못해 그에게 물리고 그의 사냥감이 된다는 것은 무슨 의미인가? 최소한 카인에게는 죄라는 것이 하느님의 뜻을 거역한 범법 행위의 결과가 아닌 그 원인이 아닐까? 그것은 자유의지를 제지, 압도하거나 중지시킬 수 있는 힘으로서 세상을 배외하며, 선악에 대한 인간의 욕망으로부터도 거의 독립된 것처럼 보인다.

그러므로 들판에 있던 중 맨발로 야훼의 저주 길에 오른 형이 아벨을 덮친 그 순간, 아담의 장자를 추동하고 그의 정신을 빼앗은 것은 바로 죄였다. 그 거무튀튀한 얼굴을 한 농사꾼의 천성이 어리석거나 졸렬하여, 도리에 어긋난 길을 걷고 살의를 느끼며 죄에 죄를 더해 조물주에게 거짓을 늘어놓았던 것이 결코 아니다. 그는 동생이 어디로 갔는지 알지 못하여, "내가 그를 지키는 사람이 아니"라고 말한다.(「창세기」 4:9)

이렇듯 아벨hebel은 죄의 희생양에 의해 희생되었다. 그는 침 흘리는 자에 의해 사로잡혀 천천히 숨hebel을 내쉬며 꽃다운 나이에 무無로 돌아간다.(「이사야」 30:7, 「시편」 39:5, 「욥기」 7:16, 「전도서」 1:2) 땅은 입을 벌려 그의 선혈을 삼켰다. 만약 하늘 끝에서 "큰 저주가 네 머리에 임했다! 땅은 다시는 너를 위해 소출을 내지 않을 것이다. (…) 너는 어디로든 유랑하라"(「창세기」 4:11~12)는 우레 같은 음성이 없었다면, 들판은 저주를 벗고 다시 비옥해져 오곡을 산출해 야훼를 기쁘게 할 제물을 바칠 수 있었을 것이다.

'유랑'이란 결국 곡식을 파종할 자격을 박탈당했음을 의미한다. 그러나 하느님의 면전에서 쫓겨났음에도 카인에 대한 하느님의 관심은 줄어들지 않았다. 성경은 그가 얼마 후 결혼하여 아이를 갖게 되었고, 인류 역사에서 최초로 성을 쌓았다고 말한다. 그 성의 이름은 아이의 이름과 마찬가지로 에녹hanok('찬양'을 의미)이었다. 그의 자손은 번성했다. 카인은 목동, 공인工人, 악사樂士, 기생 등 네 가지 직종의 창시자였고, 문명사회 또한 그로부터 유래했다.(이 책 「카인」 91쪽 참조) "카인을 죽인 자는 일곱 개의 목숨을 내놓아야 한다"(「창세기」 4:15)는 야훼의 말씀은 곧 그에 대한 사면, 즉 그에게 은혜를 베풀어 아우를 죽인 죗값을 청산했음을 의미한다. 족장 라멕(노아의 부친)은 문명의 시조인 카인의 후손으로, 이를 매우 영예롭게 여겨 스스로 복수에 관한 법령을 선포하기도 했다.(「창세기」 4:24)

카인을 죽인 자는 일곱 개의 목숨을 내놓아야 하지만,
나 라멕을 죽인 자는
일흔일곱 개의 목숨을 내놓아야 한다!

창세기, 인문의 기원

더 의미심장한 것은, 성경이 지극히 공평하여 노아에 이르는 아담의 족보에 카인의 족보를 포함시키고(「창세기」 5:9 이하, 순서는 조금 다름) 카인을 케난이라 칭한 후 '에노스(인류)의 아들ben 'enosh 혹은 아담(인간)의 아들ben 'adam'에 위치시킴으로써, "생김새가 아버지와 흡사한" 아담의 셋째 아들 셋과 뒤섞었다는 점이다. 그리고 그 계보는 면면이 거룩한 역사를 구성하여, 복음서에 등장하는 예수의 족보로까지 이어진다.(「누가의 복음서」 3:23 이하)

죄는 카인으로부터 비롯되지만, 그 후손들은 모든 민족 가운데 하느님의 선택과 은혜를 입어 약속된 축복의 땅, 제사의 나라, 거룩한 나라로 불리며,(「출애굽기」 19:6) 기름 부음 받은 자mashiaḥ를 왕으로 추대하는(「사무엘상」 9:16, 24:6) 이스라엘을 획득한다. 여기서 원인과 결과는 명백히 모순된다. 그러나 모순은 우리가 사는 세상에서 지극히 일상적인 것이다. 그것은 모든 과정을 구체적이고 보편적으로 꿰뚫는 운동의 형식이다. 그러나 죄가 인간 행위의 동기나 의도와 무관하고, 거의 예측할 수도 벗어날 수도 없는 운명이라면 어떻게 그것을 법으로 분류하고 정의하여 법조문에 기록하고, 사람들로 하여금 그것을 분별·회피하거나 그것에 반항케 하며, 사람을 법에 따라 처벌할 수 있을까?

이것이야말로 전지전능한 하느님이 검은 구름과 뇌성을 거두고, 시나이 산에 올라 율법을 반포하기를 서두르지 않은 까닭이다. 그는 심판, 정죄, 그리고 구원의 날을 조금씩 미루었다. 그리하여 원대한 구상이 변했고, 악한 천사는 날개를 들어 인류의 따뜻한 장막 안으로 분분히 날아들어 여명이 시작되기 전 이 세상을 점령했던 것이다.

---

*졸저 『창세기, 인문의 기원』의 한국어판은 박은혜·박민호 선생이 번역했다. 그들이 유학한 상하이의 화둥사범대학교는 리와허 강변의 오래된 캠퍼스로, 나는 그곳에서 성장했다. 그들과 번역에 관해 서신을 주고받으며, 나는 마치 인연을 맺은 듯 친밀감을 느낄 수 있었다. 어느 날 그들이 번역을 마친 후 내게 한국어판 서문을 요청해왔다. 하지만 나는 한국어를 할 줄 모르고 한국의 성경 번역 역사와 그 사회적 영향에 대해서도 어두워 글을 어떻게 시작해야 할지 막막했다. 그래서 현재 집필 중인 원고의 일부인 「죄에 관하여」를 한국어판 서문으로 대신하려 한다. 성경에 따르면 죄의 출현, 인간의 지식 등은 모두 창세의 결과였다. 나는 이런 이야기를 이 책 머리에 배치하여 서문으로 삼는 것이 주제로부터 멀리 벗어난 일은 아니라고 생각한다.

창세기, 인문의 기원

창세기: 조각과 해체

이 책의 1부는 「창세기」의 스무 가지 이야기로 이루어져 있다. 이것들은 3년여에 걸친 내 경전 번역과는 별도로 얻은 결과물이다. 여기서 '경전經'은 히브리어 성경, 즉 기독교의 구약성경을 말한다. 나의 구약성경 번역은 이미 10여 년 전부터 계획돼 있었다. 하지만 이런저런 일상의 일로 미루다가 2000년 여름 『유리섬』을 완성한 후에야 번역에 착수했다. 한편으로는 새로 나온 책들을 읽고 정리한 내용을 다시 검토했고, 다른 한편으로는 시험 삼아 몇 장을 번역했다. 그제야 나는 경전을 번역하고 역주를 다는 일, 특히 자료를 취사선택하는 게 골치 아픈 일임을 알게 되었다. 선인들의 경전 해석과 역주가 담긴 문헌은 워낙 많아 도저히 다 볼 수가 없었다. 물론 훌륭한 고증과 근거를 갖춘 학설, 그리고 중대한 고고학적 발견들은 성경을 연구할 때 빠뜨릴 수 없는 부분이다. 하지만 책의 편폭을 생각하면 그것들을 일일이 열거할 수도 없는 노릇이었다. 그렇다면 어떻게 할 것인가? 고대 성인들처럼 아예 주석을 달지 않는 방법도 있었다. 고대의 위대한 역본들은 본래 주석이 달려 있지 않다. 위경僞經 「아리스테아스의 편지」에 언급된 헬라어 '칠십인역 성경'(이하 칠십인역)에 관한 전설이 이를 설명해준다.

문치文治로 유명한 이집트 왕 프톨레마이오스 2세(재위 기원전 283~기원전 246)는 알렉산드리아 도서관을 세우고 칙명을 내려 천하의 책 50만 권을 수집했다. 사방에서 학자들이 운집했던 이곳은 지중해 문명권이 '그리스화'된 시기(기원전 334~기원전 30)에 존재했던 최고의 학부였다. 페니키아 남부(지금의 팔레스타인)의 유대인들이 선지자들로부터 전해 내려온 '법nomos'을 '하느님의 말씀'으로 섬긴다는 이야기를 들은 왕은, 히브리어로 쓰인 그 '법'을 헬라어로 번역해 도서관에 소장하고 싶어했다. 왕은 페니키아에서 잡아들인 히브리 노예(하느님의 백성)를 전부 풀어준다는 조서를 내려 신을 향한 공경을 표했다. 동시에 예루살렘으로 후한 선물과 함께 사절을 보내 야훼의 성전에 있는 대제사장들에게 협조를 부탁했다. 「아리스테아스의 편지」의 저자 아리스테아스가 바로 그 사절단 중 한 명이었다. 대제사장의 도움으로 이스라엘 12지파에서 학식이 뛰어난 장로를 각각 6명씩 뽑아, 총 72명이 '하느님의 법'을 번역하기 위해 사절을 따라 알렉산드리아로 내려왔다. 왕은 항구 바깥에 위치한 파로스 섬에 장로들이 머물 시원하고 쾌적한 숙소 72채를 마련하고, 섬과 육지 사이를 잇는 제방을 놓았다. 매일 아침 장로들은 궁으로 찾아가 왕에게 문안을 올리고 이 제방을 따라 숙소로 돌아왔다. 그들은 제방 아래로 흐르는 맑은 바닷물에 손을 씻고 각자의 방으로 돌아가 기도를 올린 다음 번역을 시작했다. 아리스테아스의 기록을 살펴보자. "나는 그들에게 왜 기도하기 전 손을 씻는지 물어봤다. 그들이 '손은 일을 행하는 신체 기관입니다. 손을 씻음으로써 몸과 마음을 깨끗이 하는 것이지요'라고 대답했다. 거룩하고도 아름다운 정신으로 무장한 그들의 모든 말과 행동은 진리와 정의를 보여주었다. 바다를 마주한 그들은 햇빛 찬란한 작고 조용한 섬에서 맡은 일에 온 정신을 쏟아부었다."

'하느님의 법'을 번역하는 일은 72일 만에 완성되었다고 전해진다. 번역을 마친 장로들은 각자의 번역본을 서로 비교했다. 그런데 각자 완성한 72권의 번역본이 마치 하나의 목소리를 듣고 쓴 것처럼 처음부터 끝까지 토씨 하나 다름없이 똑같지 않은가? 원문을 꺼내 대조해보니 한 치의 오차도 없었다. 72인의 장로는 누가 먼저라고 할 것도 없이 황망히 땅에 엎드려 외쳤다. "주님을 찬양하라! 이 역본이 한 글자도 바뀌지 않고 영원하길 바라니, 누구든지 이것을 더하고 빼거나 고치려는 자는 필시 저주를 받으리라!"

　이렇게 결점 하나 없이 완벽한 번역은 역자가 신의 은총과 계시를 받아 모든 말과 행동이 진리와 정의를 드러냈기 때문에 가능했다. 따라서 번역본은 원문과 똑같은 '하느님의 법'이었고 역자는 하느님의 말씀을 그대로 전하는 메가폰이었기에 누구도 함부로 주석을 달 수 없었다. 이것이 예로부터 지금까지 성경의 역자가 지향하는 가장 높은 경지다.

　'하느님의 법torah'은 일반적으로 히브리어 성경의 시작인 「창세기」를 포함한 다섯 편을 가리킨다. 이 다섯 편은 모세로부터 전해 내려왔다고 여겨져, 모세오경이라고도 불린다. 하지만 대대로 전해 내려오는 칠십인역은 모세오경을 비롯한 히브리어 성경 전문에, 유대교와 개신교는 인정하지 않지만 천주교와 정교회는 인정하는 '제2경전' 혹은 '외경外經 apocrypha'까지를 모두 포함한다. 학자들의 고증에 따르면 이 번역본은 지중해 문명이 그리스화되던 시기, 알렉산드리아의 역자들이 몇 대에 걸쳐 완성한 결과물이며, 독자나 청중은 당시 이집트에 살면서 표준 그리스어koine(플라톤 시대의 '고전 그리스어'와 비교해 상대적으로 표준인 그리스어)를 모국어 혹은 문서상 언어로 사용했던 수십만 유대인이었다. 프톨레마이오스의 사절단 중 한 명이었던 아리스테아스도 왕의 신하가 아니라 기원전 2세기 말 혹은 기원전 1세기 초에 활동했던 왕궁의 유대인 학자였거나 경전의 교사였을 것이다. 그는 유대인의 종교의식과 율법 도덕에 대한 이해가 매우 깊었으며, 저서 곳곳에서 히브리 노예들의 입장을 대변하거나 그리스인의 우상 숭배를 완곡하게 비판하기도 했다. 이 때문에 「아리스테아스의 편지」가 정치적 선동을 교묘히 내포하고 있다고 보는 학자들도 있다. 하지만 성경의 역사적 측면에서만 보자면, 아리스테아스의 동정 어린 관찰과 생생하면서도 과장된 묘사는 우리(역자와 독자)에게 칠십인역에 관한 이상적이고 아름다운 전설을 전해주었다.

　나는 「아리스테아스의 편지」에서 주석에 관한 깨달음을 얻었다. 하편에 실린 「창세기」 번역본에는 주석을 짧게 덧붙였고, 짧은 주석에 담지 못한 내용을 정리하여 이야기로 만들었다. 나는 스토리텔링이 서양 문학을 다루는 하나의 좋은 방법이라고 본다. 많은 서양 고전작품이 원문으로 읽을 때는, 원문의 학술 전통 안에서 분석과 토론이 이루어지기 때문에 난해하거나 복잡하지 않다. 그러나 중국어로 옮기면 종종 그 뜻이 어렵고 애매해져 독자의 흥미를 떨어뜨린다. 이는 중국 독자의 문화적 배경과 그들이 모국어로 사유하는 방식이 서양과 달라 원문이 표현하려는 바를 정확하게 전달하기가 쉽지 않기 때문이다. 이러한 문제를 해결하기 위해 나는 주석과 평론을 다는 것과 별도로 새롭게 이야기를 엮으면 어떨까 생각해보았다. 즉 원작을 해체하여 중국어의 맥락과 중국의 문화적 전통에서 새롭게 서술하는 것이다. 마침 나는 2002년 8월부터 『완샹萬象』지에 「진흙으로 만든 아담」이라는 제목으로 매달 연재를 시작했다.(그중 일부는 잡지에 싣지 않았다.) 글의 제목은 모두 서양에선 잘 알려진 「창세기」에서 따왔다. 또 줄거리와 소재는 주로 히브리어와 헬라어 '위경pseudepigrapha'과 바벨론 탈무드, 고대 유대 율법 가운데 미드라시 및 중세 밀교의 문헌 등을 참고했다. 이들 전적典籍은 이스라엘의 전설을 대량으로 보존하고 있는데, 이에 관해서는 앞으로 체계적으로 소개할 기회가 있을 것이다.

전작 『유리섬』과 달리, 이번 책은 전반적인 구성을 미리 짜놓지 않았다. 하지만 첫 장 「태초」에서 이미 '하느님과 함께 길을 떠난' 모리 교수를 언급했고, 이어지는 이야기에서도 몇몇 선배와 옛 친구를 끌어들여 독자들의 흥미를 끌 수 있도록 이야기를 꾸몄다. 그리고 하편에는 최근 완성한 「창세기」 역주를 실어 독자들이 함께 볼 수 있도록 했다.

「창세기」의 판본과 문자, 역사와 사상적 배경에 대해서는 따로 글을 쓸 생각이기 때문에 이곳에서는 다음 몇 가지만 설명하려고 한다.

역주는 가장 권위 있는 독일의 『슈투트가르트 판 히브리어 성경』(제5판, 1997)과 그리스어 칠십인역, 성 히에로니무스(342?~420?)의 라틴어 역본, 그리고 영어 역본인 『KJV 성경』, 프랑스어 예루살렘본, 루터 독일어 역본, 유대교 원전 타나크Tanakh 등 고전적인 현대 서양어 역본을 비롯해 고금의 평론과 주석을 참고했다. 또 문자상의 중요한 수정 및 해석이 있으면 그 내용을 주석에 표기했다. 주석은 중국 고서에서처럼 글씨 크기를 줄여 본문에 표기했다.(한국어판에서는 각주로 표기했다.) 이렇게 한 까닭은 첫째, 독자들이 책을 읽으며 각주나 미주를 따로 찾는 불편함을 해소하기 위함이고, 둘째 글 읽는 속도를 늦추기 위함이다. 성서는 소설이나 기행문과 달라서 빠르게 읽다 보면 피상적인 독서에 머물 수밖에 없기 때문에 한 자 한 자 자세히 들여다봐야 한다. 주석이 본문에 삽입돼 있다면 글 읽는 속도는 자연히 느려질 것이다.

또한 인쇄의 편리를 위해 히브리어와 헬라어 단어는 모두 라틴어 자모로 표기하고, 장단음과 연음부호는 생략했다.

'창세기Genesis'라는 이름은 원래 칠십인역에서 사용한 명칭이며, 라틴어 번역본이 이를 따르면서 전통이 되었다. 이 책 첫 장의 제목은 본문의 첫 단어를 따라 「태초」라 붙였다. 옛 성현의 사상道을 담은 중국 고전이 이와 유사한 방법을 사용했기 때문이다. 반면 상편에 실린 이야기의 제목은 히브리 고전의 풍격을 따라 대체로 두 글자로 통일했다. 서사의 풍격을 일치시키고 독자의 관심을 자아내기 위해서다.

히브리어 성서의 집필, 편찬, 성서成書는 천년에 걸쳐 이루어졌다. 구전이나 수사본으로 전해오던 모세오경이 마침내 한 권의 책으로 완성된 것은 대략 기원전 5세기에서 4세기 사이, 즉 이스라엘 사람들이 바벨론에서의 포로생활을 끝내고 예루살렘으로 돌아와 성전을 중건하기 시작한 기원전 537년 이후다. 경전의 원본은 본래 장과 절이 나뉘어 있지 않았다. 그런데 중세에 들어와 유대의 랍비들이 마소라본을 편집하면서 문단을 나누기 시작했다. 또한 라틴어 불가타본의 사본에도 장과 절이 표기되어 있다. 그후 1551년 로베르투스 스테파누스가 파리에서 간행한 그리스어와 라틴어 신약성서에서 정식으로 장절을 나누기 시작했고, 이 구분법은 곧 각국으로 퍼져나가 성서의 관례로 자리 잡았다. 그러나 스테파누스로부터 비롯된 장절의 구분법이 성서의 서사 및 문장의 시작과 끝을 늘 통일한 것은 아니었다. 종종 한 문장이 두 절로 나뉘거나 심지어 두 장으로 나뉘기도 했다. 이로 인해 현대 번역본들은 이야기의 흐름이나 문장의 구성 방식에 따라 별도로 단락을 나눠 소제목을 붙이기도 한다. 나 역시 그런 방법으로 번역본을 완성했다. 게다가 모세오경은 출처가 각기 다르며 꼭 연관성이 있다고도 할 수 없는 많은 조각의 교직으로 이루어졌다.(물론 성경을 숭상한 옛사람들은 함축된 말에서 큰 의미를 찾으려 했으므로 이러한 교직을 모순이나 반복으로 보지는 않았다.) 따라서 문장을 끊고 단락을 나눌 때에도 이들 조각의 연결을 고려하지 않을 수 없었다. 그래서 이와 관련이 있는 내용은 주석에서 설명했다. 이 점을 서문에 언급하는 까닭은 번역문에 표기한 장절이 르네상스 시기부터 내려온 관례에 따라 찾아보고 확인하기 편하도록 표기한 것일 뿐 경전의 해석과는 무관함을 밝히기 위해서다. 그리고 주석에서 언급한 '조각'은 히브리어 성서를 구성하는 최소 이야기 단위로, 현대 학자들이 고증을 거쳐 대략적으로 정립한 것이다.

말이 나온 김에 그림에 대해서도 한마디 하겠다. 본문에 수록된 그림은 총 60장이다. 그중 대다수는 서양 명화이지만 더러는 출토된 유물의 사진도 있다. 내가 그림을 선택할 때 중요하게 여긴 것은 예술의 풍격이지 역사의 재현이 아니었다. 화가들은 성서의 인물과 이야기를 그릴 때 역사적 사실을 고려하지 않았다. 그러니 독자들에게도 그림이 당대의 복식이나 기물, 정경 등 실제 모습을 반영한 것으로 간주되지 않길 바란다.

만약 성서에 익숙하지 않은 독자라면 하편을 먼저 보고 상편의 이야기를 나중에 읽어도 된다. 이렇게 읽음으로써 아마 더 큰 수확을 얻을 수 있을 것이다. 상편의 에피소드는 하편에 실린 성서의 내용에서 비롯되었기 때문이다. 상편의 글에서 특정 부분이 성서의 어떤 단어나 문장을 해석·인용·확장한 것인지는 성서를 읽은 독자만이 알 수 있을 것이다.

이 책을 발간하는 데 많은 관심과 도움을 준 홍콩대학의 장산위張善喻 박사에게 감사의 말을 전한다.

늘 그랬던 것처럼 이 책의 모든 내용과 역주의 집필과정에는 아내의 꼼꼼한 검토와 교정이 있었다. 지금 쓰고 있는 이 서문 역시 그녀의 교정을 거친 것이다.

마지막으로 이 책을 내 머리 위, 별이 총총한 하늘에서 다시 모인 부모님과 사랑하는 루루에게 바친다.

창세기, 인문의 기원

GENESIS
THE LEGENDS AND INTERPRETATION

상편

태초

Bereshith

"태초에 하느님이 천지를 창조하셨다."

히브리어 성경은 위와 같은 문장으로 시작된다. 아마 호기심 많은 사람들은 이 문장에 대해 이렇게 물을 것이다.(나 역시 학창 시절 이 문제를 꼬치꼬치 캐묻고 다녔다.) 창세 이전, 태초는 어떤 모습이었을까? 그리고 야훼 하느님께서는 이 세상을 만들기 위해 어떤 조건들을 필요로 하셨을까? 이런 질문에 '성서 문학'을 가르치는 모리 교수는 이렇게 대답할 것이다. "중요한 질문일세. 이것이 모든 문제의 시작과 끝이니까."

벌써 17년 전의 일이다. 내가 하버드 광장 남쪽의 오번힐스 거리 헌책방 지하실에서 『슈투트가르트 판 히브리어 성서』[1]를 보고 있을 때였다. 갑자기 옆에 쌓여 있던 종이 상자가 움직이더니 반

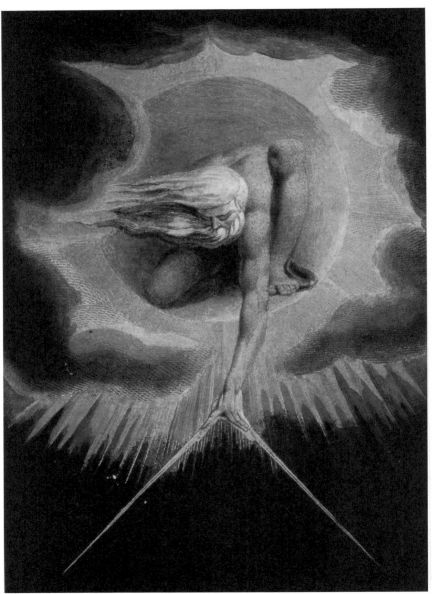

윌리엄 블레이크, 「태초The Ancient of Days」, 1794

짝이는 머리 하나가 쑥 올라왔다. 모리 교수였다. 그는 빙그레 웃으며 말했다. "자네, 아직도 답을 찾고 있는 건가?"

사실 답은 어렵지 않다. 절약이 무엇인지 이해한다면 말이다. 모리 교수의 말에 따르면, 절약은 살림의 원칙일 뿐 아니라 학문 연구의 원칙이기도 했다. 그 문제의 답을 자연계에서 찾아서는 안 된다. 자연법칙 역시 하느님의 설계이기 때문이다. 추측이나 상상도 피해야 한다. 우리의 의지와 영감, 감정과 이성은 하느님께서 주신 것이니까. 신이 미리 정해둔 윤리의 틀 안에서 혹은 신앙의 견지라는 맥락 안에서 답을 찾는 길은 오로지 하나일 것이다. 그것은 대문자로 쓰인 '그'가 특별히 우리에게 내린 가르침torah, 즉 성서다.

성서는 앞뒤 내용이 서로 호응하며 언어가 무한히 순환한다. 따라서 비유와 시적 상징을 중요하게 여기고, "황당무계한 말을 자유롭게 늘어놓고, 옛사람의 말을 진실로 여기며, 우화를 세상 널리 전하는"(『장자』 「천하」) 태도를 지녀야 비로소 그 이치를 터득하여 성인 에녹hanok처럼 하느님과 동행할 수 있다.(「창세기」 5:24)

성경은 하느님께서 말씀으로 세상을 창조했다고 말한다.

하느님께서 "빛!"이라 말씀하시자 빛이 생겼다.

---

1 *Biblia Hebraica Stuttgartensia*, 줄여서 BHS로 불림.— 옮긴이

하느님께서 "큰 물 중간에 궁창이 있어 물을 나누라!"고 말씀하시자 과연 물이 둘로 나뉘었다. 그 후 하느님은 직접 일월성신과 물 아래 헤엄치는 물고기와 공중을 나는 새, 땅에 서식하는 짐승들과 땅을 기는 벌레들, 하늘과 땅과 바다의 모든 생물을 다스리는 사람을 만드셨다.

그래서 태초에 앞서 창세의 청사진이 있었고 하느님의 말씀 dabar이 있었으며 그 후에 세상이 생겼다. 물론 창세 이전에 이미 존재했던 심연과 혼돈은 하느님의 피조물에 속하지 않았다. 또한 '하느님의 아들'이라 불리며 하느님의 말씀을 전하던 천사들도 창세 전부터 있었다.

모리 교수는 종이 상자를 끌어와 그 위에 앉으며 말했다. "좋아, 자네 이제 '탈굼Targum'[2]을 읽어도 되겠군." 탈굼은 고대 유대인 박사들이 번역하고 해석한 경전의 조각을 모아놓은 것이다. 그것은 주로 민간 전설을 담고 있어 히브리 문학의 보고寶庫라 할 수 있다. 이 조각 가운데는 다음과 같은 이야기가 실려 있다.

야훼께서 이 세상을 만들기 전 일곱 가지 보물을 만들었다. 첫 번째 보물은 율법torah, 즉 신의 지혜였다. 이 율법은 흰색 불 위

---

2 히브리어 성서 전체나 일부를 아람어로 번역한 몇몇 역본을 가리킨다. ―옮긴이

에 검은색 불로 쓰였다. 그녀[3]는 하느님의 품에 단정히 앉아 있었다. 두 번째 보물은 하느님의 보좌였다. 그것은 나중에 얼굴과 날개가 각각 네 개이고 땀방울로 불을 일으키는 성수聖獸 ḥayyoth가 끄는 전차(「에제키엘」 1:4 이하)가 되었다. 세 번째는 하느님의 오른손에 있는 천당이며, 네 번째는 하느님 왼손에 있는 지옥이다. 다섯 번째는 하느님 앞에 있는 하늘 성소聖김이며, 여섯 번째는 성소 제단의 보석에 새긴 기름 부음을 받은 구세주의 이름이다. 마지막 일곱 번째는 선지자 모세가 찬양한 장엄한 목소리로, 그것은 "사람들아, 너희는 돌아가라!"(「시편」 90:3)고 외치고 있었다.

야훼께서는 율법에게 창세의 계획에 대한 의견을 구한 적이 있었다. 율법이 말하길, "지극히 높으신 주님, 궁창과 대지, 그리고 사람이 있어야만 주님의 거룩한 이름을 부르는 충실한 종을 가질 수 있고, 그들의 찬양을 받으실 수 있습니다."

율법의 말에 야훼께서는 크게 기뻐하셨다. 하지만 지혜로운 율법은 곧 고민에 빠졌다. 하느님께서 전에도 몇 차례 세상을 창조하셨지만, 당신의 말씀을 거역했다는 이유로 모두 멸망시켰음을 알고 있었기 때문이다. 그래서 율법은 하느님께 다음과 같이 말했다. "만약 세상에 사람이 있다면 죄는 반복해서 생겨날 것입니다.

---

3   히브리 성경에서 율법을 의미하는 토라הרות가 여성 명사이기 때문에, 저자는 이를 '그녀'로 지칭하고 있다.─옮긴이

인간의 우둔한 본성은 분명 하느님의 율법을 저버릴 것입니다."

하지만 야훼께선 율법이 염려를 떨치게 할 계획을 갖고 계셨다. 하느님께서는 인간이 참회할 수 있도록 준비하셨다. 즉 세상의 모든 죄인에게 회개의 기회를 준 것이다. 그리고 성전을 정하여 매일 예배와 속죄를 드릴 수 있게 했다. 또한 천당과 지옥으로 상벌을 나누었다. 마지막으로 하느님께서 준비한 계획은 세상에 구세주를 보내 모든 죄악을 깨끗이 없애는 것이었다.

하느님의 계획에 율법은 미소 지었다. 그녀는 하느님께서 굳은 마음으로 새로이 창조하는 세상에 엄격한 율법만 존재하는 게 아니라 자비와 사랑도 가득하리라는 것을 알았다. 율법은 자비와 사랑의 가르침을 받아, 인간들 사이에 사랑이 넘치도록 하려 했다. 그리하여 그녀, 즉 하느님의 고문顧問은 모든 천사에게 하느님께서 세상을 창조할 계획을 세우셨다고 선포했다.

율법, 곧 지혜가 하느님의 창세를 도왔다는 이야기는 성경에 명확히 기록되어 있다. 지혜의 왕 솔로몬에 의해 전해진 「잠언」에는 스스로를 '야훼의 길에 맺힌 최초의 과실'이라 칭한 지혜의 독백이 있다. "오래전부터, 즉 태초에 땅이 채 모습을 갖추기 전부터, 나는 이미 하느님 곁에서 날마다 그에게 기쁨을 드리는 '훌륭한 장인匠人'이었다."(「잠언」 8:22 이하) 또한 선지자 예레미야도 "야훼께서 큰 능력과 지혜로 천지를 지으셨다"(「예레미야」 10:12)고 말한다. 이에 따라 탈굼에 수록된 「창세기」의 아람어 역본은 아예 '태초'를 '지혜'로 해석하여, "지혜로 하느님께서 천지를 창조(완전케)하셨다"고 기록하고 있다. 아람어는 고대 시리아인의 언어로 페르시아 제국의 관방 언어 중 하나였으며, 기원전 8세기부터 근동에서 널리 쓰였다. 이스라엘인들은 바벨론에 포로로 잡혀간 이후부터 아람어를 사용하기 시작했고, 그 후 일상생활에서 점차 히브리어를 쓰지 않게 되었다. '말씀이 곧 육신'인 예수께서 설교할 때 사용한 언어 역시 아람어였다는 점으로 미뤄볼 때, 예수가 당시 읽고 가르치던 성서가 아람어 역본이었을 가능성도 없지 않다. 예수보다 조금 일찍 태어난 유대인 학자 알렉산드리아의 필론은 그리스어로 글을 썼다. 그리스 철학의 영향을 받은 그는, 겉으로 드러난 문자적 의미에 가려진 '알레고리적 진실hyponoia'을 밝히는 방법으로 성경을 해석했다. 그가 보기에 하늘의 말씀은 곧 하느님의 율법으로, 여기저기서 상이한 이름들을 빌려야만 사람들에게 전달될 수 있는 것이다. 그러므로 '태초'는 곧 말씀 혹은 지혜의 다른 이름이다.[4]

앞서 언급했듯이, 하느님께서 말씀으로 가장 먼저 창조하신 것은 빛이다. 그러나 이 빛은 우리가 평소 육안으로 볼 수 있는 빛

---

4   *Allegorical Interpretation I*, p. 43

미켈란젤로 부오나로티, 시스티나 성당 천장화
「해와 달과 땅의 창조The Creation of the Sun, the Moon, and Plants」 부분, 1511

이 아니다. 왜냐하면 당시 일월성신은 아직 창조 전이었기 때문
이다. 필론에 의하면 볼 수 없는 이 빛은 오직 우리가 정신nous적
관조를 통해 깨닫는 것으로, 하느님의 말씀logos에서 오는 지혜의
빛이다. 이 빛은 별빛의 근원이다. 그것은 별이 빛나는 밤하늘을
초월해 있다.

---

5   *On the Creation*, p. 31

이스라엘 민족에게 이 세상에 내려온 하느님의 말씀은 당연히 히브리어로 표현되어야 했다. 히브리어는 모두 스물두 개의 자모로 이루어져 있는데, 고대 유대교의 밀교 전통에는 자모의 창세에 관한 학설이 따로 있었다. 민간에 전해 내려온 이 이야기는 점차 아이들이 글을 깨우치는 용도로 쓰이게 되었다. 그날 모리 선생이 상자에 앉아 내게 한 이야기가 바로 이 자모의 창조에 관한 내용이었다.

하느님께서 말씀으로 세상을 창조하시겠다는 결정을 선포하자, 그가 거룩한 불로 왕관에 새겨 넣은 스물두 개의 자모가 왕관에서 내려와 보좌 앞에 둥글게 섰다. 그리고 그들은 세상을 창조할 때 자신을 사용해달라고 서로 경쟁을 벌였다. 그중 막내였던 타우Taw(ת, 표시)가 가장 먼저 발언권을 얻어 말했다. "우주의 주인이신 당신의 뜻이 실현되기를 원합니다. 세상을 창조하실 때 타우를 써주십시오! 당신께서 모세에게 두 손으로 받들라 하시고 이스라엘 자손들에게 반포하신 그 율법이 저로부터 시작되지 않았습니까?"

"안 된다." 하느님께서 대답하셨다.

타우가 다시 물었다. "왜 안 됩니까?"

하느님께서 대답하셨다. "훗날 네가 사람들의 이마에 매일 죽음을 '표시'할 것이기 때문이다."

이번엔 타우의 바로 위인 스물한 번째 글자 신Shin(ש, 치아)이 나섰다. "전능shadday하신 주님, 신으로 세상을 만드십시오! 당신의 존귀한 이름이 저로부터 시작되었습니다!"

하느님께서 미간을 찌푸리며 말씀하셨다. "신은 '거짓말shaw', '허무sheqer'와 앞 글자가 같기에 안 된다."

하느님의 말씀에 신은 실망한 기색이 역력했다. 그런 신을 제치고 나온 스무 번째 글자 레시Resh(ר, 머리) 역시 불합격이긴 마찬가지였다. 하느님의 다른 칭호인 '자비raḥum'가 레시로 시작하지만, '나쁨raʿ'과 '악rashaʿ' 역시 레시로 시작하기 때문이었다.

열아홉 번째 글자 코프Qoph(ק, 바늘귀)도 하느님의 마음에 들지 못했다. 입으로는 쉬지 않고 '거룩qadosh'을 외쳤지만, 마음속으로는 '저주qelalah'를 생각했기 때문이다.

이렇게 히브리어 자모들은 차례로 하느님 앞으로 나와 스스로를 추천했지만 거절당했다. 하느님의 빛나는 눈빛이 마침내 두 번째 자모 베트Beth(ב, 집)에게로 향했다. 베트는 땅에 엎드려 큰 소리로 외쳤다. "지존至尊하고 유일하신 나의 주님, 천지만물이 이 베트로부터 시작되기를 원합니다. 모든 살아 있는 것이 저로 인하여 입을 열기를 원합니다. 주님을 영원히 찬송barak하겠습니다. 아멘! 아멘!"

야훼께서는 크게 기뻐하셨고, 베트의 소원대로 천지만물이 그로부터 시작되게 하셨다.

"태초bereshith에 하느님께서 천지를 창조하셨다."

내가 홍콩에서 강의를 시작한 이듬해, 『하버드 매거진』에서 모리 교수의 부음을 보았다. 당시 모리 교수를 애도하는 글을 한 편 쓰고 싶었지만, 일이 바빠 완성하지 못했다. 작년 여름 성경을 재번역하면서, 모리 교수가 나에게 내준 과제를 찾아 다시 했다. 앞서 설명한 '태초의 시작' 문제를 포함해서 말이다.

스물두 개의 히브리어 자모 중, 성격이 신중한 큰형 알레프 Aleph(א, 황소)는 내내 말이 없었다. 그의 공손함을 높이 산 하느님께서는 그에게 율법의 핵심인 '십계명'의 첫자리를 맡겼다. "나ʾanokⅰ는 네 하느님 야훼다……."(「출애굽기」 20:2)

하늘에서 웃음소리가 들려왔다.

아담

Adam

"아담은 본래 하느님의 애인이었어." 나는 아직도 잔니가 이 신조를 내게 설명하며 손가락으로 천천히 머리를 쓰다듬던 모습을 기억한다. 개강 후, 에머슨관 202호에서 진행된 모리 교수의 첫 번째 성경 수업이 막 끝난 뒤였다. 잔니는 나보다 한 학년 높은 종교학과 학생으로, 왼쪽 귀에 피어싱을 주렁주렁 매달고 있었다.

하느님께서 "빛!"이라 말씀하시자 빛이 생겼다. 밤이 지나고 새벽이 오자 어둠은 심연으로 떨어졌다. 다시 말씀하시니, 물이 둘로 나뉘어 궁창 위와 아래로 흘렀다. 세 번째 말씀이 있자 수면 위로 육지가 올라왔다. 네 번째 말씀 후에는 땅에 초목이 우거지고 모든 식물이 과실을 맺었다……. 6일 동안 이어진 하느님의 천지창조(「창세기」 1장)의 목적은 무엇이었을까?

창세기, 인문의 기원

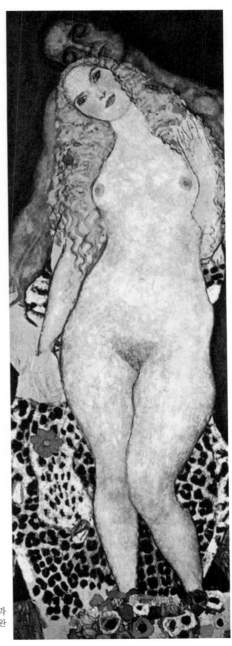

구스타프 클림트, 「아담과 이브Adam and Eve」(미완성), 1917~1918

하느님의 유일한 사랑, 아담이 그 목적이었다.

우리는 모두 아담이다. 우리가 죄를 짓더라도 회개하고 다시 하느님의 품에 안긴다면 하느님께서는 기쁘게 말씀하실 것이다. "너는 다시 나를 남편'ishi이라 불러라. 다시는 나를 바알ba`ali이라 부르지 말아라."(「호세아」 2:16)

아담은 '사람'adam'이라는 뜻의 히브리어다. 고대에 경전과 율법을 해석하던 유대인 학자들은 야훼께서 "열 마디 말씀으로 세상을 창조하고 손가락 하나로 하늘을 떠받쳤다"고 말했다. 그런데 6일째 되던 날에는 양손의 열 손가락을 모두 사용하여 "자기의 형상을 취해" 아담을 창조하셨다.(「창세기」 1:27)

따라서 아담의 몸은 '소우주microcosmos'이며 이 세계는 '거대한 인간macroanthropos'이다. 아담의 빽빽한 머리카락은 산 정상의 우거진 숲이며, 영롱한 눈물은 세차게 흐르는 강물이고, 벌어진 입은 끝없이 숨 쉬는 바다다. 사실 그의 빛나는 눈은 이미 온 세계를 담고 있었다. 눈동자는 육지, 흰자위는 물, 동공은 예루살렘, 그리고 동공 깊은 곳에서 뻗어 나온 빛은 야훼의 성전이었다. 그는 천사처럼 아름다웠다. 허리를 펴고 걸을 수 있고 말을 할 줄 알았으며 옳고 그름을 분별할 줄도 알았다. 그러나 동시에 그는 먹고 마셔야 했으며, 배설하고 번식해야 했다. 그는 여느 짐승들처럼 죽음을 피할 수 없는 유한한 생명이었다.(그랬다. 모든 것을 꿰뚫어보는 하느님께서는 창세 때 이미 아담의 타락을 내다보았다.) 그 때문에 성인들은 조물주 앞에서 인간이 "절반은 천사, 절반은 짐승"
이라 말했던 것이다. 만약 인간이 하느님을 경외하고 그의 율법
을 준수하며 죄악을 거부하고 선을 좇는다면 야훼의 은혜를 입
을 수 있지만, 그렇지 않다면 인간은 타락하여 짐승처럼 살 수밖
에 없다.

  잔니가 모리 교수에게 물었다. "「창세기」 1장에 '하느님께서 말
씀하셨다'는 말이 열 번이 아닌 아홉 번만 등장한다는 사실을 어
떻게 해석해야 하나요?" 모리 교수는 그의 코에 맺힌 땀방울을
보고는 쓰고 있던 차양 모자를 벗었다. 그러고는 손가락으로 하
늘을 가리켰다.

  절기상 이미 하지였다. 우리 여섯 명의 대학원생은 모리 교수를
빙 둘러싼 채 그가 책임 교수로 있던 엘리엇 하우스[6]를 나와 찰
스 호텔로 향했다. 그의 은퇴를 축하하기 위해서였다. 1980년대
의 찰스 호텔 레스토랑은 오늘날처럼 관광객과 비즈니스 손님만
출입하는 호화롭기만 하고 개성은 없는 그런 곳이 아니었다. 당시
레스토랑 식탁 위에는 흰 종이와 크레용 한 세트가 놓여 있었다.
손님들은 자리에 앉은 뒤 주문을 하고, 음식이 나오는 동안 이야

---

6 하버드대학 학부생들은 단과대학별로 기숙사 생활을 하며 전공 수업을
   듣는다. 책임 교수는 경력 있는 교수가 맡는다.―옮긴이

기를 나누며 그림을 그리거나 낙서를 할 수 있었다. 본인이 그린 그림이 마음에 들면 레스토랑 벽을 방명록 삼아 그림을 붙여둘 수도 있었다.

모리 교수가 잔니의 질문에 답했다. "오늘 그 얘기는 그만하는 것이 좋겠군. 하지만 여러분이 기억했으면 하네. 하느님께서 열 마디 말씀으로 세상을 창조하신 것은, 분명 아담에게 신경을 많이 썼기 때문이라네. 마치 열정 넘치는 집주인이 자신을 방문할 친구가 쓸 방을 손수 꾸미는 것처럼 말이야. 아담이 천지만물 중 가장 늦게 만들어졌다는 것은 아담에게 주는 경고였네. '인간이여, 네 서열이 가장 낮으니 물고기와 기는 벌레, 짐승 들에게 웃음거리가 되지 않도록 자만하지 말라! 네 피를 빨아먹는 모기가 네 할아버지뻘 아니더냐?'라고 말일세."

모리 교수의 말에 모두가 웃음을 터뜨렸다. 잔니는 자신의 어깨를 탁 치며 모기를 잡는 척했다. 그가 말했다. "하느님의 열 번째 말씀이 혹시 이 구절일까요? 야훼께서 보시기에 인류가 사악하니, 온종일 맘속으로 헤아리다 결국 사람을 지어 세상에 둔 것을 무척 후회하시어 슬픈 마음이 그치질 않았다. '나는 내가 만든 사람을 새, 짐승, 기는 벌레 들과 함께 땅 위에서 전부 없애버리려 한다. 애초에 그것들을 만들지 말았어야 했다!'(「창세기」 6:5 이하) 하지만 하느님께서는 인간을 창조하시기 전에 이미 그들의 악함을 아셨을 텐데, 왜 후회하셨을까요?"

"더 이상 이야기하지 말자니까!" 모든 사람이 잔니의 말을 막고 나섰다.

하늘의 천사들, 즉 신의 아들들은 아담을 창조한 것에 대해 의견이 분분했다. 사랑의 천사들은 춤을 추며 환호했다. 그들은 사람들이 진심으로 서로 사랑하기를 기원했다. 진리의 천사들은 사람들이 거짓말하는 악습을 버리지 못할 것이라 믿었다. 정의의 천사들은 사람들에게 정의를 실천할 기회를 주어야 한다며 열심히 기도했다. 평화의 천사는 의외로 매우 회의적이었다. 그는 인류의 역사가 전쟁과 살육으로 점철될까 걱정했다. 많은 천사가 의심과 염려를 떨치지 못했다. '높으신 하느님께서 왜 언젠가는 고개를 빳빳이 쳐들고 하느님의 율법에 대적할 두 발 달린 요물에게 그런 큰 사랑을 쏟으시는 걸까?' 야훼께서 인류의 죄에 대해 언급하시기도 전에, 그들은 벌써부터 두려운 마음으로 부르짖었다. "우주의 주인이시여! 사람이 무엇이기에 주님께서 그들을 생각하시며, 어째서 온 땅의 인간을 그렇게 돌보십니까!"(「시편」 8:4)

천사들의 말에 야훼께서는 크게 노했다. 그는 손가락을 들어 항의하는 천사들을 한 줌의 재로 만들었다. 하늘에서 더 이상 불만의 소리가 들려오지 않자, 야훼께서는 차츰 화를 삭이고 모자란 천사의 수를 채웠다. 야훼께서 말씀하셨다. "너희는 모두 나의 자녀다. 무엇을 두려워하느냐? 창세에 관한 계획은 이미 내게 있다. 첫째 날은 빛을 만들어 아담과 그의 자손들에게 옳고 그름을 분별하는 능력과 하느님을 경외하는 지혜를 내릴 것이다. 둘째 날은 궁창을 만들어 이스라엘 자손들이 회막을 세우고 성소를 지어 내게 경배하게 할 것이다. 셋째 날은 대지에 초목을 지어 그들이 유월절에 무교병을 만들고 쓴 나물을 먹으며, 내가 그들을 인도하여 홍해를 건너고 이집트를 탈출케 한 일을 기념하게 할 것이다. 넷째 날은 해, 달, 별을 만들 것이다. 사람들은 이 모양을 따라 여섯 개의 줄기와 일곱 개의 받침으로 이루어진 순금 등잔대를 만들 것이다. 다섯째 날에는 새를 만들 것이다. 고개를 들고 날개를 펼친 거룹[그룹/케루빔]kerubim[7]이 증거궤 위에서 모세의 '십계명'을 호위하는 모습을 조각하도록 그들에게 영감을 줄 것이다. 그리고 여섯째 날, 짐승과 기는 벌레를 다 만든 후에 아담을 만들 것이다. 아담의 후손, 즉 아론의 자손들은 제사장직을 맡아 율법에 따라 제사를 지내며, 내게 향기로운 제물을 바칠 것이다!" (「출애굽기」 20, 25, 28장)

"아멘, 아멘!" 천사들이 한목소리로 화답했다. 때가 되자, 하느님께서 천사장 가브리엘gabri'el을 땅으로 보냈다. "너는 가서 내가

---

7   지천사智天使를 지칭. 아담과 하와가 에덴에서 추방된 후 그곳을 수호했다. 에제키엘[에스겔]의 환상에서 거룹은 4개의 날개, 4개의 머리, 그리고 4개의 바퀴를 지닌 것으로 나타난다. ─옮긴이

미켈란젤로 부오나로티, 시스티나 성당 천장화 「아담의 창조The Creation of Adam」 부분, 1512

사람을 만들 때 사용할 흙을 가져오너라."

그러나 땅은 가브리엘이 흙을 가져가도록 허락하지 않았다. 천사장은 대지를 꾸짖었다. "네가 감히 하느님의 명령을 어기려 하느냐? 궁창을 물러나게 하여 너를 뭍으로 끌어올린 이가 어떤 분이냐?"

땅이 대답했다. "천사장님은 모르시는군요. 흙으로 만들어진 사람이 선악과를 훔쳐 먹으면, 하느님께서 제게 죄를 물어 '가시덤불과 엉겅퀴'를 내리실 텐데(「창세기」 3:18) 그때가 되면 어찌하시렵니까? 하느님께서 직접 오셔서 가져가시기 전에는 절대 이 흙을 드릴 수 없습니다!"

야훼께서는 가브리엘과 땅의 대화를 묵묵히 듣고 땅의 말을 염두에 두셨다. 야훼께서는 동서남북의 땅에서 각각 빨간색, 검은색, 흰색과 녹색의 흙'adamah을 가져와 손으로 아담을 빚었다. 빨간 흙으로는 피를, 검은 흙으로는 장기를, 하얀 흙으로는 뼈를, 그리고 녹색 흙으로는 피부를 만들었다. 그런 다음 흙으로 빚은 사람'adam을 조심스럽게 내려놓고 코에 생기를 불어넣었다. 이에 아담에게 영혼이 생겼다.(「창세기」 2:7)

잔니의 고증에 따르면, 야훼께서 사방의 흙으로 사람을 만든 것은 땅이 아담의 자손들을 괴롭히지 못하게 막기 위한 예방책이었다. 사람은 죽은 후에 반드시 흙과 먼지로 돌아가 땅에 묻혀야 했다. 그런데 만약 사람이 한 곳의 흙으로만 만들어진다면, 그가 다른 곳에서 죽었을 때 땅이 자신의 흙과 다르다는 핑계로 매장을 거부할 수도 있었다. 이런 논리는 아담의 이름에서도 나타난다. 히브리어로 아담이라는 단어는 동쪽anatole, 서쪽dysis, 북쪽arktos, 남쪽mesembria의 첫 자모로 이루어져 있다.

하느님께서는 아담을 자신의 형상대로 창조하셨을 뿐 아니라 아담에게 만물의 영장 역할을 주셨다. 또한 아담이 영원히 살 수 있도록 하느님의 율법을 그에게 전달하려 하셨다. 천사들이 이처럼 완벽하게 창조된 아담을 질투한 것은 당연했다. 야훼께서 인간을 어여삐 여겨 그들을 천사로부터 보호하지 않았다면, 천사들

창세기, 인문의 기원

대 피터르 브뤼헐, 「반란 천사의 추락The Fall of the Rebel Angels」, 1562

은 질투의 화살을 인간에게 겨누었을 것이다. 그런 천사들 가운데 가장 뛰어나고 빛나는 천사는 사탄satan('적수'라는 뜻)이었다. 보통 천사들은 세 쌍 이하의 날개를 갖고 있었지만, 그에게는 열두 쌍의 날개가 있었다. 야훼께서는 인간을 만드신 후 모든 천사를 불러 모아 아담에게 경의를 표하도록 했다. 사탄은 이런 대우를 더 이상 참을 수 없었다. "주여, 당신은 셰키나shekinah의 빛으로 10등급의 우리 천사를 만드셨고, 각자에게 직책을 주셨습니다. 그런 우리더러 어찌 먼지와 흙으로 빚어진 자를 경배하라 하십니까?"

야훼의 표정이 굳어졌다. "인간이 흙에서 왔다고 무시하지 마라. 그가 오히려 너희보다 더 지혜롭다."

야훼의 말을 믿을 수 없었던 사탄은 아담과 지혜를 겨루겠다고 청했다. 야훼께서 말씀하셨다. "좋다. 내가 창조한 짐승들의 이름을 아직 짓지 못했으니, 너는 아담과 함께 그것들의 이름을 짓도록 하라. 만약 네가 아담을 이긴다면, 아담에게 너를 경배하게 하고, 너에게 내 셰키나의 오른편 자리를 줄 것이다. 그러나 만약 진다면, 너는 그를 경배해야 한다. 나는 그를 에덴동산에 두어 그곳을 지키게 할 것이며, 지혜와 생명의나무도 돌보게 할 것이다!"

"좋습니다." 사탄이 대답했다.

얼마 후, 야훼께서 천사들과 함께 에덴동산에 내려왔다. 아담을 찾으신 후, 야훼께서는 세상의 모든 짐승에게 짝을 지어 아담과 사탄 앞을 지나가라고 명령하셨다. 기회는 먼저 사탄에게 돌아갔다. 황소와 젖소가 지나갔지만, 사탄은 아무리 머리를 쥐어짜도 이름을 지을 수 없었다. 뒤를 이어 낙타와 당나귀가 지나갔다. 사탄은 발을 동동 굴렀지만 여전히 아무 이름도 생각해내지 못했다. 야훼께서 아담을 앞으로 불러 각 동물의 이름을 물어보셨다. 야훼께서는 그 물음 속에 황소와 젖소, 낙타와 당나귀의 첫 글자를 교묘하게 숨겨놓았다. 아담은 잠시 생각하다가 야훼의 뜻을 알아차리고는, 손가락으로 동물들을 일일이 가리키며 이름을 지었다. 아담이 동물의 이름을 모두 말하자, 야훼께서 물으셨다.

창세기, 인문의 기원

"내 이름이 무엇이냐?"

아담은 땅에 엎드려 말했다. "유일하신 나의 주님'adonay, 전능하신 하느님'elohim입니다. 할렐루야!"

야훼께서 크게 기뻐하셨다. 아담이 거룩한 이름을 직접 부르는 대신, 야훼를 찬미한다는 뜻으로 "할렐루야"를 외치며 겸손함을 보였기 때문이다. 천사들도 한목소리로 아담에게 찬사를 보냈다. "그의 지혜가 실로 대단하구나!" 천사장 미가엘mika'el이 천사들 중 가장 먼저 아담에게 허리를 굽혀 절했다. 드디어 사탄의 차례가 다가왔다. 아직도 분을 삭이지 못한 사탄은 숙이고 있던 고개를 빳빳이 들고 말했다. "야훼의 마음이 한쪽으로 치우쳤으니, 공정한 판결이 아닙니다!" 그가 이끄는 한 무리의 천사도 일제히 그와 함께 외쳤다. 그들의 목소리가 하늘을 흔드니 미가엘의 제지도 통하지 않았다. 미가엘은 초조한 목소리로 사탄에게 말했다. "어서 '하느님의 형상'인 아담에게 절하지 못하겠느냐! 하느님의 진노가 네게 미치면 후회한들 이미 늦을 것이다!"

하지만 사탄은 날개를 퍼덕이며 미가엘의 말을 듣지 않았다. 크게 화가 난 야훼께서는 오른손을 들었다. 번개가 번쩍이더니, 사탄과 그의 무리들이 구름 속으로 떨어졌다.(「에녹의 둘째 편지」 29:4)

그날 식사 자리에서 모리 교수는 '하느님의 후회'에 대해 말을 삼가도록 했다. 잔니는 별다른 말 없이 애꿎은 크레용만 닳아 없 앴다. 다음 날, 신학원에 책을 반납하고 나오는 길에 나는 잔니의 방에 들러 그가 우려준 홍차를 마셨다. 그는 자신이 머무는 신학 원 기숙사의 어떤 명소에 대해 이야기했다. 그 명소는 다름 아닌 남녀 공용 화장실이었다. 처음 화장실에 갔을 때는 낯설고 불편 했는데, 나중에는 다른 칸에서 감지되는 움직임에 신경 쓰지 않 게 될 만큼 익숙해졌다는 것이다. 그는 다른 화장실에서처럼 종 종 변기 뚜껑에서 낙서를 발견하기도 한다고 했다.

차를 두 잔째 비우자 화장실에 가고 싶어졌다. 변기 뚜껑을 올 리기 전, 내 눈에 들어온 한 구절이 있었다. "빛의 사자使者여, 너 의 보좌가 바로 이곳이다!" 이 구절에서 '빛의 사자'는 바로 「이사 야」 14장에 나오는 '계명성helel'을 가리킨다. 계명성은 태백금성 太白金星으로, 라틴어 성경에서는 통상 '빛의 사자Lucifer'로 번역되 며 『KJV 성경』[8] 역시 이를 따르고 있다. 이 '빛의 사자'는 본래 예 루살렘 성을 침략한 바벨론 왕 네부카드네자르 2세(재위 기원전 605~기원전 562)로 해석됐지만, 후대에 와서는 마귀 사탄으로 해 석되었다. 이는 예수가 일흔두 명의 제자에게 전한 말 때문이었 다. "예수께서 말씀하시길, 사탄이 하늘로부터 번개같이 떨어지는

---

8   영역본 성서 중 가장 권위 있다고 평가되는 킹 제임스 판King James Version 을 가리킨다.—옮긴이

것을 내가 보았다."(「누가의 복음서」 10:18)

눈부신 계명성, 아침의 아들아!
어찌 하늘에서 떨어졌느냐?
어찌 땅으로 곤두박질하여,
열국의 주인이 되었느냐?

애초부터 너는 속으로 생각했지
다시 하늘에 올라,
하느님의 뭇별 위에
나의 보좌를 놓겠노라고

모든 신이 모인 산정에 올라
북극에 이르기까지 다스리겠노라고
또 구름 위에 올라,
지극히 높은 자보다 더 높아지겠노라고!

이제 너는 어둠 사이로 발을 헛디뎌,
바닥조차 없는 심연으로 빠져버렸구나!

다리를 벌리고 '빛의 사자'의 하얀 '보좌' 앞에 서기 전, 문득 어떤 생각이 머리를 스쳤다. 금성에 견줄 만큼 아름다웠던 신의 아들 사탄은, 아마도 애초에는 하느님의 총애를 받았을 것이다. 그렇다면 사탄은 아담이 자신의 자리를 빼앗았기 때문에 하느님께 반역한 것일까? 잔니의 말이 맞다. 하느님은 아담을 만든 것을 후회하지 않았다. 야훼께서 진노하신 이유는 신의 아들 중 그를 대적하는 이가 나와 그가 사랑하시는 아담을 유혹하여 끝없이 죄짓게 만들었기 때문이었다. 인자한 조물주는 어쩔 수 없이 아담에게 저주를 내리고 그를 에덴동산에서 쫓아냈다. 또 에덴동산을 폐쇄하고, 홍수로 세상을 멸망시켜야만 했다. 그러나 그의 마음을 가장 아프게 한 것은 사탄이 인간 세상에서 여전히 '현세의 왕'(「요한의 복음서」 12:31, 16:11)으로 군림하고 있으며, 아직도 심판을 받지 않았다는 점이다.

나는 재빨리 잔니의 방으로 돌아와, 잔니에게도 '보좌'의 훈시를 읊어주려 했다. 잔니는 훈시를 듣자마자 눈물을 흘릴 정도로 박장대소했다. 한참 뒤 잔니는 낮은 목소리로 속삭였다. "그 말, 다른 사람한테는 하지 마. 내가 장난으로 쓴 거니까."

창세기, 인문의 기원

릴리트

Lilith

릴리트 1. 인류 최초의 여성이자 아담의 첫 번째 아내. 2. 하와를
유혹해 선악과를 먹게 한 뱀. 3. 아이를 잡아먹는 바벨론의 여귀女
鬼로 가나안인의 신화에 나오는 악마계의 왕후. 달이 검게 변하고
바람이 세게 부는 밤에 나타나 남자의 맑은 피를 빨아먹는다.(속
칭 '몽정夢精'하게 만든다.) 릴리트의 접근을 막으려면 평평하게 누워
발을 가지런히 모으는 방법이 있다.(성 안토니오식) 왼손은 둥그렇게
말아 하체를 가볍게 누르고, 구세주의 수난을 상징하는 성스러운
십자가를 오른손에 쥔 채 왼손에 포갠다.

모리 교수는 강의할 때 강의안을 참고하지 않는다. 강의 시간
이 되면 그는 빈손으로 문을 열고 들어와 천천히 칠판 앞에 선

바벨론 테라코타 부조의 릴리트(올빼미)

다. 그리고 외투를 벗어 의자에 걸고 양복 조끼 주머니에서 카드한 장을 꺼내 인사말도 없이 바로 시문을 읊는다. 그날 그는 '릴리트'에 관한 시를 읊으며 마치 출석을 확인하듯 교실을 둘러보았다. 그의 시선이 내 뒷자리에 앉은 학생에게 고정됐다. "……십자가를 쥐고 왼손에 포갠다. 아, 수잔! 자네가 하와 이전 아담의 아내였던 릴리트를 위해 발표해줄 수 있겠나?" 이 '성경 문학' 수업을 듣는 학생은 모두 논문 한 편씩을 써서 제출해야 했다. 그리고 수업 시간에는 자신이 맡은 주제에 대해 발표하고 다른 학생들과 토론해야 했다.

원래 혈색이 없던 수잔의 얼굴이 더 창백해졌다. "네, 그럼요." 그녀는 프랑스 억양이 섞인 영어로 짧게 대답했다.

3주 차에 모리 교수는 칠판을 수잔에게 양보했다. 수잔은 무거운 책가방을 강단에 내려놓더니, 복사한 자료 한 뭉치를 꺼내 맨앞줄 학생들에게 나눠준 후 스크린을 내리고 영사기를 켰다. 그수업 이후로는 이 작고 마른 알제리 출신의 프랑스 여학생을 아무도 얕잡아보지 않았다.

하느님께서 릴리트를 창조하고 아담의 배필로 삼은 이야기는성경에서 찾아볼 수 없다. 하지만 이 이야기의 유래는 아주 오래전으로 거슬러올라간다. 유대 법전인 '바벨론 탈무드'(5세기 말 편찬)는 릴리트를 몸에 털이 많고 나는 것에 능하며 음탕하다고 여러 차례 언급하고 있다. 릴리트에 관한 구체적인 기록은 '벤 시라의 알파벳'(8~10세기에 쓰임)에 다음과 같이 나와 있다.

바벨론의 네부카드네자르 2세에게는 어린 아들이 있었는데, 이름 모를 중병에 걸렸다. 대왕은 포로로 잡아온 이스라엘 사람 중 벤 시라는 성인이 병을 고치고 악을 쫓는다는 이야기를 들었다. 왕은 그를 궁으로 불러 이렇게 말했다. "만약 어린 왕자의 병을 낫게 하지 못한다면 네 목을 거둘 것이다!"

왕의 말을 들은 벤 시라는 하느님께 기도한 후 부적을 그렸고 거기에 문자 몇 개를 적어 넣었다. 대왕이 부적의 뜻을 묻자 성인이 대답했다. "세 분 수호천사의 이름과 그들의 날개를 표시한 것입니다." 성인이 왕에게 들려준 이야기는 다음과 같았다.

태초에 하느님께서 지혜로 세상을 창조하고 사방의 흙으로 아담을 만드셨다. 또한 아담에게 에덴동산에 있는 모든 짐승의 이름을 짓도록 했다.(이 책 「아담」편 참조) 아담은 줄지어 지나가는 각종 동물이 모두 암수 한 쌍인데 자신만 짝이 없는 것을 보고 슬퍼했다. 하느님께서는 '아담 혼자 외로이 있는 것이 보기 좋지 않으니, 그에게 어울리는 짝을 지어주어야겠다'(「창세기」 2:18)고 생각하셨다. 그래서 진흙을 가져다 자신의 형상대로 여자를 빚어 코에 생기를 불어넣고 릴리트라는 이름을 지었다. 릴리트가 마음에 든 아담은 그녀와 동침하려 했다. 하지만 릴리트의 입에서 나온 말은 뜻밖이었다. "전 당신 밑에 깔려서 관계를 맺을 수 없어요!"

아담이 발끈했다. "뭐라고? 그럼 나보고 밑에 깔리란 말이야? 하느님께서 나를 위해 당신을 만드신 사실을 모르는 거야? 나는 당신의 주인이자 남편이야. 내 말을 들어야 한다고!"

성격이 사납고 드센 릴리트는 한마디로 아담을 제압했다. "하느님께서 당신과 나를 모두 진흙으로 직접 만드셨는데, 누가 누구의 주인이라는 거지?"

다급해진 아담이 릴리트를 세게 붙잡았다. 그런데 고개를 돌린 릴리트의 입에서 나온 건 발설해선 안 될 야훼의 거룩한 이름이었다. 삽시간에 천지가 진동하고 산이 흔들렸다. 아담은 미끄러져 바닥에 쓰러진 후에야 품 안의 아내가 흔적도 없이 사라졌다는 사실을 알았다. 분노한 아담은 야훼께 부르짖었다. "우주의 주인이시여, 당신께서 제게 주신 여인이 도망갔습니다!" 야훼께서 보니 과연 릴리트가 보이지 않았다. 그는 날개 여섯 달린 천사 셋을 보내 릴리트를 찾도록 했다. 세 천사는 날고 또 날아 홍해 기슭에 다다랐다. 후에 이집트의 파라오가 자신의 잘못을 깨닫지 못하고 모세를 추격하다 이집트 대군을 몰살당하게 만든 그 장소였다. 릴리트의 머리카락이 그곳에서 불꽃처럼 춤추고 있었다. 천사들이 구름 덩어리를 누르며 큰 목소리로 말했다. "릴리트는 거기 서라! 우리는 신의 아들이다!"

릴리트가 고개를 들고 말했다. "아담도 흙과 먼지로 만든 자인데, 어찌 그를 저의 주인이라 하십니까? 하느님께서 저를 지으신

미켈란젤로 부오나로티, 시스티나 성당 천장화
「아담과 이브의 원죄와 낙원으로부터의 추방The Expulsion from Paradise」 부분, 1509

이유는 저를 그의 노예로 삼기 위해서가 아니라 그를 돕는 배필로 삼기 위해서였습니다. 저는 이 황량한 들판에서 마귀를 따를지언정 돌아가지 않겠습니다! 또한 하느님께서 제게 하신 약속이 있습니다. 남자아이를 낳으면 할례 전까지 8일 동안, 여자아이를 낳으면 20일 동안 온전히 제가 보살피도록 허락하지 않으셨습니까!"

천사가 대답했다. "만약 네가 아담의 곁으로 돌아가지 않는다면, 네가 나중에 마귀와 동침하여 낳을 요물 릴림^{lilim} 중 100명의 목숨을 매일 하느님께서 빼앗아가실 것이다!"

릴리트가 큰 소리로 울며 소리쳤다. "야훼의 영원무궁하고 거룩한 이름을 두고 맹세하건대, 제게 임한 저주를 그대로 아담의 자손들에게 되갚아줄 것입니다!"

천사들은 대경실색했다. "네가 큰일 날 소리를 하는구나! 지금이라도 회개한다면 늦지 않을 것이다!"

그들은 홍해의 거친 파도 위를 빙빙 돌며 릴리트와 논쟁을 벌였다. 시커먼 구름이 광야를 덮었다. 결국 양쪽이 한발씩 물러서기로 했다. 릴리트가 천사들에게 말했다. "저는 결코 에덴동산으로 돌아가지 않을 겁니다. 아이들의 복수도 꼭 할 거고요. 하지만 만약 아담의 자손들이 아이의 잠자리 밑에 당신들의 이름과 모습, 날개 모양이 그려진 부적을 둔다면, 당신들을 봐서 그 아이들은 해치지 않겠습니다."

그때부터 지금까지 야훼께서는 매일 릴리트가 낳은 아이들 중

100명의 생명을 앗아가셨다. 릴리트 역시 광분하여 세 천사의 보호를 받지 않는 아이들을 찾아 질병을 퍼뜨렸다. 릴리트가 광야로 숨어든 시기는 아담과 하와가 선악과를 몰래 먹기 전이었다. 따라서 릴리트는 하느님께서 아담과 하와, 그리고 그들의 자손에게 내린 죽음이라는 저주를 피할 수 있었다. 아담과 하와가 에덴동산에서 쫓겨나 평생 고생하고 자신들의 죄를 뉘우쳐도 영생을 얻지 못했던 반면, 야훼께서 만드신 인류 최초의 여성은 영원히 살아남아 모든 악령의 어머니이자 사탄의 왕후가 되었다.

릴리트라는 이름은 「이사야」 34장에 딱 한 번 나온다. 이사야는 기원전 8세기 후반 예루살렘에서 활동한 선지자로, 이스라엘의 숙적 에돔이 '야훼의 검'에 의해 멸망당해 "혼돈으로 길이를 재며 공허로 무게를 달아야" 할 정도로 폐허가 될 것임을 예언했다.(「이사야」 34:11)

고관대작들의 명령이 다시는 없겠고,
영주의 고귀한 그림자도 다시는 없을 것이다
그 궁궐에 가시나무가 가득 차고
잡초와 질려蒺藜[9]가 온 성을 덮을 것이다
그곳은 승냥이의 보금자리, 타조의 둥지가 될 것이며,
거기서 들고양이가 하이에나와 만나고, 산양들이 서로를 찾을 것

이다

또한 릴리트가 사방에서 출몰하여,

머물 곳을 찾아 떠돌 것이다

릴리트라는 단어는 '밤lyl'과 어간이 같다. 따라서 예부터 지금까지 많은 역본이 릴리트를 '밤의 마귀'라고 번역했다. 반면 『KJV 성경』은 릴리트를 '가면 올빼미screech owl'라고 옮겼다. 이 번역은 바벨론 신화 속 릴리트의 원형(즉, 매의 날개와 발을 가졌으며 처녀의 얼굴을 하고 한밤중에 어린아이들을 잡아먹는 올빼미lilitu)으로 거슬러 올라간다. '벤 시라의 알파벳'에 나오는 릴리트 역시 바벨론 신화의 영향을 받았음을 알 수 있다. 그러나 중세에 와서는 성 히에로니무스[10]가 릴리트를 '뱀 요괴lamia(여성 명사)'라 번역한 라틴어 성서의 해석이 유행했다.

뱀 요괴 전설은 리비아에서 탄생한 것으로 알려져 있다. '꿈의 악령succubae'이라고도 불리는 뱀 요괴는 열린 창문으로 들어와 자고 있는 남자의 정기를 빼앗아가는 공포의 존재로 서양 남성들의 잠재의식에 자리 잡았다. 괴테의 『파우스트』 2부(7235행 이하)

---

9   남가샛과의 일년초로, 전체에 가시가 있으며 열매는 강장제나 해열제로 쓰인다. ─옮긴이
10   가톨릭 성인으로, 그리스어 역본인 칠십인역을 라틴어로 번역한 불가타 본을 완성한 것으로 유명하다. ─옮긴이

에는 파우스트 박사가 완벽한 아름다움을 대표하는 헬레나를 구하기 위해 난쟁이를 타고 그리스로 가는 이야기가 나온다. 그리스에 도착한 박사는 한밤중에 스핑크스, 인어, 거대 개미 등 신기한 괴물을 만난다. 그것들에 이어, 스핑크스가 '수치심도 모르고 웃음을 흘리는 요부'로 묘사한 뱀 요괴lamien가 등장한다. 악마 메피스토조차 그녀를 보고 무서움에 떨 정도라고 괴테는 말한다. 본래 히브리어 성경에 등장하는 에덴동산에서 하와에게 말을 걸던 뱀nahash과 하느님께서 선지자 모세로 하여금 막대기에 걸어 이스라엘인의 전염병을 치료하게 했던 구리 뱀saraph은 모두 양성 명사다. 그러나 뱀 요괴가 릴리트의 번역어가 되면서, 그녀는 휘날리는 긴 머리에 양쪽 젖가슴을 내놓고 비늘로 뒤덮인 하반신을 나무 기둥에 감고 있는 여성의 모습을 갖게 되었다. 바로 교회가 시도 때도 없이 경고하는 그 원흉 말이다. 그 원흉은 어두운 곳에서 시시각각 염탐하다가 사람들이 한눈을 파는 사이에 얼마나 많은 하와의 자식들을 망쳤던가!

그러나 수잔은 릴리트가 뱀이 되어 인간을 적대하게 된 것은 모두 하느님의 계획이었다고 분석했다.

전능하신 하느님께서는 모든 것을 꿰뚫고 계셨다. 세상 만물, 귀신과 요괴까지도 모두 하느님의 피조물이었다. 그러므로 릴리트가 아담과 싸우고 천사와 논쟁한 끝에 복수를 맹세한 것, 그녀가 리비아 사람들의 상상에 의해 뱀 요괴가 된 것, 즉 13세기 유대 밀교의 아이작 박사가 설명한 것처럼 "상반신은 미인의 형상을 하고 있고, 배꼽 아래는 형언하기 어렵지만 불처럼 활활 타오르는 존재"(『원편으로 흐르는 빛에 대하여』, 19장)는 모두 야훼의 통찰과 파악 속에 있었다. 이것은 하느님의 천지창조에 대한 논리적 전제다. 그렇다면 조물주는 왜 릴리트를 뱀으로 변하게 하여 그녀를 죄의 상징으로 만들었을까?

수잔은 그 이유를 야훼께서 가나안(고대 팔레스타인)에서 뱀의 저항을 받은 것과 연결지었다.

뱀은 가나안 지역을 포함한 고대 근동 신화에서 신성한 동물 혹은 토템으로 등장한다. 뱀은 지혜와 생명, 남근, 보화의 상징이었다. 가나안인은 다신교를 믿었다. 주신主神은 황소처럼 용감한 전쟁의 신이자 천둥 번개를 관장하는 신 바알과 그의 어머니이자 배우자이며 출산의 신으로 두 개의 뿔을 가진 하늘의 여왕 아스다롯이었다. 또한 비를 내리는 천둥 번개는 뱀과 같은 형태로 여겨졌다. 그런데 가나안 지역이 사막과 황야에 근접해 있었기 때문에 빗물은 가나안인의 생존과 관련된 중요한 존재였다. 때문에 비를 내리는 천둥 번개의 신 바알은 아스다롯과 마찬가지로 생명의 신이었던 동시에 뱀과 동일시되었다. 한편 바알과 아스다롯의 제사는 여사제가 담당했다. 그들은 높은 언덕에 돌이나 나무로 뱀 머리 모양의 음경과 나체의 여신상을 세웠다. 제사 기간이 오면 신전에서는 자원하는 처녀와 소년 중에서 신의 뜻을 받드는 신전의 창기와 남창을 뽑았다. 따라서 야훼께서 모세를 통해 이집트 왕 파라오에게 보인 첫 번째 기적에서 지팡이를 뱀으로 변하게 하여 파라오의 뱀을 잡아먹게 한 것은 파라오에게 이스라엘 하느님의 지존함을 보여준 것이었다.(「출애굽기」 7:8) 모세가 죽은 후 이스라엘 사람들은 모세의 유지를 받들어 요르단 강을 건너 가나안 성을 공격했고, 일련의 전쟁을 거쳐 기원전 11세기 말 마침내 나라를 세웠다. 그러나 하느님의 보호 아래 가나안에 정착했음에도, 이스라엘 자손들은 모세의 예언대로 결국 '이교와 사탄'의 유혹을 견뎌내지 못했다. 그들은 점차 가나안 원주민들과 통혼하거나 우상과 사탄을 숭배했다. 심지어 이스라엘의 국왕까지도 가나안 원주민 족장이나 제사장의 딸들처럼 왕궁에서 우상을 섬겼다 하니, 당시 우상숭배의 분위기를 가히 짐작할 수 있다.(「열왕기상」 16:31)

천둥의 신 바알의 우상 혹은 그의 변형된 형상be`alim인 뱀은 이렇게 야훼의 가장 큰 원수가 되었다. 미남인 사울이 성령의 감동을 받아 왕이 되려는 뱀naḥash(암몬의 왕으로 옛 번역의 '나하스'를 가리킴)과 싸워 승리했다거나, 선지자 예레미야가 하늘의 여왕을 섬기는 남국의 부녀자들을 꾸짖었던 것처럼, 성경은 우상을 배척하고 '음란한 여인'을 벌하는 훈계와 가르침으로 가득 차 있다.(「사무엘상」 11장, 「예레미야」 44장) 뱀과 야훼의 싸움은 격렬했다. 모세가 야훼의 명에 따라 구리로 만든 뱀도 이스라엘 자손들이 바알

창세기, 인문의 기원

의 우상으로 삼아 섬기지 않도록 부숴야 했다.(「열왕기하」 18:4) 상황이 이렇다 보니 모세의 율법이 재차 우상을 섬기지 못하게 하고 신전의 창기를 금한 것은 당연한 일이었다. "이스라엘인들은 남녀 불문하고 신전의 창기와 개keleb(남창)가 얻은 소득을 야훼 하느님의 성전에 가져오지 말라."(「신명기」 23:18)

하느님께서는 이 모든 것을 창세 때 이미 분명히 알고 계셨다. 그렇다면 하느님께서는 어떻게 했을까? 인자하신 하느님은 고개를 살짝 숙여 품 안의 율법에게 귓속말로 속삭였다. 그러자 지혜의 법이 홀연히 일어나 주옥같은 말로 인간을 차근차근 일깨워주었다.(「창세기」 3장) 에덴동산 중앙에 있는 선악과 지혜의 나무 아래로, 손을 잡은 아담과 하와가 걸어왔다. 벌거벗은 몸`arummim으로 그들은 가장 음흉하고 교활한`arum 뱀을 만났다. 거룩한 법은 뱀의 입을 열어 하와로 하여금 나무 위의 과실을 따서 "자기가 먹은 후 옆에 있는 남편에게도 하나를 건네도록" 유혹했다. 과실을 먹은 두 사람은 눈이 밝아져 부끄러움`erwah을 알게 되었고, 그들의 마음속에 죄가 들어오게 되었다. 바로 그 죄 때문에 여성은 "임신의 수고와 출산의 고통"을 겪게 되었다. 또한 죄의 근원이란 곧 뱀을 우상으로 삼고 다른 신을 섬기는 것이라는 사실과, 릴리트를 교훈 삼아 "남편을 의지하며 주인으로 섬겨야" 한다는 것도 알게 되었다. 왜냐하면 뱀, 곧 신전의 창기들이 받들던 우상은 본디 마귀세계의 안주인, 사탄의 왕후가 변형된 형상이었기 때문이다. 따라서 "여자와 뱀은 평생 적이 되고 그들은 자자손손 서로 원수가 되었다. 사람은 뱀의 머리를 때려 짓이길 것이며, 뱀은 그의 발꿈치를 물어 상하게 할 것이다."(「창세기」 3:15)

모리 교수가 제일 먼저 일어나 박수를 쳤다. 모두 흥분해서 성공적으로 발표를 끝낸 수잔을 위해 기뻐했다. 원고를 든 수잔의 얼굴이 빨개졌다. 박수 소리에 묻혀 들리지 않을 뻔했던 수잔의 결론은 다음과 같았다.

"이렇게 하느님의 법은 일석이조의 효과를 봤다. 릴리트를 뱀으로 변하게 하여 바알과 하나가 되게 하고, 동시에 뱀의 말을 믿은 하와로부터 세상에 죄인이 생겨나게 되었다."

모리 선생은 수잔의 이번 논문을 여러 자리에서 몇 번이나 칭찬하며 그녀가 이 주제에 관한 연구를 계속하기를 희망했다. 그러나 그녀는 이듬해 석사 학위를 받은 후 유엔의 한 프로젝트를 통해 카메룬으로 갔다.

그녀가 카메룬으로 떠나기 전 내게 한 말이 기억에 남는다. 송별회가 있던 날, 나는 학과(당시 영문과는 교원 클럽 맞은편, 기와식 노란 건물이었다)에 편지를 찾으러 갔다가 입구에서 담배를 피우는 수잔을 만났다. 언제 아프리카로 가느냐고 묻자 그녀는 담배를 끄고 프랑스어로 말했다. "갈 수만 있다면 오늘 당장이라도!" 그리고 목소리를 낮춰 당시 우리 과에 불던 동성애 열풍에 대해 한

파리 성모원 성모문 기둥의 부조 부분, 릴리트 머리 위에 성모의 왼발이 보인다.

마디 했다. "이 노란 건물에선 동성애자가 아닌 싱글 여성으로 사는 것보다 아담의 할아버지가 되는 게 더 쉽겠어!"

1987년 여름, 나는 언제 설립되었는지도 모르는 영문과의 기금을 받아 유럽의 중세 교회들을 둘러보는 프로그램에 참가하게 되었다. 때마침 수잔도 아프리카에서 파리로 돌아왔다. 우리 부부가 파리에 도착한 다음 날, 그녀는 우리를 데리고 교회 몇 곳을 구경시켜주었다. "기금회에 보고할 내용은 있어야 하잖아?" 그녀가 말했다. 파리 성모원에 도착했을 때 그녀는 먼저 우리에게 '성모문'의 부조를 보라고 권했다. 아들을 안고 있는 성모의 발밑, 나뭇가지에 몸을 깊이 숨기고 있던 이는 다름 아닌 릴리트였다. 그녀는 두 발톱으로 나뭇가지를 잡고 있었고 젖가슴을 내놓았으며 배꼽 밑은 비늘로 덮여 있었다. 나무 아래로는 선악과를 막 입에 물려는 하와와 아직 수치심을 모르는 아담이 있었다. "성모가 릴리트를 밟고 있다니!"

"아니야, 여자가 여자를 밟고 있는 거지!" 수잔이 웃으며 우리에게 사진을 찍어주겠다고 나섰다.

사진을 찍은 그녀가 손을 흔들었다. 그녀가 찍은 사진 속에는 성모원 입구에서 북적거리는 사람들 무리와 탑 윗부분에 조각된 괴물, 그리고 센 강의 유람선이 담겨 있었다. 아니, 사진을 채운 건 보드라운 바람이 불던 파리의 전경이었다.

카인

Qayin

성경에는 카인qayin이 동생 아벨hebel을 살해하여 하느님께서 직접 그의 죄를 묻고 그를 심판한 사건이 나온다. 이 때문에 정통 교의에서 카인은 줄곧 악인과 악행을 상징했다. 그러나 이 사건은 많은 의문점을 남긴다. 예컨대 살인 동기는 무엇이었는지, 가해자가 사용한 흉기는 무엇이었는지, 가해자가 피해자의 시체를 어디에 은닉했는지, 하느님의 판결(저주)이 실제로 실현되었는지 등에 대해 성경은 자세히 설명하고 있지 않다. 더 중요한 사실은 카인이 바로 아담의 장자로 하와의 복중에서 잉태되었다는 점이다. 성경에 따르면 카인은 이마에 야훼의 저주를 받고 아담과 하와를 떠났지만, 농사짓고 성을 쌓는 방법을 깨우친다. 그의 자손들은 목축, 대장일, 음악, 매춘을 창조했다. 문명사회가 바로 그들에게서 시작된 것이다. 즉 죄인 카인은 사실상 인류 문명의 시조인 셈이다. 그의 생애와 공과는 인류의 존엄, 나아가 인간의 성품과 관련이 있다. 그렇다면 인간이 본래 악을 숭상하고 죄를 존엄하게 여긴다고 할 수 있을까? 나는 이 문제를 모리 교수에게 물어보았다. 모리 교수는 내 질문에 웃으며 대답했다. "인성과 존엄! 이것이야말로 성인들이 관심을 가졌던 주제였지."

내가 이해한 바에 따르면 그의 대답은 이런 의미였다. 하느님의 법을 지키는 성인들은 이런 의문을 품어왔다. 인간이 악을 숭상한다면 나쁜 선례를 남긴 최초의 인간은 아마도 아담의 씨가 아닐 거라는.

「창세기」 4장 1절을 보면, 아담과 하와가 '서로를 알자yada`'(동침을 에둘러 표현한 말)' 하와가 임신하여 카인을 낳는다. 하와는 카인을 낳고 "내가 야훼의 도움을 받아 '사내`ish'를 낳았다qanithi(카인과 발음이 비슷)"고 말했다. 후에 하와는 아들을 한 명 더 낳는데, 바로 카인의 동생 아벨이다.

'요나단의 탈굼'[11]에 나오는 주석을 살펴보자. 아담은 하느님의

---

11 탈굼의 종류 중 하나. 14세기경 '예루살렘 탈굼Targum Jerusalem'을 뜻하는 히브리어 약자 TJ를 '요나단의 탈굼Targum Jonathan'으로 오해하는 바람에 이런 이름이 생겨났다. 이 탈굼에는 옛 팔레스타인 탈굼과 온켈로스의 초기 번역이 섞여 있으며 랍비들의 주석, 설교, 교훈 등도 더러 추가되어 있다.─옮긴이

훈계를 듣고는 수치심을 느껴 잘못을 회개하고 몇 년 동안 아내와 동침하지 않았다. 그런데 갑자기 하와의 임신 소식을 접한 것이다. 아담은 무엇을 깨달았을까? 그는 아내 복중의 태아가 자신의 혈육이 아니라는 사실을 알았다. 태어난 아기의 모습을 보자 아담은 자신의 의심이 옳았음을 깨달았다. 아기의 얼굴은 신의 아들처럼 새하얗고 빛났으며 몸 전체가 투명했다. 타락한 천사 사마엘sama'el(사탄의 또 다른 이름)의 씨가 틀림없었다. 하와도 아담에게 사실을 털어놓았다. 아담이 집에 없을 때 하늘에서 천사가 내려와 야훼의 도움 아래 일이 이렇게 되었다고 말이다. 또한 그리스어로 쓰인 '아담과 하와의 생애'에는 이런 내용이 있다. 카인은 태어나자마자 서서 걸었으며, 심지어 문밖으로 뛰어나가 갈대qaneh(카인과 독음이 유사)를 주워와 모친에게 건넸다. 하와는 아이의 신묘함을 보고는 그를 '아들'이라 부르지 못하고 '사내'라 불렀다. 카인이라는 이름은 '재앙'이라는 뜻을 가진 사악한 신 '키윤kiyyun'과도 비슷하게 발음된다. 즉 하와가 뱀을 믿어 세상에 재앙이 생겨났고, 음란한 마음이 살인의 의중을 낳았다는 것이다. 이처럼 인간의 성품에는 처음부터 미신, 질투와 증오, 피 튀기는 다툼이 있었다. 이 때문에 성인들은 반복해서 경고했다. "너희는 서로 사랑하여 카인을 닮지 말라. 카인은 '큰 죄악poneros(사탄)'에서 태어났으며 친형제를 죽인 살인자이기 때문이다."(「요한의 첫째 편지」 3:12)

모리 교수가 재직하던 엘리엇 하우스의 원장실은 찰스 강을 마주하고 있었다. 창문을 열면 노란 잎사귀로 뒤덮인 잔디밭과 남쪽을 향해 날아가는 야생 오리들이 보였다. 모리 교수는 내게 '위경偽經'에 속한 책의 목록을 보여주었다. 그는 화제를 돌려, 만일 인성과 존엄이 카인의 성품에서 비롯되었다면, 하와와 아담 이외에 누가 그 성품의 증인이 될 수 있겠는지 물었다.

하와는 이전에 꿈을 하나 꾸었다. 꿈에서 아벨이 다쳐 피를 흘리고 있는데 카인이 동생을 구하기는커녕 몸을 굽혀 아벨의 상처를 핥고 있는 것이 아닌가! 꿈에서 깬 하와의 마음은 슬픔`ebel(아벨과 소리가 비슷)으로 가득 찼다. 그녀는 남편에게 꿈 이야기를 했지만, 아담도 그 꿈이 무슨 징조를 품고 있는지 알 수 없었다. 두 형제가 성인이 되자 아담은 그들을 독립시켜 각자 먹고살게 했다. 아벨은 양을 치는 목자가 되고, 카인은 밭을 가는 농부가 되었다.

정월nisan(양력 3월과 4월 사이) 14일, 즉 후에 하느님의 자녀들이 유월절로 삼은 그날, 아담은 카인과 아벨을 불러 말했다. "얘들아, 오늘은 조물주께 제사를 드리는 날이다. 너희는 그에게 은혜와 돌보심을 간청하도록 하라!" 두 형제는 각자 제물을 준비하러 갔다. 아벨은 그길로 양 우리로 달려가 갓 태어난 새끼 양 중에서 살진 놈을 골랐다. 그는 양을 잡은 후, 경건하고 공손하게 제단을 준비했다. 그러나 카인은 서두르지도 여유를 부리지도 않고 먼저 집에 돌아가 배를 채웠다. 그러고는 먹고 남은 빵과 채소, 과일을 바구니에 담아 아벨의 새끼 양 옆에 나란히 놓고 하느님께 바쳤다. 무릎을 꿇고 절을 하려는 순간, 갑자기 마른하늘에서 번개가 치고 맹렬한 불길이 새끼 양에게로 떨어졌다. 짙은 연기가 하늘 끝까지 닿았다. 이는 야훼께서 아벨의 제물을 기쁘게 받으셨다는 의미였다. 그러나 미처 자리를 피하지 못한 카인의 얼굴은 연기로 인해 검게 그을렸다. 바구니 안의 빵과 채소, 과일에는 변화가 없었다. 카인의 마음은 몹시 무거웠다. 야훼께서 카인에게 물었다. "너는 왜 어두운 얼굴로 화를 내느냐? 네가 옳은 일을 행하면 당연히 너의 제물을 받을 것이며, 네가 그릇된 일을 행하면 죄가 너의 집 문 앞에 엎드려 호시탐탐 기회를 노릴 것이다."(「창세기」 4:7)

그러나 카인의 생각은 달랐다. 그는 아벨에게 다음과 같이 말했다. "나는 이 세상이 신의 사랑과 선함으로 창조되었다고 생각해왔다. 그런데 왜 내가 행한 선은 보답을 받지 못한 것이냐? 보아라, 하느님께서는 불공평하시다. 갓 태어난 네 새끼 양은 받고 나의 빵과 채소, 과일은 받지 않으셨다. 그것뿐이냐? 내 얼굴도 태우시지 않았느냐!"

카인은 아담과 하와가 선악과를 훔쳐 먹고 죄의 저주를 받았을 때, 사람을 만든 대지 역시 저주를 받았다는 사실을 몰랐다.(이 책 「아담」편 참조) 황무지에서 경작해 얻은 수확은 뜨거운 피가 흐르는 순결한 새끼 양에 비해 저열한 제물이었다.

사실 카인의 마음속에는 일찍부터 아벨에 대한 질투가 자라고

한스 발둥, 「이브와 뱀Eve, the Serpent and Death」, 15세기

있었다. 본래 카인과 아벨에게는 각각 쌍둥이 여동생이 있었다. 카인의 쌍둥이 여동생 이름은 자멜라였고 아벨의 쌍둥이 여동생 이름은 아클리마였다. 하느님께서 인류의 번성을 위해 카인과 아벨에게 특별히 쌍둥이 여동생을 허락했던 것이다. 아담은 하느님의 뜻에 따라 카인과 아벨을 쌍둥이 여동생과 짝지어주었다. 하지만 카인이 사랑한 사람은 자멜라가 아닌 아클리마였다. 아클리마가 자멜라보다 어여쁘다고 생각했던 것이다. 그러나 아비의 명을 거역할 수는 없었기에, 아벨을 질투하는 것 말고는 카인에게 다른 방도가 없었다.

어느 날 아벨의 양이 카인의 밭에 들어가 곡식을 망가뜨리는 일이 발생했다. 카인은 곧장 크게 소리를 질렀다. "대체 누구 짓이야! 누가 양을 내 밭에 풀어놓은 거야!" 아벨이 카인의 밭으로 달려오자 카인은 더 사납게 소리쳤다. 아벨은 카인보다 키가 훨씬 더 컸지만 너그럽고 관대하여 한 번도 형과 맞서려 하지 않았다. 그러니 카인이 그렇게도 흉악할 것이라고 생각이나 했겠는가! 아벨이 자신의 양을 둘러메고 몸을 돌린 순간, 카인은 돌을 들어

12 '소창세기Little Genesis'라고도 불리는 위경. 총 12장으로 구성되며, 창세기의 사건들이 일어난 연대를 7년이 7번, 즉 49년마다 한 차례 돌아오는 희년의 방식으로 계산했다. 기원전 100년경 히브리어 혹은 아람어로 기록된 것으로 보인다. 창세기 사건들을 보충, 윤색한 것 외에 당시 유대교의 관습과 율법의 기원에 대한 설명도 수록되어 있다.— 옮긴이

아벨의 뒤통수를 내려쳤다.(「희년서」[12] 4:31)

아벨은 땅에 쓰러졌다. 카인이 다가가 아벨의 코와 입에 손을 대보니 숨을 쉬지 않았다. 카인은 두려운 마음에 집으로 돌아갈 수가 없었다. 도망쳐야겠다고 생각하던 찰나, 야훼의 구름이 벌써 그의 길을 가로막았다. "카인아! 네 동생 아벨은 어디에 있느냐?"

검은 피부의 죄인이 대답했다. "제가 어찌 압니까? 제가 동생을 지키는 자입니까?" 사탄의 후예는 그의 죄를 사실대로 고하기는커녕 장황한 말을 늘어놓으며 하느님과 논쟁을 벌였다.(필론, 『창세기 해석』 1:68) "모든 것을 꿰뚫어 보시는 하느님께서 어찌 제게 물으십니까? 맞습니다! 제가 아벨을 쓰러뜨렸습니다! 하지만 사람을 때리고자 하는 악의는 저로부터 온 것이 아니라 저를 만든 그분이 제 마음속에 심어놓은 것입니다. 만약 하느님 당신이 전능하여 모든 것을 굽어살필 수 있다면, 어찌 제 마음속에 악이 생겨나 아벨을 공격하게 하셨습니까? 그러니 하느님 당신께서 아벨을 죽인 것이나 마찬가지입니다. 그뿐만이 아닙니다. 하느님께서는 왜 저의 제물은 받지 않고 아벨의 제물만 받으셨습니까? 만약 하느님께서 차별 없이 저와 아벨을 대하셨다면 제가 아벨을 질투하여 그를 죽이려 했겠습니까?"

그러나 야훼께서는 죄인의 억지스런 변명을 귀담아 듣지 않았다. "네가 무엇을 하였느냐! 들어보아라! 네 아우의 피, 아니 아벨로부터 태어났어야 할 그 모든 충성스런 자손의 피가 땅속에서

내게 울부짖고 있지 않느냐!"(「창세기」 4:10)

하지만 카인은 잘못을 뉘우치지 않았다. "죽은 사람을 한 번도 본 적이 없는 제가 아벨이 돌에 한 번 맞았다고 그대로 쓰러져 죽을 줄 상상이나 했겠습니까?"

야훼께서는 돌을 들어 악을 행한 카인과 아벨의 피를 마신 땅에게 저주를 내렸다. 카인은 더 이상 땅에서 농사를 지을 수도, 수확을 얻을 수도 없게 되었다. 카인은 평생 사방을 떠도는 자가 되어야 했다.

죄인은 계속 고집을 부리며 중얼거렸다. "대체 누가 하느님께 일러바쳤습니까? 이 일은 저의 부모도, 여동생들도 모르는 일입니다. 그런데 그들 말고 또 누가 있다는 말입니까?"

야훼께서 말씀하셨다. "미련한 자여! 세상은 내가 창조했다. 이 세상의 모든 일을 주관하는 내가 이 세상에서 일어난 일을 모를 리가 있겠느냐?"

카인은 그제야 눈물을 흘리며 말했다. "조물주께서 이 세상의 모든 일을 주관하신다면 제 죄도 감당하실 수 있지 않습니까? 우주의 주인이시여, 제가 지은 죄악이 과히 무겁다 하여 저를 버리진 않으시겠지요? 전에는 저의 부모가 율법을 어겨 에덴동산에서 쫓겨났는데, 이번에는 운이 나빠 법을 어긴 그 아들을 또 쫓아내려 하십니까? 야훼께서는 왜 용서하실 줄도 모르고 무조건 처벌만 하려 하십니까?"

이토록 가증스러운 죄인을 용서해줄 사람은 아무도 없을 것이다. 하지만 자비롭고 인자한 하느님은 카인이 조금이나마 뉘우치는 기색을 보이자 회개한 것이라고 생각했다. 야훼께서는 당장 은혜를 내려, 카인의 유랑 기간을 평생에서 절반으로 줄여주었다. 카인은 땅에 엎드려 몇 번이고 하느님께 감사를 드렸다. 그는 부모를 다시는 만나지 못하리란 생각에 눈물을 흘리며 길을 떠났다.

그러나 카인 때문에 심기가 불편했던 건 하느님만이 아니었다. 날카로운 돌들이 먼 길을 걷던 카인의 발바닥을 계속 찔렀다. 아

창세기, 인문의 기원

품을 느낀 카인이 잠시 앉아 쉬려 하자, 이번에는 그가 머물지 못하도록 땅이 진동하며 갈라졌다. 주변에 있던 야수와 곤충들도 사나운 모습으로 인류 최초의 살인범을 에워쌌다. 다행히 당시의 호랑이, 표범, 이리, 늑대 등은 풀만 먹고 살았다. 하느님께서 그들에게 사람을 잡아먹는 법을 알지 못하도록 하셨기 때문이다. 카인은 손을 들어 하느님께 간구했다. "영원하신 주님, 이 시련을 제가 견디지 못하겠습니다. 돌아갈 집도 없는 가엾은 유랑자가 되었으니, 저를 만나는 자는 누구든 저를 때려죽이려 할 것입니다!" (「창세기」 4:14)

야훼께서는 죄인을 버리지 않고 다음과 같이 선언했다. "누구든지 카인을 죽이는 자는 일곱 배로 목숨 값을 물어야 한다!" 그런 다음 카인의 이마에 표시를 하여 그를 만나는 사람이나 동물이 그를 해치지 못하게 하셨다. 그 표시는 마치 웅크린 뱀의 모양을 하고 있었다. 흡사 하느님의 금관 위에 새겨진 9번째 자모 테트teth(ט) 같았다. 이 표시는 그의 수명이 아홉 번째 자손을 볼 때까지 지속된다는 의미였다. 또 야훼께서는 카인의 머리에 뿔을 하나 만들었다. 짐승이나 사람이 멀리서 죄인의 뿔을 보고 미리 피하게 하려는 것이었다.

성경은 카인이 하느님을 떠나 '에덴의 동쪽', 곧 '유랑의 땅'이라는 곳에 정착했다고 말한다. 그곳에서 카인은 아내를 맞이하여 아들을 낳고 성을 쌓았다. 그리고 아들의 이름을 따서 성의 이

한스 멤링, 「최후의 심판Last Judgement: 지옥」 부분, 1466~1473

름을 지었다. 1세기 로마에 입적한 유대학자 요세푸스는 그의 위대한 저서 『고대 유대사Antiquitates Judaicae』에서 카인이 평생 7개의 성을 쌓고, 자와 저울qaneh을 발명했다고 기술했다. 하지만 성벽과 측량 공구를 갖게 되면서 인류는 서로를 경계하고 예전처럼 후대하지 않게 되었다. 그들은 모든 일을 시시콜콜 따지고 계산하며 값을 흥정하기 시작했다. 그로 인해 일찍이 성인들은 카인이 하는 모든 일에 죄악 아닌 것이 없었다는 결론을 내렸다.

성경은 카인의 족보를 기술함으로써 문명의 시조인 그의 지위를 부각시켰다. 족보에 의하면, 카인의 자손은 5대 라멕lemek에 이를 때까지 외아들로만 이어진다. 라멕은 싸움에 능하여, 그가 살던 지역에는 그를 당할 자가 없었다. 라멕은 스스로 자신을 해치는 사람은 "일흔일곱 배로 목숨 값을 물 것"이라고 했다.(「창세기」 4:24) 라멕에게는 아다와 실라라는 두 명의 부인이 있었다. 아다는 두 명의 아들을 낳았는데, 각각 장막에 살며 가축을 키우는 자와 수금을 뜯으며 통소를 부는 자의 조상이 되었다. 실라는 아들 하나와 딸 하나를 낳았는데, 아들은 구리와 쇠로 여러 가지 기구를 만드는 이들의 조상이 되었다. 딸은 외모가 아름답고 춤과 노래에 능해서 사람들이 나아마na`amah(사랑스럽다)라 불렀다. 탈굼에 의하면 나아마는 신전에서 신을 모시는 창기의 조상이 되었다고 한다. 나아마가 죽자 카인은 자신의 죽음도 가까워졌음을 알았다. 왜냐하면 그 사랑스럽던 나아마가 카인의 아홉 번째 자손이었기 때문이다. 어느 날 저녁 사냥을 마치고 집으로 돌아오던 길에, 라멕은 수풀 사이로 흔들리는 영양의 뿔처럼 생긴 것을 발견했다. 라멕은 활을 당겨 화살을 쏜 후 앞으로 달려 나갔다. 잠시 뒤 라멕을 뒤따르던 사람들은 그가 절망적으로 울부짖는 소리를 들었다. 질퍽한 피 웅덩이에 쓰러져 있던 이는 검은 얼굴을 가진 라멕의 조상이었던 것이다! 천둥소리가 울리고 번개가 번쩍였다. 그 뿔과 뱀 표시의 저주가 실현되는 순간이었다. "누구든지 카인을 죽이는 자는 일곱 배로 그의 목숨 값을 물리라!"

그 당시 나는 "인성과 존엄은 카인의 성품으로부터 시작되었다"는 명제에 한동안 푹 빠져 있었다. 이 문제를 가지고 논문을 한 편 쓰고 싶었지만, 연구가 길어질수록 만족할 만한 답을 얻지 못해 결국 포기했다. 어쩌면 모리 교수의 말대로 이 명제는 그저 누가 증명할 수 있느냐의 문제인지도 몰랐다. 나는 더 이상 깊게 생각하지 않았다. 시간은 덧없이 흘렀다. 그러던 중 작년에 있었던 사건 하나가 그 문제에 대한 깨달음을 주었다. 그 깨달음은 줄곧 내 머릿속을 맴돌며 그것을 말하지 않고는 견딜 수 없게 만들었다.

작년 뉴욕 출장 중에 나는 5번가에 위치한 유 클럽이라는 곳에 묵었다. 3층 높이로 우아한 고전미를 풍기는 건물이었다. 문양이 새겨진 아치형 문과 복도의 대리석 기둥에서 알 수 있듯이, 이 건물은 뉴욕 건축사에서 '르네상스의 부흥'을 대표하는 작품으로 손꼽힌다. 소개에 따르면 이 클럽의 설립자는 예일대 출신들이

창세기, 인문의 기원

라고 한다. 아니나 다를까, 조명과 카펫에서부터 편지지와 냅킨에 이르기까지 짙은 남색으로 예일 분위기가 물씬 풍겼다. 그러니 신문을 보러 도서관으로 향하는 길에 예일대 로스쿨 동창생 마틴을 우연히 만난 것도 그리 놀랄 만한 일은 아니었다. 마틴은 엔터테인먼트 관련 소송을 전문으로 하는 변호사였다. 예를 들면 솔트레이크시티 올림픽유치위원회의 뇌물 수수 사건을 변호하거나, 야구 선수들을 대신해 구단주와 연봉 협상을 벌이고, 협상에 실패할 시 선수들로 하여금 경기 출전을 보이콧하게 만드는 일 등이 그의 업무였다. 그는 몇 년 못 본 사이에 열정적인 사람이 되어 있었다. 업무 관련 이야기가 나오자 마틴은 손목시계를 보면서 말했다. "자네에게 보여줄 프로그램이 있네!" 자신이 묵고 있는 호텔방으로 나를 데려간 그는 텔레비전을 켰다. 그가 틀어놓은 스포츠 채널에서는 프로레슬링 경기가 한창 진행 중이었다. 그는 또 한 뭉치의 서류를 꺼내 보여주며 프로레슬링 경기의 계약서 초안이라고 말했다. 미국 프로레슬링의 경우, 도구와 분장을 포함한 모든 장면에 극본이 있다는 말은 나도 들어본 적이 있었다. 그런데 그 극본이 계약서의 부속 문건이며 법적인 효력을 지닌다는 사실은 미처 몰랐다. 마틴은 설명했다. "오늘은 우리 쪽의 '챔피언 프린스'가 계약서의 이런저런 조항들을 이행하기 위해 '자이언트 카인'에게 져야 하거든."

한바탕 웃고 나니 경기가 시작되었다. 주사와 약물로 키운 근육을 뽐내던 '카인'이란 이름의 도전자는 뿔 하나를 이마에 달고 무시무시한 전동드릴을 들고 있었다. 프린스는 그가 올라오는 것을 보자, 계약서 대본대로 고래고래 고함을 지르고 여러 위협적인 자세를 취했다. 경기장 안의 광분한 관중은 휘파람을 불고 야유를 퍼부었다. 카인은 전동드릴을 작동시켜 프린스의 목덜미에 대고 그었다. 거대한 체구의 챔피언은 비명을 지르며 손으로 '상처'를 막은 채 쓰러졌다.

마틴이 고개를 절레절레 저으며 말했다. "야만스럽긴." 그러고는 텔레비전을 껐다.

다음 날 체크아웃을 하고 주차장으로 가는 길에 마틴을 또 만났다. 마틴이 어제 경기 이야기를 꺼냈다. "큰일 났어! 오늘 아침에 프린스의 매니저로부터 전화가 왔는데, 카인이 계약을 위반했다더군. '카인'의 체격이 '자이언트'의 신체 조건에 미치지 못한다는 거야. 게다가 전동드릴은 성경의 묘사와 많이 다르다더군."

나는 큰 소리로 웃음을 터뜨렸다. 하지만 마틴은 심각했다. "농담이 아니야, 자네가 한번 생각해보게. 내가 말한 이 두 가지 말고 또 어떤 것들이 성경과 모순되는지, 혹은 어떤 것들이 카인이나 신을 비방하거나 모독했는지 말일세. 나는 먼저 돌아가 심판의 기록을 살펴보고 상황을 이해한 후 내일 자네에게 다시 연락하겠네. 만약 소송이라도 걸게 되면 카인의 일생과 관련 사건들, 외모와 성격을 법정에서 증언해줄 전문가 한두 명을 자네에게 추천받아야 될지도 모르겠군."

나는 허드슨 강을 따라 맨해튼을 빠져나왔다. 뉴욕을 벗어나면서 모리 교수가 내 오른쪽에 앉아 있는 것 같은 느낌을 받았다. 그가 웃으며 내 질문에 대답하는 소리가 들려왔다. "별이 총총한 밤하늘이나 대지처럼, 이마에 '인성과 존엄'이란 글자를 새긴 우리 모두가 바로 그의 증인이라네."

메타트론

Metatron

메타트론metatron은 성인 에녹이 하늘에서 불리게 된 이름이며, 에녹은 메타트론이 세상에 있을 때 불렸던 이름이다. 성경에서 에녹에 대한 언급은 간단하다. 그는 65세 되던 해에 아들을 낳은 후 300년 동안 "하느님과 동행하다가" 갑자기 세상에서 사라졌다. "하느님께서 그를 데려가신 것이다."(「창세기」 5:21 이하) 65에 300을 더한 숫자가 고대 이집트 태양력에서 1년의 날짜 수와 같은 것도 우연은 아닐 것이다.

에녹이 하늘로 승천하여 하느님과 동행한 일은 인간 세상의 기적이었음은 물론, 야훼의 보좌 앞에서도 이례적으로 큰 사건이었다. 생각해보라. 7층으로 이루어진 하늘의 창조주 곁에는 먹지도, 잠을 자지도, 늙어 죽지도 않는 흰 날개의 천사들 외에 다른 생명체가 없었다. 그런데 피부에 주름이 지고 음양의 조화를 통해서만 종족 번식을 할 수 있는 인간이 갑자기 나타났으니 하늘이 얼마나 떠들썩했겠는가! 고대 에티오피아어로 쓰인 「에녹1서」에는 다음과 같은 내용이 나온다. 에녹이 하늘에 도착하기 전, 천사들은 심상치 않은 느낌을 받았다. "이게 무슨 냄새야?" 그들은 서로에게 물었다. "여자 배 속에서 나온 인간의 냄새 같은데?" 천사들이 하늘을 여기저기 살펴보니, 옥으로 만들어진 계단 끝에 흰색 물방울 하나가 떨어져 있었다. "아무나 들어올 수 없는 이 하늘에 어디서 온 물방울이지?" 흥분한 천사들은 날개를 흔들며 그 물방울의 성분이 무엇인지, 그것을 무엇이라고 불러야 하는지 논쟁을 벌였다. 천사들도 인간처럼 새로운 것에 대한 호기심과 탐구 정신이 강했다. 그중 가장 박식한 천사가 날아오더니 손을 뻗어 그 물방울을 만졌다. "미끈거리는 걸 보니 남자의 정액 같군. 빨리 당직 천사를 불러 닦으라고 하라!"

천사의 말이 끝나기도 전에 보좌 위에서 천둥이 울렸고, 근엄한 목소리가 구름으로부터 온 하늘에 퍼졌다. "멈추라! 그는 내가 세상을 창조한 후 얻은 유일한 보답이다!"

인간의 하늘 방문은 모두 하느님의 은혜에서 비롯된 이례적인 일이었다. 신내림을 받은 무당이나 술사들도 날 수는 있었다. 하지만 그들도 지면에서 발을 뗄 수는 있을지언정 하늘에 닿을 수는 없었다. 야훼의 보좌 앞까지는 더 말할 것도 없었다. 조작된

번 존스, 「플래절렛을 연주하는 천사An Angel Playing a Flageolet」, 1878

것이 아니라면, 그런 기이한 일은 꿈이나 환각, 혹은 다른 어떤 방식이 되었든 반드시 하느님의 목적을 포함하고 있었다. 에녹이 아들을 낳은 후 정액으로 변해 승천한 까닭은 당시 인간세계에 죄악이 가득했기 때문이다.

카인이 동생을 죽이고 야훼로부터 이마에 저주를 받은 후, 사람들은 서로 속고 속이며 수습할 수 없는 지경으로 치달았다. 죄악은 쌓이고 쌓여 일일이 기록할 수 없을 정도였다.(이 책 「카인」편 참조) 사람의 딸들은 총명하고 영리해서 하느님의 아들들로부터 눈썹을 그리고 입술을 칠하는 법을 알아냈다. 하느님의 아들들도 사람의 딸들이 지닌 아름다움에 자신의 마음을 빼앗겼음을 깨닫지 못하고, 하늘 일을 제쳐둔 채 세상에 내려가 아내 얻을 생각만 하기에 이르렀다.(「창세기」 6:2) 처음 천상의 계율 ḥerem을 어기고 세상에 몰래 내려온 신의 아들들은 200명이나 되었다. 그들은 레바논 남부, 눈 덮인 봉우리가 있는 헤르몬 ḥermon(천상의 계율을 뜻하는 'ḥerem'과 어근이 같다) 산에서 내려왔다. 그들은 동굴에 살면서 이따금 산에서 내려와 처녀들과 쾌락을 즐겼다. 그리고 그녀들이 거부하면 강제로 데려와 아내로 삼았다. 그들은 아내와 첩에게 비싼 장신구를 선물했으며, 정력을 기르고 아이를 유산시킬 수 있는 각종 비법을 알려주었다. 그들로 인해 사람의 딸들은 야심만만한 거인 느빌림(네피림)nephilim을 낳았고, 이때부터 세상에 용사들이 생겨나 사람들을 불안에 떨게 했다. 그러나 타락한 하느님의 아들들은 악행을 멈추지 않았다. 특히 그들의 우두머리인 악의 천사 아자젤ʼazaʼzel(본래 '속죄양'이라는 뜻을 갖고 있다)은 훨씬 악랄했다. 그는 칼과 창, 갑옷 등 무기를 만드는 방법을 인간들에게 전해주었으며, "눈에는 눈, 이에는 이"는 야훼의 명령이므로 원수를 갚고 한을 풀어도 벌을 받지 않는다고 사람들을 속였다. 이 모든 죄악의 결과로 아자젤은 '속죄양'이 되어 광야에 버려져 파묻혔다.(『레위기』 16:8)

아담의 자손들 중 경건한 에녹만이 '속죄양'의 거짓말을 믿지 않았다. 에녹은 평소에 사람들과 왕래하는 것을 즐기지 않고 오로지 야훼 앞에서 예배하는 일에만 열중했다. 그는 타락한 하느님의 아들들과 용사들이 날뛰는 세상에서 밤낮으로 하느님께 기도했고, 세상에 닥친 재앙에 눈물을 흘리며 슬퍼했다. 에녹은 헤르몬 산의 아자젤과 그의 무리를 찾아가 서슴없이 그들을 훈계하기도 했다.(『시편』 82:5 이하)

> 무지하고 우매하구나! 대지의 토대가 발밑에서
> 쓰러져가는데, 너희는 여전히 어둠을 배회하는구나
> 이전에도 말했지, 너희도 신이라 불릴 만하고,
> 필경 지극히 높은 분의 아들이라고
> 하지만 이제, 너희는 사람들처럼 죽어가고,
> 세상의 귀족들처럼 진흙 속에 쓰러질 것이다!

창세기, 인문의 기원

하느님의 아들들은 성인의 분노 섞인 목소리에서 야훼의 꾸짖음을 들었다. 그들은 온몸을 떨며 고개를 떨군 채 감히 하늘을 올려다보지 못했다. 아자젤이 날개를 늘어뜨리며 간청했다. "성인께서 때마침 저희를 훈계하시니, 저희가 저희 죄를 깨달았습니다. 그러나 결혼을 하고 인간의 길을 걸었으니 저희 몸은 이미 더럽혀졌습니다. 하느님과 대화를 나눌 자격도 없어졌습니다. 성인께서 자비를 베풀어 우리를 대신해 하느님께 기도를 올려주십시오!"

에녹이 할 수 없이 그곳에 남기로 하자, 하느님의 아들들은 제단을 세웠다. 7일이 7번, 총 49일이 지났다. 야훼께서는 성인의 기도를 듣고 특별히 그를 하늘 맨 꼭대기에 있는 금빛 궁궐로 데려가셨다.

하늘의 천사들은 '보답'이라는 두 글자를 듣고 곧장 자기 자리로 돌아가 찬송을 불렀다. 총명하기 그지없는 하느님의 아들들이었다. 하느님의 그 한마디에 그들은 그 정액의 이력과 창조주께서 그를 데려온 목적을 파악했다.

본래 에녹은 인간의 조상 아담의 막내아들 셋sheth의 7대손이었다. '7sheba'은 성경에서 '완벽함, 신성함, 강력함'을 뜻한다. 예를 들어 하느님께서는 세상을 창조하신 후 일곱 번째 날에 안식하셨고(「창세기」 2:2), 선지자 모세의 장인인 미디안 제사장에게는 7명의 딸이 있었다.(「출애굽기」 2:16) 「요한계시록」을 살펴보면, 그리스도를 상징하는 어린양은 7개의 뿔과 7개의 눈을 갖고 있고, 용으로 변한 사탄도 7개의 머리를 갖고 있다. 「창세기」 5장에 나오는 아담의 족보에 따르면, 카인이 에덴동산을 떠난 후 아담이 130세 되던 해에 하와가 아담을 빼닮은 아들을 낳은 것으로 기록되어 있다. 아담은 그 아들이 카인처럼 '사탄의 종자'가 아닌 것을 보고 크게 기뻐하여 이름을 셋이라고 지었다. 아들을 낳은 하와가 한 말(하느님께서 내게 은혜를 베풀어sheth(셋과 독음이 비슷하다) 카인에게 죽임당한 아벨을 대신할 아들을 주셨습니다!)에서 유래한 이름이었다. 셋은 105세에 아들을 낳고 이름을 '에노스'enosh'(인류를 의미)라 지었다. 왜냐하면 "그때부터 인류는 야훼라는 거룩한 이름을 부르기 시작했"기 때문이다.(「창세기」 4:26) 즉 그때부터 사람들은 하느님께 제사를 드리기 시작했다. '에노스'는 90세에 케난을 낳았고 케난은 70세에 마할랄렐을 낳았으며 마할랄렐은 65세에 야렛을 낳았고 야렛은 162세에 에녹을 낳았다. 따라서 근원으로 올라가보면, 에녹은 인류 조상의 정액에 의해 태어난 순수 혈통이었다.(그리고 야훼께서 '자신의 형상'대로 아담을 빚으셨으므로, 인류의 생명은 하느님의 영靈에 속해 있었다.) 따라서 예외적으로 승천한 그 정액을 야훼께서 창세 이후 '유일한 보답'이라 부르신 것은 신앙을 지킨 성인에 대한 칭찬인 동시에 에녹과의 관계가 특별하고 친밀하다는 것을 암시했다. 그 '특별하고 친밀한 관계'야말로 보배로운 천국에 있는 하느님의 아들들이 가장 주의를 기울이는 부분이었다.

에녹은 전전긍긍하며 천국에 발을 내딛었다. 그곳은 과연 평소에 상상하던 대로였다. 시야를 가득 메운 천사들은 장엄하고 부드럽고 아름다운 목소리로 "지극히 거룩하고 지극히 높으신, 영광스러운 내 주님"이라며 찬송을 불렀다. 에녹은 재빨리 땅에 엎드렸다. 찬송이 끝나자 야훼께서 에녹에게 명하셨다. 청천벽력과 같은 소리가 온 우주에 울려 퍼졌다. "가거라, 가서 너에게 용서를 빌어 달라고 부탁한 그 천사에게 전하라."

"너희는 사람들에게 나의 법을 전하기는커녕 직분을 망각한 채 사람의 딸들과 몸을 더럽혔다. 너희 때문에 내가 큰 능력으로 창조하고 주관해온 세계가 망가졌다! 너희는 기억하라! 내게 대적하는 자는 영원히 편치 못할 것임을! 하지만 악의 근원은 여전히 인간 본성에 있다. 인간의 본성은 육체에 속하고, 육체는 나의 영에 의지해 생명을 얻는다. 그러나 이제 나의 영은 영원토록 사람의 육체와 함께하지 않을 것이다. 에녹은 들어라. 내가 너를 봐서 너의 장자 므두셀라methushellah는 장수하도록 하겠다. 하지만 다음 세대부터는 수명이 줄어 나중에는 120년이 될 것이다!"(「창세기」 6:3)

에녹은 고개를 들 수 없었다. 보통 사람은 물론 천사들도 거룩한 하느님의 얼굴을 쳐다볼 수 없었다. 하느님을 보는 자는 하늘의 불에 의해 모두 타 죽기 때문이다. 하느님께서 말씀하셨다.

"일어나라. 돌아가 정의를 행하라. 너의 이웃들을 올바른 길로 인도하여, 그들로 하여금 나의 법을 지키고 나의 백성이 되도록 하라. 때가 되면 천사장 미가엘을 보내 너를 이리로 데려올 것이다. 그리고 너는 내 오른쪽에 앉게 될 것이다."

찬송이 다시 울려 퍼지고 황금빛이 반짝였다. 에녹은 눈을 감은 채로 일어서려 애썼다. 잠시 후, 열두 날개를 가진 높은 직급의 천사 둘이 조용히 에녹의 곁으로 다가와 그를 일으켜 세웠다. 에녹이 보니 수놓인 거대한 휘장이 대들보에서 내려와 보좌를 덮고 있었다. 좀 전에 본 밝은 빛은 휘장 뒤에서 반사되어 나오는 빛이었다. 에녹의 마음이 따뜻해졌다. "하느님이시여, 이렇게 당신의 보좌 앞에서 가르침을 주시니 감사합니다!" 에녹이 다시 휘장을 보자, 셀 수 없이 많은 그림이 촘촘하게 수놓여 있었다. 그 휘장은 놀랍게도 인류의 역사를 담은 두루마리였다. 그림은 아담과 하와가 선악과를 먹고 에덴동산에서 쫓겨난 때부터 홍수와 방주를 비롯한 여러 재난을 거쳐 최후의 심판이 있던 날까지 이어졌다. 구세주가 죄악을 소멸시키고 영혼들이 부활하는 것으로 그림은 끝이 났다. 그림을 보던 에녹의 머릿속이 갑자기 밝아졌다. '왜 하느님께서는 당신의 보좌 앞에서 나에게 세상의 역사를 보여주셨을까? 나로 하여금 세상에 돌아가 창세의 비밀을 사람들에게 가르치라는 뜻이 아닐까? 야훼의 백성이 대대로 그 진리를 전하고, 영원토록 잊지 않게 하려 하심이 아닐까?'

창세기, 인문의 기원

에녹은 숨을 죽였다. 정신을 가다듬고 다시 그림을 꼼꼼히 살펴보기 시작했다. 절반쯤 보았을까? 갑자기 스스로의 운명이 궁금해진 에녹은 휘장에서 자신의 흔적을 찾기 시작했다. 그때 발밑에서 불어온 찬바람에 그는 자신도 모르게 몇 발자국 뒤로 물러섰다. 그런데 어느새 앞서 지나온 가파른 옥 계단 위에 자신이 서 있는 게 아닌가? 그리고 한 무리의 천사가 손에 무기를 든 채 에녹의 주위를 날아다녔다. 에녹은 깜짝 놀라 숨을 죽이고 주변을 살펴봤지만 보좌는 이미 보이지 않았다. 구름 속을 순찰하는 천사들은 "이게 무슨 냄새지? 어디서 온 물방울이야?"라며 서로에게 묻고 있었다.

에녹은 어떻게 대답해야 할지 몰랐다. 갑자기 다리가 풀린 그는 아래로 굴러떨어졌다.

살려달라는 고함소리와 함께 에녹은 눈을 떴다. 잠에서 깨어난 그는 아자젤의 품에 안겨 있었다. 황급히 일어난 에녹은 여인들에게 물을 가져오라고 말하는 아자젤의 목소리를 들었다. 물을 마시고 정신이 들자 에녹은 그제야 자신의 몸이 흠뻑 젖어 있음을 알았다. 보좌 앞에 펼쳐진 휘장의 그림들이 아직도 뇌리에 생생하게 남아있던 에녹은, 피곤했지만 자신이 겪은 기이한 일을 아자젤과 사람들에게 들려주었다. 하느님의 아들들은 '아멘'을 연달아 외치며 감탄을 금치 못했다. 그들은 여인들을 향하여 갈아

산치오 라파엘로, 「에제키엘의 환영The Vision of Ezekiel」, 1518

입을 옷과 먹을 음식을 성인들에게 대접하라고 명령했고, 자신의 동굴에서 휴식할 것을 권했다.

다음 날, 아침 일찍 일어난 에녹은 급히 아침을 먹은 후 산을 내려왔다. 에녹의 얼굴에서 광채가 나는 것을 본 아자젤은 에녹을 더 공경하게 되었다. 아자젤은 사람을 불러 당나귀와 마른 곡식을 준비하고 가죽 주머니에 물을 가득 채우도록 했다. 아자젤이 물었다. "성인이여, 이렇게 가버리시면 저희의 더럽혀진 몸은 어찌합니까?"

에녹이 이마를 치며 대답했다. "깜빡 잊을 뻔했구나. 우선 200여 명이나 되는 너희와 너희가 낳은 자식의 이름을 기록한 책을 만들어야겠다. 타락한 천사들이 세상에 뿌린 씨가 얼마나 되는지 다음 세대 사람들이 확실하게 알 수 있게 말이다!"

정오 무렵이 돼서야 에녹은 그들의 이름을 다 적을 수 있었다. 아자젤이 처소로 돌아가 식사할 것을 권했으나 에녹은 응하지 않았다. 대신 빵을 하나 꺼내 먹고 다시 떠날 준비를 했다. 아자젤이 물었다. "그렇다면 사람의 딸들은 어떻게 합니까?"

에녹이 듣더니 당나귀를 묶어놓고 말했다. "그 일도 까맣게 잊고 있었구나!" 에녹은 여자들을 처소 앞 나무 밑에 모아두고 간곡하게 타일렀다. "너희는 들어라! 오늘부터 외출할 때 맨얼굴을 내놓지 말고 두건이나 면사포를 쓰고 다녀야 한다. 이는 남편에 대한 공경과 종족에 대한 책임의 표시이며, 천사들이 너희 얼굴

을 보고 유혹에 빠지는 일을 막기 위함이다."(「고린토인들에게 보낸 첫째 편지」 11:9)

에녹의 말을 들은 여자들은 이런 상황에서는 어떻게 해야 하고, 저런 장소에서는 무엇을 주의해야 하는지 수많은 질문을 쏟아냈다. 성인은 가족의 서열과 처첩의 지위대로 그녀들을 줄 세운 뒤 인내심을 갖고 대답했다. 날이 저물어가는데도 질문은 점점 더 많아졌다. 에녹의 입이 바싹 말랐다. 아자젤은 여인들에게 지친 성인을 위해 내일 다시 오도록 안내하고 에녹에게는 처소로 돌아가 쉴 것을 권했다. 이미 하늘 저편에는 장경성長庚星[13]이 빛나고 있었다. 에녹은 쉬지 않고 계속 하느님의 법을 전하고 싶었다. 하지만 여인들도 굶주렸고, 하느님의 법이 중요하다 해도 그것을 하루 만에 다 전할 수는 없겠다고 생각하여, 에녹은 결국 아자젤을 따라 그들의 처소로 돌아갔다. 그날 저녁, 하느님의 아들들은 모두 에녹의 처소로 와서 악기를 연주하고 춤을 추며 시끌벅적한 시간을 보냈다. 저녁 식사가 끝난 후 피곤해진 그들은 모두 물러났다. 어제 에녹의 시중을 든 여인들이 물을 길어와 향을 피운 후 그의 겉옷을 벗기고 몸에 기름을 바르려 했다. 하지만 에녹은 이를 완곡하게 거절하고 천사의 깃털로 만든 베개에 기대어 잠을

---

13 저녁 무렵 서쪽 하늘에 뜨는 금성. — 옮긴이

청했다.

한밤중 은은한 향기를 맡은 에녹이 갑자기 잠에서 깨어났다. 하느님의 아들들은 그를 '메타트론'이라 불렀고, 하느님의 오른쪽에 앉혀 하늘의 서기로 임명했다. 사방에서 찬송이 들려왔고, 하느님께서는 에녹에게 인류의 역사가 새겨진 휘장을 거꾸로 읽게 했다. 그는 급히 몸을 일으켜 그의 그림을 찾았다. 그 그림에서 자신은 알몸으로 침대에 누워 있었고, 베개 밑으로는 날개 달린 뱀들이 기어 나오고 있었다. 깜짝 놀라 다리가 풀린 에녹은 곧장 아래로 떨어졌다.

해가 나무 꼭대기에 걸릴 무렵에야 에녹은 잠에서 깨어나 처소를 나왔다. 여자들은 노소를 불문하고 일찍부터 모여 에녹을 기다리고 있었다. 어제보다 두 배는 많은 인원이었다. 아자젤이 말했다. "성인께서 말씀을 전한다는 소식이 그새 산 밑에 사는 모든 사람에게 퍼졌습니다. 모두 성인의 가르침을 배우러 모인 사람입니다. 남자들도 오겠다는 것을 저희가 막았습니다. 성인의 가르침으로 여인들이 모두 자신이 어떻게 처신해야 할지를 깨우친다면, 그 후에 남자들이 오는 것도 허락하겠습니다. 성인께서는 어떻게 생각하십니까?"

에녹은 어쩔 수 없이 고개를 끄덕였다. 여인들에게 가르침을 전하는 일은 예상보다 오래 걸려, 7주가 지나서야 끝이 났다. 에녹이 매일 밤 기이한 경험을 했기 때문이다. 에녹은 날마다 하늘에 올라가 인류의 역사가 그려진 그림을 보고 인류 역사의 비밀을 깨달았다. 그는 정신이 혼미해져 매일 정오가 돼서야 겨우 일어났다. 오후에 한두 시간 이야기를 하는 것만으로도 그는 얼굴이 상기되었고 제대로 서 있지 못했다. 사람들은 동굴에서 에녹을 시중드는 여인들로부터 이런 말을 들었다. "이상한 사람이에요. 한밤중만 되면 자기가 메타트론 천사라며 잠꼬대를 하는데, 우리도 무슨 말인지 도통 모르겠어요. 가끔은 닭이 세 번 울 때까지 저희를 불러 시중들게 했는데, 온몸이 미끈거렸고, 몸에서는 좋은 향기가 났어요!"

여인들의 교육이 끝나자 사내들 차례가 되었다. 또다시 7주가 지났는데도 산을 올라오는 사람들은 끊이지 않았다. 그들은 성인의 좌우로 늘어선 천사들의 위풍당당한 모습에 놀라 땅바닥에 엎드려 감히 그를 쳐다볼 엄두도 내지 못했다. 하지만 에녹은 사람 만나는 일을 점점 지겨워했다. 그런 에녹의 마음을 알았는지 아자젤이 제안했다. "제 짧은 소견으로는 성인께서 하늘에 올라 알게 된 진리를 책으로 만들어 후대에 전하는 것이 가장 급하고 중요한 일이 아닐까 생각합니다. 백성을 만나는 일은 일주일에 한 번이면 충분할 겁니다!"

에녹은 아자젤의 제안을 흔쾌히 받아들였다. 몇 주가 지나 에녹은 책을 쓰는 일이 더 중요하다고 말하며 백성을 만나는 일을 한 달에 한 번으로 정했다. 하지만 후에는 그 시간도 아까워 모임

창세기, 인문의 기원

프란츠 폰 슈투크, 「죄악The Sin」, 1893

을 일 년에 한 번으로 정하고, 날짜도 가르쳐주지 않았다. 아자젤은 사람을 불러 메타트론 조각상을 만들고는 산 정상에 세워놓고 백성들에게 그것을 경배하라 일렀다. 점점 메타트론을 경배하는 분위기가 확산됐고, 산 아래도 조각상과 사당이 생겼다. 메타트론을 경외하는 백성은 메타트론의 이름을 직접 부르지 못하고 모두 "하느님의 이름이 그에게 있다"(「출애굽기」 23:21)고 말했다. 왜냐하면 메타트론의 본명인 '야호엘yaho'el'은 '야훼'와 '하느님'의 이름을 결합한 것이거나 '야훼 2세'를 의미했기 때문이다.

에녹이 365세가 되기 하루 전날, 즉 3월siwan(양력으로는 5월과 6월 사이) 5일 저녁(고대 이스라엘 사람들은 황혼을 하루의 시작으로 여겼다), 에녹의 아들 므두셀라의 집에 손님들이 찾아왔다. 낙타를 끌고 온 그들은 헤르몬 산을 순례하고 돌아오는 길이라고 했다. 그들은 집주인 므두셀라가 내일 있을 부친의 생일잔치를 준비한다는 이야기를 듣고 선물을 내놓았다. 그중에는 작은 목각 인형도 있었는데, 생김새가 에녹과 비슷했다. 므두셀라가 물었다. "이 목각 인형은 누구입니까?" 투숙객들이 대답했다. "주인께서는 이분을 모르십니까? 이분은 바로 그 성인, 우리가 경배하는 천사, 사람들이 야훼 2세라고 부르는 분입니다. 도처에 있는 그분의 사당에서는 끊임없이 향이 피어오르고 있습니다!"

므두셀라는 속으로 크게 놀랐다. '혹시 우연이 아닐까? 내가 태어났을 때부터 아버지께선 하느님의 율법을 연구하는 데 두문불출 온 마음을 쏟으셨는데, 어떻게 아버지의 조각상이 있을 수 있단 말인가?' 므두셀라는 하인을 불러 부친께 손님들을 만나보도록 청하라고 일렀다. 그런데 눈 깜짝할 사이, 에녹이 어린 하인의 부축을 받으며 나왔다. 손님들은 에녹을 보자마자 얼어붙었다. 잠시 후 그들은 모두 꿇어앉아 '야호엘'을 외쳤다. 에녹도 이상할 것 없다는 듯이 그들 각자에게 축복을 내리고 손님방으로 건너가 발을 씻고 쉬기를 권했다.

다음 날 에녹의 친척들이 모두 와서 그의 생일을 축하했다. 끝이 보이지 않을 정도로 긴 연회 상이 마련되었다. 노래와 춤이 어우러진 잔치는 밤이 깊어서야 끝났다. 북적북적한 분위기를 싫어하는 에녹은 해가 질 무렵 나와 축하를 받고 감사 인사를 전한 뒤, 양 꼬리로 만든 요리를 몇 점 먹고는 해가 지기 전 방으로 돌아가 잠자리에 들었다. 한밤중, 에녹이 자고 있던 후원에서 갑자기 불이 나서 검은 연기가 하늘을 찔렀다. 에녹의 가족과 하인들은 모두 나와 불을 끄고 안에 있는 사람들을 구하려 애썼다. 해가 뜰 무렵 겨우 불을 끄고 살펴보니, 사람은 물론이고 가축들도 모두 멀쩡했다. 그런데 에녹만은 보이지 않았다. 안과 밖을 샅샅이 뒤졌지만 에녹의 흔적은 찾을 수 없었다. 얼마 후, 그날 밤 별똥별이 성인의 방으로 떨어진 걸 본 사람이 있다는 소문이 돌았다. 소문을 들은 므두셀라가 탄식하며 말했다. "아버지께 복이 있어 마침내 하늘로 올라가셨구나!" 그날 이후 므두셀라는 예배에 더 힘썼다. 하느님의 은혜가 므두셀라에게 내려, 그는 969세로 세상을 떠날 때까지 자손을 낳았다.(「창세기」 5:27)

에녹이 하느님의 창세의 비밀에 대해 저술한 책은 총 366권이라고 전해져왔다. 그중 현존하는 8권과 3편을 학자들은 「에녹서」라 이름하고 위경으로 분류했다. 즉 그것은 히브리어 성경과 그리스어 외경에 수록되지 않은, 기원전 3세기에서 기원후 2세기 사이에 완성된 유대교 경전이다.

방주

Tebah

"방주의 길이는 300규빗, 너비는 50규빗, 높이는 30규빗이었어. 위에서부터 1규빗 내려온 위치에 창이 있고 방주 옆에는 문이 있었어. 그리고 실내는 상중하 세 층으로 나뉘어 있었지.(「창세기」 6:15 이하) 보통 1규빗은 손바닥 여섯 개 길이였어. 한 손바닥은 손가락 네 개 길이고 손가락 한 개의 길이는 대략 1.9센티미터니까 방주의 크기는 대략 137×23×14미터 정도 될 거야." 나는 위산 형에게 하느님께서 사람들이 홍수를 피할 수 있도록 설계하신 방주에 대해 설명했다. 그는 웃으며 대답했다. "서양 사람들은 재밌네. 발뒤꿈치가 아직 젖기도 전에 사람을 싣는 성냥갑을 만들다니!" 형수도 재미있다는 듯이 말했다. "우리 하니족哈尼族[14]의 창세 민요 가사는 조금 달라요. 홍수가 나자 쬐뤄와 쬐써 남매는 공기가 통하는 대나무 대롱을 잘라놓고 목숨을 부지해줄 조롱박을 찾았대요. 그리고 그 둘은 조롱박 안으로 들어가, 입구에 대나무 줄기를 꽂은 후 남은 구멍을 밀랍으로 봉했지요. 그들은 큰 물이 태양의 목덜미까지 차올라도 두려워하지 않았답니다!"

우리는 상하이 오페라하우스 문 앞에서 입장을 기다리며 밑도 끝도 없이 옛날이야기를 꺼내거나 새로운 뉴스거리에 관해 이야기를 나눴다. 홍수 얘기를 꺼내자 위산 형의 입에서 탄식이 흘러나왔다. 1973년 나와 위산 형이 간염을 치료하는 약초를 캐러 황롄 산黃連峰에 올랐을 때, 산비탈이 무너져 내려 홍수에 떠내려갈 뻔했던 적이 있었기 때문이다. 형수가 말했다. "형도 이제 늙었어요! 술잔을 앞에 두고 이렇게 수다만 떨어대니, 요즘은 상하이에 한 번 왔다 가는 것보다 술 마실 사람 찾는 일이 더 어렵다니까요!"

마침 오페라하우스를 안내해줄 가이드가 우리에게 다가와 표를 받았다. 나는 가이드에게 부탁했다. "우리는 변방에서 온 형제 민족이니, 천천히 설명해주세요." 가이드가 대답했다. "걱정 마세요. 이곳에 소수민족 관광객도 자주 오신답니다." 과연 그녀는 로비에 걸린 벽화와 고위 관료가 쓴 기념사, 그리고 오페라하우스

---

14 주로 윈난雲南 성에 거주하는 중국의 소수민족으로, 인구는 약 150만 명이다.—옮긴이

창세기, 인문의 기원

와 화장실의 수용 인원까지 자세하고 능숙하게 설명했다. 오페라 하우스 관람을 끝내고, 그녀는 우리를 동쪽의 홀 앞으로 데려갔다. "오늘 저녁 런던 로열 발레단의 〈지젤〉이 처음으로 열립니다. 이곳은 발레단이 연습을 하는 공간인데, 제가 살짝 문을 열어 여러분께 보여드리겠습니다. 절대 소리를 내시면 안 됩니다!" 예닐곱 명이 붙어서 문틈에 머리를 들이밀고 발레 연습을 구경했다. 위산 형의 차례가 되었다. 위산 형은 족히 2분을 넘게 보더니, 뒤에 있던 아주머니의 재촉에 머리를 빼고 말했다. "정말 코쟁이들이 춤을 추는데! 저 아가씨들의 치켜든 다리를 좀 봐, 빼빼 마른 것이 영 보기 싫구먼!" 위산 형의 말에 모두 웃음을 터뜨렸다. 하지만 가이드의 얼굴에는 못마땅한 기색이 역력했다. 마치 천사들이 인간의 냄새를 맡았을 때처럼.

자존심이 높고 자기애가 강한 하늘의 천사들은 모두 인간들을 무시했다. 이처럼 인간을 무시하는 분위기는 사탄이 반역을 일으킨 사건, 즉 '계명성'이 떨어진 이후부터 생겨났다.(이 책 「아담」편 참조) 본래 아담은 하느님께서 사랑하시는 존재였기에, 천사들은 그의 후손을 존경해야 마땅했다. 하지만 사람의 딸들이 유혹하여 하느님의 아들들이 땅으로 내려왔고, 그들이 사람의 길을 걸은 결과 용사들이 태어났으며, 그로 인해 많은 천사의 몸이 더럽혀졌다. 게다가 인간의 성정은 게으르고 안일했다. 하느님께서 악마를 만들어 인간에게 보내신 의도는 인간을 자극하여 앞으로 더 나아가게 하려는 것이었지만(『파우스트』「천상의 서곡」340), 인간은 오히려 사탄의 추종자가 되고 말았다. 따라서 야훼께서 보좌에 앉아 천사들로부터 듣는 인간에 관한 보고 중 열에 아홉은 나쁜 소식이었다. 물론 하느님께서는 전능하시기 때문에 누구도 하느님께 진상을 숨길 수 없었다. 그 진상은 이러했다. 세상에서 성인 에녹의 아들 므두셀라만이 하느님을 향한 경배를 멈추지 않았고, 말과 행동에서 하느님의 율법을 어긴 적이 없었다. 다른 사람들이 우상을 숭배하고 음란한 일을 행하며 타락해갈 때, 그는 더 경건한 마음으로 하느님의 말씀을 따르고 마음과 뜻을 모아 야훼께서 인도하시는 길derek을 걸었다. 야훼께서는 몇 번이고 오른손을 들어 세상을 멸하려 하셨지만, 그때마다 므두셀라의 기도를 듣고 에녹과의 약속을 떠올리셨다. 에녹의 아들로 하여금 천수를 누리게 하겠다는 약속 말이다.(이 책 「메타트론」편 참조) 그 약속 때문에 야훼께서는 들었던 손을 도로 내려놓고 말았다.

므두셀라는 369세 되던 해에 큰손자를 얻었다.(「창세기」 5:28) 그런데 아기의 아비는 막 태어난 아들을 보려고 안다가 그만 깜짝 놀라고 말았다. 아기의 몸이 마치 눈꽃처럼 희고 빛났으며, 머리카락은 양털처럼 희고 길었기 때문이다. 뿐만 아니라 아기의 조그만 입에서는 울음소리 대신 하느님을 찬송하는 소리가 흘러나오는 것 아닌가! 눈을 크게 뜨고 보니, 온 방이 빛으로 가득 차서

창세기, 인문의 기원

미켈란젤로 부오나로티, 시스티나 성당 천장화 「대홍수The Deluge」 부분, 1508~1509

창문으로 들어오는 햇빛조차 보이지 않을 정도였다. 아비는 크게 놀라 자기 아들을 산파에게 다시 건네주고 도망치듯 나와 므두셀라의 방으로 뛰어 들어갔다. "아버지, 큰일 났습니다! 제가 낳은 아들이 저를 닮지 않고 천사의 생김새를 닮았습니다! 대체 세상이 어떻게 변해가는 건지 두렵습니다!"

아들의 말을 들은 므두셀라는 내심 걱정이 되었지만 함부로 결론을 내릴 수 없었다. 므두셀라가 아들에게 말했다. "함부로 떠들지 말거라! 내가 네 할아버지께 여쭤보고 가르침을 구할 것이니 기다려라." 말을 마친 므두셀라는 목욕을 한 후 옷을 갈아입고 성경을 읽으며 자신의 죄를 회개했다. 밤이 깊어 조용해질 때까지 기다린 므두셀라는 에녹이 거주하던 후원으로 가 향을 피운 후 메타트론을 불렀다. 메타트론은 성인이 천상에서 불리던 이름이었다. 그때 메타트론은 이미 천상의 서기를 맡아 야훼의 문서들을 기록하고 보관하는 일을 담당하고 있었다. 메타트론은 아들의 목소리를 듣고 연기 중에 모습을 드러냈다. "아들아, 무슨 일이냐?"

므두셀라는 메타트론에게 손자의 비상한 용모에 대해 설명했다. 그러자 메타트론은 손뼉을 치며 큰 소리로 웃음을 터뜨렸다. "잘됐구나, 잘됐어! 드디어 내가 기다리던 아이가 왔구나. 그는 천사가 아니라 너의 장손이다. 하느님께서 선악과를 훔쳐 먹은 인류의 조상과 대지에 저주를 내리셨을 때, 인류의 조상은 대담하게

창세기, 인문의 기원

도 하느님께 저주의 끝이 언제인지 물어보았지. 우리 주님께서는 세상에 완전한 자'aḏam qaḏmon, 즉 할례를 할 필요가 없는 아기가 태어날 때까지라고 말씀하셨단다. 오늘 너희가 천사라고 오해한 아기가 바로 그 완전한 자다. 그러니 빨리 돌아가 축하의 잔치를 준비하라!"

메타트론을 배웅한 후 므두셀라는 놀랍고도 기쁜 마음에 다시 아기를 보러 갔다. 강보를 들추자, 이미 음경의 포피가 잘라져 있었다. 성인이 말한 그대로였다. 이 소식을 들은 주변의 하인들도 기뻐하며 말했다. "어쩐지 작은 주인께서 태어나시자마자 하느님을 찬송하시더라니!" 므두셀라가 답했다. "이 작은 손을 좀 보게나. 이걸 잡았다 저걸 잡았다 얼마나 민첩한가! 장래에 어떤 위업을 세울지 기대가 되는군. 악을 당연시하는 이 세상에서 치욕을 참으며 살다가 드디어 위로를 얻는구나!" 이렇게 하여 므두셀라는 '위로niham'와 음이 비슷한 '노아noah'라는 이름을 손자에게 지어 주었다. 그 이름은 고난이 끝나고 희망이 회복되며 삶이 안정nuah을 얻는다는 의미였다.

노아는 과연 야훼께서 보시기에 은혜hen(거꾸로 읽으면 노아와 발음이 비슷하다)로운 사람이었다. 그는 어떤 일이든 가르침 없이도 스스로 해냈다. 그는 사람들에게 쟁기 만드는 법을 알려주면서 잘못을 뉘우치고 회개할 것을 촉구하고 경고했다. 하지만 사람들은 여전히 악했고 나아질 희망도 보이지 않았다.(바벨론 탈무드, 「법정」 108a) 이 모든 상황을 보고 있던 야훼께서는 제단 위에서 노아에게 분부하셨다. "노아야! 용기를 가지고 세상을 향해 선포하라. '어서 회개하고 하느님의 길로 돌아오라. 만약 나의 경고를 무시하고 계속 타락한다면 하느님께서 홍수로 이 세상을 멸하실 것이다!'라고 말이다."

야훼의 분부를 들은 노아는 온몸을 떨었다. 노아는 진심에서 우러나오는 말로 매일 세상 사람에게 경고했다. "사람들아! 신앙을 저버리고 미쳐버린 사람들아! 너희가 행한 어떤 악행도 하느님의 눈에서 벗어나지 못할 것이다!"(「시빌의 신탁집」 1:127)

그러나 사람들은 여전히 제멋대로 살았다. 보좌에 앉아 땅을 내려다보시던 하느님은 아담의 자손들이 하나같이 부패하여 더 이상 구원받을 수 없음을 아셨다. 이에 하느님께서 노아에게 말씀하셨다. "나는 이미 결정했다. 모든 살아 있는 것의 종말이 다가왔다. 인류가 대지를 난폭한 행실로 가득 채웠으므로, 나는 그들과 대지를 멸망시키려 한다!"(「창세기」 6:13) 노아가 480세 되던 해 야훼께서는 방주의 재료와 치수, 그리고 탑승 자격 등에 관한 내용을 노아에게 일일이 지시하셨다. 그리고 말씀하셨다. "내가 인류에게 마지막으로 참회의 기회를 주겠다. 홍수의 기한을 120년 후로 늦추겠다!"(사해사본 4Q252 「창세기 해석」)

노아는 세 아들 셈, 야벳, 함을 데리고 산에 올라 나무를 베어 방주를 만들기 시작했다. 그들의 괴이한 모습을 보고 이웃 주민들은 무엇을 만드는 중이냐고 물었다. 노아는 가족과 동물들을 홍수에서 구할 방주를 만드는 중이라고 대답했다. 노아의 대답을 들은 마을 사람들은 그가 미쳤다고 생각했다. 노아가 방주를 만든다는 소문은 점점 더 널리 퍼져 그는 사람들의 웃음거리가 되었다. "아니 하늘은 아직까지 비를 안 내려주고 뭐하는 거지?" "물이 불어나면 새우나 물고기를 잡아먹으면 되겠군!" 죄인들은 하나같이 노아가 늙어서 귀신에 홀려 뜬구름 잡는 소리나 한다고 조롱했다. 그러나 하늘은 정말로 열렸다. 노아가 600살이 되던 해, 야훼께서 정한 기한이 다한 것이다. 2월 17일, 므두셀라가 죽은 지 7일째 되던 날, "지하의 심연이 갑자기 붕괴하여 수많은 샘물이 솟아나왔다. 하늘의 수문도 모두 열렸다. 큰비가 억수같이 내려 40일 밤낮을 그치지 않았다."(「창세기」 7:11~12) 노아는 하느님의 지시대로 아내와 아들, 그리고 며느리 들을 인솔하여 방주에 올랐다. 그들과 함께 정결하거나 그렇지 않은 모든 새와 짐승과 뱀과 기는 벌레가 하느님의 명령에 따라 암수 짝을 지어 노아의 방주에 올랐다.

방주tebah는 본래 '못쓰는 나무'(그리스어 위경 「지혜서」 10:4)라는 뜻이었다. 그러니 위산 형의 말대로 어쩌면 그것은 그저 사람을 실은 성냥갑에 불과한 것이었을지도 모른다. 때문에 홍수가 방주를 부수거나 삼키지 않을 수 있었던 것은 전적으로 하느님의 은

비둘기를 날려 보내는 노아, 베네치아 산마르코 성당 모자이크 부분

혜 덕분이었다. 노아가 방주에 올라 가족들을 나누어 동물의 출석을 확인할 때, 방주는 이미 파도 위를 떠다니고 있었다. 천장에서는 폭포수가 떨어지는 것 같은 소리가 요란스럽게 울렸다. 커다란 방주는 거대한 파도에 휩쓸려 솟구쳤다 떨어지기를 반복했다. 크고 작은 동물들이 넘어지고 부딪쳤다. 사방에서 들리는 울음소리에 난장판이 따로 없었다. 다행스럽게도 노아는 하느님께서 미리 알려주신 대로 동물들을 종류별로 구분해 각 층에 두었다. 그리고 층마다 마른 보릿짚을 쌓아두어 동물들이 다치지 않도록 했다. 뿐만 아니라 노아는 집에 있던 그릇과 단지, 평소에 사용하던

창세기, 인문의 기원

공구와 기구, 그리고 성인 에녹이 창세의 비밀을 기록한 책들을 미리 방주로 옮겨놓고 아내에게 보관을 맡겼다.(「에녹의 둘째 편지」 33:12) 풍랑이 조금씩 잦아들자, 노아는 놀란 동물들을 진정시킨 후 가족들을 데리고 야훼를 향해 감사 예배를 드렸다. 그리고 큰 소리로 말했다. "모두 진정하라. 이번 재난은 인류의 죄악으로부터 온 재난이다. 오늘 물에 빠져 죽은 사람들은 모두 우상을 숭배하던 악인이다. 그들은 각자의 죗값을 치른 것이니, 그들을 위해 슬퍼할 필요는 없다!(고대 시리아어 「아담의 유언」 3:5) 하느님께서 자비를 베푸셔서 우리가 목숨을 보전한 것이다. 그러니 홍수로부터 구원하신 하느님의 은혜를 깊이 새기기 위해 지금부터 홍수의 물이 완전히 마를 때까지 방주 안에서의 교배를 금지하겠다!" 말을 마친 노아는 아내와 세 며느리와 모든 암컷 동물을 방주 서쪽에 있는 선실로 보냈다. 그리고 자신과 세 아들, 모든 수컷 동물은 동쪽에 있는 선실에 머물렀다.(라틴어 「아담의 서」 3:8)

노아의 여덟 식구는 매일 아침부터 늦은 밤까지 동물들을 먹이고 병을 치료하는 등 힘든 하루를 보냈다. 다행히도 맹수와 독충들은 이미 홍수가 있기 전에 온순해져 노아의 명령대로 사람들을 해치지 않았다. 노아의 식구들이 실수로 뱀을 밟으면, 뱀은 그저 조용히 구석으로 들어가 숨었다. 그런데 노아의 둘째 아들 함ḥam(원래 의미는 '열熱'이다)이 키우던 누런 개가 유독 부산스러웠다. 방주에 작은 움직임만 있어도 컹컹거리며 쉴 새 없이 짖어댔다.

그런가 하면 발정이 났는지 갑자기 이리 뛰고 저리 뛰며 암컷을 쫓아다녔다. 이를 본 다른 동물들도 따라서 울부짖자 화가 난 노아는 함에게 개를 묶어놓으라고 명했다. 그러나 개들은 이미 하느님의 벌을 받아 엉덩이가 모두 붙어버렸고, 아무리 힘을 줘도 뗄 수가 없었다. 함은 그런 개들을 보고 오히려 웃음을 터뜨리고 말았다. 함의 웃음소리가 몹시도 거슬렸던 노아는 그때부터 속으로 함을 좋아하지 않게 되었다.

마침내 150일이 지났다. 하느님께서는 대지에 미풍을 허락하여 홍수를 잠잠케 하셨다. 땅 아래 깊음의 샘과 하늘의 수문은 모두 닫혔다. 비는 서서히 위력을 잃었고, 물은 점점 물러났다. 7월 17일, 방주는 아라랏 산(지금의 터키 동부)에 머물렀다. 10월 초하룻날, 산봉우리가 수면 위로 모습을 드러냈다. 그로부터 40일을 기다린 후 노아는 창문을 열고 까마귀 한 마리를 날려 보냈다. 밖으로 나온 까마귀는 온통 물로 뒤덮인 세상을 이리저리 날아다녔다. 노아가 다시 비둘기 한 마리를 날려 보냈지만, 비둘기 역시 발붙일 땅을 찾지 못했다. 다시 7일이 지나, 노아는 비둘기 한 마리를 다시 날려 보냈다. 그런데 황혼 무렵 돌아온 비둘기의 입에 파르스름한 올리브 잎사귀가 물려 있는 게 아닌가! 이 소식을 들은 노아의 가족들과 동물들은 모두 창밖을 내다보며 서로 껴안고 기쁨을 나눴다. 그런데 그들 사이에 끼어 옴짝달싹 못하던 노아가 그만 암사자의 꼬리를 밟고 말았다. 암사자는 자존심이 세고 자신의 꼬리를 매우 아끼던 동물이었다. 녀석은 수사자가 장난치는 줄 알고 몸을 돌려 앞발을 휘둘렀다. 그런데 그 앞발은 어느 쪽으로도 치우침 없이 정확하게 노아의 사타구니 정중앙을 치고 말았다. 불쌍한 노아는 고통을 못 이긴 채 바닥을 구르며 반나절 동안 아무 말도 하지 못했고, 그때부터 걸을 때 다리를 절룩거리게 되었다. 방주에서 내린 후 노아는 교배를 금했던 명령을 거두고 모든 동물이 짝을 이뤄 자유롭게 번식하도록 했다. 하지만 노아 본인은 아내와 잠자리를 같이하지 않고 홀로 장막에 머물렀다. 노아의 세 아들도 노아를 본받아 그들의 아내와 잠자리를 하지 않았다.

야훼께서 이런 노아의 상황을 보시고는 그에게 무슨 이유로 아내와 잠자리를 하지 않는지 물으셨다. 노아는 땅에 엎드려 야훼께 고했다. "주님, 제가 불초한 자식들을 낳아 그들이 천사들을 유혹하고 주께 반역하여 똑같은 잘못을 다시 저지를까 걱정이 됩니다." 말을 마친 후 그는 일어나 세 아들과 며느리 들을 불러 야훼를 위해 제단을 하나 쌓게 했다. 그리고 정결한 짐승과 새들 중 각각 한 마리씩을 선택하여 번제燔祭 `olah를 올렸다. 하느님께서는 제물의 향기를 맡고 크게 감동하여 마음속으로 다짐하셨다. '다시는 사람 때문에 대지를 저주하지 않으리라. 설령 그들이 어려서부터 악할지라도 다시는 모든 생명을 멸하지 않으리라.' 그런 후 자신의 활qesheth을 구름에 걸고 노아와 그 아들들을 축복했다.

"자녀를 낳고 길러 사방에 가득하게 하라. 날짐승과 길짐승, 벌레들과 물고기들이 너희를 두려워할 것이다. 모든 것을 네 수중에 맡기니, 그것들은 너희의 다스림을 받을 것이다. 다른 이에게 너희가 피값을 빚지면, 너희도 반드시 그것을 갚아야 할 것이다. 짐승이든 사람이든, 형제지간이든, 나는 사람의 목숨을 해치는 자에게서 반드시 그의 목숨을 돌려받을 것이다!"(「창세기」 9:1 이하)

하느님께서 구름에 걸어둔 활은 다름 아닌 비가 갠 뒤 나타나는 무지개였다. 무지개는 하느님과 노아, 그리고 방주에서 나온 모든 살아 있는 것 사이의 약속이었다. 하느님께서 말씀하셨다. "내가 구름으로 땅을 뒤덮을 때마다 구름에 걸린 무지개를 보며 너희와 맺은 약속을, 모든 생명과 맺은 맹세를 떠올릴 것이다. 홍수로 하늘을 덮어 모든 생명을 멸하는 재난은 다시는 일어나지 않을 것이다."(「창세기」 9:14)

세월은 덧없이 흘러갔다. 노아의 가족들은 열심히 농사를 짓고 밭을 갈았다. 인류는 번성했다. 하지만 하느님의 적들이 인류의 번성을 고운 시선으로 볼 리 없었다. 노아가 태어날 때부터 완전한 사람이었다는 사실에 사탄은 이미 기분이 좋지 않았다. 그뿐이 아니었다. 홍수가 끝난 후 하느님과 약속을 맺고 매일 정해진 시간에 기도하며 하느님께 전심전력하여 장막'ohel(아내를 비유)에도 들지 않는 노아를 보고 사탄은 더 이를 갈았다. 노아에 대한 증오심이 극에 달한 사탄은 한 가지 계략을 꾸몄다. 풀 뱀으로 변한 사탄은 에덴동산에 몰래 들어가 포도 가지 하나를 훔쳐 노아의 발 앞에 바쳤다. 아무것도 모르는 노아가 포도 한 알을 입에 넣었다. 달고 신선한 포도의 맛은 그 무엇과도 비교할 수 없었다. 노아는 풀 뱀에게 이 과일의 이름이 무엇이며 어디에서 나는 것인지 물었다. 풀 뱀이 대답했다. "이것은 포도입니다. 인류의 조상 아담이 에덴동산에서 이 땅으로 가져온 것입니다. 이 과일은 말려도 신선할 때의 맛을 잃지 않습니다. 심고 기르기는 어렵지만, 술을 담글 수도 있는 과일이지요." 노아의 호기심이 발동했다. "술은 또 무엇이냐?" 풀 뱀은 술의 효능과 술을 만드는 방법을 노아에게 알려주고 한 가지 당부를 했다. "제일 처음 포도 가지를 땅에 심을 때, 양과 사자, 그리고 돼지와 원숭이의 피를 한 번씩 뿌려줘야 합니다."

노아는 풀 뱀이 시키는 대로 산비탈에 포도원을 만들었다. 마침 홍수가 지나가고 날씨가 좋았던 시절이어서, 때가 되자 포도원에 과실이 주렁주렁 열렸다. 노아는 포도송이를 따다가 즙을 내어 술을 만들었다. 술 단지는 피 같은 선홍빛의 달콤한 술로 가득 찼다. 작은 그릇에 술을 덜어 한입에 털어 넣자, 마치 다른 사람이 된 것 같은 기분이 들었다. 본래 양처럼 온순하던 성격은 사라지고, 가슴 안에서 불길이 타올라 무서울 것 없는 사자처럼 변했다. 한 잔을 더 마시자 머리가 어지러워진 노아는 게으른 돼

조반니 벨리니, 「만취한 노아Drunkenness of Noah」, 1515

지처럼 땅바닥에 벌렁 누워버렸다. 하지만 그는 멈추지 않고 또한 잔을 마셨다. 그랬더니 이번에는 원숭이처럼 흥분하여 얼굴이 벌겋게 되고 손발은 춤을 추며 입으로는 욕설을 내뱉는 게 아닌가! 그는 기쁨을 주체하지 못하고 하느님의 아들들처럼 덩실덩실 춤을 췄다. 온몸에서 열이 나고 땀이 흘렀다. 노아는 옷을 아예 벗어던지고 발가벗은 채로 한 잔을 또 마셨다. 몸의 혈관이 팽창하여 스스로를 억제할 수 없게 된 노아는 결국 아내의 장막으로 뛰어 들어갔다. 어두컴컴한 장막 안은 익숙한 향기로 가득 차 있

창세기, 인문의 기원

었다. 그는 인기척할 새도 없이 그대로 침대로 뛰어들었다. 손을 뻗어 담요를 젖히려는 순간, 장막이 열리더니 그림자 하나가 노아에게 다가와 새파란 빛을 번쩍거렸다. 노아는 하반신에 아무런 감각도 느낄 수 없었고······.

노아는 극심한 두통과 함께 눈을 떴다. 장막 안에는 두 사람의 그림자가 어른거렸다. 셈과 야벳이 노아에게 등을 돌린 채 서 있었다. 노아가 자신의 하반신을 더듬어보니, 부드러운 겉옷이 덮여 있었다. 노아는 아들들에게 물었다. "지금 뭘 하고 있는 것이냐?" 그제야 형제는 고개를 돌리고 노아 앞에 무릎을 꿇고 말했다. "아버지, 저희를 용서하세요. 저희가 밭에서 일을 하고 있는데 동생 함이 달려오더니, 느닷없이 잘됐다며 동생이 생길 수도 있겠다고 말하더군요. 그러고는 엄지손가락을 내밀어 아버지의 나체`erwah를 묘사하기까지 했고요. 저희는 곧장 집으로 돌아와 겉옷을 어깨에 메고 뒷걸음질로 들어와서 그것을 아버지께 덮어드렸습니다."(「창세기」 9:23)

셈과 야벳의 이야기를 들은 노아의 눈앞에 환영 같던 사람의 그림자와 새파란 빛이 어른거렸다. 노아는 벌컥 화를 냈다. "이 짐승 같은 놈! 감히 나의 몸에 손을 댈 생각을 해?" 함에게 막 저주를 퍼부으려던 찰나, 노아는 그들이 방주에서 나왔을 때 하느님께서 자신과 함을 포함한 가족 모두를 축복하셨음을 깨달았다. 그래서 노아는 함 대신 그의 아들 가나안을 욕하기 시작했

다.(「창세기」 9:25 이하)

> 가나안, 이 망할 녀석!
> 그놈은 나중에 형들의
> 노예 중의 노예가 될 것이다!

그는 또 마치 성난 수소처럼 손가락 두 개로 아무 죄 없는 가나안과 그 자손의 머리를 가리키며 저주를 내렸다.

> 야훼를 찬미하라, 셈의 하느님을,
> 그가 가나안을 셈의 노예로 만드실 것이다!
> 하느님께서 야벳의 강대함을 지키시고
> 그로 하여금 셈의 장막에 살도록 하시며,
> 가나안을 그의 노예로 만드실 것이다!

이때부터 천상은 물론이고 인간세계에서도 빈부귀천이 나뉘었고, 형제지간에도 신분과 운명이 각기 달라졌다. 방주에서 함께 구원받은 사람의 자손이라 하더라도 누구는 주인이, 누구는 하인이 되었다. 어머니의 배 속에서부터 노예로 태어나는 사람이 생긴 것이다.

가이드는 그날 우리가 운이 좋아 볼거리가 많다고 말했다. 엘리베이터를 타고 오페라하우스의 꼭대기 층에 올라갔을 때는 마침 패션쇼가 열리고 있었다. 가이드는 우리더러 패션쇼의 콘셉트가 무엇인지 맞춰보라고 했지만, 결국 맞추지 못했다. 가이드는 그 콘셉트가 바로 '몽환'이라며 우리를 홀의 맨 뒷자리로 안내했다. 음악 소리가 쿵쿵 울리고, 레이저 빛은 번쩍거렸다. 그리고……위산 형은 묵묵히 모델의 워킹을 보고 있었다. 밖으로 나왔을 때 우리는 가이드와 다시 마주쳤다. 그는 감상을 털어놓았다. "몽환이라는 것도 서양 사람들의 성냥갑에서 나온 모양이지? 요즘은 우리 시골 동네에서도 회의를 열 때마다 공연을 해. 노출도 아까 패션쇼보다 훨씬 심하고!"

나는 대답했다. "맞아요, 그것이 사람을 살리는 조롱박에서 나올 순 없겠죠."

니므롯

Nimrod

만약 니므롯이 바벨탑을 짓지 않았다면, 그래서 하느님이 노하여 인류의 언어를 혼잡하게 만들지 않았다면 인류와 하느님은 어떤 관계로 발전했을까? 나는 이런 천진한 질문이 나온 모리 교수의 수업 시간 분위기를 아직 기억하고 있다. 교실 전체가 웃음바다가 되었고, 그 질문을 던진 신입생은 난처해하며 얼굴을 붉혔다. 그러나 모리 교수의 눈빛은 초롱초롱하게 빛났다. 모리 교수는 학생들을 '하느님'처럼 모시는 요즘의 교수들과 달리, 수업 시간에 학생들의 질문을 그냥 넘겨버리곤 했다. 그러나 그날은 달랐다. 모리 교수는 절반쯤 진행한 '그라프–벨하우젠 가설Graf-Wellhausen hypothesis'[15]에 대한 설명을 멈추고, 학생들에게 하늘 아래 사람과 사람, 사람과 자연, 그리고 민족과 종교 간의 관계를

창세기, 인문의 기원

포함한 인류사회에 대해 토론하게 했다. 몇 년이 지난 후, 바벨의 땅(오늘날 이라크)은 재차 대제국의 몽상을 자극했고, 나는 비로소 그 시절 모리 교수가 우리에게 토론을 하게 한 의중을 깨달았다. 이제와 생각해보면 지금 우리가 살고 있는 '포스트 바벨탑' 시대의 정치적·지적 엘리트는 고대의 성인과 바벨론 탈무드만큼 뛰어나지 못하다. 우리는 사리사욕에 정신이 팔려 있고 남의 이야기나 겨우 따라할 뿐이다. 그럼에도 현대인의 편견과 어리석음은 갈수록 깊어져, 니므롯과 바벨탑의 교훈을 완전히 망각해버린 듯하다.

성경에 따르면 홍수 이후 줄곧 번성해온 인류는 모두 완전한 사람인 노아의 자손이다. 니므롯은 노아의 증손자였는데, 그의 이야기는 증조부가 살아 있을 때로 거슬러올라간다. 노아의 가장 큰 걱정은 바로 자손들이 본분을 망각하고 이익을 좇으며 자만하여 화를 자초하지 않을까 하는 것이었다. 따라서 노아는 자녀들이 하느님의 법을 제대로 지키는지 늘 지켜보았다. 뿐만 아니

---

15 19세기 독일의 신학자이자 역사학자였던 율리우스 벨하우젠은 구약의 모세오경이 모세의 단일저작이 아니라, JDPE(야훼, 신명기, 사제, 엘로힘) 문서를 사용한 복수 저자의 저작이라는 학설을 주장했다. 이 가설은 그의 스승인 그라프의 설을 재확인한 것이기에 '그라프-벨하우젠 가설'이라 불린다.—옮긴이

라 자녀들을 위해 일상의 제사, 몸을 정결하게 해야 하는 기간, 가정일, 경작 등에 대한 규칙을 일일이 세웠다.(「희년서」 7장) 그러나 노아의 세 아들과 손자 들은 모두 책을 좋아하지 않았다. 오히려 그들의 아내와 딸 가운데 몇몇이 공부를 좋아해 종종 노아에게 가르침을 청하곤 했다. 자신에게 주어진 생이 얼마 남지 않았음을 느낀 노아는 성인 에녹이 창세의 비밀에 대해 기록한 책을 포함하여 조상으로부터 물려받은 모든 책을 효심 깊고 총명한 며느리에게 물려주었다. 천부적인 지혜를 지닌 그 며느리는 어떤 어려운 문제라도 노아가 조금만 알려주면 바로 이해하곤 했다. 오랫동안 각고의 노력을 기울인 그녀는 마침내 입에서 저절로 시가 흘러나오고 미래와 인간의 길흉화복을 꿰뚫어 보는 무녀가 되었다. 집안은 그녀에게 점을 보러 오는 사람들로 일 년 내내 북새통을 이루었다. 그로 인해 불편함을 느끼기 시작한 집안사람들은 위아래 할 것 없이 그녀에게 불만을 품게 되었다. 그녀 역시 그들로부터 떨어져 조용히 지내고 싶었다. 그녀는 귀중품과 값진 의류를 처분하여 담요와 마른 곡식을 준비해 나귀 한 마리와 하녀 한 사람 만을 대동하여 길을 떠났다. 그들은 유프라테스 강을 따라 동쪽으로 향하다 '태양이 뜨는 땅'ur에 정착했다. 그 후 그녀에 관한 소식을 들은 이는 아무도 없었다. 그녀의 입에서 나온 오묘하고도 난해한 시들은 후세 사람들에 의해 그리스어 역본 「시빌의 신탁집」에 수록되었다. 이 책은 로마 시대까지 주피터의 신

창세기, 인문의 기원

전에 보관되어 있었는데, 원로원도 때때로 영험하고 신비한 이 책에 자문을 구하곤 했다. 하지만 독실한 기독교도였던 로마 황제 테오도시우스 1세(재위 379~395)가 이교도 신전을 모두 불태우면서 「시빌의 신탁집」은 훼손되어 부분적으로만 전해지게 되었다.

노아는 950세를 살았다. 세상은 그런 노아를 가리켜 복 있는 사람이라고 말한다. 죽음을 앞두고 노아는 온 천지에 퍼져 낳고 기르고 번성하라는 하느님의 뜻을 받들어, 메타트론 천사를 증인으로 삼고 세 아들이 제비를 뽑은 결과에 따라 천하를 그들의 자손에게 나눠주려 했다. 장자인 셈은 거룩한 성 예루살렘을 비롯한 모든 동방 지역을 뽑아 풍요로운 메소포타미아 지역을 소유하게 되었다. 차남인 야벳은 추운 북방 지역(즉 소아시아)과 지중해 일대의 군도를, 막내아들 함은 나일 강을 젖줄로 삼는 이집트와 광활한 아라비아 사막을 포함한 남쪽의 더운 지역을 소유하게 되었다. 「창세기」 10장에 나오는 족보에 따르면 함은 네 명의 아들 구스kush, 이집트[미스라임]mizrayim, 리비아[붓]put, 가나안kena'an을 얻는다. 구스의 후손은 오늘날 수단, 에티오피아, 예멘 일대에 거주했기 때문에 고대에는 그 일대를 구스라고 불렀다. 구스에게는 5명의 아들이 있었는데, 나이가 들어 새로 얻은 부인으로부터 막내아들 니므롯을 얻었다. 이렇게 얻은 막내아들 니므롯을 구스는 특별히 사랑했다.

니므롯은 소녀처럼 피부가 깨끗했다. 또 체격이 좋아 감히 상

바벨론 이스타게이트의 벽

대할 적수가 없었다. 부족 사람들에 의해 지도자로 뽑힌 니므롯은 군대를 통솔하여 정벌에 나섰다. 니므롯의 군대가 가는 곳마다 적들은 혼비백산하여 달아나기 바빴다. 멀리 떨어진 마을에선 잇달아 공물을 바치며 스스로 그의 신하가 되려 했다. 때문에 그는 '야훼 면전에서 니므롯처럼 용감한 사냥꾼'이라는 명예를 얻게 되었다.(「창세기」 10:9) 사람들은 그가 보통 사람을 능가하는 용기와 힘, 지략을 지녔음을 알고 있었지만, 그 힘의 원천에 대해서는 알지 못했다. 본래 해전海戰에 능했던 니므롯에게는 한 가지 특별한 보물이 있었다. 그것은 바로 신통한 힘이 있는 두 벌의 가죽옷kuttoneth이었다. 이 가죽옷을 입으면 어떠한 창과 칼도 막을 수 있었다. 그런데 이 가죽옷은 사람이 만든 것이 아니었다. 그것은 선악과를 먹고 수치심을 알게 된 아담과 하와가 에덴동산에서 쫓겨나기 전 하느님께서 직접 그들에게 지어준 선물이었다.(「창세기」 3:21) 하느님께서는 7개의 머리를 가진 바다의 용 '레비아단[리워야단]liwyathan'의 머리를 부수어 그의 가죽으로 인류의 조상 부부에게 몸을 가릴 옷을 만들어주었다. 레비아단의 가죽이 얼마나 질기고 단단했는지는 말이 필요 없었다. 그런 데다 그 가죽옷은 적들의 사기를 저하시키는 신비로운 능력도 가지고 있었다. 가죽옷에 맞서 무기를 든 사람들은 손이 떨리고 몸에서 힘이 빠졌다. 아담과 하와는 늘 이 가죽옷을 입으며 야훼의 은혜를 기념했다. 아담과 하와가 죽은 후 그 가죽옷은 셋이 가지고 있다가 5대손인 에녹에게 물려주었다. 에녹은 하늘로 올라가기 전 그것을 므두셀라에게 물려주었고, 그것은 다시 완전한 사람 노아에게 전해졌다. 한편 방주에서 암사자로 인해 중요한 부위를 다쳐 며칠간 걷지도 못하게 된 노아는(이 책 「방주」 편 참조) 답답함을 느껴 입고 있던 가죽옷을 벗어버렸다. 그리고 방주에서 나온 후 적당한 장소를 골라 장막을 치고 울타리를 두른 뒤 그곳에 가죽옷을 두었다. 그후 한동안 바쁘게 지내던 노아는 야훼의 제단을 완성하고 제사를 드린 뒤 하느님의 복을 받고 나자 마음의 안정을 되찾았다. 그러고는 잊고 있던 조상 대대로 내려온 가죽옷을 떠올렸다. 하지만 가죽옷을 두었던 상자 안을 아무리 뒤져봐도 가죽옷은 보이지 않았다. 고대의 기록을 살펴보면, 니므롯이 입었던 무적의 가죽옷은 그의 아버지 구스로부터 받았다고 적혀 있다.(「노아서」 17a) 하지만 구스가 누구로부터 가죽옷을 받았는지에 관한 기록은 찾을 수 없다.

이처럼 니므롯은 신의 옷에 의존하여 야훼의 도움을 받아 천하를 얻었다. 그는 유프라테스 강변에 있는 시날shin'ar 평지, 즉 후에 바벨 혹은 바벨론이라 불리게 된 땅에 수도를 세우기로 결정했다. 그는 모든 신하를 불러 모아 수도를 건설하는 일에 대해 의논했다. 신하들이 말했다. "대왕께서는 현명하십니다. 시날은 수로와 육로의 요충지이며 넓은 평지이기 때문에 모든 나라가 대왕께 조공을 바치기에 적합한 땅입니다. 하지만 대왕께서는 우리

창세기, 인문의 기원

의 조상이 하느님께 반역하여 홍수의 재난이 생긴 일을 기억하십
시오. 이제 대왕께서 세상의 주인이 되셨으니, 필히 천하를 태평
케 하고 자손들을 번성케 하여 대가 끊기지 않도록 계획을 마련
하셔야 할 것입니다!"

니므롯이 웃으며 대답했다. "너희가 혀와 이를 놀려shin-na`ar(시
날과 발음이 유사) 하는 말이 모두 내 생각과 같구나! 너희는 내 명
령을 전하도록 하라! 모든 백성은 남녀노소를 불문하고 땅을 파
기초를 세우고 벽돌을 구워라. 하늘과 통하는 높은 탑을 만들고
하늘을 찌르는 첨탑을 세울 것이다! 다시 홍수가 나면 내가 너희
를 데리고 하늘 위에 가서 살 것이다!"

이에 신하들은 백성을 이끌고 벽돌로 돌을 대신하고 역청으
로 진흙을 대신하여 하늘에 닿을 거대한 탑을 쌓기 시작했다. 니
므롯은 글자를 읽을 줄 아는 장로들에게 명하여 벽돌마다 백성
의 이름을 새기도록 했다. "이 탑에 너희 이름을 남겨 너희 자손
들로 하여금 대대로 참배하게 하겠다! 이 탑이 우리에게 있으니
다시는 가족이 서로 흩어져 사방을 유랑하는 일은 없을 것이다!"
(「창세기」 11:2 이하) 이 말을 들은 백성은 더 열심히 니므롯을 따
랐다. 공사장에서 일하는 인부들의 목소리는 점점 더 커졌다. 그
들의 목소리는 결국 구름을 뚫고 천상에까지 이르렀다.

보좌에 앉아 인류의 미래를 계획하던 야훼의 귀에도 공사장
의 소리가 들렸다. 야훼께서는 손을 뻗어 구름을 젖히고 땅을 내

려다보셨다. 야훼의 눈에 바벨의 땅에 개미 떼처럼 모여 있는 사람들, 벽돌 굽는 가마에서 나오는 새카만 연기, 번쩍이는 횃불들이 보였다. 둥그렇게 쌓아 올린 탑의 몸체도 보였다. 하느님의 아들들도 이 광경을 보고 분노를 참지 못했다. "배은망덕한 니므롯! 인간들이 미쳤구나! 하느님께서 아담을 지으시고 인간에게 하늘, 땅, 바다의 생명을 다스릴 권한을 주셨건만, 은혜를 원수로 갚고 망령되게 하늘을 침범할 생각을 하다니!" 미가엘 천사장이 사탄과 맞섰던 긴 검을 빼들고 큰 소리로 외쳤다. "전능하신 주님, 이런 작은 일은 주님께서 신경 쓰지 마십시오. 제가 내려가 단칼에 저 반역자mered(니므롯과 어근이 유사)와 탑을 쌓는 모든 악인을 베겠습니다. 그리고 사람들에게 저들의 머리를 보여주고 복종하지 않을 수 없게 만들겠습니다!"

야훼께서는 구름을 모으고 해와 달을 물러나게 한 뒤 천천히 말씀하셨다. "저들 중에 탑을 만드는 데 참여하지 않은 이가 과연 있겠느냐? 너희 중에 누가 가서 한번 세어보아라. 대체 얼마나 많은 죄인을 죽여야 하겠느냐? 나는 노아에게 다시는 이 땅의 생명을 멸하지 않겠다고 약속했다. 인간이 저렇게 오만한 이유는 저들이 한 곳에서 같은 민족으로 살며 마음을 쉬이 모을 수 있기 때문이다. 그리고 저들이 마음을 쉬이 모을 수 있는 까닭은 같은 언어를 사용하고 같은 명령에 복종하기 때문이다. 너희도 보지 않았느냐? 조금 살 만하니까 바로 높은 탑을 쌓는 것이 인간인

데, 저들이 훗날 어떤 일인들 저지르지 못하겠느냐? 나는 저들을 죽이는 대신 저들의 언어를 혼잡balal(바벨과 발음이 유사)하게 만들려 한다. 서로의 말을 알아듣지 못하고, 명령이 통하지 않으면 기강도 곧 해이해질 것이다. 이로써 저들 사이에 내분이 일어나고 민족이 분열되면 탑도 쌓지 못하게 될 것이다."

야훼의 어조는 평소와 달리 엄숙했다. 언어가 혼잡해지면 노아의 자손들이 어떤 곤경에 빠지게 될지, 모든 것을 통찰하는 전지전능한 야훼 하느님께서는 잘 알고 계셨다. 그래서 하느님께서는 그들을 쉬이 벌하지 못하셨다. 자비로운 조물주는 해와 달을 물러나게 하여, 법을 집행하는 하느님의 아들들 사이로 시간이 빠르게 흐르도록 했다. 형벌을 내릴 기한을 몇십 년 늦춤으로써 바벨의 죄인들에게 회개할 수 있는 최후의 기회를 주신 것이다.

하느님께서는 바벨탑이 인류의 분열과 실패의 운명을 상징하게 될 것임을 분명히 알고 계셨다. 아침놀이 찬란했던 어느 날, 사람들의 혀가 갑자기 생각대로 움직이지 않게 되었다. 탑에 올라가 장식을 하던 사람이 위에서 밥을 달라 소리쳤지만, 이를 잘못 알아들은 아래쪽 사람이 역청 한 통을 짊어지고 올라갔다. 위에 있던 사람이 화가 나 발로 찬 역청 통이 탑 밑에서 공사를 감독하던 장군에게 쏟아졌다. 벽돌 굽는 가마장이도 재수가 없긴 마찬가지였다. 제자에게 분명 땔감을 더 넣으라고 말했건만, 제자는 말릴 새도 없이 물을 길어 아궁이에 들이부었다. 그것도 모자라 가마장이가 잔소리를 하자, 입을 삐쭉 내민 채 중얼대며 억울한 표정을 짓는 게 아닌가! 며칠도 되지 않아 공사장은 난장판이 되었다. 걸핏하면 욕설이 오갔고 다툼이 벌어졌다. 니므롯이 직접 단속하려 해도 소용이 없었다. 사람들은 무리를 만들어 무장을 하고 훈련을 하며 서로 경계하기 시작했다. 약한 사람들은 산이나 광야로 숨어들었고 힘 있는 사람들은 비옥한 강변이나 평원을 점령했다. 이때부터 인류는 무수한 민족으로 갈라져 각자의 언어와 문자, 성씨와 고향, 풍속 등을 갖게 되었다. 그러니 누가 다른 사람들과 하늘로 통하는 탑을 쌓으려 하겠는가!

옛날에는 인류와 지구상의 생물들, 그리고 대자연 사이에 언어 장벽이 없었다. 새와 짐승, 산과 강이 사람에게 인사하고 미소 지으면, 사람들은 이를 모두 알아듣고 응대할 수 있었다. 곤충의 울음소리, 헤엄치는 물고기의 몸짓, 꽃잎의 이슬은 모두 창조의 신비를 구체적으로 드러내주었다. 그것들은 인간에게 말을 하는 책이나 다름없었다. 그러나 언어가 혼잡해진 후 단어의 발음과 뜻, 그리고 문장 구조까지도 끊임없는 변화과정을 겪게 되었다. 같은 언어나 방언을 쓰는 사람들 사이에서조차 완벽한 교류는 불가능해졌고, 오해와 다른 해석을 낳는 일도 피할 수 없게 되었다. 교통이 불편하거나 오지에 살아 왕래가 쉽지 않은 사람들은 물론이거니와 심지어 같은 성 안팎에 사는 이웃이나 산 위아래에 거주하는 친척들 간에도 온전한 소통이 불가능해졌다. 그러니 동물들과 대자연의 목소리를 알아듣기란 더 어렵게 된 것이다. 그 결과 사람들은 세심한 관찰과 과학적 경험으로 겨우 얻은 얕은 지식을 '객관세계'의 원리라며 앞다투어 발표하게 되었다.

하지만 더 불행한 점은 언어가 고정되지 않고 부단히 변함으로써 새와 짐승, 벌레와 물고기, 그리고 산천초목과 달리 인류는 하느님의 법을 직접 받을 수 없게 되었다는 것이다. 바벨탑 사건 이후 노아의 자손들 중 열에 아홉은 아담과 하와의 언어를 잊어버렸고, 신뢰하기 어려운 통역을 거쳐야만 하느님의 법을 겨우 이해할 수 있게 되었다. 처음에는 조상들로부터 전해지는 에덴의 옛 언어를 말할 줄 아는 이들이 일부 있었지만, 몇 대가 지나 발음이 변하면서 옛 언어는 비속어나 방언으로 변질되었다. 평생 경전 연구에 매진한 학자들이 줄곧 성경의 원문을 이해하고자 했지만, 수많은 주석과 엇갈린 해석으로 인해 성인조차도 성경의 진정한 의미에 접근할 수 없게 되었다. 하느님의 말씀은 결국 수도원의 현학玄學 또는 학자들의 논쟁 대상으로 여겨졌다. 야훼께서 세우신 완벽한 질서는 희미한 전설로 전락했고, 신의 기적은 신화 속 인물들이나 믿을 법한 것이 되었다.

니므롯의 사례를 보자. 그가 야훼의 '사냥꾼'에서 죄인으로 전락해버린 사건은 본디 모든 사람이 다 아는 이야기였다. 하지만 바벨탑 사건 이후 사람들의 언어가 혼잡해지면서 소문은 분분해졌다. 가수들이 전하는 노랫말 속 니므롯은 바벨론의 영웅이었다. 아카드어(설형문자)로 쓰인 서사시 「안주Anzu」에서 그는 니누르타Ninurta라는 다른 이름으로 등장한다. 그는 혁혁한 공을 세운 전쟁의 신이자 번식의 신이다. 니누르타는 말을 할 줄 아는 마법의 지팡이를 가지고 있었다. 그는 이 지팡이의 도움을 받아 머리가 일곱 달린 괴물 뱀을 단칼에 베었고, 하늘을 지키는 사자 머리의 괴물 새가 훔쳐간 신계神界의 석판을 되찾아오기도 했다. 그로 인해 모든 신은 그를 '벨bel'이라 부르며 칭송했다. 그런데 이 칭호는 가나안의 신 바알과 어근이 같았다. 알다시피 바알은 야

휘의 가장 큰 적이기도 했다.(이 책 「릴리트」 편 참조)

몸집이 대단히 컸던 니므롯은 사람들에게 장사geber라고도 불렸다. 이런 니므롯을 그리스어 문헌은 '거인gigas' 혹은 '하느님 앞에서 거인 같았던 사냥꾼'(칠십인역 「창세기」 10:9)으로 표현했다. 그리스 사람들은 니므롯을 니노스Ninos라 불렀으며, 그를 마법에 능하고 바벨론을 창건했으며 페르시아를 정복한 사람으로 기록했다. 한편 페르시아에서 니노스는 마귀를 꾀어 별에 올라가 불을 가져오려 했지만 번개를 맞고 잿가루가 된 인물로 기록되었다. 그러나 우매한 신도들은 니노스가 하느님의 벌을 받은 줄도 모르고, 그가 푸른 연기에서 하늘의 등불로 변했다고 생생한 표현으로 말하곤 했다. 그들은 그를 거룩한 불로 섬기며 '조로아스터Zoroaster'라 불렀다.

이 같은 혼란 속에서 인간의 언어는 오히려 하느님의 법을 전달하는 데 있어 장애가 되어버렸다. 죄인을 구원하는 진리는 사람들에게 직접 전해지지 못하고 비유, 우화, 무당의 예언을 통해서만 전해질 수 있게 되었다. 바로 이 때문에 야훼께서 노아로 하여금 조상들로부터 전해 내려온 서적들과 하느님의 가르침, 그리고 '빛과 진리'로 가득 찬 에녹의 기록들을 지혜로운 며느리에게 물려주도록 하신 것이다. 하느님은 그녀에게 이 모든 것을 알게 하셨을 뿐 아니라 그녀로 하여금 속세를 벗어나 무녀가 되게 하셨다. 제사장이나 성직자가 아닌 무녀의 입을 통해 신탁을 전하게

연꽃 속에 있는 하늘의 신수神獸, 가나안의 상아 조각, 기원전 9세기

하신 것이다.

바벨의 들판은 아직도 사람을 부르는 소리로 가득하다.

전해 내려오는 말에 따르면, 니므롯의 백성은 하루 종일 교대로 작업한 끝에 43년 만에 탑을 완공했다. 위풍당당하게 세워진 거대한 탑 허리에는 구름이 걸려 있었고, 땅에서 탑 꼭대기에 도달하는 데는 1년이나 걸렸다. 탑의 동쪽에는 올라가는 사람들을 위한 720개의 계단이, 서쪽에는 내려가는 사람들을 위한 720개의 계단이 있었다. 탑을 둘러싼 고리 모양의 건축물에는 만국의 사신을 초대하기 위한 72개의 궁을 지었다. 탑의 꼭대기는 완성되지 않았지만, 이미 손만 뻗어도 하늘에 닿을 것만 같았다.

죄인들은 바벨탑의 완성이 인류의 용기와 지혜를 드러낸다고 믿었다. 그들은 야훼께서 은혜를 베풀어 해와 달을 밀어내고, 그들에게 주어질 패배의 운명을 늦추셨음을 전혀 모르고 있었다. 사실 인간의 머리가 하늘에 닿기 전, 하느님께서는 이미 천국과 지옥의 위치를 바꿔놓으셨다. 수정처럼 투명한 하늘 뒤에는 천국이 아니라 막 저승세계를 소탕한 하느님의 아들들이 있었다. 진지는 확실히 정비되었고, 이제 하느님의 마지막 일격만이 남아 있었다.

이제는 영생의 신이 일으키는 회오리바람이

탑 꼭대기에서 대지까지 휩쓸기를 기다릴 뿐. 순식간에

분쟁이 인간의 마음 밑바닥을 파고들면,

이때부터, 혼란이 그 거대한 성을 지배할 것이다!

발음이 변하면, 친족도 적이 되며……

혀도

더는 복종하지 않으리라. 지극히 높으신 이,

저들의 혀끝에 그의 분노를 심어

죄인들의 탑에 거대한 폭풍을 던지실 것이다!

(「시빌의 신탁집」 3:101 이하)

이 모든 것을 바벨의 죄인들은 전혀 예상하지 못했다.

최후의 날이 왔다. 밤새 남녀노소가 뜻을 모아 벽돌마다 노아
가 남긴 자손의 이름을 새겼다. 모든 이의 마음속에는 단 하나
의 소원만이 자리하고 있었다. 즉 우리의 집 바벨에서 다시는 가
족과 헤어지지 않고 사는 것! 마침내 탑의 꼭대기가 하늘을 찔렀
고 활을 멘 니므롯은 첨탑 위에 섰다. 발아래로 반짝이던 별들이
희미해졌고 동방에 아침 햇살이 밝아오기 시작했다. 그는 함성을
지르며 하늘 문을 열고 천사의 대열을 지나 하느님을 만나려 했
다. 그런데 목이 메어 아무 말도 할 수가 없었고, 눈물이 그의 시
야를 가렸다…….

기적

Mopheth

어디서 날아왔는지 멋진 매 한 마리가 기적처럼 교원 클럽 통유리로 된 창을 사이에 두고 내 발 근처에 날아와 앉았다. 찻잔 너머에 앉아 있던 아장의 창백한 뺨에 홍조가 떠올랐다.

아장의 솔직한 발언은 내게 뜻밖이었다. 같이 일한 지 겨우 일주일이 지났을 뿐이었는데, 아장은 내게 마음을 열고 자신의 실연과 그 극복과정을 털어놓았다. 아장은 그의 연인이 아무 말도 없이 자신을 떠났다는 사실을 받아들일 수가 없었다. 우울한 생각이 머릿속을 맴돌 때면, 찢어버린 사진 조각들을 절망의 긴긴밤 너머로 흩뿌렸다. 그런데 기적이 일어났다. 지인이 선물한 성경이 그에게 크고도 영원한 사랑에 대해 들려준 것이다. 그는 성경이 들려주는 이야기를 들었고, 그것을 믿었다. 그리고 용기를 얻

얀 페르메이르, 「신앙의 알레고리The Allegory of Faith」, 1670

었다. 그랬다. 그의 실연담은 복음 이야기로 방향을 돌린 것이다. 그는 그리스도의 사랑^{agape}으로 나를 전도하려 했다! 문득 파우스트 박사와 소녀 그레첸의 교리 문답이 떠올랐다.

사랑스런 그대여, 누가 말할 수 있을까?

내가 하느님을 믿는다고

저 목사, 성인들에게 가서 물어보라

그들의 대답은

질문자에 대한 조소로만 그치지 않을 터⋯⋯

누구든 그의 이름을 부를 수 있는 자만이,

솔직하게 말할 수 있으리라

내가 믿는 이는 바로 그라고!

(『파우스트』 1권 3426행 이하)

나는 화제를 딴 데로 돌렸다. "아장, 당신이 실연당하지 않았다 해도 신앙을 가졌을까요? 괴테는 '감정이야말로 모든 것Gefühl ist alles'이라는 말을 했어요. 감정이라는 단어의 자리에 행복, 사랑, 하느님, 그 외에 어떤 이름을 넣어도 상관없어요. 어차피 이름이란 건 진실을 가리는 소리와 연기일 뿐이니까요."

아장은 아무 말도 하지 않았다. 나는 알고 있었다. 예수의 말대로라면, 그가 그의 신과 이웃, 그리고 헤어진 연인까지도 사랑해야 한다는 것을.

　10년 전 홍콩대 로스쿨 교수의 절반은 외국인이었다. 금요일 오후가 되면 나는 자주 어울리던 외국인 교수들과 함께 법대 꼭대기 층에 있는 교원 클럽 '해피 아워'에서 술을 마셨다. 분위기는 화기애애했고 얼마간 활기찼다. 몇몇은 술잔을 들고 거리낌 없이 이야기를 주고받았다. 누가 골동품을 투기했고 완자이에서 매춘을 했으며 또 누가 성전환 수술을 하고 싶어한다 등등. 1997년 홍콩이 중국에 반환되고 대영제국의 날이 저물면 어떻게 호화유람선을 타고 영예로운 철수를 할 것인가 하는 것도 그들의 입에 자주 오르내리는 화제 중 하나였다. 아장은 홍콩 출신의 교원이었기 때문에 그 무리에는 속하지 않았다. 차분하고 점잖은 성격이었던 까닭에 그는 동료들의 모임에도 거의 참석하지 않았다. 지금와서 생각해보니, 그날 아장이 나와 교원 클럽에서 차를 마신 건 특별히 내 취향을 고려한 배려였다.

　나중에 아장은 내게 말했다. 종교에 귀의하면서부터 속세를 떠나 신부가 되고 싶다는 생각을 갖게 되었다고 말이다. 그는 장기휴가(홍콩대학의 옛 제도로, 연구년 외에도 1년 동안 일을 하면 두 달 동안 유급휴가가 주어졌다)를 이용하여 본격적으로 신학을 공부할 예정이라고 했다. 나는 그의 포부와 헌신적인 정신을 지지했다. 그는 1등급 명예학위first class honor degree를 받고 홍콩대를 졸업한 후 런던에서 유학했다. 홍콩으로 돌아온 그는 인턴 변호사로 2년간 일했고 변호사 자격증을 취득한 뒤에는 바로 모교에 임용되었다. 그는 동년배 가운데 가장 걸출한 인재임에 틀림없었다. 그런 아장이 인생의 갈림길에서 결정의 순간을 눈앞에 둔 것이다.

클럽이 사람들로 붐비기 시작했다. 창밖을 맴돌던 매는 더 이상 보이지 않았다. 아장은 내게 시미루[16] 푸딩을 먹지 않겠냐고 물었다. 나는 괜찮다고 대답하곤 아장에게 작별 인사를 했다. 엘리베이터를 타고 내려오니, 녹음으로 둘러싸인 홍콩대 교문이 보였다. 교문을 나와 길을 건너 오른쪽으로 가면 조그만 돌계단이 이어지는 골목이 나온다. 그 계단을 따라 아래로 내려가면, 광둥 사람들이 '돌퉁숲'이라 부르는 빌딩 사이에 갇히게 된다. 시끌벅적한 시장과 녹두 빙수로 밤을 보내는 상점들을 지나면 곧 해변에 다다른다. 아장은 말했다. 홍콩 만 저편, 석양이 내려앉아 흐릿해진 란타우 섬 옆 어딘가 자신이 어린 시절을 보낸 작은 어촌이 있다고.

하루는 모의 법정을 꾸리는 일로 그의 연구실을 찾았다. 연구실 문이 열리는 순간, 손에 성경을 한 권씩 든 학생들이 빙 둘러앉아 있는 모습이 눈에 들어왔다. 그 모습을 보자 동료 교수들

---

16 사고야자의 열매로 만든 디저트. 각종 과일을 넣어 먹거나 푸딩으로 만들어 먹는다.—옮긴이

사이에서 돌았던, 아장이 성서 연구반을 만들어 '지하당 활동'을 한다는 소문이 떠올랐다. 얼른 미안하다 말하고 나오려는데, 아장이 웃으며 말했다. "들어와서 같이 공부해요. 교수님이 관심을 가질 만한 주제들이 나올 수도 있잖아요?" 아장은 펼쳐져 있던 성경을 내 손에 건네주었다. "우리가 읽고 있던 부분은 바로 여기에요. 아브라함은 하느님을 진심으로 믿었고, 하느님도 그의 믿음을 의롭게 여기셨지요. 그런데 다른 사람이 자기 아내를 데려가는데도 아브라함은 이를 수수방관했어요. 그런 아브라함을 어떻게 해석해야 할까요?"

학생들은 모두 웃음을 터뜨렸다. 자리를 뜨려는데 문득 이런 생각이 들었다. '아브라함이 '아내를 시집보낸' 일과 관련된 이 어려운 문제를 아장은 어떻게 풀어낼까?' 나는 자리를 잡고 앉아서, '만약 여기가 미국이었다면 이런 지하당 활동은 진작 해산되었을 텐데' 하는 생각이 들어 속으로 웃었다. 미국 헌법 제1조 정교분리의 원칙 또는 공교육의 세속화 원칙은 차치하더라도, 선생과 학생이 연구실이나 사무실에서 이야기를 나눌 때 15초 이상 문을 닫고 있으면 인원수, 성별, 종족, 종교와 상관없이 성범죄 혐의를 받을 수 있기 때문이다.

아브라함은 노아의 장자인 셈의 적자였다. 하느님께서는 그를 진실한 벗yadid으로 삼고 영원토록 이스라엘 백성의 귀감이 되도록 하셨다. 그는 후대 이스라엘 민족의 거룩한 조상으로 존경받았고 부족장들의 우두머리가 되었다. 홍수 이후부터 계산하면 아브라함은 노아의 십대손이다. 그사이에 패권을 차지한 '야훼의 사냥꾼'은 주제넘게 백성을 이끌고 바벨탑을 만들어 하늘에 오르려다 하느님의 회오리바람을 맞고 혀가 뒤틀렸다. 이때부터 노아의 자손들은 조상이 사용하던 언어를 잊어버렸고, 하느님과의 소통은 단절되었다.(이 책 「니므롯」 편 참조) 아브라함의 아버지 데라terah의 시대에 유프라테스 강 하류 '태양이 뜨는 곳'에 살던 셈shem의 후예들은 이교를 신봉하고 점성술에 심취했다. 이들 중 야훼의 거룩한 이름shem을 아는 사람은 없었다.(「여호수아」 24:2) 데라 역시 달의 신 난나nanna를 모시는 제사장이었다. 그는 시간 날 때마다 집에서 신상을 조각하여 지역민이나 행상에게 팔아 살림에 보탰다. 그러므로 거룩한 조상이 일생 동안 행한 10개의 기적 중 첫 번째는 바로 백성의 신앙을 회복시킨 것이었다.

거룩한 조상 아브라함의 본명은 아브람이었다. 고대 슬라브어로 기록된 「아브라함의 묵시록」에는 아브라함의 어릴 적 이야기가 나온다. 그가 세상에 태어날 때 거대한 별이 밤하늘을 돌면서 사방의 작은 별들을 잡아먹었다. 이를 불길하게 여긴 바벨론 왕은 새로 태어난 남자아이들을 모두 죽이라고 명령했다. 그러나 이러한 재앙이 닥칠 것을 미리 알았던 데라는 자신의 아들을 산속 동굴에 숨겼고 아들이 열 살 되던 해에 집으로 데려왔다. 데라는 아들의 총명함을 보고 점술과 신전의 의식을 가르치며 그가 자신의 뒤를 이어 제사장이 되기를 바랐다. 하지만 어린 아브람에게는 나름대로 생각이 있었다. 어느 날 그는 달의 신이 가진 능력이 얼마나 큰지 시험해본다며 부친이 조각한 우상을 화로에 던졌다. 그것을 본 데라는 화가 머리끝까지 치밀었다. 그러나 아브람은 침착하게 불에 타 반쯤 남은 우상을 화로에서 꺼낸 뒤 부친에게 자신의 논리를 펴기 시작했다. "아버지, 이 난나를 숭배하느니 문앞에 서 있는 나무를 숭배하는 게 낫겠어요. 보세요, 문 앞에 있는 나무는 풍성한 잎사귀로 그늘을 만들고 비를 막아주지 않습니까? 하지만 이 우상은 단지 아버지께서 쪼개놓은 장작으로 만들어낸 창작물에 불과합니다. 하지만 나무를 숭배하는 것보다는 불을 숭배하는 게 더 낫겠네요. 왜냐하면 나무는 불을 견뎌내지 못하니까요. 그렇다면 불을 숭배하느니 차라리 물을 숭배하는 건 어떨지요? 왜냐하면 불은 물을 만나면 꺼지니까요. 하지만 물은 흙에 떨어지는 순간 흡수돼버리니 흙을 숭배하는 것이 낫겠지요. 흙을 숭배하느니 태양을 숭배하십시오. 왜냐하면 대지는 태양이 있어야 풍성한 수확을 얻을 수 있으니까요. 그런데 태양을 숭배하는 건 어두운 밤을 숭배하는 것만 못합니다. 밤이 지나면 아침이 오지만, 어두운 밤이 되면 태양은 달과 별들에게 자리를 내주어야 하니까요. 아버지, 그러니 이 모든 것은 신이 아닙니다. 전능하신 자가 만든 창조물일 뿐입니다. 그 전능하신 자가 바로 천지

창세기, 인문의 기원

흙으로 빚은 이집트 병사들, 아브라함의 시대(기원전 19세기)

를 열고 우주를 지배하는 진정한 신입니다!"

아브람의 말에 데라는 놀라 할 말을 잃었다. 그때부터 그는 아들의 말을 마음에 담아두고 그 의미를 천천히 되새기기 시작했다. 깊은 잠에 빠져 있던 그의 영혼이 점차 눈을 떠 캄캄한 어둠 속에서 한 줄기 빛을 발견한 것이다. 그 빛을 좇은 데라는 조상의 신앙을 되찾고 하느님 앞으로 돌아올 수 있었다.(필론, 『아브라함에 관하여』 71) 마침내 데라의 온 집안 식구가 하느님을 믿게 되었다. 그리고 데라는 신당에 있던 우상을 꺼내 모든 사람이 보는 앞에

에드윈 롱, 「파라오의 후궁Love's Labour Lost」, 1885

서 부숴버렸다.

그러나 그곳에 살던 백성은 여전히 우둔하고 어리석었다. 그들은 아브람이 사람들의 마음을 현혹시켰고 난나를 모독했기 때문에 언젠가 무서운 재앙이 닥쳐올 것이라 여기고 그를 관청에 고소했다. 소문은 사방으로 퍼져나갔다. 아브람을 잡아들이라는 관청의 명이 떨어지기도 전에 폭도들은 데라의 집을 불태워버렸다. 황급히 도망친 데라의 가족들은 유프라테스 강을 따라 올라가다가 사통팔달의 상업 도시 하란(지금의 시리아 북부)에 정착했다.

성경에 따르면, 야훼께서는 하란의 아브람에게 "너의 고향, 네

창세기, 인문의 기원

가족과 아버지의 집을 떠나 내가 알려준 곳으로 가라!"고 명하셨다. 뿐만 아니라 자손들이 번성하여 '큰 민족을 이룰 것'이라며 아브람을 축복하셨다. 그해 아브람의 나이는 75세였다. 생활은 편안하고 한가했지만 슬하에 자식이 없었다. 그는 하느님의 음성을 듣자마자 곧바로 아버지와 작별하고 아내 사래(나중에 사라로 이름을 바꾼다)와 조카 롯, 그리고 가축과 노예 들을 데리고 가나안으로 향했다. 아장이 말한 '아내를 시집보낸' 일은 그들이 가나안에 도착한 후에 벌어졌다. 이야기가 길지 않으므로 이에 관한 성경 내용을 전부 옮겨본다.(「창세기」 12:10 이하)

때마침 가나안에 기근이 들어 상황이 매우 심각했다. 이에 아브람은 기근을 피해 남하하여 이집트에 이르렀다. 이집트에 거의 다다랐을 때 그는 사래에게 말했다. "여보, 당신이 매우 아름다우니 이집트 사람들이 당신을 두고 틀림없이 '저 자의 처를 보라!'고 말할 것이오. 그러곤 나는 죽이고 당신은 남겨둘 것이오. 그러니 당신을 내 누이라 부르게 해주시오. 이러면 그들이 당신을 봐서 내게 잘할 것이고, 당신도 내 목숨을 구할 것이오!"
이집트에 이르자 과연 사래의 미모가 사람들의 이목을 끌었다. 파라오의 대신들이 이를 보고 하나같이 파라오 앞에서 그녀의 아름다움을 칭찬했다. 그리하여 파라오는 사래를 후궁으로 들였고, 아브람을 후대하여 많은 수의 소와 양, 낙타, 그리고 노예를 하사했다.

아브람의 처 사래가 뜻밖으로 후궁이 되자, 야훼께서는 열병을 내려 파라오의 첩들이 임신을 하지 못하게 되었다. 파라오가 급히 아브람을 불러 물었다. "그대는 도대체 무슨 이유로 그녀가 그대의 처라는 사실을 말하지 않았는가? 그녀를 누이라고 속여 과인으로 하여금 그녀를 첩으로 삼게 하다니! 자, 네 처가 여기 있으니 어서 데리고 썩 사라져라!"

파라오는 좌우에 명을 내려 아브람과 그의 아내, 그리고 그의 모든 가산을 즉시 나라 밖으로 내보내도록 했다.

주석가들의 일반적인 견해에 따르면, 아브라함이 살던 당시에는 남편의 생명이 아내의 명예보다 중요했다. 따라서 비상시 남편의 생명을 보전하기 위해 아내를 결혼시키는 일은 부족 안에서 받아들여질 수 있는 풍습이었다. 신학적으로 바꾸어 말하면, 인류의 도덕의식은 하느님의 계시와 지도를 통해 점진적으로 완전해졌고 마침내 사람들도 야훼의 도리를 이해할 수 있게 된 것이다.(예루살렘 성서[17] 「창세기」 12:10의 주석) 물론 아브라함에 대한 이

---

17 예루살렘 성서는 1956년 출간된 프랑스어 성서를 본보기 삼아 1966년 프랑스어 역본의 서문과 난외주를 함께 실어 출간됐다. 헬라어와 히브리어 원전을 충실히 옮겼다고 평가된다.—옮긴이

같은 변호는 아직까지 그럴듯하게 들리지 않는다. 그의 행동은 집단의 도덕적 귀감이 될 만한 것은 아니었다. 설사 비겁한 거짓말과 아내를 결혼시켜 목숨을 부지하려 한 행동이 부득이한 것이었고, 그것이 어느 부족에서나 볼 수 있던 풍습이었다 하더라도 말이다. 따라서 성경이 거룩한 조상의 흠을 감추지 않고 드러낸 데에는 다른 해석이 있을 수 있다.

  텍스트 생성의 측면에서 보면, 하느님께서 총애하는 부족장이 된 아브라함의 생애와 사적은 후대에 전해져 일찌감치 민족의 기억 속에서 불멸의 이야기가 되었다. 「창세기」 편찬자(야훼의 제사장)들은 아브라함의 위 사건을 긍정적으로 보지 않았지만, 그렇다고 생략할 수도 없었다. 구전되는 서사시나 민간 고사는 종종 여러 판본을 갖기 때문에, 부족장이 아내를 누이라 칭한 이야기는 「창세기」에서만 세 번이나 언급된다. 아브람이 기근을 피해 이집트로 간 이야기는 그중 첫 번째 이야기다. 두 번째는 「창세기」 20장에서 볼 수 있다. 거룩한 조상이 그랄(지금의 팔레스타인 남부 가자 근처)에 기거할 때 또다시 아내를 누이라 칭했던 것이다. 사라는 한 번 더 후궁으로 불려갔고, 진노한 야훼께서는 왕의 다른 후궁들이 임신을 하지 못하도록 막았다. 다행히 왕이 아직 사라를 가까이하지 않으므로, 하느님께서는 왕의 꿈에 나타나 그의 무죄를 인정하시고 사라의 남편이 선지자이기 때문에 사라와 동침하면 안 된다고 경고하셨다. 놀란 왕은 사라를 아브라함에게 돌려보내며 소와 양, 노예와 밭을 하사했다. 뿐만 아니라 '결백을 증명하는' 은자 1000닢을 아브라함에게 건네며 사라를 대신해 부족민 앞에서 그녀의 결백을 증명케 했다. 이에 아브라함은 즉시 후궁들에게 내린 재앙을 거둬달라고 하느님께 기도를 올렸다.

「창세기」 26장에 나오는 세 번째 이야기는, 아브라함의 아들 이사악에게서 일어났다. 아버지와 마찬가지로 기근을 피해 그랄로 온 이사악은, 그곳 사람들이 자신을 해칠까 두려워 아내를 누이동생으로 가장한다. 그러나 이번에는 운이 좋았는지, 왕이 창문을 통해 이사악yizbaq과 그의 아내가 애무mezabeq(이사악과 발음이 유사)하는 장면을 우연히 보게 된다. 깜짝 놀란 왕이 이사악을 불러 심문했고, 이로써 아내를 누이라 칭한 이사악의 거짓말은 들통난다. 그 바람에 왕은 재앙을 피할 수 있었다. 이 세 유사한 판본은 줄거리의 요소로만 보면 고대 신화 속 여자 조상(또는 출생과 양육을 관장하는 여신)이 화를 입은 후 만물을 회복시키고 갱신한다는 주제를 변형시킨 것으로 간주될 수 있다. 이스라엘 민족 외에도, 여러 민족이 이와 유사한 전설을 갖고 있다.(졸저 『유리섬』 「모데나의 아치문」 참조) 주인공의 이름 역시 이 점을 암시한다. 아브람/아브라함'abraham의 어근은 '아버지'ab'로, 그의 이름은 '만민의 아버지'ab-hamon'와 음이 비슷하다. 사래/사라의 뜻은 '공주sarah'로, 재난을 극복해야만 임신을 하고 아이를 낳아 만민의 어머니가 될 수 있었다. 오해로 인해 '공주'를 아내로 맞이하거나 '공주'를 납치하여 거룩한 조상인 '아버지'의 지위를 위협한 그랄 왕의 이름은 '나의 부왕'abimelek'(옛 번역은 아비멜렉)이었다. '공주'는 한때 그의 신부이자 후궁의 일원이었기 때문에, 여자 조상의 정절과 합법적인 신분은 모두 그가 나서서 밝힐 필요가 있었다.

물론 신학이 신화와 타협할 수는 없기에, 신학은 성경 해석에 있어 신화와는 다른 방향으로 끝까지 따져 묻기 마련이다. 「창세기」의 편찬자가 아브라함의 일대기를 기록한 목적은 역사의 기록이나 도덕적 교훈에 있지 않다. 그것은 하느님과 하느님 자녀들 사이의 관계 회복에 있다. 이것은 신앙에 대한 기록이며 신앙으로 지탱되는 이야기다. 즉 야훼께서 거룩한 조상을 시험하여 여러 고난(기근을 피해 이집트로 이주하고, 아내를 강제로 다른 이에게 시집보내며, 하나뿐인 아들을 제사 지낼 뻔했던 일들)을 겪게 하심으로써 그의 충성스러움을 확인했다는 이야기 말이다. 확실히, "지혜의 시작은 경외심에서 비롯된다."(「잠언」 1:7) 거룩한 조상은 야훼를 경외하여 모든 의심과 걱정을 내려놓고 자신과 가족을 무조건적으로 하느님의 계획에 맡겼다. 그리하여 그는 마침내 '하느님의 친구'가 될 수 있었고, 야훼께서는 그제야 그의 이름을 아브라함으로 바꾸셨다. 하느님은 아브라함과 약속을 맺어 할례를 그 표징으로 삼았고, 그에게 정결한 소와 양, 그리고 산비둘기와 집비둘기로 제사를 드리는 법을 가르쳤다. 솔개가 공중을 맴돌고 횃불이 지나다니는 기이한 일로써 야훼께서는 아브라함에게 이스라엘의 운명을 보여주셨다. 아브라함의 이야기는 타지를 떠돌며 고난을 겪다가 다시 고향으로 돌아오는 위대한 여정을 보여준다.(「창세기」 15장)

거룩한 조상이 아내를 누이라 속인 일을 바라보는 내 유별난 관점에 대해 아장의 연구실에 있던 학생들은 뜻밖에도 아무런 이의를 제기하지 않았다. 견해가 너무 쉽게 관철되자, 나는 오히려 흥미를 잃고 말았다. 아장은 내 이야기를 듣더니 얼굴이 벌겋게 달아올랐다. 아마 커다란 불만을 품은 듯했다. 가르침에 있어 열정적이기로 소문난 그는 성경 연구반 학생들에 대한 기대도 컸을 것이다.

아장은 과묵했으며 다른 사람과 논쟁을 벌이는 일이 거의 없었다. 그런 아장에게도 딱 한 번 예외가 있었다. 홍콩 반환 얼마 후, 저장 성 회관에서 대륙 어느 성省의 시찰단을 초청한 적이 있었다. 연회석상에서 부패한 홍콩특별행정구 정부가 청렴의 길로 나아가게 된 과정에 대해 시찰단원들과 이야기를 나눴는데, 그들은 특히 홍콩의 부패방지청ICAC에 큰 관심을 보였다. 누군가가 부패방지청의 부패는 누가 감독하며 어떻게 방지하는지 물었다. 나는 때마침 표준어를 배우고 있던 아장에게 대답할 기회를 주었다. 그는 잠시 생각하더니 대답했다. "사실은 이렇습니다. 부패방지청이 설립된 후 기관에서는 성실한 기독교인을 대거 채용했어요. 그들은 성 바오로의 가르침에 따라 '진리로 허리띠를 매고 의로움의 갑옷을 입으며' '항상 손에 믿음의 방패를 들고' 사탄의 불화살을 하나씩 막아냈습니다.(「에페소인들에게 보낸 편지」 6:14) 그들은 고양이 목에 방울을 매달기 위해 경찰부터 조사를 진행하여 부패를 척결할 수 있었습니다." 아장의 이야기를 들은 손님들은 반신반의하며 기적이나 다름없으니 배워갈 수 없겠다고 말했다. 흥분한 아장이 말했다. "절대로 어렵지 않습니다! 그리스도를 믿기만 하면 됩니다!"

홍콩을 떠나기 전, 나는 우연히 그가 다니던 성당에 들르게 되었다. 그날 주룽에 일을 보러 갔다가 낯익은 천주교 성당을 지나게 된 것이다. 걸음을 멈추고 살펴보니 그곳은 아장의 연구실에 붙어 있던 교우들과 찍은 단체사진의 배경이 된 바로 그 성당이었다. 문을 열고 들어가보니, 엄숙하고 경건한 단상이 있고 사방의 벽에는 성모의 초상화와 한자로 쓰인 성경구절들이 걸려 있었다. 나는 다시 성당 입구로 돌아와 양초를 하나 사서 촛대에 꽂았다. 다음 날 아장을 만나 성당에 갔던 일을 얘기하자 아장은 매우 기뻐했다. 그는 기회가 되면 내게 그 성당의 신부님을 소개해주고 싶다고 말했다. 그 신부님은 학문이 깊고 인품도 훌륭해, 성경과 교회사에 관한 어떤 문제도 함께 토론할 수 있을 것이라고 했다. 하지만 나는 이미 책 상자를 정리해 부친 후였기 때문에, 신부님과 만날 기회를 가질 수 없었다.

내가 홍콩을 떠날 즈음 아장은 몸이 아팠다. 그는 다른 사람을 통해 내게 재즈 음악이 담긴 CD 한 세트를 보냈다. 거기에는 "예전에 제가 즐겨 듣던 CD입니다. 교수님 마음에 들었으면 좋겠네요!"라고 적힌 영문 쪽지도 들어 있었다. 그런데 내가 미국으로 돌아간 후 얼마 되지 않아, 다른 사람으로부터 아장이 악성종양에 걸려 화학요법으로 치료를 받으면서 매일 한약을 달여 먹는다는 소식을 전해 들었다. 하지만 아장은 내게 보낸 메일에서 자신의 병을 언급하지 않았고 신학과 진로 변경 계획에 대해서만 말했다. 아장이 내게 준 CD는 아바나의 노인 밴드에 관한 다큐멘터리로, 촬영한 사람이 독일인이었는지 네덜란드인이었는지는 곧 잊어버렸다. 그들의 음악을 들을 때마다 나는 병상에 있는 아장과 그의 못다 이룬 꿈이 떠올랐다. 그 강렬한 선율에 빠져들 때면, 햇살이 내 발 앞에 선 매의 날카로운 눈동자 속에서 반짝이는 듯했다. 나는 알고 있었다. 두 차례 구름 속을 떠돌며 순결한 영혼을 맞이하고 배웅하는 사이, 녀석은 잠시 내 곁에 머물러 짧은 휴식을 취하고 있다는 것을.

하갈

Hagar

하갈hagar이 처음 사래의 방에 들어간 것은 사래가 막 파라오의 애첩이 된 후였다. 사래의 고운 얼굴은 눈물로 범벅이 됐고 눈은 퉁퉁 부었으며 목도 다 쉬었다. 이런 사래의 모습을 불쌍히 여긴 왕후는 곁에서 시중드는 시녀 중 똑똑하고 부지런한 하녀 한 명을 골라 하갈이란 이름을 주고 사래에게 보냈다. 그리고 자비롭고 동정심 많은 이시스Isis 여신의 신당을 찾아 사래가 다시 웃음을 되찾고 빨리 왕자를 낳을 수 있도록 기원했다. 그해 하갈의 나이는 13세였다. 하갈은 생각했다. '만약 주인님이 매일 이렇게 신음하며hagah 눈물을 흘리고 식음을 전폐한다면 모시기 어려울 텐데!'

사래의 울음이 점차 줄어들자, 하갈은 용기를 내어 주인에게 말도 걸고 후궁들의 이야기도 들려주었다. 다시 반년이 흐르자 하갈은 주인의 성격과 기질을 파악했다. 사래가 선하고 온유한 성격이라고 느낀 하갈은 사래에게 왜 그렇게 슬퍼하는지 은밀히 물었다. 주인의 고향은 유프라테스 강이 흐르는 동쪽으로 몇 개 월은 걸어야 도달할 수 있는 먼 곳이었다. 그녀는 그 지역에서 소 와 양을 치던 부유한 집안으로 나이 열다섯에 시집을 갔다. 그럼 어떻게 이집트까지 오게 된 것일까? 그녀의 남편 아브람은 신의 지시를 받고 자자손손 물려줄 넓은 땅이 있는 가나안으로 오게 되었다. 그런데 막상 도착한 가나안에 공교롭게도 심한 기근이 들 어 그들은 별수 없이 풍요롭기로 소문난 이집트로 가축을 이끌고 남하했다.(이 책 「기적」 편 참조) 그런데 광야를 빠져나와 이집트에 들어서기 전날 밤, 사래의 남편이 놀라고 당황한 기색으로 한밤 중에 잠에서 깨어났다. 사래가 무슨 일이냐고 여러 번 묻자, 남편 은 그제야 꿈속에서 흉조를 봤다며 우물쭈물 대답했다. 그는 한 데서 자란 설송과 종려나무를 꿈에서 보았다. 그런데 한 무리의 사람들이 떠들썩하게 달려오더니 설송은 베고 종려나무는 남겨놓 으려 했다. 이에 종려나무는 다급하게 소리쳤다. "제발 설송을 베 지 마시오! 우리는 뿌리가 서로 연결되어 있단 말이오!" 그러자 사 람들은 낮은 목소리로 잠시 의논하더니 도끼를 거두어 그곳을 떠 나버렸다. 사래가 꿈의 의미를 이해하지 못하자 남편이 설명했다. "그 두 그루의 나무는 우리 부부를 가리킨다오. 설송은 나를, 종려나무는 당신을 의미하는 것이오. 우리가 내일 이집트에 도착하면 그곳 사람들이 당신의 아름다움에 분명 나쁜 마음을 먹고 나를 해하려 들 것이오. 우리가 살아남을 유일한 방법은 서로 오누이라 칭하는 것뿐이오!" 아내는 남편의 말을 듣고 밤새 울었다. 이집트에 도착하자 과연 화려한 옷을 입은 관원이 다가와 두 사람의 관계를 물었다. 사래는 남편의 분부대로 같은 배에서 태어난 오누이라고 대답했다. 관원은 그길로 파라오에게 달려가 '누이동생'의 자태가 싱그러운 종려나무처럼 풍만하고 매력적이라며 칭찬을 늘어놓았다. 파라오는 크게 기뻐하며 '오라비'에게 각종 선물을 보냈고, 그의 관원들이 꽃가마에 태워온 '누이동생'을 후궁으로 삼아 '종려나무 부인'이라 불렀다.

주인의 이야기를 들은 하갈의 마음은 어느새 왕궁의 높은 벽을 넘어 나일 강변에 이르렀다. 그리고 북으로 향하는 사람들과 섞여 딸랑거리는 낙타의 방울소리와 함께 가나안으로 향했다. 그녀는 궁에서 태어나 궁에서 자란 하녀였다. 종의 신분일지언정 단 하루라도 자유로이 유랑하는 유목민의 삶을 살 수 있다면 그것보다 더 큰 행복은 없을 것 같았다.

후원後苑은 중상모략의 세계였다. 종려나무 부인의 일거수일투족은 물론 파라오가 언제 그녀의 처소에 출입했는지, 그녀가 파라오의 총애를 받고 있는지에 관한 유언비어가 끊이지 않았다. 처음에 사람들은 그녀의 자궁이 돌처럼 굳어져 아이를 가질 수 없다며 뒤에서 수군거렸다. 그러나 그들의 수군거림은 갈수록 험악해졌다. "종려나무가 궁 안에 들어온 뒤로 2년 동안, 위로는 궁녀부터 아래로는 하녀까지 모든 여성의 자궁이 돌처럼 굳어 임신을 하지 못하게 됐다네." 무당과 술사 들이 별의별 방법을 동원했지만 그 재앙을 피할 수는 없었다. 인심은 흉흉해졌고 파라오는 좌불안석이었다. 하갈이 이런 소문을 듣고 주인에게 전했다. 사래는 창백한 얼굴로 말했다. "이제 어쩌면 좋으냐? 이 못된 사람들이 헛소문을 내는 이유는 분명 나를 없애기 위함일 것이다!" 주인의 말에 덩달아 두려워진 하갈은 잠시 생각하더니 입을 열었다. "방법이 있습니다. 주인님의 '오라버니'께 해몽 능력이 있다 하지 않으셨습니까? 그를 궁으로 불러 악귀를 쫓는 것이 어떻겠습니까? 아침저녁으로 그리워하던 부군을 만나실 수 있는 기회이기도 합니다." 사래는 한참 동안 망설이다 장신구 두 개를 꺼내 하갈에게 주었다. 그러고 나서 하갈더러 그중 하나는 부엌데기에게 주고 나머지 하나는 그녀를 시켜 자신의 조카 롯에게 전달하라고 명했다.

부엌데기는 하갈의 양어머니였다. 그녀는 사래의 장신구를 받고는 기회를 틈타 출궁해 롯을 찾아갔다. 그 무렵 롯은 사래 덕분에 성안에서 여관을 운영하고 있었다. 롯은 부엌데기가 가져온 큰어머니의 귀걸이를 보고 그녀에게 큰일이 벌어졌음을 알았다. 그는 부엌데기를 여관 뒷방으로 데려가 무슨 일인지 자세히 알아

창세기, 인문의 기원

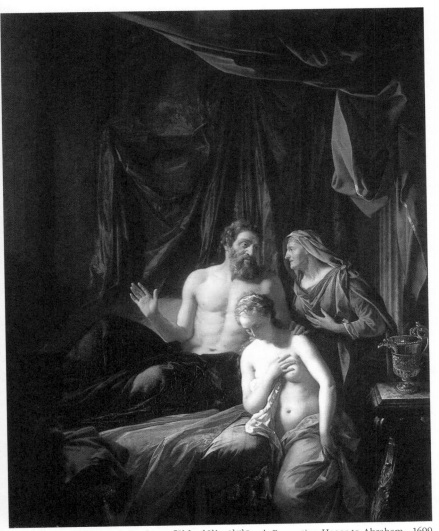

아드리안 판데르베르프, 「첩을 바치는 사라Sarah Presenting Hagar to Abraham」, 1699

본 후 그녀에게 후사했다. 그러고는 아내에게 손님을 받으라고 말한 뒤, 자신은 급히 뒷문으로 나가 큰아버지와 일을 논의했다. 아브람은 아내의 귀걸이를 움켜쥐고 가슴을 두드리며 말했다. "내가 받아야 할 벌이다! 모든 것이 내 잘못이야! 일이 이렇게 되었으니, 네 큰어머니 말대로 하는 수밖에 없겠구나!"

다음 날, 롯은 일찍 일어나 몸을 깨끗이 씻고 하느님께 기도를 드린 후, '태양이 뜨는 곳'ur'(고대에 점성술로 유명했던 지역으로, 현재 이라크 남부에 위치해 있다)에서 온 떠돌이 주술사로 가장했다. 그런 다음 왕궁으로 가서 파라오를 뵙게 해준다면 각종 질병을 치료할 비법을 알려주겠다고 말했다. 소식을 들은 파라오는 롯을 불러 물었다. "선생은 무슨 하실 말씀이 있으시오?" 롯이 대답했다. "폐하께선 지금 후궁들이 임신을 하지 못해 걱정하고 계시지 않습니까?" 파라오가 말했다. "그렇소." 롯이 말을 이었다. "제가 가진 비법이란 하느님께서 어제 사자를 보내 알려주신 종려나무tamar라는 글자입니다." 그리고 롯은 사래의 원래 신분을 사실대로 밝혔다. 파라오는 대경실색했다. "하지만 아브람이 오라비라는 건 그녀가 직접 내게 말한 것이오!" 롯이 정색하며 말했다. "그렇다 해도 파라오께서 백성의 아내를 빼앗은 것은 죄악이 분명합니다. 게다가 야훼께서 가장 총애하시는 선지자 아브람을 욕보였으니 그 죄가 배로 늘어 재앙의 끝을 알 수 없을 정도입니다! 그러나 폐하께서 전후 사정을 모르고 죄를 지으셨으니, 죄를 회개하고 재앙을 물리기에 아직 늦지는 않았습니다. 폐하께서는 지금 당장 종려나무 부인을 그녀의 남편에게 돌려보내고, 폐하를 위해 야훼께 용서를 구해달라고 선지자에게 간청하십시오. 하느님께서는 인자하시니, 이번 한 번은 용서해주실지 모릅니다."

파라오는 야훼의 능력을 실감하고 두려움에 온몸을 떨었다. 그는 아브람을 당장 입궐시켜 그의 아내를 돌려주었다. 종려나무 부인은 127년이라는 긴 생애를 마치고 하느님과 입을 맞추었다. 그녀는 가나안 땅 키럇아르바qiryath-'arba`(히브리어로 '네 개의 도시'를 의미하며 지금의 헤브론을 가리킴)에 위치한 묘소에 잠들었다.(『광명경』 1:125a) 수많은 자손을 남긴 설송 '오라비'는 일찍이 그날의 기적에 대해 이렇게 회고했다. "그 도도한 파라오가 왕관을 벗었고, 나는 하느님을 부르짖으며 오른손으로 그의 머리를 덮었다. 얼마 지나지 않아 후원에서 전갈이 왔다. 오랫동안 병을 앓던 사람들이 모두 나았다는 전갈이었다. 자리에서 일어난 파라오는 내게 사례에게 보상할 금은보화를 보여주었다. 그리고 휘하의 장군에게 일러 우리가 이집트 땅을 벗어날 때까지 호위하도록 명령했다. 나, 사례, 롯, 그리고 우리가 이집트에서 얻은 가축과 노예가 하나도 빠짐없이 무사히 이집트를 벗어났다."(사해사본1Q20 「창세기 외경」 19:14 이하)

그해 하갈의 나이는 열다섯이었다. 그녀는 주인을 따라 왕궁의 높은 담을 통과해 나일 강변에 다다랐다. 그리고 방울이 달려 있는 낙타에 올라탔다.

히브리어 성경에서 "사래는 임신하지 못해 자녀가 없었다"는 문장은 아브람의 아내를 설명한 첫 번째 문장이다.(「창세기」 11:30) 불임은 항상 그녀의 마음 한구석을 차지하는 근심거리였다. 다행히도 믿음직스런 남편은 그녀의 불임을 하느님의 시험이라 여겨 한 번도 그녀를 탓한 적이 없었다. 그러나 이집트에서 가나안으로 돌아온 후 눈 깜짝할 새 7년이라는 시간이 지났고, 곧 있으면 아브람의 85번째 생일인데도 기미가 없자, 사래는 결국 임신에 대한 희망을 접었다. 그녀는 아브람이 매일 제단 앞에서 하느님께 드리는 기도를 들었다. 남편은 재산을 물려줄 자식이 없어 결국 하인에게 상속해야 하는 처지를 걱정하고 있었다.(「창세기」 15:2) 어느 날 저녁 하갈이 사래의 목욕을 거들기 위해 이집트 민요를 흥얼대며 물동이를 들고 들어왔다. 사래는 문득 동그란 팔을 가진 민첩하고 활달한 이 하녀가 제법 예쁘다는 생각이 들었다. 사래의 마음이 복잡해졌다. '야훼께서 내 자궁은 열지 않으시면서도 남편에게는 축복을 내려 그의 자손이 하늘의 별처럼 많으리라 하셨으니, 혹시 하갈더러 나를 대신하라는 뜻은 아닐까? 정말 그렇다면, 하갈을 내 곁에 계속 머물도록 하는 것이 하느님의 계획을 방해하는 행동은 아닐까?' 사래는 아무리 생각해봐도 하갈을 남편의 처소로 보내는 것이 하느님의 뜻인 듯싶었다. 하갈에게 이런

창세기, 인문의 기원

생각을 이야기하자 하갈은 얼굴을 붉히고 고개를 푹 숙인 채 말했다. "저는 부인의 사람입니다. 부인이 보시기에 마땅한 일이라면 저를 대신하여 결정을 내려주십시오."

사래는 길일을 택해 하갈을 남편의 장막으로 데려갔다. 사래가 말했다. "저의 불임이 야훼의 뜻이니, 당신은 저의 여종을 거두십시오. 그녀가 저를 대신해 아들을 낳아줄지 누가 알겠습니까?"

고대에 아브람의 고향 유프라테스 강과 티그리스 강 유역에서는 정실부인이 불임일 경우 자신의 하녀를 남편의 첩으로 들여보내 아이를 낳게 하고, 법적으로 그 아이를 본처가 낳은 적자로 여기는 풍습이 있었다.

하갈이 아브람의 장막에 들어간 지 얼마 되지 않아 기쁜 소식이 들려왔다. 처음 이 소식을 들었을 땐 사래도 매우 기뻐했다. 하지만 사래는 하갈이 점차 전과 같지 않음을 느꼈다. 하갈이 주인 사래를 무시하는 말과 행동을 보이기 시작한 것이다. 심지어는 아브람마저도 하갈 편을 들 때가 있었다. 더 이상 참을 수 없었던 사래는 남편에게 최후통첩을 했다. "당신 때문에 저 종년이 감히 저를 박대하는 거예요. 제 손으로 저 여자를 당신 품에 드렸는데 아이를 얻고 나니 이제 저를 무시하기까지 하네요. 야훼께서 당신과 나 사이에서 정의로움을 보여주시기를 바랄 뿐이에요!"

아브람은 일전에 이집트를 떠나기 전 사래에게 다시는 그녀를 억울하거나 고통스럽게 만들지 않겠다고 맹세한 바 있다. 때문에 그는 물러설 수밖에 없었다. "좋소. 좋소. 당신의 종을 당신 손에 맡기니, 그 여자를 어떻게 하든 당신 마음대로 하시오!"

그러자 사래는 예전처럼 화장, 목욕, 식사 등 모든 수발을 하갈에게 들도록 했다. 하루가 다르게 몸이 무거워지던 하갈이 그 많은 일을 어떻게 다 감당할 수 있었겠는가! 게다가 화를 억누르고 할 말도 참아가며 나날이 어떻게 지내란 말인가? 하갈은 결국 집을 나와 황야로 도망쳤다.

그녀의 마음은 무척 괴로웠다. 그녀는 수르[술](시나이 반도 동북쪽) 방향으로 걸음을 옮겼지만, 정오가 되자 기운이 다 빠져 더이상 걸을 수 없었다. 그녀는 몸을 굽혀 길가에 있는 샘물을 떠마셨다. 그런데 갑자기 눈앞이 환해지더니 '야훼의 사자'가 공중에 나타났다.(「창세기」 16:7) 그가 하갈에게 물었다. "하갈아, 사래의 여종아, 어디서 와서 어디로 가느냐?"

하갈이 울면서 대답했다. "저는 주인인 사래로부터 도망치는 길입니다."

야훼의 사자가 다시 말했다. "너는 돌아가 주인의 명을 따르라! 그녀에게 가서 내가 그녀의 자손을 셀 수도 없을 만큼 번성케 할 것임을 전하라. 그리고 보아라, 너는 아이를 가졌다! 너는 한 아이를 낳을 것이니 이름을 이스마엘yishmaʿeʾl이라 지어라. 이는 야훼께서 너의 울부짖음을 들었음이니라."

조반니 프란체스코 바르비에리(게르치노),
「하갈과 이스마엘을 쫓아내는 아브라함Abraham Casting out Hagar and Ishmael」, 1657

야훼께서 자신에게 말씀하고 있음을 느낀 하갈은 마음이 뜨거워졌다. 그녀는 "오늘 나는 내 고통을 듣고 우리 모자를 영원토록 돌보시는 야훼를 보았구나!"라며 고백했다. 이에 그녀는 야훼를 '돌보시는 하느님'el ro'i'이라 불렀다. 하갈이 경험한 기적은 후손들에게 전해졌고, 그녀가 마셨던 샘물은 '돌보시는 영생자의 우물be'er laḥay ro'i'이라 불렸다.

성경에 따르면, 하갈이 여주인에게 돌아가 이스마엘을 낳은 그해 아브람의 나이는 86세였다.

아브람이 아들을 낳았다는 희소식은 수호천사를 통해 야훼께 곧장 전해졌다. 야훼께서는 크게 기뻐하시며 주위를 둘러보았다. 그런데 예전 같으면 기뻐하며 '할렐루야'를 외쳤을 천사들의 모습이 그날따라 보이지 않았다. 그 까닭을 물으니, 천사장 미가엘과 가브리엘이 날개를 접고 앞으로 나와 말했다. "제가 세상에 내려가 야훼의 일을 행할 때, '하느님의 벗' 아브람이 선한 일을 즐기고 베풀기 좋아하며 남의 어려움을 돕는 것을 항상 보았습니다. 그런 아브람이 불임인 아내를 위해 기도했고, 주께서 아브람의 기도를 들으시고 복을 베푸셔서 그가 새로 들인 첩이 이제 아들을 낳았습니다. 하지만 정실부인은 아직도 임신을 하지 못하고 있습니다. 설령 사래의 불임이 흰 불 위에 쓰인 검은 불(즉 하느님의 법)이고, 하느님께서 천지를 창조하고 인간을 만드시기 전부터 정하신 운명일지라도(이 책 「태초」 편 참조), 우둔한 세상 사람들은 사래를 비웃고 심지어 의심할지도 모릅니다. 하느님께서는 정말 매정하십니다!"

야훼께서는 웃으며 대답하셨다. "그런 이유에서였구나. 너희는 내가 나의 벗에게 한 약속을 잊었느냐? 나는 내가 한 약속은 그것이 무엇이든 반드시 지킬 것이다. 다만 적절한 때가 필요할 뿐이다." 야훼의 말이 끝나자마자, 호각 소리가 길게 울리더니 온 하늘이 향기로 가득 찼다. 보좌 아래 하늘의 서기 메타트론 천사가 갑자기 나타난 것이다. 메타트론 천사는 손에 철필을 들고 인류

창세기, 인문의 기원

의 과거와 미래가 수놓인 긴 휘장을 펼쳐들었다.(이 책 「메타트론」 편 참조) 그런 다음 별과 달을 거슬러 아브람이 99세 생일을 맞은 그날로 두 명의 천사장을 데려갔다. 제단 위에는 상서로운 구름이 기둥처럼 놓여 있었고, 야훼께서는 '전능자shadday'(본래 의미는 '높은 산')라는 거룩한 이름으로 아브람에게 명하여 그의 이름을 아브라함으로 바꾸도록 하셨다. 이는 모든 민족의 아버지라는 의미이자 거룩한 조상의 존칭이기도 했다. 또한 부인 사래의 이름도 '공주'를 의미하는 사라로 바꾸게 하고 불임을 그치게 하셨다. 그리고 할례를 징표로 삼아 그에게 자손만대에 이르기까지 가나안을 가업으로 주겠다고 약속하셨다. 거룩한 조상은 야훼의 뜻을 받들고 자리에서 일어났다. 그는 이스마엘과 집안 모든 남자에게 집에서 태어났든 사온 노예든 신분이 높고 낮은 순서에 따라 할례를 행하여 하느님의 약속을 살갗 위에 새겼다.(「창세기」 17:9 이하)

이 모든 것을 목도한 미가엘과 가브리엘은 경건하게 손을 모으고 연신 '아멘'을 외쳤다. 하느님께서 말씀하셨다. "때가 되면 인간으로 변신한 후 너희를 데리고 내려가 아브라함의 장막을 찾을 것이다. 그가 마므레(지금의 헤브론 근처)의 상수리나무 밑에서 우리를 대접하면, 나는 그에게 '내년에 네 아내 사라가 아들을 낳을 것이니, 그 이름을 이사악으로 지으라'고 말할 것이다."

아니나 다를까, 모든 일이 하느님의 뜻대로 되었다. 오로지 사라만이 상수리나무 밑에서 자신을 등지고 앉아 남편과 이야기를 나누는 세 손님의 정체를 알지 못했다. 그녀는 장막 입구에서 손님의 예언을 듣고 그만 속으로 웃음을 터뜨렸다. '나는 이미 폐경했고, 아이를 낳을 나이도 지났다. 남편도 나이가 적지 않은데, 내가 어떻게 임신을 할 수 있단 말인가?'

그때 아브라함에게 묻는 손님의 말소리가 들렸다. "사라는 어찌하여 웃느냐? 야훼께서 할 수 없는 일은 없다. 내가 내년 이맘때 다시 이곳에 들를 때 사라에게는 틀림없이 아들이 있을 것이다!"

손님의 말에 화들짝 놀란 사라는 자신의 행동을 부인했다. "저는 웃지 않았습니다."

"아니다, 너는 방금 웃었다." 손님이 대답했다.

손님들이 떠난 후 사라는 정말로 아이를 가졌다. 거룩한 조상 아브라함이 백 세 되던 해, 정월nisan(양력 3월에서 4월 사이) 보름 아브라함은 아들을 낳았고 이름을 이사악yizhaq('그가 웃었다'라는 뜻이다)이라 지었다. 이사악이 태어난 날은 훗날 하느님께서 모세에게 큰 능력을 내려 모세가 이스라엘 민족을 인도하여 파라오의 족쇄를 풀고 이집트를 탈출한 날이기도 했다. 사라는 침상에 누워 아이를 보면서 남편에게 말했다. "이 아기는 하느님께서 내게 주신 기쁨zahaq입니다!"

이사악이 태어난 지 8일째 되던 날 아브라함은 이사악에게 할례를 행한 후 큰 잔치를 베풀어 주변 이웃과 가나안의 부족장들을 초대했다. 사라는 아이를 안고 잔치에서 만나는 사람마다 다

창세기, 인문의 기원

음과 같이 말했다.(「창세기」 21:7)

이전에 어느 누가 아브라함과
사라에게 아이가 생길 것을 일러주었나? 하지만 나는
100세인 그에게 아들을 낳아주었다!

잔치에 참석한 여자 손님들 중에는 이사악의 정체를 의심하는 사람들도 있었다. 그들은 귓속말로 사라와 아브라함 두 노인네가 길가에 버려진 아기를 주워와 친아들이라 우긴다며 수군댔다. 그 수군거림은 사라의 귀에까지 들어갔다. 사라는 하느님께 도움을 청했다. 하느님께서는 수유 천사에게 사라의 젖을 충분히 나오게 하라고 분부하셨고, 사라에게는 주변에 젖이 나오지 않는 여인들의 갓난아기를 모두 데려와 젖을 먹이라고 말씀하셨다. 사라는 침상에 앉아 하갈의 시중을 받으며 해 질 무렵까지 쉬지 않고 아기들에게 젖을 물렸다. 그렇게 해서 젖을 먹인 아이의 수가 모두 100명이었다. 사라에 대한 험담을 하던 여자들은 그 모습을 보고 어안이 벙벙해 아무 말도 할 수 없었다. 하지만 저녁을 먹고 다시 기세등등해진 여자들이 이번에는 귓속말로 하갈이 이사악을 낳았을 것이라고 수군거렸다. "저 이집트 여자를 봐, 힘이 넘치잖아!" 사라가 아기들에게 젖을 물린 일이 어쩌면 환상일지도 모른다는 의견도 있었다. "남편과 조카가 모두 유명한 술사인데, 어떤

조반니 바티스타 티에폴로,
「하갈과 이스마엘에게 나타난 천사The Angel Appearing before Hagar and Ishmael」, 1732

눈속임인들 못 하겠어?" 그 말을 들은 사라는 그날의 기쁨이 검은 구름에 뒤덮이는 것 같은 느낌을 받았다.(바벨론 탈무드 「중간문」 87a)

이사악이 젖을 떼던 그날 아브라함은 다시 잔치를 열었다. 이번에는 사라가 수다스러운 여자들을 기어코 초대하지 않으려 했고, 아브라함도 그녀의 말을 따랐다. 하루해가 저물고 술잔과 접시가 모두 비워질 때까지 아무런 수군거림도 들리지 않자 아브라함은 그제야 마음을 놓았다. 손님들을 배웅하고 방으로 돌아와보니, 이스마엘이 동생 이사악을 데리고 놀고 있었다. 두 형제가 앞으로도 화목하게 잘 지내리라는 생각에 아브라함은 이스마엘을 칭찬했다. 그때 마침 사라가 방에 들어왔다. 그녀는 이사악이 넘어질듯 말듯 형을 쫓는 것을 보고 이사악을 얼른 품에 안았다. 그러고는 자신의 장막으로 돌아와 아들을 재웠다. 아들이 잠들자 사라의 머릿속에 마음씨 곱고 똑똑한 아이라며 이스마엘을 칭찬하던 남편의 모습이 자꾸 떠올랐다. 자기도 모르게 질투의 불길이 타올라(「희년서」 17:4) 잠도 오지 않았다. 생각하면 생각할수록 분했다. 더 이상 참을 수 없다고 느낀 사라는 일어나 아브라함의 장막으로 향했다. "저 계집종 모자를 쫓아내세요! 저 종년의 자식이 장차 우리 아들의 가업을 나눠 갖게 할 수는 없어요."

사라의 말은 아브라함을 난처하게 했다. '이스마엘도 내 혈육이다! 하지만 다시는 사라에게 상처를 주지 않겠다고 야훼 앞에서 맹세하지 않았던가? 그렇다면 하갈에게는 또 어떻게 말한단 말인가?' 밤새 한숨도 못 잔 아브라함은 다음 날 해가 뜨자 밀떡 한 묶음과 물을 가득 채운 가죽 부대를 하갈에게 주며 사라의 뜻을 전했다. 하갈은 예상과 달리 대성통곡하기는커녕 그 소식을 이미 알고 있었다는 듯 입술을 깨문 채 아무 말도 하지 않았다. 떡과 가죽 부대를 받아든 하갈은 옷가지를 넣은 보따리를 머리에 이고 아들의 손을 꼭 잡았다. 이스마엘은 하갈의 말을 듣고 아버지에게 작별 인사를 올렸다. 두 모자는 몸을 돌려 아브라함의 집을 나왔다.

하갈 모자가 어디로 갔는지 아는 사람은 아무도 없었다. 아브라함이 사방으로 돌아다니며 물었지만, 어떤 소식도 들을 수 없었다. 그는 하갈 모자가 길을 잃지는 않았는지, 무역상이나 물을 찾지 못한 것은 아닌지 걱정했다. 야훼의 보호 아래 황야를 벗어난 하갈이 이집트로 돌아가 자신의 친척을 만나게 되지는 않을까 하는 희망도 품어보았다. 그러나 그의 꿈에 나타난 하갈 모자의 모습은 그리 좋아 보이지 않았다. 아브라함의 꿈속에서 하갈은 사경을 헤매는 이스마엘을 등에 업고 뜨거운 태양이 작열하는 황야를 걷고 있었다. 입술은 다 갈라지고 가죽 부대는 이미 텅 비어 있었다. 하갈은 그렇게 한 발, 한 발, 또 한 발, 힘겨운 걸음을 내딛고 있었다. 그러다 결국 하갈은 그 불쌍한 아이를 관목 아래 두고 그로부터 화살이 닿을 거리만큼 떨어져 앉았다. 심장을 칼로 후벼 파는 고통을 느낀 하갈이 부르짖었다. "하느님이시여, 자식이 죽어가는 걸 두 눈 뜨고 지켜봐야 하다니, 견딜 수가 없습니다!"(「창세기」 12:16) 아브라함은 울면서 잠에서 깼다. 사라가 담요를 걸친 채 그의 장막에 들어와 그를 지켜볼 때까지 그는 어린아이처럼 엉엉 울었다. 아브라함도 사라도 아무 말이 없었다. 그들은 해가 뜰 때까지 그저 조용히 앉아 있었다.

이른 아침부터 아브라함은 제단 앞에서 긴 시간 무릎을 꿇고 회개했다. "하느님이시여, 하갈을 보호해주십시오! 아들의 통곡 소리를 들어주십시오!" 아브라함은 이 모든 비극이 야훼의 계획이기 때문에 그것을 피할 수 없다고 느꼈다. 그는 일전에 하갈이 황야를 떠돌다 돌아와서 자신에게 몰래 했던 말을 기억했다. 하갈에게 나타난 천사가 이스마엘에 대해 남긴 예언이었다. "그가 자라면 아라비아의 한 마리 야생 나귀처럼, 그도 사람들을 적으로 삼고 사람들도 그를 적으로 삼을지니, 홀로 오가며 뭇 친족을 업신여길 것이다."(「창세기」 16:12) 아브라함은 하느님께 이 예언의 의미를 감히 물을 수 없었다. 그는 이 예언을 떠올릴 때마다 이사악과 이사악에게서 나올 이스라엘 자손에 대한 생각에 두려워 몸서리가 쳐졌다. 언젠가는 들나귀처럼 용맹한 이스마엘의 후예들이 아라비아의 대사막에서 잔혹한 폭풍을 일으킬 것이다. 그 폭풍이 향하는 곳은 과연 어디일까?

눈을
들다

Essa enay

"산을 향해 눈을 든다. 나를 향한 그 도움은 어디서 오는 걸까?" 반쯤 열린 창문 틈을 비집고 들어온 햇살은 사람들의 발밑에서 어지러이 흩어졌다. 사르륵 책장 넘기는 소리가 마치 미풍처럼 예배당 안을 스쳐 지나갔다. 잠깐의 정적이 흐른 뒤, 모두 앞서 낭독한 시를 따라 읽기 시작했다. 바로 「시편」 121장이었다. 갑자기 내 가슴이 덜컥 내려앉았다. 세 박자의 장음과 두 박자의 단음으로 이루어진 그 시구는 다름 아닌 그가 내게 설명한 고대 히브리 애가哀歌의 운율이었다.

나를 향한 도움이 야훼에게서 오네,
천지를 창조하신 그에게서

       창세기, 인문의 기원

그는 너를 넘어지지 않게 하시고,

졸지 않고 너를 지키실 것이며……

그를 알게 된 날이 마침 셰익스피어의 기일이었기 때문에 나는 아직까지도 그날이 언제인지 기억한다. 일기를 찾아보니 2001년 4월 23일 월요일이었다. "맑음. 로스쿨의 홈커밍 주간이 시작되었다. 오후에 오스틴 관에서 수업을 들은 뒤 대학 출판사 서점에서 『고대 유대사』 전집 중 한 권을 구매했다. 뉴욕의 모 금융 자문 회사의 부사장으로 있는 사이먼을 알게 되었다. 사이먼과 소돔에 대해 이야기를 나눴는데, 우리 둘의 견해는 얼추 비슷했다."

그야말로 우연이었다. 그날 나는 서점에 들어가자마자 할인 코너로 향했다. 나는 그곳의 첫 번째 책장 중간에서 녹색 표지의 '로엡Loeb' 시리즈에서 나온 요세푸스의 『고대 유대사』 전집 중 한 권이 꽂혀 있는 것을 발견했다. 마침 내게 없는 책이었다. 나는 망설이지 않고 손을 뻗어 책을 뽑으려 했다. 그런데 내 뒤에서 다른 사람도 그 책을 집으러 다가오는 바람에 하마터면 '교통사고'가 날 뻔했다. 고개를 들어보니, 키가 크고 마른 몸매에 머리를 단정하게 빗어 넘긴 중년 사내가 불룩한 가죽 서류 가방을 메고 서 있었다. 내가 재빨리 미안하다고 사과를 하자, 그는 오히려 공손한 태도로 내게 그 책을 양보했다. 서점을 나와 하버드 스퀘어로 돌아온 나는, '오 봉 팽au bon pain'이라는 프랑스 빵집에서 그와 다시 마주쳤다. 우리는 서로 웃으며 인사한 뒤, 커피를 시켜 같은 테이블에 앉았다. 그는 내게 자신의 이름은 사이먼이며, 하버드에서 학부와 로스쿨을 나와 지금은 뉴욕에서 일하고 있다고 했다. 중국으로 자주 출장을 가는 그는, 상하이에서 막 돌아오자마자 홈커밍 주간을 맞아 동창들을 만나려고 하버드에 왔다가 서점에 들렀다고 했다. "이 근처는 서점이 제일 맘에 들어요. 그런데 선생님은 고대사를 연구하십니까?"

나는 전공은 아니지만 성경을 해석하고 역주를 달기 위해 자료를 수집한다고 대답했다.

내 대답에 그의 눈이 커졌다. 그는 연신 잘됐다는 말을 반복했다. 알고 보니 그는 학부 때 주로 종교사 수업을 들었다고 한다. 그가 말했다. "부모님의 영향을 많이 받았습니다. 아버지께서 뉴욕의 어느 유대인 회당의 랍비시거든요." 우리는 곧바로 히브리어 성경의 여러 주제에 대해 이야기를 나눴다. 그는 학술적인 용어들을 사용했으며, 교리적 신조에 구애받지도 않았다. 나는 그렇게 열심히 공부했는데 왜 이 방면으로 계속해서 연구하지 않았냐고 그에게 물었다. 그는 커피를 한 모금 마신 후, 서류 가방을 가리키며 대답했다. "책을 많이 읽었으니, 사회로 나가야지요! 선생님도 모리 교수님을 아시죠? 모리 교수님께서 일전에 제게 물으셨습니다. '태초에 만물이 말씀으로 시작되었으며 아담과 하와는 야훼의 형상을 따라 창조되었는데, 악인은 왜 악을 행하며 선한 사람

창세기, 인문의 기원

은 왜 고난을 당하는 것이지? 누가 이 문제에 대해 책임져야 하나?' 저는 이렇게 답했습니다. '이런 문제는 토론할 수 없으며, 논리적인 답을 낼 수도 없다'고 말이죠. 그러자 교수님께선 저더러 법학을 배우라고 하시더군요." 말을 마치며 그는 큰 소리로 웃었다. 그러곤 영혼과 육체가 분리되어 있으며, 영혼은 선을 좇지만 육체는 사탄에게 속하여 끊임없이 죄를 짓기 때문에 세상이 고난에 빠졌다는 주장을 예로 들었다. 그는 또 성경에서 몇 가지 주제를 고른 후 내게 어떻게 해석하는 것이 좋을지 물었다. "예를 들면 소돔sedom의 이야기 말입니다. 하느님께서는 하늘에서 불을 내리고 땅에 지진이 나게 해 소돔의 모든 사람을 멸하셨습니다. 오로지 아브라함의 조카 롯과 그 식구들만 구원하셨지요. 그런데 롯은 아브라함의 기도로 하느님의 은혜를 입어 구원을 받은 것일까요? 아니면 롯 스스로가 야훼의 길을 걷는 의인이기 때문에 구원받은 것일까요? 이 이야기의 공과나 인과관계에 대해 어떻게 생각하십니까?"

악마는 잠들지 않는다. 그 까닭은 언제나 깨어 계시는 하느님을 두려워하기 때문이다. 야훼께서는 언제든지 그의 오른손을 들어 죄악을 멸하실 수 있었다. 하지만 야훼께서는 이 땅에 재앙을 내리기 전에 언제나 자신의 충실한 종, 선지자들에게 먼저 그 뜻을 알리셨다.(「아모스」 3:7) 그 가운데 가장 유명한 예가 바로 「창세기」 18장에 나오는 소돔에 관한 기록이다. 야훼께서는 백성의 성

한스 멤링, 「최후의 심판: 대천사 미가엘」, 1466~1473

토와 호소를 듣고 극악무도한 소돔과 다른 세 곳의 도시를 멸망시키기로 결심하셨다.

하느님은 인간 세상 감찰을 마친 후, 끓어오르는 분노를 누른 채 천사장 미가엘과 가브리엘을 소돔으로 보냈다. 그리고 선지자 아브라함을 불렀다. 하느님께서는 이스라엘의 거룩한 조상을 향해 자신이 내린 무시무시한 결정을 알렸다. 야훼의 구름 앞에 서 있던 거룩한 조상은 자신의 귀를 의심했다. '소돔이라니, 롯이 사는 도시가 아닌가?' 기근을 피해 이집트에 갔던 그해 아브라함은 '종려나무 부인'인 사라 덕에 파라오로부터 적지 않은 금은보화와 가축, 그리고 노예를 상으로 받았다.(이 책 「하갈」편 참조) 가나안에 돌아온 후 아브라함과 롯은 같은 곳에서 각자의 가축을 키웠다. 그런데 장소가 협소하다 보니 가축을 먹일 풀과 물이 부족했고, 이에 두 집안의 목자들 사이에 종종 싸움이 일어나곤 했다. 그로 인해 아브라함은 조카에게 다음과 같은 제의를 했다. "우리는 서로 가까운 친척인데, 아랫사람들의 말다툼으로 우애가 상해서는 안 된다. 보아라. 천지가 저리 넓으니, 서로 갈라지도록 하자. 네가 왼쪽으로 가면 나는 오른쪽으로 갈 것이고, 네가 오른쪽으로 향하면 나는 왼쪽으로 가겠다." 아브라함의 말에 롯은 사방을 둘러보았다. 롯의 눈은 수풀이 풍부한 동쪽 요르단 강 골짜기에 머물렀다. "그곳은 마치 야훼의 낙원 같기도 하고 이집트의 비옥한 들판 같기도 했다. 땅은 소알이라는 소읍小邑까지 펼쳐져 있었다."

(「창세기」 13:10) 이렇게 동쪽 골짜기와 평원을 선택한 롯은 큰아버지와 큰어머니에게 작별 인사를 한 뒤 가축들을 데리고 평원 중앙에 있는 소돔 성으로 떠났다.

거룩한 조상은 용기를 내어 하느님께 말했다. "인자하신 주님, 홍수 이후 당신께서는 설령 인간의 본성이 악하다 해도 다시는 대지를 저주하고 인간을 멸하지 않기로 약속하셨습니다! 하느님께서는 활을 내려놓으시고 하늘에 무지개를 놓아 저의 10대조이자 완전한 자였던 노아에게 맹세하셨습니다!"(이 책 「노아」 편 참조)

그때 구름 속에서 울린 천둥소리가 아브라함의 말을 끊었다. "바로 내가 이 조그만 진흙 알갱이 같은 세상을 창조했다. 그런데 내가 아니면 누가 이 세상을 심판하겠느냐? 나는 이미 52년 동안 소돔의 악행과 거짓말을 참아왔다!"

아브라함은 땅에 엎드려 말했다. "사리에 밝으신 주님! 소돔의 남녀노소 전부가 용서할 수 없을 정도로 죄가 큰 것은 아니겠지요? 만일 성안에 50명의 의인이 있어도 그곳을 멸망시키실 겁니까? 이 50명을 위해 성 전체를 용서하실 수는 없습니까? 결코 의인과 죄인을 함께 죽여 같은 운명에 처하도록 하셔서는 안 됩니다!"

천둥소리가 대답했다. "만약 네가 소돔에서 의인 50명을 찾는다면, 온 소돔 성을 용서하겠다."

야훼의 대답에 자신감이 생긴 아브라함이 다시 물었다. "주님이시여, 제 몸이 흙이 되더라도 무모하게 간청을 올리려 합니다. 만약 의인이 단지 45명이라면, 5명이 부족하다 하여 전체 성을 소멸시키시겠습니까?"

"멸하지 않겠다."

"만약 40명만 찾았다면요?"

"그 40명을 위해 마찬가지로 성을 멸하지 않을 것이다."

아브라함은 흥분과 감격 속에 연이어 하느님에게 간구했다. 그는 의인의 숫자를 30명에서 20명, 마지막에는 10명까지 줄였다. 그럼에도 아브라함에게 들려오는 천둥소리는 여전히 같은 말을 반복했다.

"멸하지 않겠다."

거룩한 조상은 두 손으로 입을 막은 채 마치 한 줄기 보릿대처럼 온몸을 떨었다. 그는 알고 있었다. 야훼께서 더 이상 인간의 죄악을 참지 못하고 홍수로 대지를 멸망시켰던 그때, 방주 안에는 노아의 일가족, 즉 하느님의 법을 지키는 의인 8명만이 타고 있었다. 그러므로 의인 10명만 있다면 소돔 성을 용서하겠다고 하신 하느님의 약속은 이미 큰 은혜였다. 게다가 아브라함은 롯이 소돔에서 딸을 여럿 낳았다는 이야기를 들은 적이 있었다. 그 딸들이 결혼할 나이가 되었으니 롯 부부와 딸들, 그리고 사위들까지 합하면 10명이 될 수도 있다. 만약 롯이 자신의 출신을 기억하여 야훼의 가르침을 성실하게 받들고 온 가족이 야훼를 믿도록 힘썼다면, 하느님의 돌보심이 분명 롯과 롯의 가족 곁에 함께할 것이다.

그뿐 아니라 소돔의 모든 사람과 가축도 그들로 인해 용서를 받을 수 있을 것이다!

거룩한 구름은 점점 위로 올라가더니 하늘에서 사라졌다. 아브라함은 일어나 한참을 그 자리에 멍하니 서 있었다. 그러곤 허둥지둥 집으로 돌아갔다.

황혼 무렵, 미가엘과 가브리엘은 먼 길을 가는 행상으로 분장해 소돔 성문 밖에 도착했다. 마침 성문 밖에 앉아 있던 롯이 긴 여행으로 인해 피곤하고 누추한 그들의 행색을 보고 그들 앞으로 달려가 인사했다. "나리! 저희 집으로 오셔서 발을 씻고 쉬십시오. 하루 주무신 다음 내일 아침 다시 길을 떠나심이 어떻습니까?"

두 행상은 손을 내저으며 말했다. "괜찮습니다. 저희는 성 밖에서 밤을 보내면 됩니다."

소돔 성 사람들은 이방인을 적대시하여 여행객을 성안에서 투숙시키지 않기로 유명했다.

하지만 롯은 행상의 안전을 걱정하여 자기 집에서 묵으라며 그들에게 여러 번 간청했다. 심지어 행상의 짐을 가로채 자신의 어깨에 짊어지기까지 했다. 날이 점점 어두워지자 행상은 그제야 롯의 간청에 응하여 그를 따라나섰다. 그들은 길모퉁이를 돌고 돌아 사람들이 지나다니지 않는 조용한 골목을 통해 롯의 집에 도착했다. 롯은 아내더러 손님이 왔으니 밀가루를 꺼내 빵을 구우라고 일렀다. 롯의 아내는 집에 소금이 거의 다 떨어져가는 것을 보고 옆집으로 소금을 빌리러 갔다. 옆집에 살고 있던 롯의 며느리는 소금을 빌리러 온 시어머니를 보고 웃으며 말했다. "어머니도 참, 뭐가 그리 급하셔서 반죽까지 다 만들고서 소금 생각이 나셨어요?" 며느리의 말에 평소 성격이 꼼꼼하지도 신중하지도 못했던 롯의 아내가 대답했다. "우리 집 식구 먹을 소금은 충분했는데, 집에 손님 두 분이 오셔서 빵을 더 구우려고 보니 소금이 부족하더구나." 아무 생각 없이 내뱉은 이 말 한마디로 자기 집에 이방인이 머문다는 소문이 소돔 전역에 퍼지리라는 것을 그녀는 상상조차 하지 못했다.

롯이 손님들에게 저녁을 접대한 후 그들의 잠자리를 준비하고 있을 때, 갑자기 집 밖에서 시끄러운 소리가 들려왔다. 밖을 내다보니 온 소돔 성의 사내들이 롯의 집 앞에 새카맣게 몰려와 있었다. 그들은 큰 소리로 롯을 불렀다. "롯, 문을 열어라! 오늘 저녁네 집에 온 그 두 사람은 어디 있느냐? 그들을 내보내 우리도 그들과 알게 하라!"

롯은 깜짝 놀랐다. 그 악랄한 무리가 무슨 나쁜 짓을 할지 몰랐기 때문에, 롯은 우선 밖으로 나가 수단과 방법을 가리지 않고 그들에게 사정했다. 심지어 롯은 "아직 사내를 알지 못하는 두 딸을 데려올 것이니 그대들이 데려가 마음대로 하시오! 다시 한번 간청하니, 제 집에 와 계시는 두 손님에 대해서는 모른 척해주십시오" 하고 간청까지 했다.

하지만 그들은 롯의 말을 듣지 않았다. 그들은 욕지거리를 내뱉으며 롯을 밀치고 그의 집 문을 부수려 했다. 그때 갑자기 문이 열리더니 집 안에서 나온 네 개의 손이 롯을 순식간에 끌고 들어갔고, 쾅 하는 소리와 함께 문은 다시 닫혔다. 문밖에 있던 사람들은 단지 매우 밝은 섬광만을 보았을 뿐, 그 뒤로는 칠흑 같은 어둠 외에 아무것도 볼 수 없게 되었다. 그들은 끝내 문이 어디 있는지 찾지 못했다.

알고 보니 천사장 미가엘이 장검으로 아치형의 천장에서 번개를 모아 악인들의 눈을 멀게 한 것이었다. 미가엘은 롯이 집 안으로 들어오자 빗장을 걸고 그에게 분부했다. "너는 지금 당장 가족들을 데리고 어서 도망가라! 우리가 이 성을 멸할 것이다!" 롯은 미가엘의 말을 듣자마자 바로 등불을 들고 두 딸의 약혼자가 사는 곳으로 달려가 문을 두드렸다. "당장 일어나라! 지금 당장! 야훼께서 소돔 성을 멸하실 것이다!"

그러나 두 딸의 약혼자는 잠에 취해 문을 열기는커녕 침대에 누워 중얼거렸다. "대체 이 밤중에 누구야? 춤추고 노래하며 한바탕 놀기에는 너무 늦은 시간인 것 같은데? 야훼가 뭐 어쨌다고?"

롯이 두 약혼자에게 어서 일어나라고 거듭 외칠 때, 두 천사장은 벌써 그의 아내와 두 딸을 롯이 있는 곳까지 데리고 왔다. 천사들은 아무 말도 없이 네 사람의 손을 잡아끌며 한달음에 소

폴 귀스타브 도레, 「롯의 탈출Flight of Lot」, 1875

돔 성 밖까지 그들을 데리고 나왔다. 그리고 롯과 가족들에게 일렀다. "너희는 빨리 저 산으로 도망가서 생명을 보전하라! 가다가 쉬어서도, 뒤를 돌아봐서도 절대 안 된다!"

태양이 지평선에서 막 떠오르기 시작할 때쯤, 롯과 그의 가족들은 소알 zoˀar(지금의 사해 남단)에 다다랐다. 그때 갑자기 하늘에서 활활 타는 유황불이 떨어지더니, 소돔과 주변 세 곳의 성이 삽시간에 불바다가 되었다. 롯의 아내는 뒤를 돌아보고자 하는 유혹을 뿌리치지 못하고 고개를 돌렸다. 그녀는 즉시 소금 기둥으로 변하고 말았다.

그날 밤 아브라함은 잠자리에 들지 못하고 야훼의 제단 앞에서 기도를 올렸다. 밤이 지나고 아침이 밝아오자 아브라함은 황급히 전날 야훼의 거룩한 구름이 임했던 산에 올랐다. 소돔 방향을 보니, 짙은 연기가 치솟는 것이 마치 거대한 가마솥 같았다. 다리가 풀린 아브라함은 그 자리에 무릎을 꿇고 풀썩 주저앉았다. "주님이시여, 이렇게 의인 아닌 자를 남기지 않으신다면 이 세상은 누가 감당하겠습니까?"(『태초집해』 39:6 이하)

성경은 하느님께서 소돔을 멸하신 사건을 여러 차례 언급하고 있다. 이 사건에 대한 역주 또한 다양하고 평가도 분분하다. 나 역시 창세기에 역주를 달던 중 이에 대한 감상을 글로 발표한 적이 있다.(졸저 『정치와 법에 관한 노트』 「소돔의 마지막 날」) 따라서 롯이 구원받은 것을 어떻게 이해할지 대한 사이먼의 질문은 단지 이야기 줄거리만 가지고 해결하려 해서는 안 된다. 성인 벤 시라의 말처럼, 줄거리로만 보면 롯은 의심할 필요가 없는 의인이다.(『벤 시라의 알파벳』 268) 그렇지 않으면 두 천사가 롯을 구했을 리 없다. 롯이 성심껏 이방인을 접대하고 몸을 사리지 않고 보호한 것은 그가 인색하고 사악한 소돔 사람들을 혐오했음을 말해준다.(요세푸스, 『고대 유대사』 1:1200) 그러므로 오로지 하느님을 향한 아브라함의 간청 덕분에 롯과 그의 가족들이 생명을 지킬 수 있었던 것은 아니다. 하지만 소돔 멸망 전후 발생한 사건들과 여러 문서의 기록을 대조해 살펴보면, 롯의 성격과 믿음, 그리고 도덕에 대해 무수한 의문이 생긴다. 롯이 아브라함으로부터 분가할 때 선택한 지역은 풍요로운 요르단의 골짜기였다. 그로 인해 거룩한 조상은 하느님께서 허락하신 땅 가나안에 머물게 되었다. 그러나 롯은 가나안을 등진 채 "소돔 부근에 장막을 세웠다. 소돔 사람들은 매우 사악했고 야훼께 대적하는 죄인들이었다."(『창세기』 13:13) 위 성경 구절 때문에 옛 사람들은 롯이 안일한 삶과 향락에 눈이 멀어 소돔에서 죄악에 물들 것을 염려하지 않았다고 말한다.(필론, 『창세기 문답Questions and Answers on Genesis』 4:47) 아니나 다를까 롯은 소돔에서 탈출한 후 근친상간의 죄를 범하게 된다. 성경은 이에 대해 다음과 같이 기록하고 있다.(『창세기』 19:30 이하)

롯은 감히 소알에 머물지 못해 두 딸을 데리고 산 위로 올라가 동굴에서 머물렀다. 하루는 큰딸이 여동생과 상의하여 말했다. "아버지가 이미 연로했는데 세상에 한 사람도 남기지 못하셨으니 어떤 사내가 풍습에 따라 우리를 데리러 오겠니? 자, 술을 가져와서 아버지를 취하게 하고, 그와 잠자리를 하여 후손을 잇자!" 밤이 되자 두 딸은 아버지를 취하게 했다. 첫째가 아버지와 동침했으나, 롯은 딸이 침상에 오르고 내린 일을 전혀 알지 못했다.

이튿날, 큰딸이 동생과 상의했다. "어제는 내가 아버지와 잠자리를 같이 했으니, 오늘 다시 그에게 술을 드리고 네가 그와 동침하여 후손을 잇자!"

밤이 되자 자매는 또다시 아버지를 취하게 했다. 둘째가 아버지와 동침했으나, 롯은 딸이 침상에 오르고 내린 일을 전혀 알지 못했다. 이렇게 롯의 두 딸은 모두 아버지의 자식을 가지게 되었다. 큰딸이 낳은 아들의 이름은 모압으로, 오늘날 모압인의 조상이다. 둘째가 낳은 아들의 이름은 벤암미로 오늘날 암몬인의 조상이다.

학계의 통설은 위 기록의 원본이 요르단 골짜기에 사는 민족의 기원 신화이며, 소돔 혹은 사해 지역의 기원 신화와는 무관하다고 본다. 모압인과 암몬인은 이스라엘의 오랜 원수여서 역사적으로 충돌이 끊이지 않았다. 모세의 율법에 따르면 이 두 민족에게는 '야훼의 회중會衆'에 들어올 자격이 주어지지 않았다.(「신명기」 23:2) 그로 인해 「창세기」를 편찬한 사람(야훼의 제사장)은 적

　　　　　　　　　　　　　창세기, 인문의 기원

헨드릭 홀치위스, 「롯과 그의 딸들Lot and His Daughters」, 1616

을 비하하고 가나안 땅에 대한 그들(아브라함으로부터 분가한 롯의 자손들)의 요구를 거부하려는 목적에서 위 신화를 각색하여 소돔의 이야기에 접목시킨 것이다. 이로써 아브라함의 조카 롯은 아담과 하와 이후 성경에서 근친상간을 범한 최초의 악인으로 기술되었고(「희년서」 16:8), 야훼의 법을 따르지 않고 할례를 행하지 않은 죄인이 되었다. 그리고 아브라함은 이처럼 야훼의 길 밖에 서 있는 친척과 왕래하고 싶지 않았기 때문에 롯에게 분가를 요청한 것이다. 그러므로 천사가 롯을 구한 이유는 롯이 의인이기 때문이 아니라 아브라함이 간청했기 때문이었다. 즉 롯의 구원은 거룩한 조상이 올린 기도에 대한 인자하신 하느님의 응답이었던 것이다.(필론, 『창세기 문답』 4:54)

옛사람들은 "지혜로운 자와 동행하면 지혜를 얻고, 미련한 자와 왕래하면 해를 입는다"고 했다.(『잠언』 13:20) 그날 사이먼과 나눈 대화는 '지혜로운 자와의 동행'이 주는 즐거움 그 자체였다. 후에 그는 나와의 만남을 '서연書緣'이라 표현했다. 책을 좋아하는 사람들이 책의 숲書林에서 만났다는 것이다. 그날 헤어지면서 우리는 뉴욕에서 다시 만나기로 약속했다. 사이먼은 내게 뉴욕에 오면 세계무역센터 남쪽 빌딩 백 몇 층에 있는 자신의 사무실에 꼭 들르라고 했다. 그의 사무실 창문에서 항구를 내려다보면, 잔잔한 파도 위에 서 있는 자유의 여신상이 마치 한 마리 물새처럼 보인다고 했다. 여름방학 때 나는 아내와 뉴욕을 방문할 계획이었지만, 자질구레한 일이 많아 결국 성사되지 않았다. 사이먼은 보스턴에 회의가 있어 왔다가 우리가 사는 마을을 방문한 적이 있었다. 나는 사이먼을 데리고 바닷가를 둘러본 후, 습지에 들러 새를 구경했다. 사이먼은 강가에 있던 오래된 공리회公理會 교회당의 분위기가 경건하면서도 독특하다며, 다음에 오면 들어가보고 싶다고 말했다. 그해 7월, 우리 집 근처의 살렘 시 박물관에서 후이저우의 한 마을에 있던 100년 된 민가를 통째로 옮겨와 전시를

창세기, 인문의 기원

한다며, 보스턴 지역의 경제계 인사들에게 대대적인 모금 행사를 펼친 적이 있다. 그리고 박물관 측은 '21세기 중국을 보다'라는 제목으로 강연을 열어, 전시회를 위해 기부한 경제계 인사들을 초청했다. 박물관 측에서 내게 그 강연을 부탁했을 때 나는 사이먼도 강연자로 추천했다. 그가 어떻게 중국 관련 금융 사업을 시작하게 되었는지 듣고 싶은 개인적인 바람 때문이었다. 박물관 관계자가 사이먼에게 강연 날짜로 언제가 좋겠냐고 묻자 사이먼이 대답했다. "9월 11일이 좋을 것 같아요. 여름이 지나고 좀 선선할 테니까요."

9월 11일 월요일, 날씨 맑음.

그에 대한 소식은 이튿날 온갖 방법을 써서 겨우 찾아낸 그의 동료로부터 들을 수 있었다. 그날 아침, 사이먼이 사무실에 도착한 지 얼마 되지 않아 굉음과 함께 건물 전체가 흔들리기 시작했다고 한다. 모두 창가로 달려가 바깥을 보니, 북쪽의 건물은 이미 검은 연기에 휩싸여 있었다. 부서 책임자였던 사이먼은 즉각 모든 사람을 건물 아래로 대피시켰다. 몇백 명이나 되는 사람들이 재빨리 엘리베이터와 비상구로 달려갔다. 사이먼은 맨 뒤에서 나이든 비서를 부축하며 엘리베이터로 향했다. 그 비서는 사이먼과의 마지막 순간을 이렇게 회상했다. "제가 사이먼과 함께 엘리베이터 앞까지 갔을 때 마침 엘리베이터가 내려왔어요. 그런데 엘리베이터가 사람들로 가득 차 있었죠. 저는 사이먼에게 무서우니 함께 내려가자고 했지만, 사이먼은 제게 먼저 내려가라며 자신은 돌아가 혹시 남은 사람이 있는지 확인해보겠다고 했어요. 그렇게 엘리베이터는 닫혔고 다시는 사이먼을 볼 수 없었어요."

사이먼의 회사에서 온 부고에 따르면, 사이먼의 유족으로는 아내와 두 딸이 있다고 했다. 큰딸은 겨우 여덟 살이었다. 사이먼의 추도회는 뉴욕의 어느 유대인 회당에서 거행된다고 했다. 그리고 ABC 방송국의 앵커 코니 정이 사이먼의 희생정신을 기리는 특별 프로그램을 준비하고 있으니 적혀 있는 방송국 전화번호로 연락해 인터뷰에 응하거나 그에 관한 자료를 제공해달라는 부탁을 해왔다. 당시로서는 뉴욕에 갈 수 없었던 나는 고민 끝에 방송국에 아무런 연락을 취하지 않았다.

내가 살던 동네에서는 9·11 사건 희생자를 위한 공동 추도회가 9월 14일 오전, 사이먼이 좋아했던 바로 그 공리회 교회당에서 열렸다. 추도회는 목사가 정한 성경 구절을 함께 읽는 기독교 형식으로 진행되었지만, 자신이 믿는 종교와 상관없이 모든 마을 사람이 참석했다. 그 낡은 교회당은 사이먼과 내가 함께 산책했던 길 위에 있었다. 얼마 전에는 수리를 한다며 흰 페인트를 다시 칠하고 조명등도 새로 달았다. 매일 황혼 녘, 저녁놀이 점점 옅어지면 밝은 달이 고개를 내밀고 높은 종탑을 밝게 비췄다. 멀리서 바라보면 강변에 있는 붉은 벽과 회색 지붕을 따라 한 줄기 밝은 빛기둥이 솟아나기도 했다. 지나가는 여행객들로부터 교회당이

창세기, 인문의 기원

예쁘다는 말을 종종 들었지만, 나는 사이먼의 추도회 이후 한 번도 교회당에 들어가지 않았다. 별다른 이유는 없었다. 하지만 맑은 날 교회당 옆을 지날 때면, 그날 우리가 읊었던 애도사가 바람에 실려 들려오는 것 같아 매번 발걸음이 느려지곤 했다. 그럴 때마다 나는 그 자리에 조용히 서 있었다.

한낮에는 태양이 너를 따갑게 하지 않을 것이며,
밤중에는 달이 너를 해치지 않을 것이다……
네가 어디를 가든지 야훼께서 돌보실 것이다
오늘부터 영원히

가랑비

A q e d a h

가랑비는 마드리드에서 톨레도까지 우리를 따라왔다. 플랫폼을 빠져나오자 무어 양식의 회랑이 여행객들에게 휴식과 볼거리를 제공하고 있었다. 바깥은 이미 땅거미가 짙게 깔려 있었다. 서쪽을 보니 돌산 위에 성 하나가 우뚝 솟아 있었다. 여행 책자에는 그 성까지 가는 버스가 30분마다 한 대씩 있고, 걸어서 가면 20분 정도 걸린다고 적혀 있었다. 아내의 제안으로 우리는 우산을 쓰고 걸어가기로 했다.

돌산 기슭에 도착하자 깊은 골짜기 위에 아치형 다리가 하나 보였다. 다리 어귀에는 두 개의 망루가 있었다. 산릉선을 따라 지어진 성벽과 층층이 쌓인 첨탑은 구름과 연기에 덮여 있었다. 우리는 다리를 건너 성으로 들어갔다. 돌계단을 따라 올라가며 몇

도메니코스 테오토코풀로스(엘 그레코), 「톨레도 풍경View of Toledo」, 1596~1600

개의 모퉁이를 돌 동안, 성벽 위의 불빛은 빗줄기로 만들어진 공중의 커튼을 비췄다. 더 올라가자 불빛은 이제 보이지 않았다. 길가에는 자물쇠를 채우지 않은 철문이 닫혀 있었다. 철문 안쪽은 화원 같았다. 큰 홰나무 몇 그루가 빙 둘러 있어 비를 피하기 딱 좋았다. 화원을 지나니 어두컴컴한 정원이 나왔다. 회랑은 여기저기 부서진 곳이 많았다. 아내는 말없이 내 손을 꼭 잡았다. 건물 뒤로 돌아가니 나무 울타리 옆에 작은 골목으로 연결되는 나무로 짠 문이 있었다. 빗소리에 섞여 사람들의 목소리가 전해져 오자 그제야 안심이 되었다. 골목길을 따라가다 모퉁이를 도니, 불 켜진 창문이 나타났다. 다시 한번 모퉁이를 돌자 가로등 아래로 상가들이 줄지어 있었고, 삼삼오오 짝지은 여행객도 보였다. 그곳은 옛 성의 중앙 광장이었다.

그때 검은 그림자 하나가 우리 앞에 나타났다. "선생님, 혹시 여관을 찾으십니까?" 우비를 걸치고 있던 사내는 키가 크지 않았고 등은 굽어 있었다. 얼굴은 모자에 가려 보이지 않았다. 아마도 걸인인 듯싶었다. 문득 어제 일이 생각났다. 마드리드의 구 시청 앞에서 우리 부부는 구걸하던 집시 소녀 두 명을 스쳐 지나갔다. 그 아이들이 자신의 손가방을 살짝 친 느낌을 받은 아내는 손가방을 내려다보았고 지퍼가 열려 있는 것을 발견했다. 그러나 다행히 가방 안에는 선글라스만 들어 있었고, 아이들도 그것을 가져가지는 않았다. 어제 일로 생긴 경계심 때문에 우리는 그 검은 그림자를 무시해버렸다. 그런데 그는 계속 우리 뒤를 따라왔고 스페인어와 영어를 섞어가며 해설을 시작했다. "이곳에 오신 것을 환영합니다! 제가 여러분의 가이드가 되어드리겠습니다! 보십시오, 산꼭대기의 거대한 저것은 세계적으로 명성이 자자한 알카사르 요새입니다. 톨레도 사람들의 자랑이지요!" 그가 손가락으로 가리키는 쪽을 보니, 검의 모습을 한 망루가 있는 커다란 석조 요새가 한 쌍의 뿔이 달린 괴수처럼 가로로 누워 아득히 대성당을 마주하고 있었다. 나는 놀라지 않을 수 없었다. 그에게 내가 예약한 숙소 이름을 알려주고 길 안내를 부탁했다. 그는 길가로 비켜서며 말했다. "대성당 쪽으로 가지 않고 골목을 가로질러 가야 할 것 같습니다. 날이 어두워졌으니 그것으로부터 떨어져 있는 편이 좋습니다!" 나는 잘못 들은 줄 알고 다시 물었다. "그것으로부터 떨어져야 한다니요?" 그는 목소리를 낮추어 대답했다. "성구실에 있는 마귀 말입니다! 내일 대성당을 둘러보실 때 성구실에 있는 그림 「엘 에스폴리오」[18]를 조심하십시오. 바로 그 그림에 마귀가 숨어 있습니다! 성모마리아의 가호가 있기를!" 그리고 그는 더 이상 아무 말도 하지 않았다. 혹시라도 악마가 엿들을까 두려워하는 기색

---

18 그리스 출생의 스페인 화가 엘 그레코(1541~1614)가 1579년 완성한 작품. '그리스도의 옷을 벗김'이라는 뜻이다. —옮긴이

이었다. 옆에서 아내가 작은 목소리로 물었다. "저 사람 도대체 뭐라고 중얼거렸어요?" 내가 막 해석해주려던 찰나, 우리는 예약한 숙소에 도착했다. 10분 만에 도착한 걸 보면 길을 돌아온 건 아닌 듯했다. 내가 그에게 가이드비를 건네자, 그는 고맙다고 하곤 골목 안으로 사라졌다.

다시 그 골목을 걷고 싶지 않았기 때문에, 우리는 묵기로 한 숙소에서 저녁을 먹었다. 우리가 먹은 저녁 식사는 주방장의 추천 요리였다. 으깬 검은콩을 곁들인 구운 토끼 고기와 술에 절인 앤초비, 올리브를 버무린 요리, 그리고 소꼬리 스프가 나왔다. 계절 과일도 고를 수 있었다. 아내는 저녁을 먹는 내내 음식에 대한 칭찬을 아끼지 않았다. 배가 부르니 그제야 두 다리에서 통증이 느껴졌다. 목욕을 한 후 침대에 누웠지만 잠이 오지 않았다. 창밖으론 여전히 가랑비가 부슬부슬 내리고 있었다. 요새는 마치 먹으로 그린 화폭 같았다. 정처 없이 떠돌던 생각은 어느새 하늘에서 쫓겨나 인간의 마음속에 자리 잡은 악마에 머물렀다.

예로부터 악마 또는 사탄은 선량한 사람을 유혹하고 무고한 사람을 악의 구렁텅이에 빠뜨렸다. 사탄의 연이은 성공은 아담의 자손들이 방심하여 그에게 몇 번이고 기회를 준 데서 비롯됐다. 연약한 보통 사람들이 사탄의 유혹에 쉽게 넘어가는 것은 당연지사다. 하지만 신중하고 세심했던 완전한 자 노아나 거룩한 조상 아브라함도 사탄의 시험을 피해가지는 못했다.

창세기, 인문의 기원

사라가 이사악을 낳은 지 8일 후, 아브라함은 이사악에게 할례를 행하고 큰 잔치를 베풀었다. 그 지역의 명망 있는 부족장이 모두 참석하여 아브라함의 경사를 축하하자 잔치의 열기는 점점 더 무르익었다. 하지만 이 즐거움이 비극으로 끝날 것을 누가 알았으랴. 잔치의 흥겨운 노래와 웃음소리가 우리의 원흉, 사탄의 심기를 건드린 것이다. 무슨 꿍꿍이였는지 그는 걸인으로 변장한 후 아브라함의 집 대문 앞에서 구걸을 했다. 그때 아브라함은 손님들에게 술을 돌리느라 바빴고, 사라는 장막에서 이사악에게 젖을 먹이고 있었다. 다른 여자 손님들에게 이사악이 자신의 아들임을 내보이려 했던 것이다.(이 책 「하갈」 편 참조) 그 시각 문 앞에서 손님을 맞이한 이는 두 명의 하인뿐이었다. 하인들은 얼굴에 땟자국이 선명하고 온몸에 고름이 흐르는 걸인이 나타나자 욕설과 채찍으로 그들을 내쫓았다.(「광명경」 1:10a 이하)

다음 날, 천국에서 조회가 열렸다. 보좌에 앉은 야훼께서 세상의 일을 묻자 천사들은 직위와 경력, 날개의 수에 따라 순서대로 야훼 앞에 가서 땅의 일을 보고했다. 그런데 갑자기 궁전의 붉은 계단 밑에서 빛이 만 갈래로 퍼지더니, 별 하나가 깜빡이며 보좌로 내달렸다. 당황하며 급하게 막아선 당직 천사들을 물리치고 그 별은 보좌 앞에 떨어졌다. 바로 계명성, 사탄이었다.(이 책 「아담」 편 참조) 미가엘 천사가 즉시 장검을 뽑아들고 뛰어올랐지만, 그만두라는 하느님의 손짓에 씩씩대며 칼을 거뒀다. 사탄은 조금도 두려워하는 기색 없이 불꽃을 털어내며 말했다. "소인 하느님의 은혜로 목이 달아나지 않고 먼지 속에서 가까스로 목숨을 부지하고 있음을 한시도 잊은 적이 없습니다. 그래서 밤낮으로 세상을 순찰하며 아담의 자손들이 자중하도록 격려하는 것을 제 임무로 여기고 있습니다. 그런데 인간들이 나약하고 탐욕스러워⋯⋯."

"그건 나도 이미 예견했던 일이니 네가 보고할 필요 없다! 천사들은 기억하라. 나의 진실한 벗 아브라함의 충심은 영원토록 백성의 본보기가 될 것이다." 보좌 위에서 벼락같은 목소리가 사탄의 말을 가로막았다.

사탄은 붉은 빛을 내뿜으며 다시 말했다. "전지전능하신 하느님이여, 소인은 죽어 마땅합니다! 예전의 아브라함은 하느님을 경외했으나, 하느님께서 아들을 주신 후부터 제사는 뒷전인 채 먹고 마시느라 바쁩니다. 뿐만 아니라 가나안의 부호들과 사귀는 데 분주하여 고아와 과부, 그리고 병든 자 들을 더 이상 돌보고 있지 않습니다!"

보좌 위 구름에서 나온 뇌성이 온 하늘에 진동했다. 사탄은 땅에 납작 엎드린 채 고개만 들어 보좌를 바라보며 말했다. "소인의 말은 모두 사실입니다! 믿지 못하시겠다면 하느님의 진실한 벗을 한번 시험해보십시오. 그에게 사라가 낳은 아들을 번제물로 삼아 하느님 앞에 드리라고 하시어 그의 믿음이 진짜인지 확인해보십

시오!"(바벨론 탈무드 「법정」 89b)

천사들은 사탄의 말이 끝나자마자 땅에 늘어뜨렸던 날개를 곧 추세우고 사탄을 둘러쌌다. 그들은 야훼께서 이 방자하기 짝이 없는 악마를 당장 지옥에 가두고 영원히 돌아올 수 없도록 만드시기를 기다렸다. 그런데 뜻밖에도 보좌에서는 잠시 침묵이 흘렀다. 빛이 번쩍이더니 하느님의 뜻이 내려왔다. "좋다. 네 생각대로 하라! 때가 되면 너희와 천지만물은 모두 보게 될 것이다. 내가 만든 사람의 영리함과 아브라함이 나의 뜻을 받드는 선지자라는 사실을 말이다!"

하늘에서는 잠깐의 시간이었지만, 인간 세상에서는 벌써 몇 년의 시간이 흘렀다. 야훼께서 거룩한 구름을 통해 아브라함에게 사랑하는 아들을 바치라고 했을 때, 이사악은 이미 준수하고 총명한, 누구에게나 사랑 받는 소년이 되어 있었다. 아브라함은 엉겁결에 하느님의 뜻에 따르겠다고 했지만, 구름이 물러나자 눈앞이 캄캄해져 그 자리에 쓰러지고 말았다. 얼마나 시간이 흘렀을까. 정신을 차린 아브라함은 마음이 마치 칼에 베인 것처럼 아팠다. 자신이 누운 침상 곁에 있는 사라와 가족들의 모습을 보자 하염없이 눈물이 흘렀다. 반나절 후에야 마음을 진정시킨 아브라함은 가족 모두를 자신의 장막에서 내보낸 후 부인만 남겨두었다. 아브라함이 사라에게 떠듬거리며 하느님의 뜻을 전했다. 사라는 뜻밖에도 비웃음을 터뜨렸다. "이사악 아버지, 노망나셨습니까? 이건 사탄이 야훼로 가장하여 우리 아들을 해하려는 계책이 분명한데, 하느님의 뜻이라니요? 잘 생각해보세요. 누가 할례를 약속의 징표로 삼았고, 누가 당신의 자손이 하늘의 별처럼 많아지리라고 말씀하셨으며, 누가 당신에게 가나안을 가업으로 주셨습니까? 천하의 모든 나라가 대체 누구의 복을 누리고 있습니까? 야훼십니다! 그런 야훼께서 약속을 깨고 당신에게서 이사악을 데려가 대가 끊어지게 하신단 말입니까?"

거룩한 조상이 생각해보니 사라의 말도 맞았다. '자비로운 하느님께서 설마 우리 아이를 데려가실까? 하지만 야훼의 뜻은 오묘하고 변화무쌍하여 범인으로서는 감히 추측할 수 없다. 게다가 사람은 본래 야훼의 피조물이며 처음 난 모든 것은 그에게 속하는데, 사람이 어찌 야훼의 말씀을 거역할 수 있겠는가?'(「출애굽기」 13:2, 22:28) 남편이 생각에 빠진 것을 본 사라가 다시 그를 일깨웠다. "당신이 그러고도 야훼의 선지자라 할 수 있습니까? 자, 어서 저 악마의 간계를 야훼께 고하세요. 우리가 어떻게 사탄과 맞설 수 있을지 신기로운 징표ᵐⁱ를 우리에게 보여달라고 하세요!" 말을 마친 사라는 옆에서 남편의 목욕과 향안香案을 새로 차리는 것을 도왔다. 그리고 남편과 같이 무릎을 꿇고 기도를 올렸다.

자정이 가까워오자 갑자기 장막 입구에서 찬바람 한 줄기가 들

창세기, 인문의 기원

어와 등잔불을 꺼뜨렸다. 뒤이어 불이 번쩍이더니 향안과 양탄자, 그리고 장막이 모두 사라졌다. 아브라함이 주위를 둘러보니, 사방에 펼쳐진 별들이 발밑에서 천천히 떠다니고 있었다. 그가 천국에 오른 것이다! 아브라함은 자신의 조상 중 에녹이라는 성인이 하늘로 올라가 '하느님과 동행'하여, 인류 역사의 과거와 미래가 그려진 두루마리를 받은 일을 알고 있었다.(이 책 「메타트론」 편 참조) 그런데 오늘은 아브라함이 바로 그 행운의 주인공이었다. 기쁘고도 놀란 아브라함은 사라의 손을 잡은 채 보좌가 있는 방향으로 걸어갔다. 그런데 이상하게도 그 길을 순찰하는 천사는 보이지 않고, 희한한 옷을 입고 옆구리에 칼을 찬 병사 몇 명만 계단 앞에서 술동이를 끌어안고 술에 취해 곯아떨어져 있는 것이었다. 부부는 살금살금 대문을 넘어 텅 빈 광장으로 들어섰다. 광장 중앙에는 사각형의 제단이 있었는데, 제단의 사방에는 남신과 여신의 조각이 새겨져 있었다. 광장을 지나 내전 앞에 도착했지만 여전히 보초를 서는 자는 없었다. 문틈으로 안을 들여다보니, 한 무리의 남녀가 불을 환히 밝히고 왕처럼 보이는 뚱뚱한 남자를 보필하며 먹고 마시고 있었다. 그런데 기둥과 대들보에 성인의 책에 적혀 있던, 수놓인 긴 휘장이 보이지 않았다. 순간 아브라함은 깨달았다. "여기는 하느님의 궁전이 아니오! 우리는 지금 긴 휘장에 수놓인 인류의 역사 가운데 있는 것이오! 대체 여기가 어디란 말이오?" 사라가 옆에서 말했다. "아마도 파라오의 궁전 같습니다. 무섭습니다." 두 사람은 계단을 내려와선 궁전 뒤쪽으로 돌아 어둠 속으로 걸어갔다. 그들은 정신이 혼미해져 어떻게 궁전을 빠져나왔는지도 몰랐다. 곧 날이 밝아오기 시작했다. 두 사람은 울퉁불퉁한 길을 걸어 어느 공사장에 도착했다. 공사장에는 해진 옷을 입은 사람들 한 무리가 감독관과 병사 들의 재촉을 받으며 돌을 옮겨 신전을 쌓고 있었다. 의아해하는 두 사람의 머리 위로 쉰 목소리가 울렸다. "하늘이여, 땅이여! 너희는 들어라……."

두 사람이 고개를 드니, 언덕 위에 붉은 두루마기를 걸친 사람이 서 있었다. 그는 마치 새벽바람에 흔들리는 횃불 같았다. 아브라함은 생각했다. '그의 말이 타오르는 숯불 같으니 득도한 선지자임에 틀림없구나! 그런데 대체 누구지?' 그 사람은 왕궁을 가리키며 소리쳤다. "이것은 바로 야훼의 말씀이다. 너희는 귀를 기울여라!"(「이사야」 1:2)

내가 기른 자식들이
모두 나를 배반했다!
소는 그 주인을 알고 나귀는 그 구유를 알지만
이스라엘이 나를 모르고,
나의 백성이 깨닫지 못하는구나!

상심하셨을 하느님을 생각하니 아브라함은 온몸이 절로 떨렸

창세기, 인문의 기원

다. 붉은 옷을 입은 선지자는 이스라엘의 죄악을 줄줄이 읊기 시작했다. 이스라엘 사람들이 시나이 산에서 금송아지를 경배한 것에 화가 난 모세가 하느님의 계명이 새겨진 돌판을 깨뜨린 일부터, 다윗 왕이 거룩한 성 예루살렘을 수도로 정한 후 그의 계승자들이 범한 죄악에 이르기까지 그의 질책은 계속되었다. 다윗 이후의 왕들은 주색에 빠져 이방의 여자들을 후궁으로 받아들였으며, 그녀들이 믿는 가나안의 우상을 섬겼다. 분노한 야훼께서는 '다윗의 집'을 북방의 이스라엘과 남방의 유다로 나누셨고, 두 나라는 서로 대치했다. 당시 거룩한 성의 왕 아하스'ahaz('잡다'라는 뜻)는 극도로 타락하여 도처에 신전을 지었을 뿐 아니라 이방신을 모시는 제사장들의 말을 듣고 친아들을 죽여 우상의 제단에 바치기까지 했다.(「열왕기하」 16:3) "아브라함의 자손들아, 너희는 깨닫고 알아야 한다!" 선지자의 목소리가 커졌다. "너희는 하느님을 괴롭게 만드는 것으로도 모자라 하느님께서 너희를 버리시길 바라느냐?"(「이사야」 7:13)

노역하는 사람들이 모두 일손을 멈춘 채 고개를 들었다. 아브라함도 놀랐다. '저들을 호명하면서 왜 내 이름을 앞에 언급하는 거지?' 감독관이 소리 지르자 병사들이 늑대처럼 붉은 옷의 선지자를 덮쳤다. 아브라함이 발을 동동 구르며 급하게 소리쳤다. "멈춰라! 지금 무슨 짓을……" 말이 끝나기도 전에 아브라함의 발이 쏙 빠졌다. 사라가 깨우는 소리가 들렸다.

그렇게 아브라함은 잠에서 깨어났다.

그는 온몸에 식은땀을 흘리며 침대에 누워 있었다. 찬물 한 그릇을 든 채 침상 옆에 무릎을 꿇고 있는 사라의 모습을 보고, 아브라함은 그 기이한 징조가 자신에게만 내렸다는 사실을 깨달았다. 그는 정신을 차리고 '휘장 안에서 벌어진 일'을 사라에게 자세히 들려줬다. 사라가 안도의 한숨을 내쉬며 말했다. "똑똑히 보셨습니까? 사람을 번제물로 드리는 일은 이방신들이나 하는 짓입니다. 야훼께서 그런 잔인한 일을 하실 분입니까? 사탄의 계략이 틀림없어요! 그들이 '아브라함의 자손'이라며 당신을 조상으로 경배했다고 하지 않으셨습니까? 이는 분명 당신의 대가 끊기지 않는다는 말입니다. 이사악을 통해 자손이 번성해야만 당신이 본 예루살렘의 죄인들이 생기는 것 아닙니까?"

사라의 말에 아브라함이 한탄하며 대답했다. "바로 그 점이 문제요. 자손이 불효하여 하느님을 배반하는 죄보다 더 큰 죄가 천하에 어디 있겠소? 사람들이 그토록 악해질 줄 알았다면 아예 이사악을 낳지 말 것을! 혹 내 손으로 직접 죄악의 싹을 자르는 것이 하느님의 뜻인지도 모르겠소." 아브라함의 눈에서 눈물이 비처럼 흘렀다. "그 꿈은 불행의 징조였소!"

사라는 자리에서 일어났다. 그리고 자신의 옷을 찢었다. "믿을 수 없습니다! 저는 절대 믿지 못하겠습니다! 하느님께서 주신 아들입니다. 이미 주셨으니 절대 다시 데려가실 수 없습니다!" 사라는 통곡하며 장막을 뛰쳐나갔다. 아브라함은 힘겹게 자리에서 일어났다. 밖으로 나가보니 벌써 해가 고개를 내밀고 있었다. 아브라함은 정신을 다잡았다. 그는 종을 불러 당나귀와 땔감을 준비하라 이른 후, 이사악을 깨워 함께 세수를 하고 기도를 올렸다. 부자는 빵을 하나 나눠 먹고 두 하인을 대동해 하느님께서 일러주신 작은 산으로 떠났다.(「창세기」 22:3 이하)

저녁 무렵, 아브라함 일행은 등 굽은 노인 하나가 길가에 지팡이를 짚고 서서 물을 달라고 손짓하는 모습을 보았다. 아브라함은 가서 가죽 부대를 열어 그에게 물을 따라주었다. 그런데 노인은 따라준 물은 마시지 않고 이사악을 곁눈질하며 낮은 목소리로 말했다. "저분이 작은 주인님이십니까? 안색이 창백한데, 어디 아프십니까?" 노인의 말이 아브라함의 불편한 심사를 건드렸다. 저절로 탄식이 새어나왔다. 그때 노인이 아브라함의 귀에 대고 속삭였다. "야훼의 은혜가 참으로 크시지 않습니까? 백 살 노인에게서 그가 애지중지하는 자식을 데려가시다니요! 나리는 하느님께서 정말 이사악을 번제물로 삼으시리라 생각하십니까?" 노인의 말에 놀란 아브라함은 그가 악마 사마엘임을 알아채고 급히 물러섰다. 아브라함은 야훼의 이름을 부르며 그를 호되게 꾸짖었다. 그러고는 종들에게 이사악을 보호하도록 명령했다. 신중한 아브라함은 분노한 사탄이 자신의 아들을 상하게 할까 두려웠다. 야훼께 바치는 번제물에 작은 흠이라도 있어선 안 되었기 때문이다.(「태초집해」 56:4) 노인은 큰 소리로 웃었다. 그러더니 갑자기 불어온 회오리바람과 함께 사라져버렸다.

여행을 시작한 지 3일이 되었다. 아브라함이 눈을 드니 앞에 작은 산이 하나 보였다. 거룩한 구름이 산 정상을 에워싸며 야훼의 영광을 사방에 비췄다. 아브라함은 이사악과 두 하인에게 눈앞의 산을 보도록 했다. 이사악은 이 맑은 날 왜 두꺼운 구름이 작은 산 주위를 에워싸고 번개를 내리는지 물었다. 그렇지만 두 하인의 눈에는 산 외에는 아무것도 보이지 않았다. 아브라함은 이사악만 데리고 산에 오르라는 하느님의 뜻을 이해하고, 두 하인에게 일러 나귀와 함께 산 밑에서 기다리라고 일렀다. 그리고 제사에 쓸 장작을 이사악의 등에 지운 뒤, 자신은 부싯돌과 날카로운 칼을 들었다. 부자는 구름 속으로 걸어 들어갔다……

창밖에는 안개가 짙게 깔려 있었다. 고성의 새벽은 유난히 조용했다. 아침을 먹은 후에야 고성의 윤곽이 드러났다. 골목 입구에 늘어선 기념품 상점에서는 '톨레도 강철'로 만든 무어 양식의 각종 칼이 번쩍거리며 여행객들을 유혹했다. 어젯밤 빗속의 모습과는 완전히 다른 세상이었다. 대성당은 요새 아래 광장 근처에 있었다. 국화로 장식한 성당 문 앞은 사람들로 붐볐다. 우리는 중앙 예배당의 제단을 본 다음 성구실로 향했다. 성구실에는 과연 '그리스인' 그레코의 명작 「엘 에스폴리오」가 걸려 있었다. 사람들

창세기, 인문의 기원

한 무리가 그림을 둘러싼 채 가이드의 해설을 듣고 있었다. 나와 아내는 그림 속 인물들을 하나씩 살펴보았지만, 마귀처럼 보이는 사람은 없었다. 그때 뒤에서 중국어가 들렸다. "그림에서 뭘 찾으시나요?" 뒤를 돌아보니 젊은 서양인 커플이었다. 그들은 파리에서 중국 미술사를 공부하는 프랑스인이라며 자신들을 소개했고, 둔황과 신장을 가본 적이 있다고 했다. 아내가 그림에서 무엇을 찾고 있었는지 말하자, 그들은 흥미롭다는 반응을 보였다. "마귀를 그렸다고요? 그레코는 자기 자신과 친구들, 그리고 톨레도를 즐겨 그렸어요." 그러면서 그림 속 마귀를 찾아보기도 했다. 그들은 그레코가 살았던 이곳 톨레도의 집에도 그의 그림들이 소장되어 있다고 했다. 그리고 숨은 그림 찾기, 즉 그림 속 '그레코 찾기'도 빠뜨릴 수 없는 프로그램이라고 했다. 그 자리에서 의기투합한 우리 두 커플은 함께 그곳을 찾아가기로 했다.

광장으로 돌아오는 길에, 칼을 파는 행상이 만면에 웃음을 띤 채 우리를 향해 걸어왔다. 왠지 낯이 익어 다시 보니 그의 등이 굽어 있었다. 어제 길을 알려준 그 검은 그림자였다. 그에게서 은 장식이 달린 작은 칼을 사면서 그레코의 옛집 말고 또 어디서 그레코와 관련된 유적들을 볼 수 있는지 물었다. 그는 눈을 껌벅거리며 대답했다. "어디서든 찾을 수 있죠! 구체적으로 말씀드릴까요? 먼저 성을 나가서 고성을 끼고 흐르는 타호 강 건너편의 산비탈을 오르십시오. 그레코가 즐겨 오르던 산비탈을 걸으며 그의

엘 그레코, 「옷을 빼앗기는 그리스도The Disrobing of Christ」, 1577~1579

정신세계를 이해한 후 그의 옛집으로 가시면 됩니다." 그는 우리의 이해를 돕기 위해 굽은 칼 한 자루를 꺼냈다. 그리고 타호 강 건너편의 산비탈이 칼로 자른 것처럼 가파르다고 설명했다.

우리 네 사람은 성문을 나와 다리를 건넌 뒤 그가 알려준 산비탈로 향했다. 산길에서 고성을 바라보니, 벽돌을 쌓아 만든 망루의 첨탑만이 거장의 작품처럼 피어오르는 안개 속에 파묻혀 있었다. 나는 그제야 검은 그림자가 한 말의 의미를 이해했다. 그레코의 많은 작품은 이 고성을 배경으로 하고 있다. 그렇다면 악마는 어디 있을까? 그는 작품 속에 등장하는 고성의 어느 구석에 악마를 숨겨 놓았을까? 이런 생각을 하며 걸을 때, 프랑스 학생들과 이야기를 하던 아내가 갑자기 멈춰 섰다. 산 정상에 검은 구름이 모여들기 시작한 것이다. 우리는 걸음을 재촉하여 고성의 전경을 찍을 만한 지점을 찾기 시작했다. 뒤를 돌아보니, 고성은 또 한 번 변신해 있었다. 시야 정중앙에 위치한 요새의 네 모서리는 이미 제단처럼 벌어져 있었다.

그는 부싯돌과 칼을 들었고, 아들은 장작을 등에 짊어졌다. 그렇게 부자는 산을 올랐다.

"아버지?"

"무슨 일이냐, 아들아?"

"아버지, 부싯돌과 장작은 여기 있는데, 번제물로 드릴 양은 어

미켈란젤로 메리시 다 카라바조, 「이사악의 희생Sacrifice of Isaac」, 1598

디 있나요?"

"아들아, 어린양은 하느님께서 준비하셨단다!" 아브라함의 손에선 식은땀이 흘렀다. 그러나 발걸음을 늦출 수는 없었다. 부자는 계속 산을 올랐다.

천국에는 무거운 침묵이 흘렀다. 모든 천사가 숨을 죽이고 작은 산을 주시했다.

마침내 부자는 산 정상에 도착했다. 아브라함은 말없이 돌을 옮겨 제단을 쌓고, 그 위에 장작을 올려놓았다. 그리고 아들을

창세기, 인문의 기원

불러 무릎을 꿇렸다. 이사악의 질끈 감은 두 눈에서 눈물이 쉬지 않고 흘러내렸다. 이사악은 반항하지 않았다. 아브라함은 아들의 두 손을 묶은 다음 그를 장작 위에 눕혔다. 아브라함은 한 손으로 칼을 높이 쳐들고, 다른 한 손으로는 이사악의 머리를 뒤로 눌렀다. 이사악의 턱이 젖히고 목구멍이 드러났다⋯⋯.

어디선가 나타난 검은 구름이 그 광경을 지켜보던 천사들의 시야를 가렸다. 천사들은 울었다.

"주님, 아브라함에게 은혜를 베푸시고 그의 손을 멈추게 해주십시오! 어서요! 그러지 않으면 사탄의 계략에 말려들게 됩니다!" 검은 구름이 천사들의 눈물을 받았다.

"아브라함아, 아브라함아!"

높이 든 칼이 떨리고 있었다. "제가 여기 있습니다!" 그가 소리쳤다.

아브라함이 고개를 들었다. 수풀 사이에 낀 숫양'ayil 한 마리가 보였다. 양은 두 뿔이 나뭇가지에 걸려 발버둥치고 있었다. '야훼께서 이사악을 대신해 저 양을 번제물로 드리도록 준비하셨구나!' 아브라함은 이사악의 손목을 묶었던 밧줄을 풀고 아들을 품에 안았다.

검은 구름 속에선 아직도 계명이니, 약속이니, 축복이니 하는 말들이 오고갔지만, 아브라함의 귀에는 하나도 들리지 않았다. 그에겐 참으로 고통스런 나날이었다. 그러나 그 고난이 사탄의 계책이었는지 하느님의 시험이었는지 그는 개의치 않았다. 그는 알지 못했다. 그의 얼굴과 몸, 그리고 제단 위를 적신 빗물이 바로 천사들의 눈물이었음을.

만약

Ribqah

"만약 성문이 열리고 어깨에 물동이를 인 처녀 한 명이 걸어 나온다면……"

나는 53번가에 위치한 뉴욕 공립도서관 분관의 창가 쪽 안락의 자에 앉아 강의 노트에 위 문장을 적었다. 그러나 그 문장을 적기 전 머리가 아직은 맑았을 때, 왼편 책상으로 시선을 한 번이라도 던졌더라면 하는 아쉬움이 들었다. 도서관 벽에 그의 사진 한 장 이 걸려 있었으니 나는 한눈에 그를 알아보았을 것이다. 그랬더라 면 나는 본문의 첫머리에서 가정법을 사용하지 않았을 것이다. 이 야기의 줄거리와 결말은 자연히 꽤 달라졌을 테니까.

그러나 글쓰기는 마치 인생처럼 때때로 새로운 시작을 허락하 지 않는다.

뉴욕에 온 건 학회 참석을 위해서였지만 친구들과 공연을 보고 미술관을 둘러볼 목적도 있었다. 그러나 그때가 마침 6월이라 내게는 한 가지 임무가 더 주어졌다. 그 임무란 방학을 맞은 아내의 '대녀代女'를 데리고 보스턴으로 돌아오는 것이었다. 점심을 먹은 아내는 그 아이를 데리고 거리 구경을 나섰고, 나는 반나절 동안 「진흙으로 빚은 아담」을 쓰기 위해 도서관을 찾았다.

도서관은 학회에서 배정한 호텔과 같은 도로에 있었다. 아담한 도서관 입구에는 할리우드 고전 영화들과 라틴아메리카풍의 음악 CD들이 진열되어 있었다. 서가는 대부분 통속소설로 채워져 있었지만 세계명작도 간혹 눈에 띄었다. 다른 방에는 어린이 책이 마련되어 있었고 창가에는 작은 책상 일고여덟 대가 놓여 있었다. 공부를 하거나 책을 보기 좋은 조용한 구석 자리였다. 창밖의 무성한 나무 아래서 오피스 룩의 여성 두 명이 서로를 등진 채 묵묵히 담배를 피우고 있었다. 길 건너편에는 뉴욕 사람들이 모마Moma, 곧 현대미술관에 거대한 검은 천막을 두르고 있었다. 그 모습은 마치 초현실주의 따위의 사조를 표방한 전시품 같았다. 물론 기중기와 임시 발판을 빼면 말이다. 「여인과 휘장」이라는 제목이 어떨까? 아니, 차라리 「무제無題」가 나을지도 모르겠다. 저 천막 뒤에 감춰진 것은 단지 개념 유희에 불과한 것들이리라. 부호富豪들이 앞다투어 사들였다가 고가에 되판 물건들이 저 모마를 채우고 있을 것이다. 그리고 개념은 모호할수록 더 좋겠지.

계획대로라면 「진흙으로 빚은 아담」은 아브라함의 늙은 종 엘리에젤'eli`ezer이 주인의 부탁을 받아 이사악의 아내를 찾는 이야기여야 했다. 그리고 만약 고전 희곡의 분위기를 자아내려면, 이야기 중간의 한 장면을 잘라내 그 장면을 세세하게 서술하여 발전시켜나가는 게 좋았을 것이다. 아래 서술한 늙은 종과 물을 길러 온 처녀가 우물가에서 나눈 대화처럼 말이다. 역대 많은 서양화가도 우물가를 배경으로 이 장면을 그렸다. 그런데 히브리 설화인 이 이야기는 사실 매우 소박하다. 로마 시인 호라티우스는 예술을 논하며 "소박하면서도 간결하며 일관됨이 으뜸이다 simplex dumtaxat et unum"라고 했다. 따라서 나는 마음을 가라앉히고 3900년 전 '젖과 꿀이 흐르는 땅'으로 돌아가 늙은 종의 심리와 성격을 곰곰 헤아려보려 한다. 그가 성인과 악마에 대해 어떤 생각을 갖고 있는지, 또 모든 인생사에 얽힌 인과관계를 어떻게 이해했는지 말이다. 참고로, 그가 평소에 가장 존경했던 사람은 여주인 사라였다.

거룩한 조상 아브라함이 나귀와 장작을 준비하여 이사악과 하인들을 데리고 야훼께서 말씀하신 산으로 떠나자마자 불쌍한 사라는 곧 앓아누웠다. 3일째 되던 날, 크고 검은 구름이 지평선에 모이더니, 등이 굽고 검은 옷을 입은 노인이 사라의 장막 쪽으로 다가왔다. 그는 지팡이를 든 손을 흔들며 입으로는 끊임없이 뭔가를 중얼거렸다. 엘리에젤이 사람을 불러 그를 쫓아버리라고 하자 그는 소리를 지르기 시작했다. 그때 장막 안에 있던 사라는 이사악을 부르는 듯한 소리에 자리에서 벌떡 일어났다. "지금 누가 이사악을 부르느냐? 어서 그자를 안으로 들이고 먹을 것을 주어라!" 그 노인은 위풍당당하게 장막으로 들어와 예를 갖춘 후 말을 꺼냈다. "세상 사람들은 어찌 그리 우스운가zeboq!('이사악'과 음이 비슷하다) 하늘의 소식을 기다리는 이 늙은이를 걸인으로 여겨 내쫓으려 하다니!" 놀란 사라는 무슨 소식을 기다리는지 물었다. 그사이 구운 떡을 받아든 노인은 고맙다는 말도 없이 장막 입구로 돌아가 하늘을 바라보았다. "보아라, 그들은 이미 산 정상에 도착했을 것이다." 그러나 사람들의 눈에는 두껍게 쌓인 검은 구름만 보일 뿐이었다. 모두 노인을 비웃었다. 그때 사라가 다시 물었다. "야훼께서 위에 계신 모양입니다. 어르신께서는 또 어떤 광경이 보이십니까?" 노인이 대답했다. "위에 장작이 깔려 있는 제단 하나가 보입니다. 그리고 한 아이의 양손이 뒤로 묶여 있군요. 아이의 아버지가 아이를 제단 위에 눕혀놓았습니다. 아버지의 손에는 칼이 한 자루 들려 있습니다!"(이 책 「가랑비」 편 참조) 노인의 말을 들은 사라는 비명을 지르며 피를 토하고는 그 자리에서 정신을 잃었다. 곁에 있던 종들이 놀라 우왕좌왕하며 사라를 깨우는 동안, 검은 옷을 입은 노인은 그새 어디로 갔는지 보이지 않았다.

창세기, 인문의 기원

다시 3일이 흘렀다. 어린 종 하나가 사라에게 와서 큰 주인님과 작은 주인님이 돌아오셨다고 전했다. 사라는 여종들의 부축을 받으며 장막 밖으로 나가 이사악을 품에 안았다. 사랑하는 아들의 뺨을 연신 어루만지며 사라는 울고 웃기를 반복했다. 곁에서 이 장면을 지켜보던 이들 중 눈물을 흘리지 않는 이가 없었다. 그날 저녁 하느님의 은혜에 감사하는 잔치가 끝나자, 엘리에젤은 아브라함에게 그동안 집에서 벌어진 일을 짧게 고했다. 보고를 들은 아브라함은 크게 화를 냈다. "빌어먹을 놈! 무뢰한으로 변해 사람을 속인 것도 모자라 제단의 광경에 대해 함부로 지껄이다니!" 한참 사탄을 욕하던 아브라함은 옆에 있던 사라의 눈이 붉어진 것을 보고 그녀를 위로했다. "그놈이 다른 사람은 속여도 나는 속이지 못했소! 우리가 집을 떠난 그날, 놈이 물을 구걸하는 노인으로 가장해 이사악을 해칠 흉계를 꾸몄지만 나는 그 자리에서 알아챘지. 그런데 또 당신을 속이러 올 줄이야! 부인, 내가 이사악을 데리고 제단을 쌓았던 그 산은 말이오, 사실 야훼의 천사가 내게 특별히 지정해준 산이오. 그곳에서 하느님을 경외하는 마음을 표하고, 세상의 평안을 위해 기도하라고 말이오. 태초에 아담이 그의 아들 카인과 아벨을 데리고 야훼께 제사를 드린 곳도, 홍수 이후 노아가 가족들을 데리고 하느님의 은혜에 감사하며 하느님과 약속을 맺은 곳도 바로 그 산이었소. 그러니 부인은 이제 그만 슬픔을 거두고 이 땅에서 가장 큰 믿음을 갖게 된 우리 부자를 위해 기뻐해주시오."

후세 사람들은 아브라함의 믿음을 기리기 위해, '경외yireh'와 '평안shalem'이라는 단어를 합쳐 그 거룩한 산을 호칭했다. 그곳이 다윗 왕이 수도로 정한 거룩한 성 예루살렘이다. 성안에는 언덕이 하나 있는데, 그곳은 바로 다윗 왕의 아들 솔로몬이 세운 성전의 옛터다.(「역대기하」 3:1) 물론 이는 아브라함이 살던 시대보다 한참 나중의 이야기다.

아브라함의 위로에도 불구하고 사라는 그 일 이후 하루가 다르게 늙어갔다. 그러나 야훼의 돌보심으로 그녀의 얼굴에서는 작은 주름 하나 찾아볼 수 없었다. 그녀는 죽을 때까지 소녀처럼 매끈한 피부를 유지했다. 다만 피부와 근육이 혈색을 잃어 창백해졌으며 체력도 날로 약해져 나중에는 걷지도 못하게 되었다.(「태초집해」 58:1)

마음이 조급해진 아브라함은 매일 기도를 드리고 사방으로 약을 구하러 다녔다. 하지만 사라는 수명이 다했다며 약도 먹지 않았다. 그녀는 아브라함과 결혼할 때 찼던 귀걸이를 다시 꺼냈다. 그 귀걸이는 그녀가 파라오의 후궁으로 있을 때 위험을 무릅쓰고 조카 롯에게 편지와 함께 보냈던 증표였다.(이 책 「하갈」 편 참조) 화려하게 차려입은 사라는 엘리에젤에게 아브라함을 모셔 오도록 명했다. 사라는 자신의 침상 곁으로 온 아브라함에게 말했다. "여보, 더 이상 저를 위해 약을 찾지 마십시오. 그날 제 장막에 찾아와 제단의 광경을 말해준 이는 사탄이 아니라 검은 날개를 가진 죽음의 천사였습니다. 조상 하와처럼 남편의 임종을 지켜보는 것이 제 소원이었는데, 그 소원을 이루지 못할 것 같습니다."

아브라함은 사라의 손을 잡은 채 눈물을 흘렸다. 그는 아내에게 그 어떤 위로도 건넬 수 없었다. 성경에 따르면 사라는 가나안의 키럇아르바에서 향년 127세로 눈을 감았다. 거룩한 조상은 비통한 마음으로 울부짖었다. 그는 엘리에젤에게 7일간의 장례를 준비하도록 했으며, 자신은 사라의 장지를 위해 그 지역 사람들과 교섭하여, 은 400세겔을 주고 마므레 동쪽에서 종려나무가 있는 동굴makpelah('막벨라'라 부른다)을 매입했다. 또한 동굴 부근의 밭을 모두 사들여, 가족의 묘지로 삼았다.(「창세기」 23장)

사라의 장사를 지낸 후 아브라함은 조금씩 마음을 내려놓았다. 그는 줄곧 인생이 나그네 길이며 진정한 집은 다른 세계에 있음을 알고 있었다. 그런데 사라가 떠나자 '집에 대한 그리움'은 예전보다 더 깊어졌다. 그의 생활은 풍족했고 '향기로운 여인qeturah(크투라)'을 후처로 맞아 6명의 아들도 두었지만(「창세기」 25:1), 마음 깊숙이 자리한 외로움은 떨쳐내지 못했다. 결국 그는 제단에 향을 피우고 하느님께 죽음을 앞당겨달라고 기도했다. 하느님께서는 벗의 마음을 헤아리셨다. 그때부터 아담 자손들의 수명이 줄어들기 시작했다. 청춘은 훌쩍 지나 장년에 이르렀고, 눈 깜짝할 사이에 노년이 되었다. 노년에 이른 얼굴엔 주름이 가득했고 손발은 떨렸으며 온몸은 질병의 포로가 되었다. 수없는 고통 속에서 생을 보내며, "인생은 헛되고 하루하루는 마치 그림자처럼 지나간다"고 고백하게 되었다.(「시편」 144:4)

천수와 건강을 잃었지만 아브라함의 마음은 오히려 평안했다. 이웃 사람들은 늙어버린 그의 모습을 보며 깊은 존경을 표했다. 그의 이마에 새겨진 주름과 검버섯이 오히려 하느님의 충실한 종 아브라함의 신분과 덕에 어울린다고 여겼던 것이다. 임종을 앞둔 아브라함은 엘리에젤을 자신의 장막으로 불러 말했다. "야훼께서 일생 동안 모든 일에 복을 주셨고 이제는 죽음만이 남았구나. 그런데 내게 한 가지 걱정되는 일이 있으니 바로 이사악의 혼사 문제다. 자, 네 손을 내 허벅지yarek(은밀한 곳을 비유) 아래 넣어라. 그리고 절대 주변의 가나안 여자를 내 아이의 아내로 맞이하지 않겠다고 천지를 주관하시는 야훼 하느님께 맹세하라. 너는 유프라테스 강변에 있는 내 고향으로 돌아가 나의 가족에게서 이사악의 아내를 구하라. 이것이 내가 너에게 하는 마지막 부탁이다!"

늙은 종은 주인의 손에 입을 맞추며 말했다. "걱정 마십시오! 그런데 만일 그 여인이 저를 따라 가나안으로 오지 않으면 어떻게 합니까? 작은 주인님과 함께 주인님의 고향으로 돌아갈까요?"

엘리에젤의 말에 아브라함은 가쁜 숨을 내쉬며 말했다. "절대 안 된다! 천지를 주관하시는 야훼 하느님께서 애초에 나로 하여금 아버지의 집과 가족의 고향을 떠나도록 하셨을 때, 이 땅을 내 자손에게 주겠노라 허락하셨다. 하느님께서 천사를 보내 너의 길을 안내하시고 너를 도와 내 아들의 아내를 구해주실 것이다. 설령 그 여인이 너를 따라오지 않으려 해도 네가 서약을 어긴 것으로 여기지 않겠다. 다만 어떤 경우에도 이사악을 내 고향으로 데려가서는 안 된다!"

늙은 종은 연신 알겠다고 대답했다. 그는 자신의 손을 아브라함의 은밀한 곳에 넣고 그에게 맹세했다. 고대인들은 맹세하는 자가 맹세를 요구한 자의 씨를 방출하는 곳에 손을 넣고 맹세하면, 그 맹세가 깨지지 않는다고 믿었다.

엘리에젤은 선물을 준비하여 힘 좋은 노예 몇몇을 시켜 낙타 10마리에 나눠 싣고 북쪽으로 향했다. 가는 길에 풍찬노숙을 해야 했음은 두말할 필요도 없을 것이다. 엘리에젤이 유프라테스 강 유역의 하란 성 밖에 도착했을 때는 마침 여인들이 물을 길러 성을 나오는 황혼 무렵이었다. 엘리에젤은 낙타들을 우물 옆 수로에 세우고 손을 들어 기도했다.(「창세기」 24:12 이하) "야훼여, 제 주인 아브라함의 하느님이여! 제 주인에게 은혜를 베풀어 오늘 저의 일이 잘 이루어질 수 있도록 도와주십시오! 보십시오, 제가 우물가에 서 있고, 성안에 사는 사람의 딸들이 저마다 우물을 길러 오고 있습니다. 제가 그중 한 처녀에게 '항아리의 물을 따라 마실 수 있겠소?'라고 하면, '드세요, 어르신, 다 드시고 나면 제가 당신의 낙타에게도 물을 먹이겠습니다!'라고 대답하는 여인이 당신

바르톨로메 에스테반 무리요, 「리브가와 엘리에젤Rebecca and Eliezer」, 1650

께서 당신의 종 이사악을 위해 선택하신 신부가 되었으면 합니다. 그제야 저는 당신이 제 주인에게 은혜를 베푸시는 분임을 알겠습니다."

이번 원고는 만족스럽지 않았다. 생각이 정리되지 않은 느낌이었다. 원고를 우물가에서의 기도까지 완성한 후, 처음부터 다시 읽으며 문장을 다듬었다. 두 번의 수정 후 문장이 자연스러워지자, 나는 자리에서 일어나 스트레칭을 했다. 이리저리 목을 돌리다가 왼편 책상에 앉아 있던 한 노인을 보았다. 형형한 눈빛을 지닌 그는 아마천으로 된 여름옷을 입고, 팔걸이에 지팡이를 기대고 있었다. 어디서 봤는지 그의 얼굴이 눈에 익었다. 노인은 나를 향해 손을 흔들며 뭐라고 중얼거렸다. 아마도 인사말인 듯했다. 나도 노인을 따라 손을 흔들었다.

"실례하오만, 혹시 무엇을 쓰고 있는지 물어봐도 되겠소?" 그는 부드러운 치음齒音이 섞인 남미식 억양으로 내게 물었다.

"중국어입니다." 내가 대답했다.

"아, 나도 한자는 알아볼 수 있다오." 노인이 웃으며 말했다. "내 말은, 선생께서 어떤 이야기를 쓰고 계시는가 말이오."

생각지 못한 질문이었다. 원고를 완성하기 전에는 다른 사람과 원고에 대한 이야기를 하지 않는 것이 평소 내 습관이었다. 그는 내 대답을 듣기도 전에 다시 말했다. "쓸데없는 생각일지 모르겠지만, 선생의 이야기와 내 이야기를 연결시키는 건 어떻겠소? 두 이야기를 계속 순환시켜 확대하다 보면, 어느 순간 서로가 서로를 검증하는, 끝도 없이 펼쳐지며 모든 것을 포괄하는 한 권의 책이 되지 않겠소? 어떻게 생각하시오?"

표정이 진지했으므로 그의 말이 농담 같진 않았다. 혹시 젊었을 때 브로드웨이에서 극본이나 가사를 쓰기라도 했던 건 아닐까?

"맞소. 모두 단편이긴 하지만 꽤 많은 작품을 썼지요. 여기 그것들이 다 실려 있소!" 그는 들고 있던 책을 내게 건넸다. 책 제목을 보고 나도 몰래 웃음이 나왔다. 그것은 그림과 해설이 들어간 『보르헤스 문선』의 스페인어−영어 대조판이었다. 보르헤스 (1899~1986)는 생전에 아르헨티나 국가도서관장을 맡았었다.

"요즘 책들은 오류나 누락이 많더이다." 노인은 한숨을 내쉬었다. "관심 있으면 한번 살펴보시오. 만나 뵙게 돼 영광이었소. 그럼 이만." 말을 마친 노인은 천천히 몸을 일으켜 사방에 널린 책을 정리해 도서관 사서가 관리하는 선반에 놓고, 지팡이를 든 채 문밖으로 나갔다.

그 '문선'의 두께는 5센티미터 정도였지만, 판형이 특이해 사람들의 눈길을 끌 만했다. 판권 정보가 적힌 페이지를 펼치니, 지은이가 '보르헤스'라고 적혀 있었다. 나는 다시 차례를 살펴보았다. 익숙한 제목들이 보였다. 푸코가 읽고 포복절도했고, 그의 책 『말과 사물』에도 영감을 줬다던 '중국의 한 백과사전에 관한 기이한 글'도 눈에 띄었다. 나는 책을 내려놓고 원고 구상에 골몰했다. 그러다 무심결에 『보르헤스 문선』의 어느 페이지 모서리가 접혀 있는 것을 발견했다. 다시 책을 들어 살펴보던 나는, 그제야 노인이 말한 '누락'이 무엇을 의미하는지 알았다. 접힌 페이지에는 목록에 없던 '중국의 신비한 등燈'이라는 이야기가 실려 있었던 것이다. 내용은 대략 다음과 같았다.

그 옛날 커다란 성 바그다드에는 등을 만들어 파는 상인이 있었다. 그는 성실했고 베풀기를 좋아했다. 그러나 예상치 못한 불행이 그를 덮쳤다. 사기꾼에게 큰돈을 사기당한 것이다. 그로 인해 빚이 눈덩이처럼 불어난 그는 결국 가게를 팔고 말았다.

어느 날 오후, 상인은 답답한 마음을 안고 자신의 정원에 있는 무화과나무 밑에서 졸고 있었다. 그때 갑자기 눈앞에 한 사람이 나타났다. 흐릿한 얼굴에 물을 뚝뚝 떨어뜨리는 것이 마치 유령 같았다. 그는 품에서 금화 한 닢을 꺼내 그에게 내밀었다. "재물 운이 중국에서 너를 기다리고 있거늘, 너는 어찌 그늘 밑에서 잠이나 자고 있느냐?" 상인은 놀라 잠에서 깨어났다. 그 꿈을 길몽이라 여긴 상인은, 마침 집 앞을 지나던 동방의 행상을 따라 길을 나섰다. 3년 동안 갖은 고초를 겪은 그는 마침내 천조天朝의 제국에 도착했다. 과연 드넓은 그곳에는 사람도, 상점도 넘쳐났다. 하루는 그가 취안저우泉州의 칭전 사淸眞寺에 묵게 되었다. 그런데 한밤중에 문밖에서 발자국 소리가 요란하더니 뒤이어 고함 소리가 들렸다. 사람들 한 무리가 횃불을 들고 방안으로 들어와 도둑을 잡는다며 방을 뒤지기 시작했다. 사람들은 상인의 행색이 남루한 것을 보고는 아무 이유도 없이 그를 때리고 헛간에 가뒀다. 다음 날 사건을 처리하기 위해 온 부윤府尹이 상인의 모국어를 구사할 줄 아는 자를 데려와 그를 심문했다. 상인은 무화과나무 밑에서 꾼 꿈부터 시작해 자신의 처지와 사건의 자초지종을 낱낱이 고했다. 그의 말을 듣던 대인은 한바탕 웃음을 터뜨렸다. 상인은 차마 고개도 들지 못하고 역관의 말만 들었다. "오랑캐는 들어라! 나도 3년 전 꿈속에서 물이 뚝뚝 떨어지는 그림자를 본 적이 있다. 그 그림자는 나의 재물 운이 이 땅 바깥 서역의 어느 성안에 있다고 했지. 그는 어느 정원의 움푹 들어간 곳에 보물의 샘이 있다는 황당하기 짝이 없는 소리를 해댔다네. 그런데 천하에 별 희한한 놈이 다 있구나. 환상을 좇아 보물을 찾겠다며 고향을 버리고 온갖 고초를 다겪다니, 참으로 바보 같은 놈이 아니냐!" 부윤 대인은 웃으며 일필휘지로 상인을 석방한다는 판결문을 썼다. 그뿐 아니라 상인에게 옷과 여비도 내어주고 속히 고향으로 돌아가 다시 사업을 시작하라고 명했다. 상인은 머리를 조아리며 감사를 전하고 고향으로 떠났다.

다시 3년이 걸려 바그다드의 집에 도착한 상인은 곧장 자신의 정원을 살펴보았다. 부윤의 말대로 땅이 움푹 꺼진 곳에서는 샘물이 솟아오르고 있었다. 상인은 밤이 되기를 기다렸다가 샘물을 파고 물을 퍼냈다. 그러자 밀실 하나가 드러났고, 그 안에는 셀 수 없는 보물이 있었다. 거기에는 또 강한 마력을 지닌 신비의 등도 하나 있었는데, 그 주인은 언제든지 등의 정령djinn을 불러낼 수 있었다.

이야기의 끝에는 다음과 같은 저자의 주석이 달려 있었다. "중국의 천방야담 『경화연鏡花緣』[19]의 이야기를 번역했음." 또 거기에는 편저자의 주석도 함께 달려 있었다. "농담. 저자는 중국어를 모름. 그리고 '경화'는 믿을 만하지만 믿을 필요 없는 것을 가리킴."

두 번째로 모서리가 접혔던 곳을 펴보니 아무것도 없는 백지였다. 제본할 때 문제가 생긴 듯했다. 하지만 상상의 나래를 펼쳐보자. 어쩌면 작가는 일부러 이 두 쪽을 백지로 남겨두어 독자로 하여금 그 공백을 메우도록 한 게 아닐까?

"만약⋯⋯" 엘리에젤의 말이 끝나기도 전에, 성문 쪽에 그림자 하나가 아른거렸다. 어깨에 물동이를 멘 그 그림자는 아스라한 석양 속에 빛나고 있었다. 그녀는 우물 옆에 물동이를 내려놓고 물을 길어 성으로 돌아가려 했다. 엘리에젤은 재빨리 그녀에게 물을 달라고 청했다. 그러자 그녀는 물동이를 내려놓고 말했다. "어르신, 어서 드세요!" 그녀는 그가 물을 마실 수 있도록 항아리를 양손으로 받쳐 들었다. 그러고는 다시 말했다. "낙타를 위해 다시 물을 길어 오겠습니다!" 그녀는 남은 물을 구유에 붓고 몸을 돌려 재차 물을 길러 갔다.

19　청나라 이여진李汝珍이 쓴 장편소설로 총 100회로 구성돼 있으며 1828년 처음 출간되었다.—옮긴이

엘리후 베더, 「죽음의 잔The Cup of Death」, 1885/1911

다시 우물로 향하는 처녀의 모습을 바라보는 엘리에젤의 심장이 뛰기 시작했다. '야훼께서 나를 도와주셨구나!' 그는 낙타들이 물을 충분히 먹을 때까지 기다렸다가, 금으로 만든 코걸이와 팔찌 한 쌍을 품에서 꺼내 처녀에게 주며 물었다. "아가씨는 어느 댁 따님이신지요? 혹시 오늘 밤 저희가 아가씨 댁에서 묵을 수 있겠습니까?"

처녀가 대답했다. "제 이름은 리브가ribqah입니다. 또 제 아비의 이름은 브두엘로 나홀과 밀가 사이에서 태어나셨습니다. 저희 집에 손님을 위한 방과 가축에게 먹일 사료가 충분히 있습니다!"

늙은 종은 리브가의 대답을 듣자마자 무릎을 꿇고 하느님에게 감사 기도를 올렸다. 나홀은 아브라함의 동생이며, 밀가는 나홀의 부인이었다. 그러니까 엘리에젤의 눈앞에 있는 이 아름답고도 선량한 처녀는 다름 아닌 작은 주인님 이사악의 조카딸이었던 것이다!

리브가는 한달음에 집으로 달려가 어머니와 오빠에게 엘리에젤에 대해 말했다. 리브가의 오빠 라반은 꼼꼼하고 철저한 사람이었다. 그는 여동생이 차고 있던 반짝이는 코걸이와 팔찌를 보고, 여동생으로부터 엘리에젤의 행색과 언행을 전해들은 뒤 대충 무슨 일인지를 눈치챘다. 그는 급히 우물로 가 가나안에서 온 손님들을 불렀다. "야훼의 복을 받은 자들이여, 어찌 아직도 밖에서 계십니까? 손님들을 위한 방과 낙타에게 줄 사료를 모두 준비

하르먼스 판 레인 렘브란트, 「유대인 신부The Jewish Bride」(신혼부부로 분한 이사악과 리브가), 1658

해두었습니다."

이렇게 아브라함의 늙은 하인은 하느님의 인도로 아브라함의 친족을 찾을 수 있었다. 리브가의 집에 들어선 그는 먼저 리브가의 부모와 오라비에게 주인의 축복을 건넸다. 그러고 나서 자신이 이곳에 온 이유를 설명하고 귀한 예물들을 건넸다. 그렇게 상대방이 예물을 받고 혼사가 성사된 후에야 엘리에젤은 풍습에 따라 식사를 하고 손님방에 들어갈 수 있었다. 다음 날 아침 일찍 일어난 엘리에젤은 바로 그날 리브가를 데리고 돌아가겠다며 서둘렀다. 라반과 리브가의 어머니가 며칠만 집에 더 머물다 갈 수 있게 해달라고 간청했지만, 늙은 종은 지체하지 않았다. "야훼의 은혜로 혼사가 성사되었으니, 오늘 떠날 수 있게 허락해주십시오!" 라반과 리브가의 어머니는 어쩔 수 없이 리브가를 불러 물었다. "손님을 따라가겠느냐?" 리브가의 두 뺨이 붉게 물들었다. "네, 가겠습니다."

리브가의 집안 식구들은 부랴부랴 혼수를 준비했고, 그녀와 그녀를 따르는 유모와 종들을 배웅했다. 그렇게 리브가는 늙은 종과 함께 가나안으로 가는 길에 올랐다. 사방의 친족과 이웃들이 나와 한목소리로 신부를 축복했다.(「창세기」 24:60)

먼 길 떠나는 누이여
만인의 어머니가 되기를 바란다!
수많은 후손이
적국의 성을 점령하기를 바란다……

창밖을 보니 거리는 이미 오가는 사람들로 붐볐다. 저렇게 바삐 움직이는 남녀도 사실은 배우자를 찾는 여행을 하는 중이라는 생각이 들었다. 이야기의 결말은 내일 완성하기로 하고, 나는 자리를 정리해 일어났다. 도서 대출 창구를 지나가는데 벽에 걸린 문호들의 초상화가 눈에 띄었다. 나는 조금 전 내게 '쓸데없는 생각'을 말하던 노인과 똑같은 눈빛을 품은 초상화를 발견하고 깜짝 놀랐다. 그런데 보르헤스는 말년에 실명을 하지 않았던가? 그의 '분장'이 완벽하지 못했다고 생각하니 조금은 실망이었다. 나는 도서관을 나와 인파 속으로 걸어 들어갔다. 아무것도 적혀 있지 않던 두 페이지가 바람에 날리듯 눈앞에서 아른거렸다.

호텔로 돌아와 텔레비전을 켰다. 뉴스는 여전히 육탄 공격, 보복 테러, '사막의 전갈'을 비롯한 여러 작전명, 그리고 그 작전들이 거둔 전과에 대해 보도하고 있었다. 또한 뉴욕 시의 테러 경계경보가 황색으로 격상되었다는 소식도 들렸다. 이 같은 뉴스는 어제, 아니 엊그제, 심지어 작년에 뉴욕을 방문했을 때부터 반복되었다. 나는 얼른 텔레비전을 껐다. 매번 호텔에 묵을 때마다 몇 번이고 채널을 돌려보는 나를 보고, 아내는 집에 텔레비전이 없어 얼마나 다행인지 모르겠다고 했다. 보르헤스의 말이 맞았다. 우리의 이야기는 "적국의 성을 점령하는 것"부터 시작해서 끊임없이 순환하며 모든 것을 포괄할 때까지 거듭 각색되고 있다. 그가 일부러 두 쪽을 비워둔 것도 그 때문일까?

저녁 시간이 되자 아내와 대녀가 돌아왔다. 그들은 크고 작은 쇼핑백에서 꺼낸 각양각색의 물건을 침대 위에 늘어놓으며 내게 도서관은 어땠냐고 물었다. 나는 보르헤스를 만난 이야기를 들려주었다. 아내는 웃으며 말했다. "당신, 졸다가 꿈에서 이야기를 쓴 건 아니고요?" 대녀는 가만히 생각하더니 손뼉을 쳤다. "어쩌

창세기, 인문의 기원

면 그 사람일지도 몰라요! 그 사람이 도서관장을 역임했다고 말씀하셨죠?"

이사악

Yizhaq

이사악은 천천히 눈을 떴다. 장막 안은 칠흑같이 어두웠다. 문 틈으로 찬바람이 들어왔다. '비가 오고 있나?' 그는 생각했다. 저린 손발은 아직도 회복되지 않았다. '나이가 드니 몸이 말을 듣지 않는구나.' 요즘 들어 이사악은 과거를 회상하는 일이 부쩍 잦았다. 꿈을 꾸는 것처럼 지나간 일들이 눈앞에 펼쳐졌다. 기억은 마치 어제 일처럼 또렷했다.

석양으로 물들어가는 들판에 종려나무가 가볍게 흔들리고 있었다. 발아래 부드러운 흙은 여전히 낮의 온기를 머금고 있었다. 멀리서 낙타의 방울 소리가 들려왔다. 갑자기 어떤 예감이 이사악을 스치고 지나갔다. 그는 바위로 올라가 먼 곳을 바라보았다. 그랬다. 바로 그들이었다. 신붓감을 구하러 간 일행이 돌아오고 있었다. 낙타가 무릎을 꿇자, 일행은 낙타에서 내려 그를 향해 다가왔다. 누군가 그를 보고 두 손을 힘껏 흔들었다. 늙은 종 엘리에젤이었다. 그의 뒤를 네다섯 명의 여자들이 따라오고 있었다. 예쁘게 단장하고 베일을 쓴 처녀가 신부인 것 같았다. 그녀는 나머지 여자들에게 둘러싸여 있었다. 이사악 앞에 도착한 늙은 종은 "작은 주인님" 하고 그를 부른 후 땅에 엎드렸다. 처녀도 늙은 종을 따라 인사했다. 엘리에젤이 이사악에게 그간의 일을 보고했지만, 이사악은 단지 아브라함의 하느님, 야훼의 은혜에 감사드린다는 말만 기억했다. 왜냐하면 신부를 일으켜 세운 그 순간부터 이사악은 그녀에게서 눈을 뗄 수 없었기 때문이다. 베일 뒤에는 막 날개를 펼친 것 같은 영롱한 눈동자가 빛나고 있었다. 목을 따라 내려와 어깨에서 퍼지던 검고 빛나는 머릿결은 마치 산 정상에서 뛰노는 염소 떼 같았다.(「애가」 4:1)

아브라함의 영지는 환호로 가득 찼다. 남녀노소 할 것 없이 모두 나와 신부를 에워쌌다. 엘리에젤이 고함을 지르자 사람들은 그제야 흩어져 각자의 일을 시작했다. 그들은 소와 양을 잡고, 빵을 구웠다. 또 신방을 정돈하고 손님 맞을 준비를 했다. 연회에서는 오랜 벗들의 칭송과 장로들의 축복이 이어졌다. 감동한 신랑은 무슨 말을 해야 할지 몰라 얼굴을 붉혔다. "오늘 이후로 야훼께서 함께하시어 사방의 이웃들이 서로 화목하고 친족들이 서로 사랑하여 집집마다 축복이 가득하기를 기원합니다!" 감사 인사를 마친 이사악은 북을 치고 종을 울려 잔치에 모인 사람들이 마음 껏 가무를 즐길 수 있도록 했다. 달빛이 물처럼 번지자 이사악은 신부와 함께 신방에 들었다. 신방은 어머니 사라가 사용했던 바로 그 붉은 장막이었다. 어머니가 야훼의 입맞춤을 받고 마므레에 있는 동굴에 영면한 후,(이 책 「만약」 편 참조) 이사악의 삶은 슬픔 으로 가득 차 있었다. 그 고독한 마음을 그는 마침내 오늘 배우 자로부터 위로받게 되었다.(「창세기」 24:67)

그해 이사악의 나이는 마흔이었으며, 신부 리브가의 나이는 열 네 살이었다.

사람들은 이사악의 외모와 언행이 거룩한 조상 아브라함과 판 박이라며, 야훼의 선지자가 갖춰야 할 기품을 타고났다고 칭찬했 다. 그러나 이사악은 그런 칭찬의 말을 두려워했다. '부모님이 고향 을 버리고 머나먼 가나안에 도착했지만 그 결과는 어떠했는가? 천 재지변과 흉악한 사람들 가운데서 구사일생으로 목숨을 건졌다. 이 모두가 하느님의 시험이라고 하지만, 내 부모님이 아니고서야 누가 견뎌낼 수 있었겠는가? 오늘날 내가 아버지의 말씀에 순종하 여 가정을 이뤘으니, 나는 그저 내 아내와 평범하게 살기를 바랄 뿐이다. 절대 내 부모님이 겪었던 시련을 반복하고 싶지 않다!'

그러나 하느님의 계획은 이사악의 소원과 달랐다. 이사악이 결 혼하고 얼마 되지 않아, 그곳에 큰 기근이 들어 아무것도 수확할 수 없게 되었다. 이사악은 별수 없이 아버지가 그랬던 것처럼 아내와 가솔들을 이끌고 풍요로운 그랄(지금의 팔레스타인 남부 가자 지역 부근) 땅으로 피난했다. 거룩한 조상과 마찬가지로 이사악은 그랄의 사내들이 리브가의 아름다움을 보고 자신의 목숨을 해칠까 걱정하여 자신과 리브가를 남매로 가장하기로 했다. '누이동생'은 과연 사람들의 눈에 띄었고 국왕의 후궁으로까지 추천되었다. 다행히 현명한 국왕이 진상을 미리 파악함으로써 리브가는 후궁으로 선택된 사라의 전철을 밟지 않을 수 있었다.(이 책 「기적」편 참조) 이 일이 있은 후 이사악은 하느님께 부끄러움과 감사함을 느꼈다. 다시는 아버지의 운명으로부터 벗어나려는 희망을 품지 않았고, 리브가가 아이를 갖지 못해도 그녀를 탓하지 않았다. 이 모든 것이 하느님의 계획이라 여기며 정성껏 기도했을 뿐이었다. 서둘러봤자 아무 소용도 없을 뿐더러, 오히려 해가 된다는 점을 깨달았기 때문이다.

하지만 20년이 흘러 이사악의 수염이 하얗게 변할 때까지도 리브가가 아이를 갖지 못하리라고는 아무도 생각지 못했다. '우리 부부가 마음을 다해 하느님의 길을 가며, 하루도 빼놓지 않고 하느님의 말씀을 읽고 회개하는 것만으로 부족하단 말인가!' 이사악은 거의 포기하기에 이르렀다. 남편의 표정이 좋지 않자 리브가가 말을 꺼냈다. "우리가 아이를 갖지 못하는 것도 하느님의 뜻이니 하느님께 제 자궁을 열어달라고 더 간청해보죠. 제가 곰곰이 생각해보니 야훼의 제단에 바친 어린양 한 마리가 부족해서 당신께 은혜 내리기를 미루시는 것 같아요." 리브가의 말에 이사악이 물었다. "무슨 어린양 말이오? 1년 내내 크고 작은 절기마다 우리가 제사를 빠뜨린 적이 있었단 말이오?" 리브가가 다시 대답했다. "제가 말하는 어린양kebes은 하느님께서 가장 아끼시는 양, 바로 당신이에요!" 이사악은 두 눈을 질끈 감았다. 그의 얼굴은 하얗게 질려 있었다. "그게 지금 무슨 말이오! 나더러 거룩한 산으로 돌아가 또 한 번 희생양이 되란 말이오?" 어두컴컴한 구름, 반짝이던 칼, 그리고 가시덤불에 걸려 죽기 살기로 발버둥 치던 숫양의 눈빛은 종종 이사악의 꿈에 나타나 그의 숨통을 죄곤 했다. 그 광경이 다시 그의 가슴을 짓눌렀다.(이 책 「가랑비」 편 참조) 리브가가 그의 두 손을 꼭 잡고 말했다. "두려워하지 마세요! 야훼께서 아담의 자손들에게 요구하시는 건 오로지 '경외pahad'뿐입니다. 가문의 대를 이어 하느님께서 허락하신 대업을 이루기 위해 스스로를 묶고 산 정상에 누우세요. 그리고 우리의 첫 아들을 하느님께 바쳐 제사장으로 헌신케 하겠다고 약속하세요. 하느님께서는 자신을 이처럼 경외하는 자들의 부르짖음을 외면하지 않으실 겁니다!"(「시편」 145:19) 이사악은 어금니를 깨문 채 자리에서 일어났다. "좋소, 당신 말대로 하리다!"

이사악이 제사를 위해 홀로 거룩한 산에 오르던 날, 그가 사는 지역에는 큰 바람이 불어 돌과 모래가 날리고 장막들이 쓰러졌

창세기, 인문의 기원

다. 오직 리브가의 붉은 장막만 무사했는데, 그녀의 장막 위에는 끝이 보이지 않을 만큼 기다랗고 검은 구름 기둥이 소용돌이치고 있었다. 사람들은 두려워하며 그곳에 가까이 다가가지 못했다. 폭풍이 잠잠해지자 검은 구름도 흩어졌다. 그제야 사람들은 조심스럽게 리브가의 장막으로 다가가 그녀의 안부를 물었고 리브가의 하녀도 주인의 시중을 들기 위해 장막 안으로 들어갔다. 그런데 장막 안으로는 먼지 하나 들어오지 않았고, 그곳은 은은한 향기로 가득했다. 그 향기를 맡은 이들은 어지럼증과 마비 증세를 보였다. 그로부터 얼마 후 리브가가 아이를 임신했다. 이사악은 크게 기뻐하여 모자의 건강과 평안을 위해 다시 거룩한 산에 올라 감사의 제사를 올렸다.

임신한 지 일곱 달이 되었을 때 리브가는 갑자기 진통을 느꼈다. 노련한 산파가 와서 말했다. "이건 흔히 볼 수 있는 진통이 아닙니다. 제가 들은 바로는 니므롯 대왕의 어머니께서 대왕을 임신했을 때 이러한 진통을 겪으셨다고 합니다. 하지만 니므롯 대왕은 천하를 다스리고 바벨탑을 만든 큰 죄인 아닙니까!" 리브가는 산파의 말을 믿지 않고 하느님께 어찌 된 영문인지 물었다. 제단에서 천둥소리가 울리더니, 연기 사이로 답이 내려왔다.(「창세기」 25:23)

네 태중에 두 개의 국가가 자라고 있다
복중에 한 쌍의 민족이 다투고 있다

하나가 다른 하나보다 강대하니,

큰애가 둘째에게 복종할 것이다

리브가는 쌍둥이를 낳았다. 첫째는 피부가 빨갛고'aḏmoni 온몸 이 털śeʿar로 덮혀 있어 마치 털옷을 입은 것 같았다. 이에 그의 이름을 에사오[에서]ʿesaw('털이 많다'는 뜻)라 짓고, 붉은 형'edom(옛 번역은 '에돔')이라는 별명을 주었다. 둘째는 작은 손으로 형의 뒤꿈치ʿaqeb를 잡고 나와 이름을 야곱yaʿaqob('발뒤꿈치'와 음이 비슷하다)이라 지었다. 이사악은 에사오의 피부가 피를 흘린 것처럼 붉으니 혹시 무슨 일이라도 생길까 싶어 생후 8일에도 할례를 하지 않았다. 이사악은 자신의 이복형 이스마엘이 13세에 할례를 했던 선례를 기억하고(「창세기」 17:25) 에사오도 나중에 할례를 시키기로 마음먹었다.

시간이 흘러 쌍둥이 형제는 이제 소년이 되었다. 형제는 성격이 정반대였다. 에사오는 종일 무술을 연습하고 사냥을 했다. 그는 온몸이 털로 뒤덮여 있었으며 민첩하고 용맹해 산이나 숲의 야수와 겨루어도 지지 않았다.(필론, 『창세기 문답』 4:160) 반면 책 읽기는 좋아하지 않았고 예배에도 잘 참석하지 않았으며 할례도 받지 않으려 했다.(「희년서」 19:14) 한편 내향적인 야곱은 어렸을 때부터 학당에서 스승의 가르침을 받는 것을 좋아했다. 최초에 그 학당은 노아의 장자 셈이 설립했고, 그의 증손자이자 대학자인 에벨

호버르트 플링크, 「야곱을 축복하는 이사악Blessing of Jacob」, 1638

´eber이 가문의 자제들을 대상으로 하느님의 법과 성인 에녹(메타트론 천사)이 남긴 저작들을 가르쳤던 곳이었다.(『태초집해』 63:9) 이사악은 성정이 충직하고 자신이 좋아하는 야생에서 잡은 고기 요리를 자주 바치는 첫째를 편애했다. 반면 리브가는 둘째를 편애했다. 그녀에 따르면 노아처럼 태중에서 할례를 마친 티 없고 순결한 야곱을 힘센 에사오가 발로 차고 먼저 나왔으며, 자신의 남다른 진통도 여기서 비롯되었다고 한다.

에사오는 40세에 두 명의 가나안 여자를 아내로 삼았다. 그녀들은 시집을 오자마자 장막에 신단을 세우고 천둥 번개를 관장하는 바알과 두 개의 뿔을 가진 하늘의 여왕(이 책 「릴리트」 편 참조)을 경배했다. 리브가는 며느리 입에서 우상들의 이름이 오르내리자 분통이 터지고 마음이 아팠다.(「창세기」 26:34) 설상가상으로 이사악은 시력이 점점 더 나빠졌다. 리브가는 매일 하느님께 기도를 올렸지만 그의 시력은 나아질 기미를 보이지 않았다. 리브가는 가나안의 며느리들이 우상을 섬길 때 태운 독한 향이 남편의 눈을 멀게 했다고 여겼다. "남자들은 본래 시력이 약해 세상의 숱한 악을 견뎌낼 수 없습니다." 리브가의 말에 이사악이 대꾸했다. "당신도 한번 눈을 비벼보시오. 어떻게 당신의 눈은 멀쩡하단 말이오?" 리브가가 다시 대답했다. "남자들은 진흙으로 만들어졌기 때문에 쉽게 망가지지만, 우리 여자들은 갈비뼈로 만들어졌기 때문에 튼튼하고 힘이 있답니다."

이사악은 더 이상 아무 말도 못하고 그저 하느님의 계획이라고만 대답했다. 그러나 장막 밖의 세계는 매일 아침 하루가 다르게 어두워져갔다.

유월절 전날, 이사악은 장자를 불러 말했다. "아들아, 나는 이미 100살이 넘었고 눈앞의 이 어둠도 이제 얼마 남지 않았다. 오늘 밤은 하늘의 천사들이 찬송hallel을 부르며 은혜를 베푸는 특별한 날이다. 너는 가서 사냥을 하여 내가 평소에 좋아하는 별미를 만들어 오너라. 내가 죽기 전에 너를 축복하겠다!"

에사오는 곧장 활을 들고 날쌔게 들로 나갔다. '역시 효자야.' 이사악은 미소를 지었다. 그때 장막 밖에서 인기척이 느껴졌다. 그는 누구냐고 물었지만 아무 대답도 없었다. 두 시간도 채 지나지 않아 리브가가 들어와 말했다. "에사오가 작은 산양 한 마리를 잡아 왔습니다. 제가 가서 요리를 만들어 오겠습니다." 잠시 후, 문 쪽에서 "아버지" 하고 부르는 소리가 이사악에게 들려왔다. 그 목소리는 마치 둘째의 목소리처럼 부드럽고 차분했다. 만약 첫째였다면 분명 조급하게 서두르는 목소리였으리라. 이사악은 물었다. "누구냐?"

"접니다. 아버지의 장남, 에사오요. 아버지의 분부에 따라 짐승을 잡아 요리를 만들어 왔습니다. 떡도 구웠으니 일어나 드세요. 다 드시고 저를 축복해주세요."

이사악은 속으로 잘못 들었나 싶었지만 의심을 거두지 않고 물었다. "애야, 오늘은 어떻게 이처럼 빨리 짐승을 잡았니?"

"아버지의 야훼 하느님께서 제게 행운을 주셨나 봐요."

이사악은 아들에게 가까이 오라고 말했다. 그는 아들의 손과 팔을 만졌다. 목소리는 야곱의 목소리 같았지만 팔과 손에 털이 북슬북슬한 것을 보니 에사오가 틀림없었다. 그는 털이 수북한 두 손을 잡고 또 한 번 물었다. "정말로 나의 아들 에사오가 맞느냐?" 맞다고 대답하자, 이사악은 그에게 요리를 가져오도록 했다. 이사악이 손을 뻗어 쟁반을 만져보니, 고기를 담은 접시 옆에 술잔도 있었다. 오늘따라 세심하게 준비한 에사오에게 감탄하며 이사악은 기분 좋게 음식을 먹었다. 술잔을 비우자 온몸이 날아갈 듯 가볍고 편안해졌다. 이사악은 아들에게 가까이 오도록 한 후 그의 뺨에 입을 맞추고 옷의 냄새도 맡았다. 틀림없이 에사오의 땀 냄새였다. 그제야 마음을 놓은 에사오는 손을 아들의 머리 위에 얹고 그를 축복했다.(「창세기」 27:28)

아, 내 아들의 몸에서 나는 향기
마치 야훼께서 돌보시는 땅의 내음과 같구나
하느님께서 너를 위해 비옥한 들판에 때마침 비를 내리시어
온갖 곡식과 향긋한 술이 풍성하기를 기원한다!
만민이 너를 따르고, 만국이 네 앞에 엎드리기를,
네가 모든 형제의 주인이 되기를,
네 어미의 아들에게 경배 받기를 기원한다!
무릇 너를 저주하는 이는 필시 저주를 받을 것이요,
무릇 너를 축복하는 이는 필시 축복을 받을 것이다

아들은 고개를 숙인 채 낮은 목소리로 감사를 표했다. 그러곤 쟁반을 챙겨 조용히 나갔다.

이사악이 막 누워 쉬려는 찰나, 갑자기 쿵쿵거리는 발자국 소리가 들리더니 진한 고기 냄새가 온 장막을 가득 채웠다. "아버지!"

조토 디 본도네, 「이사악, 돌아온 에사오Isaac, Esau Back」

에사오의 목소리가 들렸다! 이사악은 놀라서 소리쳤다. "누구냐!"

"접니다, 에돔. 아버지의 장자입니다!"

이사악의 몸이 격렬하게 떨렸다. "그럼 아까 사냥한 고기와 포도주를 가져온 자는 누구냐! 그자도 손과 팔에 털이 수북했고, 몸에서는 너의 땀 냄새가 났다. 나는 그가 요리한 고기를 먹고 그에게 축복했다! 아, 그 축복은 영원히 그의 것이다. 야훼의 이름으로 한 축복은 저주와 마찬가지로 한번 입 밖에 내면 되돌릴 수 없단 말이다!"

"아버지, 부디 저도 축복해주세요!" 붉은 형은 대성통곡하며 말했다. "과연 야곱이라는 이름이 어울리는 놈이로군요! 녀석은 벌써 두 번이나 저를 속였습니다aqab(야곱과 발음이 비슷하다)! 지난번에는 팥죽으로 제 장자의 권한bekorah을 빼앗더니, 이번에는 저로 가장하여 제 복berakah을 빼앗았습니다. 아버지, 정녕 저를 위해 남겨 두신 복은 없단 말입니까?"

그러나 이사악은 방금 에사오의 주인이 될 것이라고 야곱을 축복한 참이었다.

붉은 형은 울면서 장자 권한을 빼긴 사연을 토로했다. 어느 날 저녁 사냥에서 돌아온 에사오는 야곱이 불 앞에 앉아 팥죽을 쑤는 광경을 보고 말했다. "솥 안에 든 불그스름한 음식을 조금만 먹게 해다오. 배가 고파 죽겠다!" 에사오의 말을 들은 야곱은 잠시 생각하더니 말했다. "좋아, 형이 내게 장자 권한을 주면 이 죽

창세기, 인문의 기원

을 줄게." 이것저것 따지는 것을 싫어하는 붉은 형은 깊이 생각하
지도 않고 그 자리에서 동생에게 장자 권한을 팔았다. 그리고 그
대가로 얻은 팥죽과 빵을 한입에 먹어 치웠다.(「창세기」 25:29 이하)

　에사오의 이야기를 들은 이사악의 얼굴은 눈물로 범벅이 됐다.
그제야 그는 조금 전 장막 밖에서 들려온 인기척이 리브가의 것
이었음을 깨달았다. 그와 에사오가 나눈 이야기를 엿들은 리브가
가 야곱에게 에사오로 분장하도록 한 것이다. 둘째는 교활한 구
석이 있긴 해도 아버지를 속일 만한 배짱은 없다. 이 일은 분명히
리브가의 계획이었을 것이다. 그렇다면 둘째가 입었던 것은 첫째
의 옷이었으며, 털이 수북했던 손과 팔도 그의 어미가 양털로 만
들어준 장갑이었을 것이다. 둘째가 가져온 고기 요리도 아내의 솜
씨였다!

　"아버지, 아버지의 축복은 오직 한 사람을 위한 것입니까? 제
발 제게도 축복을 내려주세요!" 에사오는 여전히 울며 애원했다.
그러나 아버지는 아무 말도 할 수 없었다. 한참 뒤에야 그는 어렵
게 입술을 뗐다.(「창세기」 27:39)

　아, 너의 땅에는
　적당한 비도, 비옥한 토양도 없을 것이다
　너는 네 칼에 의지하여 생을 도모해야 하며
　네 아우는 너를 종으로 삼을 것이다

에사오는 더 슬피 울면서 말했다. "아버지, 장자에게 주시는 축복이 겨우 이것이란 말입니까?" 아비의 옷은 마치 비라도 맞은 것처럼 젖어 있었다. 아비는 떨리는 손을 들어 사랑하는 아들의 얼굴을 매만졌다. 마침내 그의 입에서 마지막 예언이 나왔다. "그러나 네가 일단 일어나 반항하면, 필시 목에 찬 멍에를 깨부수게 될 것이다!"

이사악은 아내를 탓하고 싶지 않았다. 이미 엎질러진 물이니 책망한들 무슨 소용이겠는가. 그가 걱정하는 건 야곱이었다. 야곱을 어디에 숨겨야 좋을지 몰랐다. 만약 야곱이 격노한 에사오와 마주치기라도 한다면, 카인의 비극이 되풀이될지도 모를 일이었다.(이 책 「카인」 편 참조)

그러던 어느 날 리브가가 이사악의 장막에 들어와 분통을 터뜨렸다. "우상을 섬기는 두 며느리 때문에 견딜 수가 없습니다. 만약 둘째도 가나안 여자를 얻는다면 차라리 제가 죽는 편이 낫겠어요!"

이사악은 리브가의 뜻을 알아차리고 야곱을 장막으로 불렀다. 한밤중이 되자 야곱은 몰래 이사악의 장막으로 들어왔다. 이사악은 그의 손을 꼭 잡고 말했다. "너는 네 형처럼 가나안 땅의 여자들과 결혼해서는 안 된다. 일어나라, 지금 당장 이곳을 떠나 네 할아버지의 고향, 유프라테스 강 유역에 있는 네 삼촌 라반의 집으로 가거라. 가서 그의 딸들 중 한 명을 골라 신부로 삼거라. 전능하신 하느님께서 너를 축복하사 네 자손이 번성하여 이 땅의 주인이 되기를 바란다!"

야곱의 매끈한 두 손이 이사악의 손에서 빠져나갔다. 눈물 몇 방울이 빈 손바닥으로 떨어졌다. 이사악은 아들과 작별의 입맞춤을 나누지 않고 베개에 기댄 채 가만히 있었다. 이사악은 알고 있었다. 멀어지는 아들의 조용한 발소리를 다시는 들을 수 없다는 것을.

야곱이 떠나고 3일째 되던 날 밤, 이사악은 꿈을 꾸었다. 꿈에서 그가 다시 찾은 거룩한 산에는 기이할 정도로 긴 계단sullam이 있었다. 한 무리의 천사가 산기슭에서 하늘까지 닿아 있는 계단을 오르내리고 있었다. 그야말로 장관이었다. 그런데 어찌 된 영문인지 이사악 자신도 천사들 가운데 서 있는 것이 아닌가! 게다가 천사들은 이사악을 보고도 이상하게 여기기는커녕 마치 오랫동안 알고 지낸 듯 그를 '선지자'라 불렀다. 그때 갑자기 하늘에서 금빛 광채가 만 갈래로 쏟아졌고 하느님의 영광이 거대한 얼굴처럼 천천히 떠올랐다. 이사악의 마음은 따뜻해졌고 말로 설명할 수 없는 기쁨으로 가득 찼다. 그 순간, 그는 육신의 껍데기를 벗어버리고 하느님의 영광에 융화된 것 같은 느낌을 받았다. 사방에서 찬미하는 소리가 들려왔다. 천사들은 구름 위로 뛰어 올라 대지를 향해 돌아가며 단비를 뿌렸다. 찬송이 끝나자 서로 귓속말을 속닥거리던 천사들이 산기슭으로 눈을 돌렸다. 어떤 천사들은 그곳으로 날아가기도 했다. 이사악은 한 명의 천사를 붙들고 무슨 일인지 물었다. 천사가 대답했다. "선지자에게는 보이지 않습니까? 저 밑에서 돌베개를 베고 잠을 자는 자의 얼굴이 놀랍게도 하느님의 보좌merkabah 오른쪽에 있는 사람의 그것과 같다고 합니다!" 이에 이사악은 천사들을 따라 내려갔다. 산기슭에 도착해보니, 돌베개를 베고 잠이 든 자는 다름 아닌 야곱이 아닌가! 천사들은 그가 놀라는 모습을 보고 박장대소하며 말했다. "알고 보니 선지자의 자제분이셨군요! 알겠습니다, 이제야 알겠습니다. 지극히 거룩하신 주님께서 자제분을 통해 당신의 백성을 번성케 하려 하십니다. 그 오묘한 이치가 저 자의 이름에도 들어 있습니다. 보십시오, '야곱'을 하느님의 책에 적으려면 4개의 자모가 필요합니다. 그리고 이 4개의 자모가 각각 나타내는 숫자는 주님께서 그의 백성들에게 주실 4가지 보물에 상응합니다. (전통적으로 히브리어의 22개 자모는 각각 그것이 나타내는 숫자를 갖고 있다.) 첫 자모인 요드yod(ʼ)가 나타내는 숫자는 '10'으로, 모세가 시나이 산에서 받은 십계명을 상징합니다. 두 번째 자모 아인ʻayin(ע)은 '70'이라는 숫자를 나타내는데, 이는 모세를 수행하여 하느님과 접견하고 하느님의 발아래서 연회를 연 70인의 이스라엘 장로를 상징합니다.(「출애굽기」 24:10) 세 번째 자모 코프qoph(ק)가 나타내는 숫자는 '100'이며, 이는 예루살렘 성에 우뚝 솟은 성전의 높이 100규빗을 의미합니다. 마지막 자모 베트beth(ב)가 나타내는 숫자 '2'는 모세의 손에 들릴

창세기, 인문의 기원

하느님의 계명이 적힌 두 개의 돌판을 나타냅니다!"

이사악은 연신 '아멘'을 외친 후, 한창 꿈속을 헤매는 야곱을 바라보았다. 야곱의 얼굴은 두려움으로 가득했다. 아들은 도대체 꿈속에서 무엇을 본 것일까? 이사악이 다시 뒤를 돌아본 순간, 갑자기 현기증이 나면서 눈앞에 있던 천사들이 모두 사라졌다. 계단 역시 방금 전과는 다른 모습이었다. 그곳은 총 12개의 구역으로 나뉘어 있는데, 구역마다 계단의 개수가 달랐다. 그리고 한 구역씩 올라갈 때마다 평평한 평지가 나오고, 좌우로 갑옷을 입은 무사들이 서 있었다. 무사들의 생김새는 위로 올라갈수록 더 험상궂게 보였다. 이사악이 어찌할 바를 모르고 있을 때 하늘에서 그의 이름이 들려왔다. 그는 갑자기 머리가 밝아져 방금 본 광경의 의미를 깨닫게 되었다. 갑옷을 입은 12쌍의 무사들은 장래 이스라엘을 통치하게 될 24개의 나라를 비유했다. 성경에는 자손들이 불효하고 죄악이 크면 하느님께서 벌을 내리실 것이라 기록되어 있으므로, 후에 이스라엘은 이방 민족의 노예로 전락할 것이었다. 그 24개의 나라 중 어떤 나라는 몇십 개의 계단을, 어떤 나라는 몇백 개의 계단을 갖고 있었다. 이사악은 그들의 이름을 아래서부터 위로 순서에 따라 읽었다. 이집트, 아시리아, 바벨론, 페르시아, 마케도니아, 로마 등등.(고대 슬라브어 「야곱의 계단」 5:1 이하) 그때 야곱이 꿈속에서 본 광경은 바로 이 계단과 하느님의 백성에게 다가올 운명이었다. 이사악은 생각했다. '야곱이 어

폴 귀스타브 도레, 「야곱의 꿈Jacob's Dream」, 1865

찌 두려워하지 않았으랴.'(필론, 『꿈에 대하여』 1:153) 그 순간 천사가 다시 그를 불렀다. 그는 용기를 내어 하늘로 올라가기 시작했다……

그날 밤은 안개가 짙었다. 혹시 남편이 추위를 탈까 걱정이 된 리브가는 이사악의 장막을 살폈다. 그런데 이사악이 실명하기 전처럼 초롱초롱한 눈빛으로 눈을 크게 뜨고 있는 것이 아닌가! 이사악의 눈은 장막 너머 하늘 높은 곳을 바라보고 있었다. 장막 안에는 마음을 절로 편안하게 해주는 신통한 향기가 났다. 리브가는 이사악의 얼굴이 홍조를 띤 것을 보고 하녀에게 물을 끓이라 일렀다. 그런 다음 이사악을 부축해 앉힌 후 무엇을 보고 있느냐고 물었다. 그러나 이사악은 아무 대답도 하지 않았다. 잠시 후 하녀가 끓인 물을 가져왔지만 이사악은 마시지 않았다. 이사악은 온 정신을 집중하여 하늘만 바라볼 뿐 손가락 하나 까딱하지 않았다. 리브가는 하녀에게 들어가 쉬라고 말한 후 혼자서 이사악의 곁을 지켰다. 계명성이 하늘 끝에 걸릴 때 쯤, 갑자기 이사악이 입술을 움직이기 시작했다. 리브가는 얼른 귀를 갖다 댔지만 들리는 것은 깊은 탄식뿐이었다. 리브가가 다시 고개를 들었을 때, 이사악의 두 눈은 이미 감겨 있었다.

야곱

Y a a q o b

야곱 7장은 모리 교수가 「창세기」에서 가장 중요하게 여기는 부분이었다. 때문에 그는 경전에서 야곱에 관한 민요와 속담을 광범위하게 수집하여 그와 관련된 풍습과 전통을 설명하곤 했다. 수업이 끝난 후 나는 야곱과는 무관한 '중국 야곱'에 관한 옛 기억을 떠올렸다. 모리 교수에게 말을 꺼냈더니, 그는 상세하게 듣고 싶다며 엘리엇 하우스에 있는 자기 집에서 차를 마시면서 이야기를 나누자고 했다. 그는 영문과에 있는 내 우편함에 자그마한 초대장까지 넣어두었다. 초대장에는 정중한 어투로 다음과 같이 쓰여 있었다. "나는 정말로 '중국 야곱'에 관한 자네의 이야기를 듣고 싶네. 어쩌면 그 '중국 야곱'이 우리가 생각지 못했던 야곱의 다른 면들을 떠올리게 해줄 수도 있지 않겠나?" 이것은 모

창세기, 인문의 기원

리 교수가 내게 준 숙제나 다름없었다. 그가 주는 차를 마시기 전, 나는 우선 야곱이 꿈에서 계단을 보고 선지자로 선택받은 이후의 사건들에 대해 이해해야만 했다. 그러나 그에 관해서는 위경과 바벨론 탈무드의 주석midrashim이 무척 많았으므로 대략적으로 요약할 수밖에 없었다. 그래도 모리 교수에게 가기 전 복습을 하고 나니 마음은 한결 편안해졌다.

형 에사오로 가장하여 이사악을 속이고 축복을 받은 후, 야곱은 형의 복수가 두려워 더 이상 가나안에 머물 수 없었다. 그는 아버지의 명에 따라 신붓감을 구하기 위해 북쪽에 위치한 조부 아브라함의 고향 하란으로 떠났다.(이 책 「이사악」 편 참조)

하란에 도착하자, 그는 길옆 들판에서 우물을 하나 발견했다. 우물 주변에는 세 무리의 양과 양치기 몇 명이 서서 이야기를 나누고 있었다. 야곱은 그들에게 다가가 말을 걸었다. "이보시오, 아직 한낮인데 왜 양들에게 물은 먹이지 않고 풀만 먹이는 거요?" 양치기들이 대답했다. "지금은 물을 먹일 수가 없소. 우물을 덮고 있는 돌이 너무 무거워, 다른 양치기들이 더 와야 이 돌을 옮기고 양에게 물을 먹일 수 있다오." 야곱이 또 물었다. "혹시 나홀의 아들 라반이라고 아시오? 제 외삼촌이라오." 야곱의 물음에 양치기들의 목소리가 커졌다. "어찌 모를 수 있겠소? 저기, 그 집 둘째 딸 라헬rahel('암양'이라는 뜻)이 양을 몰고 오는군요!"

야곱은 그들이 손가락으로 가리키는 곳을 보았다. 우는 양 떼 뒤로 고운 몸매에 얼굴에서 빛이 나는 처녀가 걸어오고 있었다. 야곱은 절로 힘이 솟았다. 그는 소매를 걷어붙이고 과감히 우물 앞으로 나아갔다. 몸을 구부린 그는 젖 먹던 힘까지 짜내 우물의 돌을 옮긴 후 외삼촌의 양들에게 물을 먹였다. 그러고는 눈물을 흘리며 자신의 신분을 밝히고 사촌 동생에게 입을 맞췄다. 라헬은 그가 가나안에서 온 사촌 오라비이며 리브가 고모의 아들이라는 이야기를 듣고 얼굴을 붉히며 급히 예를 차렸다. 그리고 바람처럼 집으로 달려가 아버지에게 야곱의 존재를 알렸다.

라반은 조카가 왔다는 이야기를 듣고 좋아서 입을 다물 수가 없었다. '지난번 그의 할아버지가 이사악 대신 늙은 하인을 보내 신붓감을 구할 때, 우리에게 얼마나 많은 보석과 향료를 예물로 주었던가!(이 책 「만약」 편 참조) 이번에는 여동생의 귀한 아들이 우리 집 두 딸을 위해 직접 찾아왔으니, 지난번보다 더 많은 낙타를 데리고 왔겠군.' 그러나 라반이 우물에 도착했을 때 그를 반기는 사람은 뜻밖에도 야곱뿐이었다. 낙타와 종들은 그림자도 보이지 않았다. 야곱은 두 팔을 벌려 당황한 라반을 꼭 안았다. 라반은 야곱과 입을 맞추면서도 혹시 허리띠에 보석이라도 숨겨 왔을까 싶어 조카의 허리띠를 더듬었다. 그러나 거기에는 하다못해 파피루스 한 조각조차 들어 있지 않았다. 라반의 얼굴에서 점차 웃음기가 가시는 것을 본 야곱이 고개를 숙여 말했다. "외삼촌, 제가 집에서 급하게 나오느라 예물을 준비하지 못했습니다. 하지만 말씀만 하십시오! 지금부터 제 입의 모든 말과 제 손의 모든 힘으로 외삼촌을 돕겠습니다!"(「태초집해」 70:13) 야곱은 이어 자신에게 일어난 모든 일을 라반에게 말했다. 라반의 표정에 조소가 어렸다. '과연 내 혈육답구나!'

그때부터 야곱은 외삼촌의 집에 머물렀다. 그런데 한 달이 지나도 떠날 기미가 없자 라반이 야곱에게 물었다. "비록 자네가 내 혈육이지만, 어찌 대가 없이 자네를 쓰겠는가? 말해보게. 품삯이 얼마면 되겠는가?"

야곱은 대답했다. "이 부족한 조카는 많은 것을 바라지 않습니다. 그저 둘째 딸 라헬만 제게 주신다면 외삼촌을 위해 7년 동안 일하겠습니다."

라반이 웃으며 말했다. "둘째도 좋고 첫째도 좋네. 외간 남자에게 시집을 보내는 것보다 친척에게 주는 것이 낫겠지. 이곳에 계속 머물며 양을 치도록 하게."

이에 야곱은 라헬을 위해 라반 밑에서 7년 동안 양치기로 일했다. 성경에는 야곱의 마음이 라헬에 대한 사랑으로 가득 차, 7년을 단 며칠처럼 여겼다고 기록하고 있다.(「창세기」 29:20) 7년째 되는 날, 야곱은 라반에게 말했다. "라헬을 제게 주십시오!"

흔쾌히 승낙한 라반은 날을 골라 혼인 잔치를 열었다. 성안의 모든 사람이 잔치에 참석하여 돌아가며 야곱에게 술을 따랐다.

신랑 신부가 합환주를 마실 시간이 되었지만 사람들은 돌아가지 않았다. 야곱은 자신에게 따라주는 술잔을 몇 번이고 사양한 후에야 겨우 연회장에서 빠져나올 수 있었다. 그는 비틀거리며 신방으로 들어갔고, 면사포를 쓴 신부도 하녀의 시중을 받으며 그를 따라 들어갔다. 야곱은 신부와 간단히 맞절을 하고 촛불을 껐다. 그리고 와락 신부를 껴안았다. 야곱은 이루 말할 수 없이 기뻤다. 그런데 다음 날 아침 잠에서 깬 야곱은 깜짝 놀랐다. 자기 옆에 라헬이 아닌 레아 le'ah('암소'라는 뜻)가 누워 있는 게 아닌가?

"그대가 어찌 여기 있는 거요?" 야곱은 곧바로 침상에서 내려왔다. "이 모든 것이 아버지의 계획이니 제가 어찌하겠습니까?" 레아가 울면서 대답했다.

"이런 사기꾼 같으니라고!" 야곱은 분노했고 레아는 그저 울기만 했다. 야곱은 레아를 끌고 라반을 찾아갔다. 라반에게 어찌 된 일이냐고 묻자 라반은 웃으며 대답했다. "신랑은 그만 노여움을 풀게. 자네에게는 미안하지만 나도 어쩔 수가 없었네. 동생을 언니보다 먼저 시집보내지 않는 것이 이 지역의 관례라서 말일세. 그럼 이렇게 하는 건 어떤가? 7일 동안 레아의 혼사를 다 치르고 나면 라헬도 자네에게 주겠네. 대신 내 밑에서 7년을 더 일해주게."

야곱은 눈물이 그렁그렁하게 맺힌 레아의 부드러운 rakkoth(칠십인역은 '가냘픈'이라는 의미의 'astheneis'를 사용했는데, 이 또한 의미가 통한다) 눈을 보고 치밀어 오르는 화를 억눌렀다. 그는 라반이 내

헨드릭 테르브뤼헌, 「라반을 추궁하는 야곱Jacob Reproaching Laban」, 1628

건 조건을 받아들일 수밖에 없었다. 의인의 행복은 더디 오지만 악인은 일찌감치 욕망에 빠지는 법, 일주일 후 라반은 라헬에게도 면사포를 씌워주었다. 그제야 야곱의 얼굴에 미소가 피어올랐다. 야곱은 즉시 자신의 침상을 라헬의 방으로 옮겼다.

야훼께서는 무고한 레아가 남편의 사랑을 받지 못하는 것을 보고 그녀의 자궁을 여셨다. 그녀는 야곱을 위해 아들 넷을 낳았다. 그녀는 넷째 아들을 낳은 후 기뻐하며 말했다. "이제 남편의 사랑을 얻을 수 있겠구나! 야훼를 찬미'odeh하리라!" 그래서 레아는 새로 태어난 아들에게 유다yehudah('야훼를 찬미하라'의 뜻)라는 이름을 지어주었다. 후일 예루살렘을 수도로 정하고 하느님을 찬양하는 수많은 불멸의 시를 쓴 다윗 왕이 바로 유다의 후손이었다.

그러나 라헬에게는 아이가 없었다. 임신을 하지 못한 라헬은 언니 레아를 질투했다. 그녀는 야곱에게 그의 부친처럼 거룩한 산에 올라 하느님께 간청할 것을 거듭 요구했다. 하지만 야곱은 라헬의 말을 듣지 않고 그녀에게 직접 기도를 드리라고 대꾸했다. "내 아버지는 당시 아이가 없었기 때문에 거룩한 산에 오른 것이오. 하지만 내게는 이미 레아가 낳은 네 아들이 있지 않소?" 야곱의 말에 라헬은 화를 냈다. "그럼 당신의 할아버지인 아브라함을 본받으세요. 그분은 이스마엘이라는 아들이 있었음에도 사라를 대신하여 하느님께 아들을 주십사 간청했잖아요." 야곱이 또 대꾸했다. "하지만 할머니는 당신의 하녀를 할아버지께 첩으로 드린 것아니오?"(이 책 「하갈」편 참조) 라헬이 다시 말을 이었다. "좋아요, 그럼 저도 제 여종의 태를 빌려 아들을 낳지요!" 그날 저녁 라헬은 자신을 시중들던 하녀 빌하bilhah를 야곱의 장막에 들여보냈다. 그 후 빌하는 라헬에게 연달아 두 명의 아들을 낳아주었다.

한편 동생이 하녀를 통해 아들을 얻은 것을 본 레아는 자신의 하녀 질바zilpah를 남편에게 보냈고, 질바는 여주인을 위해 두 명의 아들을 낳았다. 레아는 질바가 낳은 아기를 안고서, 만나는 이

창세기, 인문의 기원

들마다 자신의 복을 자랑했다. 이 소식을 들은 라헬은 레아를 극도로 미워하고 시기했지만, 어쩔 도리가 없었다.

밀 수확기의 어느 날, 레아의 큰아들은 나귀에게 풀을 먹이러 산에 올랐다. 그는 나귀를 맨 줄을 자귀나무 줄기에 묶어놓고, 그 옆에서 혼자 놀고 있었다. 그런데 풀을 찾던 나귀가 몸부림을 치는 통에 자귀나무가 뿌리째 뽑혔다. 자귀나무의 뿌리에는 마력魔力이 있어 누구든 그 뿌리를 뽑는 자는 죽음을 면치 못했다.(「태초집해」 71:2) 과연 나귀는 그대로 땅에 쓰러졌고, 놀란 레아의 큰아들은 자귀나무를 짊어지고 집으로 달려가 어머니에게 이 일을 알렸다. 때마침 그 광경을 본 라헬은 레아에게 그 자귀나무를 자신에게 달라고 부탁했다. 그녀는 자귀나무 열매가 정력에 좋고 아이를 갖게 하는 효능이 있어 '사랑의 열매duda'im'라 불린다는 사실을 알고 있었던 것이다. 그러자 레아가 말했다. "너는 내 남편을 빼앗은 것도 모자라 이제는 내 아들의 자귀나무까지 빼앗아가려는 거니?" 열매를 얻어내 다시금 언니와 경쟁하려던 라헬은 레아에게 간청했다. "언니, 이렇게 부탁할게. 나에게 자귀나무 열매 몇 개를 나눠주면, 오늘 밤 남편을 언니에게 양보할게."

저녁이 되자 야곱이 밭에서 돌아왔다. 문밖까지 야곱을 마중 나온 레아가 야곱에게 말했다. "오늘 밤은 제 장막에서 주무세요. 제 아들의 자귀나무로 당신을 빌렸습니다!" 이렇게 야곱은 레아의 침소에 들었다. 하느님의 은혜가 레아와 함께하여 그녀는 또 다시 아들 둘을 낳았고, 딸 하나를 더 낳아 이름을 디나dinah라고 지었다. 야곱은 그 딸을 마치 손안의 진주처럼 사랑했다. 레아는 디나를 낳고 이렇게 고백했다. "야훼께서 내 고통을 들으시고 나를 위해 공평함din('디나'와 발음이 비슷하다)을 보이셨구나!"

레아가 아이 셋을 더 낳자 그제야 라헬은 남편과 자귀나무를 바꿔 하느님의 뜻을 거스른 자신의 잘못을 알아차렸다. 그녀는 날마다 울면서 자신의 잘못을 뉘우쳤다. 야곱 역시 라헬을 위해 기도했고, 레아에게도 빌하, 질바와 함께 라헬의 임신을 위해 기도하라 일렀다. 새해가 되자 하느님께서는 천국에서 아담의 자손들이 행한 1년간의 공과를 평가하셨다. 그때 미가엘 천사장과 많은 천사가 라헬에게 동정을 베풀어달라고 하느님께 간청했다. 이에 마음이 움직인 하느님께서 라헬을 생각하여 그녀의 자궁을 여셨다. 마침내 임신을 한 라헬은 "하느님께서 나의 치욕을 닦아내셨다'asaph!"고 고백했고, 태어난 아들에게 요셉yoseph이라는 이름을 지어주었다. 그 후에도 라헬은 하느님께 "하늘의 은혜를 내려 다른 아들을 더 주시기를yasaph('요셉'과 음이 유사)" 간구했다. 지극히 인자한 하느님께서는 그녀에게 아들 하나를 더 주셨다.

이렇게 야곱은 모두 열두 명의 아들(레아가 여섯, 라헬과 빌하, 질바가 각각 둘)을 얻었다. 그리고 이 열두 명의 아들은 나중에 이스라엘 열두 부족의 조상이 되었다.

창세기, 인문의 기원

야곱의 식구가 늘어가고 가축이 살지는 것을 본 라반은 야곱을 곤경에 빠뜨릴 계략을 세웠다. 그러나 야훼의 천사가 암암리에 야곱을 보호했기 때문에, 라반의 계략은 번번이 실패했다.(성 요한 크리소스토무스, 『설교집』 57) 그러나 야곱은 여전히 불안했다. 양의 탈을 쓴 늑대 같은 라반을 믿을 수가 없었기 때문이다. 게 다가 가정도 이루고 가산도 불어났으니, 이제 하느님의 명령에 순종하여 가나안으로 돌아갈 때가 되었다고 생각했다. 이에 야곱은 하인들에게 짐을 꾸리게 한 후 처첩과 자녀 들을 낙타에 태웠다. 그리고 하란에서 모은 가축과 재물을 챙겨 라반에게 인사도 하지 않고 몰래 길을 나섰다. 집을 떠나기 전 라헬은 아버지 라반이 양털을 깎으러 나간 사이 그의 장막에 몰래 들어가 아비의 신단에서 수호신[드라빔]teraphim을 훔쳤다. 그 우상이(「즈가리야」 10:2) 하느님을 모독하고 아버지에게 야곱 일가의 행방을 알려줄까 두려워서였다.

사흘이 지난 후에야 라반은 야곱 일행의 도주와 수호신의 도난 사실을 알게 되었다. 라반은 대로하여 형제들을 모아 야곱을 뒤쫓았다. 7일간의 추격 끝에, 그들은 길르앗gil`ad 산에 장막을 치고 있던 야곱 일가를 따라잡았다. 라반은 노발대발하며 말했다. "도대체 자넨 무슨 생각으로 내 두 딸을 끌고 나갔나! 집으로 돌아가고 싶다고 내게 말을 했다면, 내가 노래를 부르고 수금과 북을 연주하여 자네 식구를 전송했을 텐데, 어리석기 짝이 없군! 만약 어젯밤 자네 부친의 하느님께서 내 꿈에 나타나 나를 말리지 않으셨다면 자넨 목숨도 부지할 수 없었을 게야! 게다가 내 수호신은 어찌하여 훔쳤는가? 그것은 데라 증조부께서 달의 신 난나의 제사장으로 계실 때 손수 조각하신 영험한(이 책 「기적」 편 참조) 신상이란 말일세!"

야곱은 예를 갖추어 말했다. "외삼촌께서는 화를 가라앉히십시오. 제가 잘못했습니다. 외삼촌께서 저로 하여금 라헬과 레아를 데리고 가나안으로 돌아가지 못하게 하실까 봐 말씀을 드리지 않았던 것입니다. 다만 외삼촌의 수호신은 저도 모르는 일입니다. 저희 일가의 짐을 직접 살펴보십시오. 수호신을 가지고 있는 자는 누구든 살아남지 못할 것입니다." 신상을 훔친 이가 라헬이리라곤 전혀 생각지 못한 까닭에 야곱은 이런 무서운 저주를 내렸던 것이다. 아니나 다를까. 나중에 라헬은 난산 끝에 에브랏'ephrath(지금의 베들레헴)으로 향하는 노상에서 숨을 거둔다.(「창세기」 35:18)

야곱 일가의 온 장막을 뒤졌지만 라반은 그 어디에서도 신상을 발견하지 못했다. 그는 마지막으로 라헬의 장막에 들어갔다. 라헬은 신상을 낙타 안장 밑에 숨겨놓고, 그 위에 앉아서 말했다. "아버지, 제가 몸이 불편해 일어나 영접해드리지 못함을 나무라지 말아주십시오." 라반은 눈썹을 찌푸리며 대답했다. "알았다!"

라반이 신상을 찾아내지 못하자 야곱은 화가 났다. "외삼촌, 제가 도대체 무슨 죄를 지었습니까? 제가 법이라도 어겼습니까?

조반니 바티스타 티에폴로,
「신상을 숨기는 라헬Rachel Hiding the Idols from Her Father Laban」, 1726~1729

저희 일가의 온 장막을 뒤지셨는데, 외삼촌의 물건 하나라도 제가 가져온 것이 있었습니까? 있다면 꺼내서 여기 모인 여러 친족 앞에 보여주시지요! 그들로 하여금 이 일을 판결하게 하면 되지 않습니까?"

야곱의 말에 라반은 한결 누그러진 어조로 말했다. "자네의 아내는 내 딸들이고 자네 아이들은 내 외손자이며 자네 가축들도 다 내 가축이나 마찬가지인데 내가 자네 일가를 어찌하겠는가? 이렇게 하세. 내가 자네와 약속을 맺고, 돌무더기를 쌓아 그 증거로 삼겠네."

이에 야곱이 돌을 가져와 땅에 세워 기둥으로 삼자, 다른 가족들도 돌을 하나씩 가져와 돌기둥 옆에 쌓기 시작했다. 라반이 말했다. "오늘 이 돌무더기는 그대와 나를 가르는 언약의 증거이니, 이것을 '증거의 언덕gal`ed'('갈르엣'이라는 명칭의 유래)이라 부르세. 오늘 이후 야훼께서 우리의 맹세를 지켜보시기를 바라네. 만약 자네가 나의 딸들을 학대하거나 다른 여자를 아내로 맞이한다면, 하느님께서 우리 언약의 증인이 되심을 기억해야 할 걸세!"

이렇게 외삼촌과 조카는 화해했다. 라반은 나홀의 가신家神에게, 야곱은 아브라함의 하느님께 영원히 이 경계선을 침범하지 않겠노라 맹세했다. 그리고 모든 친족은 돌무더기 옆에 앉아 같이 밥을 먹고 밤을 보냈다. 다음 날 라반은 일찌감치 일어나 딸들과 손자들에게 일일이 입맞춤을 하고 그들을 축복한 후 집으로 돌아갔다.

야곱 일가는 계속해서 가나안으로 향했다. 요르단 강 골짜기에 들어서자, 야곱은 자신에게 장자 권한을 뺏긴 형 에사오가 생각나 마음이 불안해졌다. 그는 가던 길을 멈추고 가족들에게 적당한 야영지를 고르라고 일렀다. 한참을 고민하던 야곱은 '에사오 나리'에게 하인을 먼저 보내 '종 야곱'이 집에 돌아온다는 소식을 전하도록 했다. 형의 반응을 살피기 위해서였다. 에사오에게 갔던 하인은 돌아와 이렇게 말했다. "큰 주인님을 뵙고 왔습니다.

창세기, 인문의 기원

큰 주인님이 장정 400명을 거느리고 주인님을 만나러 오고 있습니다!"

야곱에게는 청천병력 같은 소식이었다. 그는 에사오가 복수라도 할까 봐 두려움에 떨었다. 야곱은 사람과 가축을 두 무리로 나누고, 레아와 라헬이 각각 무리를 이끌도록 했다. 만약 에사오가 한 무리를 공격하면, 다른 무리는 도망갈 기회를 얻게 하기 위해서였다. 그런 다음 야곱은 향을 피우고 야훼께 기도를 올린 후 잠자리에 들었다. 그러나 한밤중 갑자기 잠에서 깬 야곱은 두 부인을 깨워 무리를 이끌고 당장 강을 건너라고 일렀다. 그리고 야곱은 홀로 대열 맨 끝에 섰다.

집안사람과 가축이 모두 떠난 강가는 평소보다 광막해 보였다. 그런데 홀연히 그림자'ish하나가 야곱을 막아섰다. 그러고는 한마디 말도 없이 그를 잡아 넘어뜨렸다. 그렇게 야곱과 씨름을 하던 사내는, 동이 틀 무렵까지도 승부가 나지 않자 야곱의 허벅지 안쪽yarek(일설로는 생식기)을 가격했다. 그러더니 야곱에게 날이 밝았으니 가야겠다고 말했다. 야곱은 숨을 헐떡거리며 사내의 허리를 끌어안고 놓지 않았다. "당신이 내게 축복을 하지 않으면 놓지 않겠소!" 야곱의 말에 그 사람은 손을 놓고 야곱의 이름을 물었다. 야곱이 대답하자, 그가 말했다. "이제부터 그대의 이름은 야곱이 아닌 이스라엘yisra'el이다. 이는 그대가 신'elohim과 겨루어 saritha 이겼기 때문이다." 이번에는 야곱이 물었다. "그렇다면 당신의 이름은 무엇입니까?" 그러나 그 사람은 대답 대신 야곱에게 축복을 내리고 (허벅지도 고쳐주었다) 바람처럼 사라졌다.(「창세기」 32:26 이하)

붉게 타오르는 아침놀을 바라보며 야곱은 깨달았다. '이스라엘'의 의미는 '신과 겨루어 이긴 자'라고 했다. 그렇다면 내게 이름을 준 이가 하느님'elohim이었단 말인가? 사람들이 야훼를 본 자는 목숨을 잃는다고 했는데(「출애굽기」 33:20) 나는 야훼와 마주하고도 이렇게 살아남았잖은가!' 그 즉시 강을 건넌 야곱은 자신이 겪은 일을 두 부인에게 이야기했다. 그러자 라헬이 말했다. "그가 당신의 허벅지를 친 것은 당신의 자손과 언약을 맺겠다는 의미일 것입니다." 곁에 있던 모든 사람이 라헬의 말을 듣고 기뻐하며 하느님의 은혜에 감사했다.

한편 야곱은 형에게 바칠 예물로 살진 가축들을 골랐다. 산양과 면양 각각 220마리는 수컷 한 마리당 암컷 열 마리를, 젖을 먹이는 어미 낙타 30마리에는 각각 젖을 떼지 않은 새끼 낙타를, 소 50마리는 수컷 한 마리당 암컷 네 마리를, 나귀 30필은 수컷 한 마리당 암컷 두 마리를 짝지어 보냈다. 그는 가축들을 몇 개의 무리로 나누고 무리마다 똑똑한 하인들을 붙여 몰고 가도록 했다. 야곱은 종들에게 다음과 같이 분부했다. "너희는 각 무리의 맨 앞에 서서 일정한 거리를 유지하며 가거라. 내 형 에사오가 너희를 보고 어디서 왔으며 어디로 가느냐고 물으면, 너희는 '이

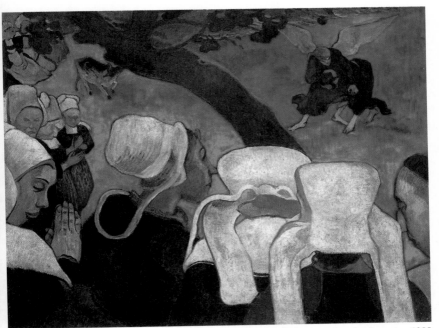

폴 고갱, 「설교 뒤의 환영Vision after the Sermon」, 1888

가축은 모두 당신의 종 야곱이 주인님께 바치는 예물입니다. 보십시오, 야곱이 바로 뒤에 있으니 금방 도착할 것입니다!'라고 대답하라!"

성경은 야훼의 돌보심으로, 에사오가 야곱이 준비한 선물과 진심어린 사과를 받고 화를 풀었다고 기록하고 있다. 형제는 화해했고 야곱은 다시 가나안으로 돌아갈 수 있었다.(「창세기」 33장)

야곱

모리 교수가 말한 티타임은 그의 작은 서재에서 이루어졌다. 그는 일찍 부인을 여의었고, 자녀도 없었다. 대신 조카가 그의 생활을 돌봐주고 있었다. 네다섯 가지 간식은 모두 그 조카가 폴란드계 유대인의 전통 방식으로 만들었다고 했다.

나의 '중국 야곱' 이야기는 1960년대로 거슬러올라간다. 그는 사범대 외국어과의 학생이었으며, 인도네시아 화교였고 학교 농구팀의 주전이었다. 그해 사범대 남자 농구팀은 뛰어난 기량을 발휘해 전국 대회에서 우승을 차지했다. 농구팀이 베이징에서 돌아온 후 신문에는 그가 가볍게 점프 슛을 하는 사진과 고위 관계자로부터 축하를 받는 사진이 실렸다. 하지만 그는 별일 아니었다는 듯 예전과 마찬가지로 옷깃을 세운 체크무늬 남방을 입고 휘파람을 불며 다녔다. 당시 초등학생이면서 열렬한 농구 팬이었던 나와 친구들은 그를 숭배해 마지않았다. 그가 '야곱'이라 불린 이유는 경기 분위기가 고조될 때마다 "야곱, 야곱!" 하고 외쳤기 때문이다. 우리는 '야곱'이 무슨 뜻인지 알지도 못하면서 그를 따라 소리치곤 했다. 그는 우리의 고함 소리를 들으면 펄펄 날아올랐고, 당황한 상대 선수들은 반칙을 남발했다. 정말 끝내줬다! 그때는 그의 짙은 갈색 근육과 피부, 점프할 때 펼쳐지는 양팔이 세상에서 가장 신비롭게 느껴졌다. 소문에 의하면 '야곱'은 뇌에 문제가 있다고 했다. 그래서 그렇게 줄곧 떠들어대며, 공부도 못 해서 네 번이나 유급을 당한 것이라 했다. 또 어떤 사람들은 챔피언 자리를 유지하려던 학교가 그에게 "혁명사업은 유급부터 시작해야 한다"는 사상 교육을 시켰다고도 했다. 당시엔 우리도 같은 마음이었다. 그가 평생 졸업하지 않고 영원히 농구를 하기를 바랐다.

문화대혁명이 시작되자 우리는 수업을 받는 대신 대자보를 썼다. 그리고 다촨롄[20] 당시 공짜로 기차를 타고 베이징에 가서 톈안먼 광장의 사열에 참가했다. 온몸에 이가 득실대던 우리는 집에 돌아와 모두 '소요파'가 되었다. '야곱'의 경기를 보러 체육관을 찾은 날, 우리는 그가 '반동 학생'으로 몰려 격리된 채 심문을 받고 있다는 이야기를 들었다. 어쩐지 예감이 좋지 않았다. 그런데 얼마 후 일이 벌어졌다. 그가 4층의 방범 창살을 뜯고 허공으로 몸을 던진 것이다. 쓰레기통 위로 떨어진 그는 목이 부러져 죽었다.

그의 참혹한 마지막 순간은 더 이상 기억나지 않는다. (그해에는 하루가 멀다 하고 사람들이 건물에서 뛰어내리거나 목을 맸기 때문에, 누가 어떻게 죽었는지 다 기억할 수 없었다.) 하지만 학교 행정관 앞 대자보에서 발견한 '야곱'이라는 두 글자는 아직까지도 기억이

---

20 1966년 중국 공산당은 전국 각지의 학생들이 베이징에 와서 혁명 경험을 교류하고, 베이징의 학생들이 중국 각 지역에 가서 혁명활동을 고취시키도록 하기 위해 '다촨롄大串聯'을 발표했다. 당시 전국 각지의 중·고등학생과 대학생은 무임으로 기차를 탈 수 있었고, 어디서든 무료로 식사를 하고 잠을 잘 수 있었다.—옮긴이

난다. 그때 그의 이름에는 빨간색 X표가 그어져 있었다. 그를 비판하는 대자보였다. 나는 빠른 속도로 대자보를 읽었다. 대자보에는 그가 자산계급 출신이어서 사회주의에 불만을 갖고 있었지만 이는 특별한 일이 아니라고 씌어 있었다. 문제는 그가 도서관에서 유출된 영어 책을 수집하는 것을 누군가 발견했다는 사실이다. 그 누군가는 '야곱'이 외국과 내통하고 있는 건 아닌지 의심이 들어, 혁명적 경계 의식을 고취하기 위해 '야곱'의 일기장을 봤다고 했다. 아니나 다를까, 그의 일기장은 '타락하고 부패한 자산계급 생활에 대한 묘사'로 가득 차 있었다. 그는 한적하고 아름다운 풍경으로 둘러싸인 곳에 정원이 딸린 저택을 짓고, 오른쪽에는 농구장, 왼쪽에는 수영장을 만들겠다고 했다. 그리고 그곳에서 꽃처럼 아름다운 부인과 하느님께서 부르시는 그날까지 '야곱의 복'을 누리겠노라고 적었다.

당시 나는 '야곱의 복'이 무슨 말인지 몰랐다. 어느 외국의 일이겠거니 싶었다. 나는 처벌이 두려워 '당과 인민과의 관계를 끊고' 자살한 그를 이해할 수 없었다. 자기의 죄를 인정하는 것이나 마찬가지라고 생각했기 때문이다. 나는 어떤 사람이 한밤중에 자기 방에서 자신에게만 몰래 털어놓은 생각들이 반드시 평소 그의 사상과 의식을 대변한다고는 생각하지 않았다. 그래서 그의 죽음이 자못 안타까웠다.

붉은 석양이 모리 교수의 서재에 짙은 그림자를 드리웠다. 시계탑 위로 비둘기 떼가 맴돌았다. 저 맑은 하늘 아래로 그의 휘파람 소리가 다시 들리는 듯했다. 모리 교수는 고개를 숙이고 한참 동안 말이 없었다. 나는 일어서서 모리 교수에게 가봐야겠다고 말했다. 그는 붙잡지 않았다. 그저 조용히 말했다. "이토록 다른 운명이라니! 한 명은 소와 양과 노예로 분노한 형의 환심을 사화해에 이르렀는데, 다른 한 명에겐 아무것도 남지 않았군. 그의 일기와 꿈을 빼면."

재산이 아담의 자손들의 운명에 끼친 영향에 대한 모리 교수의 이 한마디는 내게 깊은 인상을 남겼다. 돌이켜보면, 내가 법률문제에 관심을 갖기 시작한 것도 바로 이때부터였다.

세겜

S h e k e m

세겜 부족은 이렇게 멸망했다.

족장 하몰hamor은 나이 들어 아들 하나를 얻었다. 아기는 튼튼하고 건강했다. 하몰은 그런 아들을 얻은 것이 바알의 은혜라 여겼다. 그는 자신의 부족이 사는 산릉선shekem의 성城 이름을 따서 아들을 세겜shekem이라 불렀다. 세겜은 훤칠한 키와 준수한 외모를 가진 사내로 성장하여 사람들의 감탄을 샀다. 하지만 부모가 지나치게 애지중지한 까닭에, 그는 어릴 때부터 성격이 제멋대로였다. 수나귀hamor처럼 고집 세고 거친 성격 탓에 만나는 사람마다 그를 피하기 일쑤였다.

세겜은 어느 날 성을 나와 돌아다니다가, 소녀 몇 명이 개울가에서 장난치고 있는 광경을 보았다. 그중 검은 머리에 검은 눈동자를 지닌 소녀가 세겜의 눈에 띄었다. 세겜 부족 사람은 아닌 듯했다. 열두세 살쯤 돼 보이던 그 소녀는 마치 막 피어나려는 꽃봉오리처럼 곱고 아름다웠다. 정욕에 휩싸인 세겜은 달려가 그녀를 껴안으며 그녀와 동침하고 싶다고 말했다. 소녀가 살려달라고 외쳤지만 같이 놀던 동무들은 크게 놀란 나머지 그저 멍하니 서 있을 뿐이었다. 지나가던 사람들도 세겜을 보고 피하기 바빴다. 불쌍한 소녀는 늑대 우리에 던져진 어린양처럼 발버둥 쳤지만 이미 돌이킬 수 없었다. 악랄하게 자신의 욕구를 채운 세겜은 어린양의 아름다움에 빠져 이제 그녀의 마음까지 얻고 싶어졌다. 그는 부친에게 달려가 간청했다. "아버지, 그녀를 사랑하게 됐습니다. 그러니 저 대신 그녀의 집에 혼담을 넣어주세요. 그녀를 꼭 제 아내로 맞이하고 싶습니다!"

하몰이 처음부터 아들의 말에 동의한 것은 아니었다. 하지만 생각해보니, 아들이 가정을 꾸리면 더 이상 밖으로 나돌며 사고나 치지는 않을 것도 같았다. 이에 하몰은 그 소녀를 데려오도록 한 후, 소녀에게 물었다. "울지 말거라. 내 아들이 너를 좋아한다고 하지 않느냐? 네가 누구의 딸인지 말해보거라." 하몰이 몇 번이고 다시 묻자, 소녀는 그제야 눈물을 닦고 자신이 야곱의 딸이라고 대답했다.

소녀의 대답에 하몰은 깜짝 놀랐다. 히브리 부족장의 딸이라니! 그는 그들이 세겜 땅에 막 도착했을 때의 일을 아직도 기억

데이비드 로버츠, 「세겜을 바라보다Jacob's Well at Shechem」, 1844

했다. 거무스레한 얼굴에 펠트를 뒤집어쓴 야곱은 지팡이를 들고 큰 소리로 동문 밖에 야영을 해도 되는지 물었다. 그리고 얼마 후 야곱은 가축들에게 풀을 먹이고 그들 부족이 거주하기 위해 장막을 설치한 그 땅을 사겠다고 했다. 양측은 은자 100닢에 땅값을 합의했고, 야곱은 즉시 은자를 꺼내 하몰에게 건넸다. 상당한 부호임에 틀림없었다. 그들은 상수리나무 밑에 제단을 쌓았고, 정해진 시간마다 다 같이 모여 예배를 드렸다.(「창세기」 33:20)

하몰은 혼사를 위해 사람을 시켜 예물을 후하게 준비하도록 한 뒤, 자신도 깨끗한 옷으로 갈아입고 야곱을 만나러 성을 나섰

창세기, 인문의 기원

다. 야곱은 하몰이 올 줄 알고 있었다는 듯 이미 장막 앞에 서 있었다. 그는 하몰이 용서를 구하고 혼담을 꺼내는 동안 백발이 된 머리를 떨군 채 단 한 마디도 하지 않았다. 하몰이 가져온 선물은 쳐다보지도 않았다. 야곱은 11명의 아들이 목장에서 돌아오자 그제야 고개를 들고 디나가 강간당한 사실을 아들들에게 알렸다. 아들들의 얼굴색이 변하는 것을 본 하몰은 재차 사죄하며 디나를 며느리로 맞고 싶다고 말했다. "내 아들 세겜의 마음이 이미 그대들 집안의 딸에게 묶여버렸소. 청하건대 세겜과 그녀의 혼인을 허락해주시오. 우리 두 부족이 통혼하여 친척관계를 맺읍시다. 그렇게 되면 오늘 이후로 그대들은 이 땅을 터전 삼아 자유로이 생활할 수 있고, 이 땅을 거래할 수도 있을 것이오!"

이때 초조하게 집에서 소식을 기다리던 세겜이 달뜬 마음에 야곱의 장막까지 왔다. 세겜은 디나의 부친과 오라비들에게 말했다. "디나를 정말 사랑합니다. 당신들이 어떤 조건을 내걸어도 다 수용하고 원하는 대로 다 드리겠습니다. 그러니 제발 디나를 제게 주십시오!"

야곱은 또다시 고개를 떨구었다. 디나의 오라비들은 작은 목소리로 의논을 하더니 말했다. "안 되오. 우리 조상 대대로 내려오는 관례에 따르면, 할례를 받지 않은 이방인에게는 우리의 딸들을 시집보낼 수 없소. 이방인과의 결혼은 이스라엘의 큰 치욕이오. 여동생을 데려가 우리와 사돈을 맺기 위해서는 그대들 부족의 모든 사내가 할례를 받아야 하오. 그렇지 않으면 우리는 디나를 데리고 세겜 땅을 떠날 수밖에 없소."

머릿속이 온통 디나로 가득 찬 세겜은 부친 하몰이 대답도 하기 전에 먼저 그렇게 하겠다고 말했다. 하몰 역시 할례가 그저 작은 상처를 내는 것쯤이라 여겨 동의했다.

부자가 성문 앞에 이르니 성안의 모든 사람이 그 앞에 모였다. 하몰은 야곱의 집에서 내건 통혼 조건을 말하고 사람들을 향해 이렇게 물었다. "저들을 우리 안에 머물게 하는 것이 어떻겠나? 그리하면 저들의 예쁜 딸들을 아내로 맞이할 수도 있고, 저들의 가축들도 장차 우리 것이 되지 않겠는가?"

세겜 부족 사람들은 하몰의 말에 기뻐하며 모두 찬성했다. 다음 날, 족장을 선두로 아이들을 포함한 성안의 모든 사내가 할례를 받았다. 세겜의 조부를 비롯한 7명의 장로들만 할례를 거부했다. 히브리 사람들이 악의를 품고 할례를 강요해, 세겜 부족이 조상의 규례를 위반하고 신을 모독할까 두려워서였다. 그들은 이방 여자 한 명을 얻으려 모든 남자가 할례를 받는다면 가나안의 친족들이 자신들을 우습게 볼 것이라 걱정했지만, 아무도 그들의 말에 신경 쓰지 않았다. 가나안의 모든 부족은 노아의 막내아들 함의 후손이었다.(이 책 「니므롯」 편 참조)

할례를 받은 지 3일이 지나자 세겜 성 남자들의 통증은 극에 달했다. 그날 디나의 둘째 오라비인 시므온과 셋째 오라비인 레위는 칼을 들고 사람들을 인솔하여 세겜 성으로 쳐들어가 마주치는 모든 남자를 베어버렸다. 그리고 족장의 집에 들어가 하몰과 세겜의 목을 베고 여동생을 데리고 나왔다. 세겜 성의 모든 남자는 한 명도 빠짐없이 그들 손에 죽임을 당했고, 남은 여자들과 아이들, 가축, 재물과 곡식은 그들에 의해 모조리 약탈당했다.

아들들의 잔인한 복수를 보고 야곱은 한탄하며 말했다. "너희가 내게 큰 화를 불러오는구나! 오늘부터 온 가나안에서 나를 죽이려 들 것이다. 그들이 연합하여 우리를 공격하면 우리가 어찌 피할 수 있겠느냐!"

그러나 시므온과 레위는 여전히 당당한 기세로 대꾸했다. "우리의 동생을 빼앗아간 세겜을 어찌 그냥 둘 수 있습니까? 디나가 창기zonah라도 됩니까?"

디나가 강간당한 일과 이로 인해 세겜 부족이 멸망한 사건은 「창세기」 34장에 기록되어 있다. 34장은 이야기 구조상 '야곱 이야기'에 삽입된 별개의 조각으로 앞뒤 장과의 풍격도 다르다. 예를 들어 34장에서는 시작부터 끝까지 하느님이 언급되지 않아, 마치 야훼께서 이번 한 번은 인간의 죄악과 살육을 눈감아주시는 것처럼 보인다. 그리고 불쌍한 소녀가 후에 어떻게 되는지에 대해서는 아예 생략되었다. 대성당 안으로 들어와 정신없이 날갯짓을 하던 제비가 잠시 한눈판 사이 열린 창문을 통해 비 내리는 지평선 너머로 사라지는 것처럼, 디나는 우리에게 어렴풋하고 희미한 한 편의 '위경' 속 전설과 성경 해석학자들의 고증 및 색인만을 남겼다.

디나의 이야기에서 주석가들이 피할 수 없는 두 가지 문제에 대해 토론할 필요가 있다. 그것은 디나를 강간한 세겜이 어떤 벌을 받아야 하는가, 그리고 시므온과 레위가 세겜 사람들을 살육한 것을 어떻게 해석해야 하는가에 관한 토론이다. 모세로부터 전해 내려오는 율법에 의하면, 약혼 전의 처녀bethulah를 강간한 자는 반드시 처녀의 아버지에게 약혼 예물에 해당하는 은자 50닢을 배상하고, 그 처녀를 아내로 맞이해 죽을 때까지 이혼할 수 없었다.(「신명기」 22:28) 따라서 세겜이 받아야 할 벌은 죽음이 아니었다. 그가 예물을 보내어 디나를 아내로 맞이하겠다고 한 것은 율법에 부합하는 행동이었다. 그렇다면 시므온과 레위의 복수는 부당한 것처럼 보인다. 하지만 세겜 부족은 이방 민족(이교도)이었고, 곧 야훼의 백성이 아니었다. 모세의 율법은 야훼의 백성이 우상을 숭배하고 하느님을 배반하는 것을 막기 위해 이방 부족과의 통혼을 금지했던 것이다.(「신명기」 7:3) 그러므로 세겜 부족의 재앙은 야훼의 백성을 향한 경고라고 볼 수 있다. 즉 야훼의 백성 중에 단 한 사람이라도 이방 부족의 여자를 아내로 맞이하거나 딸을 이방 부족의 남자에게 시집보낸다면, 이는 야훼의 계명을 어겨 불결한 죄의 구렁텅이에 빠지는 것이 된다.(「희년서」 30:11 이하)

창세기, 인문의 기원

1세기 유대인 역사학자 요세푸스는 위와 같은 이해를 바탕으로 야곱을 변호했다. 요세푸스는 하몰이 사죄하고 혼담 이야기를 꺼낼 때 야곱이 '한마디도 하지 않은 것'은, 그가 이방 부족과의 통혼이 하느님의 진노를 불러일으키리란 사실을 잘 알았기 때문이라고 설명했다.(『고대 유대사』 1:338) 이런 점에서 볼 때, 세겜이 디나를 강간한 것만도 이미 큰 죄악인 데다가 하몰이 두 부족의 통혼을 제안했으니 그 죄가 배로 늘어난 것이다. 죄악이 극에 달했으므로 그들은 죽어야 마땅했다.

위와 같은 준엄한 교의적 입장에 대해, 고대 성경의 해석자들은 여러 문서에서 그 근거를 찾았다. 야곱의 아들들은 디나가 강간당했다는 소식을 듣고 "극도로 노했는데, 이는 세겜이 야곱의 딸을 강간하여 이스라엘에게 치욕을 안겼으며 절대로 용인할 수 없는 짓"을 했기 때문이다.(『창세기』 34:7) '치욕'은 야곱 일가가 느낌 감정이지만, '용인할 수 없는 짓'은 피해자의 입장에서도 그러할 뿐 아니라 하느님의 법과 명령에 비춰보아도 그러하다. 종합하면 이 구절은 세겜 부족에 대한 야훼의 판결, 즉 '하느님의 진멸herem'이다. 그리스어로 쓰인 '제2경전' 「유딧기」에는 과부 유딧 Ioudith의 다음과 같은 기도가 기록되어 있다.

"주여, 당신은 날카로운 칼을 시므온의 손에 들려 그가 이방 부족에게 복수하도록 허락하셨습니다! 이는 그들이 처녀의 허리띠를 풀어 그녀의 허벅지를 들추고 자궁을 더럽혔기 때문입니다.

또한 그들이 당신께서 말씀하신 '용인할 수 없는 짓'을 행하였기 때문입니다!"(「유딧」 9:2) 유딧은 시므온의 후손으로 알려져왔다. 그녀는 선인들을 본받아 기녀로 가장한 후 하녀들을 데리고 적진 깊숙이 들어가 적장과 술을 마셨고, 적장을 취하게 한 후 그의 목을 베어 이스라엘을 유린하던 아시리아 군대에 패배를 안겼다.

유딧의 기도에서 언급된 '이방 부족allogenon'이라는 단어는 복수複數다. 즉 유딧(그리고 그녀의 동포)이 볼 때 모든 세겜 사람은 용서받지 못할 죄인이며 전멸시켜야 할 대상이었다. 바꿔 말하면, 당시 하느님의 법은 혈육에 대한 보복의 집단 책임을 인정했다. 즉 "부족 구성원이 초래한 상해나 그들이 야기한 보복의 결과는 부족 전체가 책임을 져야했던 것"이다.(자세한 내용은 졸저 『정법노트』에 수록된 「소돔의 마지막 날」을 참조) 따라서 하몰이 직접 야곱을 찾아 사죄하고 혼담을 꺼낸 목적은 단지 아들의 소원을 들어주기 위해서만은 아니었다. 일촉즉발의 상황에서 혈육에 대한 복수를 막는 것이 더 중요하고 급한 일이었다. 야곱이 침묵한 것 역시 강대한 이웃 부족을 앞에 둔 진퇴양난의 상황이었기 때문이다. 그는 함부로 보복의 말을 꺼낼 수도, 예물을 받을 수도 없었다. 그저 아들들이 돌아와 이 일에 대해 상의할 수 있게 되기만을 기다렸다. 하지만 야곱은 전혀 예상하지 못했다. 원수의 입에서 '사랑'이라는 단어가 튀어나왔을 때, 같은 어머니를 두어 디나와 가장 친밀했던 시므온과 레위가 분노에 이성을 잃고 오로지

보복만을 생각하게 될 것임을.(히브리어 외경 「마가보4서」 2:19)

그해 모리 교수의 수업에서 종교학과 잔니는 '세겜의 이야기'에 푹 빠져 있었다. 그는 이 미스터리한 사건을 뒤집어 '보복에 대한 분석'을 진행하겠다고 발표했다. 우리는 처음에 그가 또 농담을 하는 줄 알고 그의 말을 진지하게 받아들이지 않았다.(이 책 「아담」 편 참조) 그런데 봄방학이 지난 후, 그는 의견을 구한다며 크라프트지로 만든 봉투 꾸러미를 내게 건넸다. 봉투 안에는 인쇄된 문서 한 묶음이 들어 있었다. 겉표지에는 필기체로 크게 '보복의 역설'이라고 적혀 있었다. 놀랍게도 그것은 각종 배역과 4개의 신으로 이루어진 극본이었다. 얼룩덜룩한 담뱃재 자국도 보였다. '장르를 바꿔 문제를 탐구한' 그는 꽤나 상기된 표정이었다. 나는 그에게 무대 경험이 없는 내가 이 극본을 평가하는 건 무리가 있으니, 연극반 학생들을 소개해주겠다고 말했다. 당시 리어 왕을 연기했던 배우를 비롯해 연극반 주연들은 모두 내가 조교를 맡던 반 친구들이었다. 혹시 그들이라면 잔니의 연극에 출연해줄지도 몰랐다.(졸저 『유리섬』, 「헬렌」 참조) 그는 내게 몇 번이나 고마움을 표했다.

그런데 뜻밖에도 연극반 학생들이 대본을 일람한 후, '리어 왕'이 내게 전화를 걸었다. "미안해, 그 극본은 못쓰겠어." 그는 극본의 대화가 지나치게 길고 서사가 늘어질 뿐 아니라, 작가의 '나약한 평화주의 노선'이 마음이 들지 않는다고 했다. 그는 디나를 고

베첼리오 티치아노, 「타르퀴니우스와 루크레티아Tarquin and Lucretia」, 1571

대 로마의 열녀 루크레티아Lucretia처럼 강직한 성격으로 그리면 어떻겠냐고 물었다. 루크레티아는 왕자에게 강간을 당한 뒤 아버지와 남편에게 복수를 부탁하고, 단도를 꺼내 자신의 심장을 찌른 불행한 여성이었다. 이 소식이 온 성에 퍼지자, 결국 비분강개한 백성들은 폭군 왕자를 내쫓는다. 그러나 잔니는 '리어 왕'의 말을 전해 듣고 정색했다. "무식하긴, 말도 안 되는 소리야! 어떻게 이스라엘의 딸과 고대 로마의 열녀를 비교할 수 있지?" 나 역시 잔니가 쓴 극본에서 문제는 '노선'이 아니라고 생각했다. 아마도 '리어 왕'의 머릿속에는 지난주 수업 시간에 읽은 루크레티아를 칭송하는 셰익스피어의 시가 각인되어 있었던 것 같다. 어쨌든 극본을 구체적으로 어떻게 고칠지에 대해서는 전문가에게 자문을 구하는 편이 좋을 듯싶었다. 나는 속으로 연극반의 고문을 맡고 있는 윌리엄 앨프리드William Alfred 교수를 떠올렸다.

앨프리드 교수는 브로드웨이의 유명한 작가이자 고대 영어로 쓰인 서사시 『베어울프』의 역자였다. 그는 학교에서 '희곡 창작'과 '베어울프'라는 두 과목을 가르쳤는데, 작년에는 학생들의 강의 평가에서 1위를 차지하기도 했다. 우리는 앨프리드 교수를 '프로페서 윌리엄professor William'이라 부르지 않고 정관사와 대문자를 써서 '더 프로페서The Professor'라 불렀는데, 이는 스승을 향해 하버드 학생들이 표하는 최고의 존경을 의미했다. 앨프리드 교수는 영문과에서 내 논문을 심사한 세 명의 심사위원 중 한 명이었다.

당시 나는 이미 『베어울프』를 번역하기 시작했던 터라, 자주 아테네 가에 있는 그의 아파트로 찾아가 가르침을 구하곤 했다. 그는 가르침을 구하는 학생의 부탁을 거절하는 법이 없었기에, 나는 먼저 시간 약속을 잡은 뒤 잔니를 데리고 갔다. 앨프리드 교수는 잔니의 창작 구상과 마무리 단계의 어려움에 대해 열심히 듣고는, 작품을 읽어볼 테니 두고 가라고 했다. 2주가 못 되어 돌려받은 극본에는 교수의 논평이 만년필로 몇 페이지에 걸쳐 빽빽이 쓰여 있었다. 대략의 내용은 이랬다. "현대 서구사회는 기독교의 개인 책임 윤리에 속박돼 있어 고대인들이 복수에 대해 가졌던 집단 책임 관념을 받아들이기 힘들 걸세. 예를 들어 영웅의 보복 감정을 무고한 사람들에게까지 미치게 하는 것은 할리우드에서는 건드려선 안 되는 금기지. 차라리 극의 비중을 세겜의 흥망에서 디나의 운명으로 옮기는 건 어떻겠나? 그러면 복수에 관한 비중을 대폭 줄여 관중으로 하여금 소녀의 이야기를 따라 무대의 시공간으로 들어오게 할 수 있을 걸세. 결말에서 고금의 복수 윤리에 도전하는 새로운 은유를 구성해내는 것도 어렵지 않게 될 거고."

과연 전문가다운 고견이었다. 나도 잔니를 대신해 어떻게 하면 세겜의 비극이 지닌 의미를 끄집어낼 수 있을까 생각해보았다. 세겜 성이 있던 산은 본래 이스라엘의 성지였다. 거룩한 조상 아브라함이 가솔을 이끌고 하란에서 출발해 세겜에 도착했을 때, 상수리나무 아래 나타나신 하느님께서는 가나안을 그의 땅으

창세기, 인문의 기원

로 허락하셨고, 거룩한 조상은 감격하여 그곳에 야훼의 제단을 세웠다. 이는 가나안 땅에 만들어진 첫 번째 제단이었다.(「창세기」 12:6) 한편 하느님께서 야곱의 이름을 이스라엘로 바꾸신 후, 세겜 땅을 다시 밟은 이스라엘 사람들은 할례를 이용한 계책으로 하몰 일가를 멸망시켰음에도 성지聖地를 점령하지는 못했다. 이에 관해 성경은 이렇게 말하고 있다.(「창세기」 35:2 이하) 야곱은 부족 사람들에게 몸을 씻고 깨끗한 옷으로 갈아입은 후 집안의 모든 우상과 어릴 때 잡혀 온 가나안 여인들의 우상이 새겨진 귀걸이를 내놓으라고 명했다. "이스라엘은 우상과 함께할 수 없다. 우리는 이제 야훼께서 지시하신 그의 땅으로 들어갈 것이다!" 야곱은 라헬이 친정에서 훔쳐온 수호신(이 책 「야곱」 편 참조)과 사람들이 내놓은 우상을 모두 부수고, 거룩한 조상이 야훼의 제단을 쌓았던 상수리나무 밑에 그것들을 묻었다.(예루살렘 탈무드 「우상」 5:44d) 그런 다음 사람들을 이끌고 남하해 루즈라는 곳에 야훼를 위한 제단을 쌓았다. 이윽고 거룩한 구름이 모이고 하느님께서 나타나셨다. 그는 재차 야곱의 이름을 바꾸셨으며, 이스라엘 자손을 축복하여 그들이 번성하고 가나안을 차지할 것이라 말씀하셨다. 야곱은 크게 기뻐하며 거룩한 구름이 머물던 곳에 돌기둥을 세우고 그 위에 술과 기름을 부어 하느님께 제사를 드렸다. 후에 사람들은 그곳을 '하느님의 집[베델]beth'el'이라 불렀다.

학자들의 고증에 의하면, 앞서 언급한 성경의 기록은 우상을 땅에 묻고 제단을 쌓은 경위를 설명하고 있지만, 그것은 어쩌면 세겜 지역의 민족 융합이 좌절되었다는 역사적 배경을 설명한 것일지 모른다. 유목민인 이스라엘 사람들은 요르단 강 동편에서 서편으로 이동하면서 그 지역에 머물던 부족과 마찰을 일으켰고, 두 민족은 족장 집안 간의 혼인으로 화해하려 했지만 결국 실패하고 만 것이다. 이에 대규모 유혈 충돌이 벌어졌고, 이스라엘 사람들은 어쩔 수 없이 세겜 땅을 떠나 또 다른 '하느님의 집'을 찾아 나섰다. 그런데 그 무렵 적지 않은 이스라엘 사람이 이교의 신상을 갖고 있었다는 것은, 그들이 당시 그 지방 사람들과 친밀하게 교류했고 그들로부터 종교적 영향을 받았다는 점을 말해준다. 따라서 야곱의 남하는 이방 부족과의 통혼과 동화를 막고 그들의 지배를 받지 않기 위해 내린 결단이었다. 이렇게 볼 때, 세겜이 디나를 강간한 일은 쌍방의 관계가 틀어진 원인이었고, 이스라엘이 가나안에서 정치적으로 고립된 것은(그들은 결국 머지않아 이집트를 떠돌게 됨. 「창세기」 46:6) 시므온과 레위의 무자비한 보복 때문이었다. 그런 까닭에 임종을 앞둔 야곱이 아들들을 일일이 축복하면서도, 둘째와 셋째에게는 축복 대신 아래와 같은 질책과 슬픈 예언을 했던 것이다.(「창세기」 49:5 이하)

시므온과 레위야,
칼을 손에 들고 살육할 줄만 아느냐

창세기, 인문의 기원

내 영혼이 그들의 음모를 피하길 원한다
나의 영광이 그들과 함께 있지 않기를 원한다!
그들의 살인은 오직 분노를 표출하기 위함이요,
그들은 소의 다리 힘줄을 잘라 쾌감을 얻는다
너무도 잔인하고 악독하구나, 그들이
스스로 저주를 몰고 오다니
야곱이 그들을 떨어뜨려
이스라엘에서 흩어져 살게 할 것이다

디나의 운명에 대해서는 두 가지 다른 전설이 있다. 하나는 시므온이 그를 세겜의 집에서 구해온 후 그녀를 아내로 삼으려 했지만, 디나가 임신한 것을 알고 그만두었다는 것이다. 후에 디나는 여자아이를 낳아 이름을 아세낫'asenath이라 지었다. 그리스어 전기 '요셉과 아세낫'에 의하면, 시므온과 레위는 디나가 낳은 아기를 수치스럽게 생각했다. 그들은 사람들의 손가락질이 두려워 아기를 죽이려 했지만 야곱이 허락하지 않았다. 야곱은 하느님의 이름을 새긴 목걸이를 부적 삼아 아기의 목에 걸어주고 아기를 들 밖으로 데리고 나가 가시덤불 아래 두었다. 정오가 되자 금빛 날개를 가진 독수리 한 마리가 날아와 아기를 채갔다. 날개를 펴고 구름 속으로 사라진 독수리는, 그길로 이집트로 날아가 태양신 신전의 제단 위에 아기를 조심스럽게 내려놓았다. 태양신 신전

조르주 드 라투르,
「아내에게 비웃음을 받는 욥Job Mocked by His Wife」, 1625~1650

의 대제사장은 마침 아이가 없었는데, 갑자기 제단 위에 올라온 아이를 보고 신의 선물이라 여겨 신에게 감사한 후 집으로 데려와 길렀다. 아세낫은 그곳에서 출중한 미모의 소녀로 자랐다. 온갖 풍파를 겪은 후 그녀는 자신의 목걸이를 매개로 삼촌 요셉과 만나 결국 요셉의 부인이 된다.(「창세기」 41:45)

또 다른 설은 이렇다. 디나는 집에 돌아왔지만 이스라엘 사람들의 '치욕nebalah'이 된 까닭에 얼굴을 들고 다닐 수가 없었다. 야곱은 어쩔 수 없이 그녀를 멀리 사는 큰아버지 에사오의 자손인 의인 욥'iyyob에게 시집보냈다. 욥은 요밥yobab(「창세기」 36:33, 칠십인역 「욥기」 52:17)이라고도 불렸는데, 야훼를 경외하는 자로 널리 알려진 사람이었다. 사탄은 의인의 신앙을 확인하기 위해 야훼의 허락을 받고 욥의 가업을 망하게 하고 자식들도 다 죽게 했으며 그의 머리부터 발끝까지 종기가 나게 했다. 디나는 남편이 잿더미에 앉아 기와로 온몸을 긁는 것을 보고 "하느님께서 주신 것을 하느님께서 도로 가져가셨군요" 하고 탄식했다. 얼마나 기구한 운명인가! 그녀는 한탄하면서 말했다. "아직도 의인이려 하십니까? 차라리 하느님을 저주하고 죽어버리십시오!" 욥은 디나를 질책했다. "어찌 '미련한 여자nebaloth'(「욥기」 2:10)나 할 법한 말을 하시오!" '미련한 여자'와 '치욕'의 어근nbl은 이때부터 세상의 모든 기구한 운명을 타고난 여자의 이름이 되었다. 디나는 7명의 아들과 3명의 딸을 낳았다고 전해진다. 이 10명의 자녀는 모두 남편을 시험하는 사탄에 의해 죽임을 당했다. 그러나 욥이 시험에서 승리하자 하느님께서는 은혜를 베풀어 디나와 욥 사이에 다시 7명의 아들과 3명의 딸을 주셨다.(가명 필론, 『구약 이야기』 8:8)

잔니는 앨프리드 교수의 조언에 힘입어 2주 동안 극본 수정에 박차를 가했다. 그는 나와 몇 개의 수정 방안을 놓고 토론을 벌였지만 결국 극본을 완성하지 못했다. 어쩌면 잔니는 극본을 쓰는 일과는 맞지 않았는지도 모르겠다. 그의 관심사는 줄곧 종교와 평화운동이었는데, 미국에서 이와 같은 관심사는 정당정치와 긴밀히 연결돼 있었다. '리어 왕'은 나태한 성격이 그의 재능을 망쳤다고 했지만 나는 그렇게 생각하지 않았다. 그에게는 이 세상에서 미쳐 날뛰는 사탄의 추종자들을 두고 볼 수 없다는 신념이 있었다. 물론 이것이 종교적 이상의 실패임을 그는 인정하지 않았다.

그 극본을 계속 염두에 두고 있던 사람은 오히려 앨프리드 교수였다. 그는 은퇴한 후에도 내게 그 극본에 대해 물어본 적이 있다. 그는 학생들을 지도하고 이끌어주는 데 모든 열정을 쏟아붓는 교수로 뉴욕과 케임브리지에서 정평이 나 있었다. 때문에 교수가 내게 잔니의 극본에 대해 물을 때마다 나는 그 소식을 잔니에게 전달해 그를 난처하게 만들곤 했다.

내가 마지막으로 앨프리드 교수를 만난 건 1993년 학생들을

창세기, 인문의 기원

가르치러 홍콩에 가기 전이었다. 그는 전보다 더 등이 굽었지만 아직은 정정한 모습이었다. 말솜씨도 여전했다. 나는 내가 번역한 『베어울프』를 그에게 기념으로 건넸다. 그는 기쁜 목소리로 내게 말했다. "자네, 히니 교수(셰이머스 히니Seamus Heaney, 1995년 노벨 문학상을 수상한 아일랜드의 시인. 당시 영문과 초빙교수였던 그는 주로 수사학과 시가를 가르쳤다)가 줄곧 구어체로 『베어울프』를 번역하고자 한 것을 아는지 모르겠군. 기회가 된다면 그와 교류를 해보게." 앨프리드 교수와 히니 교수는 친한 친구 사이였다. 몇 년 동안 그들은 나의 부지도교수였던 영국인 피솔Derek Pearsall 교수와 함께 종종 시 낭송회를 열곤 했다. 시 낭송회의 남은 프로그램 중 가장 기대를 모았던 것은 다름 아닌 『베어울프』였다. 1995년 5월 앨프리드 교수가 세상을 떠난 후, 히니 교수는 친구를 추도하기 위해 『베어울프』의 「창세」편을 번역해 발표했다. 그때 나는 멀리 홍콩에 있었기 때문에 추도회에 참석할 수 없었다. 후에 '리어 왕'으로부터 앨프리드 교수의 제자들과 학계·연극계 동료들이 '앨프리드 학회'를 만들어 선생이 일생을 바쳤던 희곡예술과 중세 문학 연구를 이어가기로 했다는 소식을 들었다. 장소는 바로 아테네 가에 있는 선생의 집이라고 했다. 작년에 케임브리지를 방문했던 '리어 왕'은 내게 또 한 번 이 이야기를 꺼내면서 『베어울프』의 중국어 번역에 관한 강의를 부탁했다. 나는 앨프리드 교수의 공헌에 대해 이야기해야겠다고 생각하고, 집에 돌아와 당시에 썼던 독서 감상문과 번역 원고들을 찾아보았다. 페이지를 넘기자, 바닥이 삐거덕거리던 선생의 아파트에 들어와 그와 이야기를 나누던 시절로 돌아간 것 같았다. 서류함 맨 밑에는 크라프트지로 만든 봉투 하나가 꽂혀 있었다. 꺼내보니, 잔니의 극본이었다.

세겜 이야기부터 시작해야겠다고, 나는 생각했다.

Yehudah

유다는 한 마리의 젊은 사자처럼

사냥한 먹잇감을 발로 짓밟으며 자랄 것이며

누워 있을 때에도 마치 웅크린 수사자 같을 것이니

누가 감히 금수의 왕을 놀라게 하랴?

권력의 막대기가 유다로부터 떠나지 않을 것이고

통치자의 지팡이가

'실로 왕'이 도래할 그날까지 줄곧 그의 발 가운데 있어

만국이 함께 그에게 귀순할 것이다

오랜 시간이 흘러 야곱의 열두 형제는 아버지의 침상 옆에 무릎을 꿇고 앉아 축복을 받게 되었다. 그는 '실로shiloh 왕'이 무슨

뜻인지 궁금했지만 차마 물어볼 수 없었다. 그는 그것을 임종 전 지혜의 계시를 받은 아버지가 자식들에게 하는 유언과 예언인 줄로만 알았다. 아버지는 의미가 불분명한 비유를 늘어놓았다. "그의 나귀는 포도나무 아래 묶일 것이고, 그의 망아지는 아름다운 등나무 곁에 있을 것이다. 그의 옷은 술의 연못에 적셔지고 포도의 깨끗한 피로 씻길 것이다. 그의 눈은 좋은 술처럼 붉을 것이고, 그의 치아는 젖처럼 새하얄 것이다."(「창세기」 49:9, 「마태오의 복음서」 21:2 이하) 이 비유는 야곱의 아들, '어린 사자' 유다의 후손을 가리켰다.

그는 자신의 머리 위에 놓인 아버지의 따뜻한 손이 미세하게 떨리고 있음을 느꼈다. 갑자기 마음속에 깊은 후회가 밀려왔다. 아버지와 사이가 틀어졌던 일들을 하나씩 떠올릴 때마다 그는 자책했다. 결코 가나안 사람들이 사는 곳으로 옮겨가 그곳의 여자와 결혼하지 말았어야 했다. 그랬다면 아버지도 병들지 않았을 것이다. 그가 집을 나간 직접적인 원인은 집안에서 일어난 이런저런 사건 때문이었다. 유다는 이러한 집안 문제에 관여하고 싶은 마음도, 그것을 해결할 능력도 없었다. 결국 아버지는 상처를 받았고 형제들 사이는 틀어졌다. 중간에 낀 그의 입장은 더 난처해졌다.

세겜 성 동쪽에 위치한 언덕은 야곱 일가가 하란을 떠나 가나안에 도착한 후 첫 번째로 사들인 땅이었다. 그곳에서 이제야 평

창세기, 인문의 기원

안한 날들을 보내나 싶었는데, 정착한 지 얼마 되지 않아 여동생 디나가 하몰 족장의 아들에게 강간을 당했다는 소식을 들은 것이다. 족장은 직접 야곱 일가를 찾아와 사죄하고 아들을 대신해 혼담을 꺼냈다. 모두들 말없이 고개를 숙이고 있는 야곱을 쳐다만 볼 뿐 어찌할 바를 몰랐다. 돌이켜보면, 죗값은 치르는 게 마땅했다. 하몰 족장은 바로 여동생을 놓아주고 땅을 보상으로 내놓아야 했다. 하지만 둘째 형 시므온과 셋째 형 레위는 악랄한 계책을 꾸몄다. 그들은 혼사를 받아들이는 척하면서 온 세겜 성의 남자들에게 할례를 행하게 한 후, 성으로 쳐들어가 세겜 부족을 멸망시켰다.(이 책 「세겜」 편 참조) 기세등등한 그들은 가나안의 이교도 중 누구든지 하느님의 자손과 통혼하는 자가 있으면 죽여도 좋다고 공표했다. 아버지는 가나안 사람들의 보복이 두려웠지만, 시므온과 레위에게도 경계심이 들어 통혼 금지를 묵인했다. 이렇게 해서, 이스라엘 사람들은 가나안에서 더 고립되었다.

게다가 라헬 부인이 동생을 낳다 난산으로 세상을 떠났다. 그녀는 숨이 끊어지기 전 우는 자신의 아기를 가리키며 '슬픔의 아들[베노니]ben'oni'이라 불렀다. 세상에 태어난 지 얼마 되지 않아 엄마를 잃을 것이기 때문이었다. 하지만 야곱은 그 이름을 불길하다고 여겨, 남쪽의 아들(히브리어에서 '남쪽'은 '오른쪽'과 통하고, '오른쪽'은 '복福'으로 해석된다)이라는 뜻을 지닌 베냐민benyamin으로 바꿨다. 앞서 열한 명의 아들은 모두 북쪽 하란에서 태어났는데,

열두 번째 아들만 하느님께서 허락하신 가나안에서 태어났기 때문이었다.(「창세기」 35:18) 유다의 어머니 레아의 여동생이자 야곱이 총애한 두 번째 부인이던 라헬은 서른여섯의 나이로 생을 마감했다. 이치대로라면, 두 번째 부인이 죽었으니 야곱은 당연히 그가 몇 년 동안이나 냉대했던 첫째 부인을 찾아야 했다. 하지만 그는 애도 기간이 끝나고 상복을 벗자마자 라헬의 하녀였던 빌하를 그의 처소에 들게 해 레아의 체면을 땅에 떨어뜨렸다.

이로 인해 큰형 르우벤re'uben은 입버릇처럼 말했다. "불쌍한 어머니. 아버지를 위해 아들 여섯에 딸 하나를 낳고도 그 지위가 첩보다 못하다니! 둘째 부인이 없어지니 이제는 그 방에 있던 하녀가 속을 썩이는구나. 언제까지 내가 이 꼴을 보고만 있어야 하나! 때가 되면 그년의 처소를 짓밟아버릴 테다!"(「태초집해」 97) 그런데 그 후 르우벤이 한 행동은 유다를 부끄럽게 만들었다. 하필이면 야곱이 집을 비운 어느 저녁, 어쩐 일인지 술에 잔뜩 취한 르우벤이 빌하의 목욕 장면을 훔쳐본bazah 것이다. 르우벤은 음란한 충동paḥaz('훔쳐봄'과 독음이 유사)을 참지 못하고 몰래 아버지의 침상 위로 올라가 빌하가 덮고 있던 이불을 들췄다……. 놀라서 깨어난 빌하가 살려달라 외치자, 그제야 르우벤은 황망하게 자리를 떴다.(「희년서」 33:3 이하) 관습에 의하면, 처첩 중에 누구든지 아들이나 조카와 관계를 맺어 잠자리를 '더럽힌' 이는 더 이상 남편과 동침할 수 없었다. 야곱은 침통한 얼굴로 우는 빌하를 그녀의 장막으로 돌려보냈다. 한편 르우벤은 하반신이 갑자기 붓고 짓무르기 시작하더니 일곱 달 동안 침상에 누워 꼼짝도 하지 못하다 결국 사경을 헤매게 되었다. 부모를 공경하라는 계명은 하느님의 법인 613개의 계명 중 다섯 번째 계명이었다.(『출애굽기』 20:12) 야훼께서는 부모를 공경하지 않고 기만한 자를 찾아내 반드시 그자의 수명을 단축시켰다. 야곱은 장자의 목숨이 거미줄처럼 겨우 붙어 있는 것을 보고 하느님께 급히 기도했다. '하느님의 벗' 아브라함, '스스로를 어린양으로 바쳤던' 이사악, 그리고 자신을 봐서, 화를 거두고 은혜를 베푸시어 르우벤을 용서해달라고 말이다. 근친상간을 저지른 불효자는 이렇게 해서 목숨을 건질 수 있었다. 사경을 헤매던 르우벤이 깨어나 말을 할 수 있게 되자, 야곱은 그에게 상처가 나을 때까지 계속 죄를 시인하고 참회하라고 명령했다. 그해 르우벤은 30세였다.(『르우벤의 유언』 1:8)

첫째와 둘째, 셋째까지 사고를 치고 아버지의 신임을 잃자, 넷째 유다가 형제들의 우두머리가 되었다.

그러나 야곱이 가장 좋아하던 아들은 둘째 부인 라헬이 낳은 열한 번째 아들 요셉이었다. 라헬이 세상을 떠나자 요셉에 대한 야곱의 총애는 나날이 깊어졌다. 용모가 수려한 요셉은 얼굴과 표정이 엄마를 쏙 빼닮았을 뿐 아니라 야곱의 어릴 적 성격을 닮아 공부를 좋아했다. 그는 매일 아침 일찍 일어나 학당으로 달려갔다. 게다가 말주변도 좋아 아버지의 환심을 독차지했다. 요셉은 사람들이 몰래 한 일이나 말을 아버지에게 그대로 전했다. 하루는 산에 양을 치러 간 형제들이 양 한 마리를 잡아먹고 아버지에게는 늑대가 물어 갔다고 말하기로 모의했다. 그런데 아버지가 없어진 양에 대해 묻자 요셉은 사실대로 모두 말해버렸다. 거짓말이 밝혀지자, 형들은 아버지에게 한바탕 욕을 먹어야 했다. 뿐만 아니라 야곱은 요셉에게만 특별히 채색옷kethonethpassim을 만들어 주었다. 그 광경을 본 형들은 요셉을 질투하고 미워하며 그에게 말도 잘 걸지 않았다.(「창세기」 37:3) 특히 성질이 불같던 시므온은 아버지에게 '이간질'하는 밀고자를 없애버리겠다고 몇 번이나 큰소리쳤다. 유다가 나서서 중재하고 갈등을 조율하려 애썼지만 요셉과 형제들 사이의 균열은 메워지지 않았다. 명절에 온 집안 식구들이 모여도, 라헬이 살아 있을 때처럼 따뜻한 분위기는 더 이상 기대할 수 없었다.

활동적인 성격의 유다는 침울한 집안 분위기를 견디다 못해 병이라도 날 것 같았다. 그러던 중 야곱이 터를 옮길 생각을 갖고 있다는 걸 알게 된 유다는 아버지에게 선봉을 맡겠다고 자청했다. 야곱 일가의 선봉에 선 유다는 남하하면서 목초지를 살펴보고 길목에 사는 부족들과 친분을 쌓았다. 하루는 딤나timnah(오늘날 이스라엘의 중부 지역) 성 근처에서 그 지역 족장인 바산을 만났다. 평소 손님 접대를 가장 중요하게 여겼던 바산은 유다가 비록

창세기, 인문의 기원

유목민이지만 당당한 풍채에 범상치 않은 말투를 갖고 있는 것을 보고 자신의 집에 유숙하기를 권했다. 유다는 바산의 진심을 느끼고 그곳에 머물기로 했다. 다음 날 바산은 연회를 열고 그의 친구들을 초대했다. 유다는 연회에 참석한 사람들의 호방하고 관대한 성격에 감탄해 마지않았다. 술이 세 순배쯤 돌자 휘장이 열리더니 방울 소리 같은 웃음과 함께 머리를 꽃으로 장식한 소녀들이 줄지어 들어왔다. 그녀들은 북을 치고 현을 튕기며, 박자에 맞춰 팔다리와 허리를 흔들었다. 몸을 빙빙 돌리며 손을 들고 춤을 추는 그녀들의 모습에 넋이 나간 유다는 그저 박수만 쳐댔다. 춤 동작이 빨라지자 소녀들은 만개한 꽃 무더기처럼 보였다. 춤이 잠시 그치더니, 그 꽃 무더기에서 한 명의 소녀가 걸어 나와 유다 옆에 앉았고 그의 잔에 술을 따랐다. 유다는 빨갛게 달아오른 그녀의 귀와 목에서 풍기는 향긋한 냄새에 황홀해져 술잔을 내려놓지 못했다. 바산은 유다에게 그녀가 성의 부유한 상인인 수아 shuaˋ('재산'이라는 뜻)의 딸이라고 소개했다. 한밤중이 돼서야 사람들은 하나둘씩 자리를 뜨기 시작했다. 유다는 이미 자신에게 술을 따르던 소녀에게 마음을 빼앗기고 말았다.

야곱은 유다가 딤나 성에 거주하는 거상의 딸에게 마음을 뺏겼다는 소식을 듣고 노발대발했다. 그는 유다가 절제함이 없고, 재물을 탐한 탓에 통혼 금지의 법을 깨뜨렸다고 욕했다. 그러나 한창 혈기왕성할 나이였던 유다는 아버지의 반대가 심하면 심할

오라스 베르네, 「유다와 다말Judah and Tamar」, 1840

수록 더 고집을 부렸다. 유다는 결국 아버지와 크게 싸운 후 딤나 성으로 돌아가 수아의 사위가 되어 바산의 땅에서 가정을 꾸렸다. 어질고 다정다감한 유다의 아내는 그에게 아들 셋을 낳아주었다. 유다에게는 더없이 행복한 나날이었다. 그러나 유다는 그가 느끼는 행복과 즐거움이 야훼를 분노케 했다는 사실을 몰랐다. 하느님의 저주는 이미 그들에게 그림자를 드리우고 있었다.(「유다의 유언」 11)

세월은 빠르게 흘러갔다. 눈 깜짝할 사이에 유다의 장자 엘`er은 열다섯 살이 되었다. 유다는 엘과 아람 부족의 처녀 다말tamar('종려나무'란 뜻)을 결혼시켰다. 아람 부족은 히브리 부족과 마찬가지로 노아의 장자 셈의 후손이었지만 섬기는 신은 달랐다.(「창세기」 10:22) 다말은 유다의 집에 시집온 후 이스라엘의 하느님을 경배했기 때문에, 유다는 이 혼사에 흡족해했다. 그런데 뜻밖에도 일주일간의 혼인 잔치가 채 끝나기도 전에 신랑이 갑자기 쓰러져 죽는 일이 발생했다. 결혼식은 장례식으로 바뀌었고, 유다의 가족들은 비통함에 빠졌다. 장례가 끝나자 유다는 둘째 아들 오난'onan을 불러 말했다. "아들아, 이제 네가 형수와 동침해야겠다. 너는 시동생의 본분을 다하여 네 형 대신 엘의 대가 끊어지는 것ma`ar('엘'과 독음이 유사)을 막아라!" 고대의 '형사취수제兄死取嫂制'는 동생이 형수와 동침해 낳은 첫 번째 아들을 형의 아들로 여겨 형의 지위와 재산을 물려받게 했다. 이는 자식이 없는 젊은

과부에게 기댈 곳을 마련해주기 위함이었다.(「신명기」 25:5 이하)

오난은 아버지의 명을 받들어 다말과 결혼했지만, 형을 대신해 낳은 아들에게 장래 자신의 재산을 나누어주기를 원치 않았다. 이로 인해 그는 형수와 동침할 때마다 전력을 다하지 않거나'on('오난'과 독음이 유사) 침상 밑에 사정을 했다. 그로 인해 결혼한 지 1년이 넘도록 다말은 임신을 하지 못했다. 새해가 되자 야훼께서는 메타트론 천사에게 인간의 공과를 기록하도록 명했다. 그때 야훼께서는 오난이 남편의 책임을 다하지 않음을 알고 대로하여, 천사를 보내 그의 목숨을 거두게 했다. 오난까지 목숨을 잃자 유다는 그제야 하느님의 분노를 깨달았다. 하지만 유다는 하나밖에 남지 않은 나이 어린 셋째 아들 셀라shelah까지 요절할까 두려워 며느리에게 잠시 친정에 가 있으라고 일렀다. 그리고 셀라가 열세 살이 되어 성년식을 치르면, 그때 다시 그녀를 불러 셀라와 결혼시키겠다고 말했다.

다말은 상복으로 갈아입고 친정으로 갔다.

그렇게 몇 년이 더 흘렀다. 다말이 헤아려보니, 막내 시동생의 나이는 이미 성년이 되었다. 그러나 시댁에서는 아무런 연락이 없었다. 시어머니가 돌아가셨다는 소식도 시댁에서 보낸 사람이 아닌 다른 사람을 통해 들었다. 시댁에서 혹시라도 자신의 혼사를 없던 일로 한 것은 아닐까? 그녀는 초조했다. 일이 이렇게 불확실한 상태로 지속된다면, 앞으로 어떤 신분으로 살아간단 말인가?

그러던 어느 날, 다말은 대문 밖에서 손님들이 떠드는 이야기를 들었다. 유다가 양털을 깎기 위해 딤나에 오기로 친구와 약속을 했다는 이야기였다. 다말은 곰곰이 생각했다. '하늘에 계신 야훼여, 이 불쌍한 과부를 도와주십시오! 시아버지의 아이를 가져 그분에게서 저의 신분을 찾겠습니다.'(필론, 『구약 이야기』 9:5) 결연히 일어나 상복을 벗고 화장을 한 그녀는 베일로 얼굴을 가리고 길을 잃은 신전의 기녀qedeshah로 변장했다. 그리고 유다가 올 시간에 맞춰 딤나로 가는 길목에서 유다를 기다렸다.

신의 뜻이었는지, 친구의 집에서 평소보다 술을 많이 마신 유다는 낙타를 타고 휘청거리며 가다가 문득 종려나무 밑에 앉아 있는 여자를 보았다. 화장한 얼굴을 반쯤 가리고 사내를 찾는 듯 두리번거리는 여자의 모습에 유다는 절로 손발이 근질거렸다. 그는 웃으며 낙타에서 내려 여자 앞으로 가 말을 걸었다. "종려나무 아래 있는 아가씨, 내가 가까이 가도 되겠소?"

여자가 애교 섞인 목소리로 대답했다. "제가 허락한다면, 당신은 제게 무엇을 주시렵니까?"

유다는 큰 소리로 웃으며 말했다. "튼튼한 산양 한 마리를 그대에게 주리다. 어떻소?"

여자가 대답했다. "좋습니다. 대신 제가 산양을 받기 전까지 담보할 물건을 주십시오."

유다가 물었다. "무슨 물건을 말이오?"

여자가 말했다. "당신의 지팡이와 도장, 그리고 도장 끈을 주십시오!"

유다는 두말 않고 지팡이와 도장을 여자에게 건넸다. 그러고는 여자를 숲 속으로 데려가 옷을 벗고 허리띠를 풀었다. 유다는 그 여자가 자신의 며느리인 줄 전혀 알아보지 못했다. 왜냐하면 유다의 집에 있을 때 다말은 한 번도 시아버지 앞에서 베일을 걷고 맨얼굴을 드러낸 적이 없었기 때문이다. 게다가 유다는 술에 취해 쾌락에만 충실했으니 품 안의 '종려나무'가 누구인지 생각할 겨를이 없었을 것이다.(『유다의 유언』 12:3) 일이 끝나자, 여자는 급하게 일어나 베일을 쓰고는 인사도 없이 떠나버렸다.

유다는 딤나 성에서 그가 가진 양들의 털을 다 깎은 뒤, 친구에게 딤나로 오는 길목에 있는 종려나무 아래 여인을 찾아 산양을 주고 그의 담보물을 되찾아줄 것을 부탁했다. 그는 이리저리 수소문했지만 종려나무 아래의 기녀를 보았다는 사람은 아무도 없었다. 그는 별수 없이 산양을 안고 돌아왔다. 유다는 친구의 이야기를 듣고 말했다. "됐네. 더 이상 그녀를 찾지 않아도 될 걸세. 소문이 나면 웃음거리밖에 더 되겠나? 어찌됐든 나는 산양을 주겠다는 약속을 지켰으니, 그녀에게 미안해할 필요도 없을 것 같네."

그리고 석 달 후, 누군가 유다를 찾아와 말했다. "며느리 단속 좀 똑바로 하시오! 당신 며느리가 바깥에서 어떤 남자와 놀아났

윌리엄아돌프 부게로, 「백합의 동정녀The Virgin of the Lilies」, 1899

는지 배가 불러오고 있소!"

다말이 비록 친정으로 돌아간 과부이긴 했지만, 명목상으로는 막내아들의 아내로 들여야 할 형수였으므로 아직은 유다의 집안사람이었다. 유다는 다말의 임신 소식을 듣자마자 화를 참지 못했다. "당장 그년을 잡아들여 불태워 죽여라! 뻔뻔한 것 같으니라고!"

성경에 따르면, 다말은 문밖으로 끌려 나가며 친척에게 지팡이와 도장을 시아버지께 건네달라고 간청했다. 또 이런 말도 같이 전해달라고 부탁했다. "이 며느리가 몇 가지 드릴 물건이 있으니 부디 이 물건들을 잘 살펴보십시오. 제 배 속 아이의 아버지가 그 물건의 주인입니다!"

유다는 지팡이와 도장을 받자마자 사건의 전말을 알아차렸다. 그는 흙을 한 움큼 쥐고 자신의 머리 위에 뿌리며 말했다. "그녀의 말이 이치에 맞다. 내 잘못이야. 내가 아들 셀라를 시켜 그녀를 아내로 맞이하게 했어야 하는데!"(「창세기」 38:26) 유다는 사람을 시켜 다말이 지낼 처소를 마련하고, 그녀로 하여금 그곳에 머물게 했다.

출산에 이르러 다말은 자신이 쌍둥이를 임신했음을 알았다. 손 하나가 먼저 나오자, 산파는 먼저 나올 아이가 형임을 표시하기 위해 아이의 손목에 반짝반짝 빛나는 붉은색 실 하나를 묶어두었다. 그런데 뜻밖에도 나왔던 손이 다시 들어가더니 다른 태아가 먼저 나오는 게 아닌가! 형과 동생이 뒤바뀐 것이다. 산파는 먼저 나온 아이를 안아 들고 말했다. "네가 빈틈을 노려 다른 아이보다 먼저 세상에 나왔구나!" 그 때문에 형의 이름은 베레스 perez('빈틈'이라는 뜻)가 되었고, 뒤이어 손목에 붉은 실을 달고 나온 동생은 제라zerab('빛나다'라는 뜻)라는 이름을 갖게 되었다. 먼저 손을 뻗은 제라가 얻은 것이라곤 빛나는 붉은 실밖에 없었기 때문이다.(「창세기」 38:27 이하)

다말로부터 얻은 쌍둥이가 죽은 엘과 오난을 대신해 자신에게 왔다고 생각한 유다의 마음은 기쁨과 감사함으로 충만했다. 드디어 야훼의 용서를 받았다고 여긴 유다는, 아버지에게 돌아가 죄를 뉘우치고 용서를 구해야겠다고 마음먹었다. 또한 유다는 다말을 향한 하느님의 은혜에 놀라움을 금치 못했다. 아들을 낳고자 했던 그녀의 소원을 들으시고, 유다로 하여금 쌍둥이의 아버지이자 할아버지가 되게 하시다니. 이 모든 것은 하느님의 계획임에 틀림없었다. 그때부터 유다는 감춰진 신의 뜻을 거스를까 두려워 다말과도 동침하지 않았고, 다른 여자를 처첩으로 들이지도 않았다.

"권력의 막대기가 유다로부터 떠나지 않을 것이고 통치자의 지팡이가 줄곧 그의 발 가운데 있을 것이다." 하느님께서는 다말을 통해 그의 신묘하고도 방대한 계획을 이루고자 했다. 장래에 다윗 왕을 비롯한 이스라엘의 많은 선지자와 통치자가 모두 다말의 자궁에서 복을 받은 그녀의 장자 베레스에게서 나온다. 한편 다 윗으로부터 1000년이 지난 후 한 성인이 복음을 전하고 세계 각지의 사람들에게 믿음을 가르친다. 그는 동정녀에게서 태어나 세상의 모든 민족을 대신해 생명의 길을 알려준 '실로 왕', '기름 부음을 받은 구세주mashiaḥ'였다. 그 또한 다윗 왕의 자손이자 다말과 유다의 후예였다.

그렇다. 때가 되자 하느님께서는 직접 징조를 보내셨다. 별이 유난히 밝던 그날 밤 박사들은 동정녀가 낳은 사내아이에게 선물을 바쳤다. '눈은 포도주처럼 붉고, 치아는 유즙처럼 흰' 아이의 이름은 '야훼께서 구원하신다'는 뜻의 예수Iesous·yehoshuaʿ였다. 그는 임마누엘ʿimmanuʾel이라고도 불렸는데, 이는 '하느님께서 우리와 함께 계신다(「마태오의 복음서」 1:23)는 의미다.

이 모든 것은 유다가 감히 상상조차 할 수 없었던 일이다……

그의 나귀는 포도나무 아래 묶일 것이고,
그의 망아지는 아름다운 등나무 곁에 있을 것이다

구세주가 예루살렘 성에 들어가 '사람의 아들人子'이라는 이름으로 고난을 받기 전, 그는 감람 산에서 두 명의 제자들에게 이렇게 분부했다.

"너희는 건너편 마을로 가라. 그곳에 가면 묶여 있는 암나귀와

조토 디 본도네, 「예루살렘에 입성하는 그리스도Christ Entering Jerusalem」

새끼 나귀를 발견할 것이다. 나귀를 묶은 줄을 풀어 그것들을 내게 끌고 와라." 이는 "보라, 너희 왕이 오신다! 그는 겸손하여 새끼 나귀를 타신다"고 말한 어떤 선지자의 예언이 실현되는 순간이었다.(「마태오의 복음서」 21:2 이하, 「이사야」 62:11, 「즈가리야」 9:9)

제자들이 마을에 들어서니, 과연 포도나무 밑에 어미 나귀와 새끼 나귀가 매여 있었다. 제자들은 나귀를 데려와 자신들의 겉옷을 벗어 나귀의 등을 덮은 후 구세주를 태웠다.

그의 옷은 술의 연못에 적셔지고

포도의 깨끗한 피로 씻길 것이다

그가 죄악과 거짓으로 가득한 이 세상에 다시 올 때(「요한의 묵시록」 19:12 이하) 그가 걸친 왕의 도포는 피로 물들어 있을 것이고, 그의 이름은 '하느님의 말씀'이라 불릴 것이다. 또 그의 눈은 불꽃같고 머리에는 무거운 왕관을 쓰며 입에서는 예리한 검들이 나올 것이다.

그는 이 예리한 검들로 이단을 소탕하고 철로 만든 권세의 지팡이로 만국을 통치할 것이다. 전능하신 하느님께서는 분노의 포도주를 짤 것이고, 피 묻은 그의 두루마기와 다리에 다음과 같이 자신의 이름을 적을 것이다.

"모든 왕의 왕, 모든 주인의 주인Basileus basileon kai kyrios kyrion."

높은 산

Har

산은 고요했다. 주위에는 정적이 흘렀다. 요셉의 귀에는 쿵쾅거리는 자신의 심장 소리만 들려왔다.

황급히 뒷걸음질했지만, 그의 어깨는 곧 크고 힘 있는 손에 붙들리고 말았다. "말해라, 네가 또 무슨 꿈에서 우리를 저주했느냐?" 열 쌍의 날카로운 눈이 그를 꼼짝 못하게 붙들었다. 그의 마음을 꿰뚫어 보고야 말겠다는 듯한 눈빛이었다. 그는 무언가 설명하려 했지만 입술이 떨어지지 않았다. 그러나 지난번 그들과 함께 밭에서 밀을 거두고 밀단을 묶을 때, 그가 본 것은 결코 꿈이 아니었다. 그날 요셉은 점심을 먹고 오래된 참나무에 기대 깜빡 졸고 있었다. 그런데 그가 머리를 들자 무슨 영문인지 형들이 묶은 밭두렁의 밀단들이 갑자기 일어나 자신이 묶은 밀단을 에워싸고 절을 하는 게 아닌가! 요셉은 꿈에서 본 것을 형들에게 말했다. 요셉의 이야기를 듣자마자 큰형 르우벤의 얼굴이 구겨졌다. 그는 그것이 어린애naʽar의 꿈에 불과하다고 우겼다.

하지만 어젯밤에는 정말로 이상한 꿈을 꾸었다. 주위가 어둑어둑한 걸 보니 해질 무렵인 듯했다. 태양은 점차 빛을 거두고 은쟁반 같은 달을 맞이했다. 뒤이어 11개의 별이 나타났다. 그런데 11개의 별과 해와 달이 일렬로 서서 반짝이며 자신을 향해 절을 하는 게 아닌가! 요셉이 꿈에서 깨어보니 날은 이미 밝아 있었다. 장막 안으로 밥 짓는 냄새가 스며들었다. 그때 부친이 문발을 걷고 들어와 하녀가 세숫물을 가져오는 것을 바라보았다. 그는 요셉에게 채색옷과 신분을 상징하는 긴 도포를 입혀주고 나서 수염을 쓰다듬으며 미소 지었다. 하지만 요셉에게서 꿈 이야기를 듣자, 야곱은 미소를 짓는 대신 미간을 찌푸렸다. 그는 한숨을 쉬며 말했다. "엉뚱한 소리 말거라! 네 꿈의 일월성신이 부모와 형제를 상징하고 이스라엘의 미래를 알려준다는 것이냐? 그러나 이미 세상에 없는 네 어미 라헬이 어떻게 네게 절을 한단 말이냐?(『바벨론 탈무드』「기복祈福」55a) 설령 네 어미가 다시 살아나 내 품으로 돌아온다 해도 온 집안사람이 너에게 절할 일은 없을 것이다, 이 꿈쟁이 녀석아!" 그리고 야곱은 요셉에게 꿈 이야기를 다른 사람에게는 말하지 말라고 당부했다. 가뜩이나 르우벤을 비롯한 다른 형제들이 요셉에게만 채색옷을 만들어준 일로 불만이 많은데, 괜한 오

해를 불러일으킬까 걱정이 됐기 때문이다.(이 책 「유다」 편 참조)

그날도 요셉은 형들과 함께 양을 치러 나갔다. 하지만 형들이 있는 곳에 도착해서 자신을 못마땅하게 바라보는 형들의 표정을 보자 불쑥 화가 치밀었다. '나를 향한 감정이 질투이건 부러움이건 상관없다. 내가 왜 형들에게 이런 수모를 당해야 하는 거지?' 더 이상 울분을 참지 못한 그는 미래를 알려준 그 꿈의 내용을 높은 산을 향해 큰 소리로 이야기했다. 그들은 요셉의 고함 소리를 듣고 고개를 돌리더니 마치 자신의 땅에 제멋대로 들어온 도적을 잡듯이 요셉을 에워쌌다. 저 멀리 언덕에 흩어진 양 떼는 마치 흰 구름처럼 천천히 떠다니고 있었다. 요셉은 그저 꿈일 뿐이니 심각하게 생각하지 말라고 말하고 싶었다. "말하라고!" 둘째 형 시므온에게 붙잡힌 어깨가 아팠다. 고개를 돌리지 않아도 둘째 형의 눈에서 뿜어 나오는 살기를 느낄 수 있었다. 요셉의 입에서 신음 소리가 흘러나왔다. 독수리 발톱 같은 두 손이 풀리자, 요셉은 간신히 몸을 뺄 수 있었다. 그는 얼른 허리를 굽혀 사죄하고 부리나케 달아났다.

모리 교수가 '요셉 이야기'에 대한 강의를 시작하기 전, 나는 엘리엇 하우스에 독후감을 제출하러 갔었다. 모리 교수는 내게 서재에서 잠시 기다리라고 말했다. 나는 그의 책상 옆에 앉아 있었다. 그리 크지 않은 그의 책상은 창가 옆 구석에 자리 잡고 있었다. 입구에서 바라보면, 그의 책상은 바닥까지 내려온 거위 털 커튼과 벽난로 위에 걸린 사람 키만한 유화 「아기 모세」 중간에 끼어 있어 한층 더 아담하게 보였다. 책상 위에는 낮은 스탠드와 학생들의 숙제가 놓여 있었다. 학생들의 숙제는 책상과 붙어 있는 벽 전체에 그림자를 드리울 만큼 높이 쌓여 있었다. 스탠드 밑에는 반쯤 읽다 만 듯한 책 한 권이 펼쳐져 있었다. 가까이 다가가 살펴보니, 라틴어로 된 소책자였다. 이미 누렇게 변한 종이 위에 빨간 펜으로 그은 줄이 내 시선을 잡아끌었다.

1534년…… 어느 날 새벽, 꿈에서 나는 북적거리는 한 무리의 사람들을 좇아 오른편에 솟은 높은 산의 기슭을 따라 달리고 있었다. 앞선 무리에는 남녀노소, 부자와 빈자가 각양각색의 옷차림을 하고 있었다. 나는 숨을 헐떡거리며 그들에게 대체 어디로 가느냐고 물었다. 그러자 누군가 대답했다. "죽으러 가오!"

이 서늘한 문장은 단테가 길을 찾아 헤매던 '어두운 숲selva oscura'의 이미지를 가득 담고 있다.(『신곡』 「지옥」 1:2) 그렇게 생각하니 갑자기 서재가 낯설게 느껴졌다. 가구와 장식품들의 배치 등에도 모두 미묘한 의도가 담긴 것 같았다. 그게 무엇일까 생각하던 차에 모리 교수가 들어왔다. 우리는 내가 제출한 과제를 두고 이야기를 나눴다. 이야기가 끝나자, 모리 교수는 스탠드 밑에 있던 작은 책을 덮으며 말했다. "이 책을 자네에게 주겠네. 이 책은 내가 소속됐던 부대가 암스테르담을 지날 때 그곳에서 주웠다네." (모리 교수는 제2차 세계대전 당시 미군의 통역을 맡았다.) 나는 두 손으로 책을 받았다. 그 책은 16세기 이탈리아의 유명한 의사이자 수학자 카르다노Girolamo Cardano의 명작 『자전De Propria Vita Liber』이었다. 책 곳곳에는 모리 교수가 써놓은 짧은 주석들도 보였다. 좋아서 어쩔 줄 모르는 내게 모리 교수는 말했다. "내가 보니 자네는 고대인들의 꿈에 관심을 갖고 있는 것 같더군. 그렇다면 이 책을 꼭 읽어야 하네. 저자가 르네상스 시기 점성술의 대가였으니까."

나는 건물을 나와 이른 봄눈이 내린 땅에 발을 내딛었다. 생각의 실마리가 풀리는 것 같았다. 거룩한 조상 아브라함 일가의 고향인 '태양이 떠오르는 곳'은 점성술의 요람이었다. 그 때문에 이사악, 야곱, 요셉 등 아브라함의 후손들은 대대로 점성술에 능통한 예언자magoi였다. 그들의 생활과 신앙은 '꿈속의 사건과 말'로부터 분리될 수 없었다. 하느님께서는 꿈이나 환상을 통해 선지자들에게 가르침과 계시를 내리곤 했다.

형들에게서 도망쳐 집에 돌아온 요셉은 생각할수록 화가 났다. 그는 그동안 르우벤과 시므온을 비롯한 형제들이 저지른 잘못 중 대대로 내려오는 규율을 심각하게 위반한 사례들만 골라 부친

요한 프리드리히 오버베크, 「노예로 팔려가는 요셉Joseph Sold by His Brethren」, 1818

에게 고했다. 예를 들면 가나안 처자를 향한 구애나, 길 잃은 양
na'ar을 잡아 '생명이 있는' 채로, 즉 피를 빼내지 않고 먹은 일(「창
세기」9:4) 등이었다. 요셉이 화가 나 어쩔 줄 모르는 모습을 본 야
곱은 그가 또 입을 함부로 놀려 형제들의 미움을 샀다고 생각했
다. 그래서 야곱은 그에게 더 이상 양을 치는 데 나가지 말고 장
막에 남아서 경전을 연구하라고 일렀다. 야곱은 요셉의 마음이
지나치게 경건하고 정결해, 다른 사람의 사소한 흠결도 허용하지

창세기, 인문의 기원

못하고 그들의 잘못을 지적한다고 생각했다. 야곱은 그를 하느님을 모시는 백성의 제사장으로 키우고 싶었다.

그러나 하느님에게는 '경건한 자ha-zedeq'를 위해 세워둔 계획이 따로 있었다.

얼마 뒤, 르우벤과 형제들은 양을 치러 세겜 근처로 떠났다. 그런데 몇 주가 지나도록 아무 소식이 없었다. 야곱은 아들들이 혹시라도 원수와 마주쳤을까 걱정하여,(이 책 「세겜」 편 참조) 요셉을 형들에게 보내기로 결정했다. 그는 요셉을 불러 말했다. "그곳에 가서 사람과 가축 들이 모두 무사한지 보고, 내게 소식을 알려다오."

요셉은 아버지에게 작별 인사를 하고 헤브론 산골짜기를 따라 북쪽으로 올라갔다. 그런데 세겜 땅의 경계에 들어서자마자 그는 황야에서 길을 잃고 말았다. 황야를 빙빙 돌던 요셉은 온몸에서 빛이 나는 한 사람이 오른편에서 다가오는 것을 보았다. 요셉은 황급히 그에게 인사를 한 후, 혹시 형들의 행방을 아느냐고 물었다. 그가 대답했다. "한발 늦었소. 그들은 며칠 전 이곳을 떠났소. 북쪽에 있는 도다인[도단]dothan으로 간다고 하더이다." 요셉이 도다인으로 달려가니, 그곳에 과연 자기 집 양치기가 있었다. 요셉은 생각했다. '황야에서 내게 길을 알려준 이는 나를 도우라는 야훼의 명령dath('도다인'과 독음이 비슷하다)을 받은 천사가 아닐까?'

한편 요셉이 형제들에게 가던 그 순간, 르우벤과 형제들은 길가에 앉아 점심을 먹고 있었다. 양 떼 쪽에서 개가 짖자, 시므온은 고개를 들어 소리가 나는 쪽을 바라보았다. 요셉이 자신들을 향해 다가오는 것을 본 그는 셋째 레위에게 히죽거리며 말했다. "저기 좀 봐, 채색옷을 입은 도련님이 또 우리에게 아름다운 꿈 이야기를 들려주러 오시는군. 뭐하나? 어서 무릎이라도 꿇고 도련님이라고 불러야지!" 그러면서 허리춤에 꽂혀 있던 단도를 꺼내 일곱째인 가드[갓]gad(레아의 여종 질바의 아들)에게 던졌다. "지난번에 네가 뭐라고 했더라? 만약 저 자식이 또 한 번 고자질을 하면 그를 베어gadad 그 시체를 구덩이에 던지고 그곳에서 저 녀석의 꿈이 어떻게 실현되는지 보겠다고 하지 않았나?"

형들 앞까지 온 요셉은 시므온의 살기 어린 표정과 레위의 충혈된 눈, 그리고 가드가 들고 있는 단도를 보고 혼비백산했다. 저절로 두 다리가 풀려 꿇어앉은 요셉은 손발이 닳도록 형들에게 빌었다. 그러나 그는 가드가 휘두른 주먹에 쓰러지고 말았다. 다음으로 나선 레위는 가축을 도살할 때처럼 요셉의 옷을 다 벗긴 후 머리를 잡고 그의 몸에 찬물을 뿌렸다. 이때 옆에서 그 광경을 지켜보던 르우벤은 아우들이 정말 요셉을 죽일지도 모른다는 생각에 가드가 들고 있던 단도를 급히 빼앗았다. "멈춰라! 요셉도 우리의 혈육이 아니냐! 야훼께서 지켜보시거늘 너희도 카인처럼 손에 형제의 피를 묻힐 셈이냐!"(이 책 「카인」 편 참조)

요셉을 묶어 앞에 있는 구덩이에 던진 시므온이 르우벤에게 말

창세기, 인문의 기원

했다. "좋아. 요셉의 피를 손에 묻히지 말고 그의 생사를 하늘에 맡기자." 힘을 다해 형제들을 말렸지만 뜻을 이루지 못한 르우벤은 조용한 곳을 찾아 하느님께 기도를 드리기 위해 고개를 숙인 채 그곳을 떠났다.

이때 마침 낙타 등에 고무와 향료를 가득 싣고 이집트로 향하는 이스마엘 상인들이 그 근처를 지나고 있었다. 걷다가 목이 말랐던 상인들은 먼 하늘에서 새들이 맴도는 광경을 보고 그 밑에 샘물이 있다고 여겼다. 다가가보니 샘물은 다 말라버렸고, 구덩이에는 벌거벗은 한 소년이 누워 있었다. 상인들이 줄을 내려 소년을 끌어올린 후 어느 집 자식인지 물으려는 찰나, 등 뒤에서 고함소리가 들려왔다. "지금 뭐 하는 거요!" 고개를 돌려보니, 노기등등한 사람들 한 무리가 큰 길에서 내려오고 있었다. 무리 맨 앞에서 살기 어린 눈빛으로 달려오던 시므온이 소리쳤다. "그자는 우리의 노예요! 그가 주인을 배반하는 잘못을 저질렀기에 구덩이에 던져 놈이 죽기까지 기다리는 것이오. 그러니 노비를 데려가려거든 돈을 내시오!"

상인들은 우선 요셉의 형제들에게 인사한 후 요셉의 몸을 살펴보았다. 피부는 곱고 손바닥에는 조금의 굳은살도 없었다. 상인들이 말했다. "보아하니 일을 할 줄 모르는 노예 같아 값을 많이 쳐드릴 순 없겠소. 하지만 우리는 선한 일을 한다면 끝까지 하는 사람들이니, 은자 20닢으로 이 사람의 목숨을 사겠소. 어떻소?

은자 20닢이면 당신들이 신발 한 켤레씩을 사기에는 충분할 것이오." 상인의 말을 듣고 시므온이 형제들에게 물었다. "어떠하냐?" 형제들은 이구동성으로 대답했다. "좋아! 요셉을 이스마엘 사람들에게 팔도록 하자!"(「아모스」 2:6)

한편 기도를 마치고 구덩이 근처로 돌아온 르우벤은 요셉이 보이지 않자 그가 살해당했다고 생각했다. 하늘과 땅이 빙글빙글 도는 것 같았다. 그는 가슴을 두드리며 통곡했다. 사실 르우벤은 시므온과 다른 형제들이 그곳을 떠나면 몰래 요셉을 구해 아버지에게 돌려보낼 생각이었다. 그렇게라도 목욕하는 아버지의 첩을 훔쳐보고 그녀와 동침한 근친상간의 죄를 씻으려 했던 것이다.(이 책 「유다」 편 참조) 하지만 요셉의 사나운 운명은 그에게 속죄의 기회를 주지 않았다.

시므온과 형제들은 그토록 비통해하는 큰형의 모습을 보고는, 자신들이 저지른 짓을 후회했다. 그들은 르우벤을 일으켜 세운 뒤 사실대로 털어놓았다. 동생들의 말에 르우벤은 조바심하며 말했다. "너희는 그 상인들이 어디로 가는지 묻지도 않았느냐! 동생이 없어졌는데 이 일을 아버지께 어떻게 말씀드린단 말이냐!" 그때 레위가 하늘을 향해 손을 들고 엄숙하게 외쳤다. "먼저 하느님의 거룩한 이름으로 비밀을 지키겠다고 맹세한 후 방법을 강구하는 게 어떻겠습니까?" 이에 10명의 형제는 모두 일어나 맹세를 했다. 하지만 맹세 후에도 한참 동안 아무도 입을 열지 않았다. 무거운 침묵을 깬 사람은 아홉째 이싸갈yissakar(레아의 다섯 번째 아들)이었다. 그는 자신의 머리를 치며 말했다. "방법이 있습니다! 새끼 산양 한 마리를 죽여 그 피를 요셉의 찢어진 채색옷에 묻히고, 그것을 양치기의 손에 들려 아버지께 보내는 것이 어떻습니까? 양치기에게는 '세겜 성 밖 들판에서 이 옷을 주웠는데 도련님의 채색옷 같으니 주인님이 한번 살펴보십시오'라고 말하게 하죠. 그러면 아버지는 틀림없이 자신의 아들이 맹수에게 잡아먹혔으리라 생각하실 겁니다!" 형제들은 이싸갈의 제안에 서로 얼굴만 쳐다볼 뿐 아무 말도 꺼내지 못했다. 결국 르우벤이 탄식하며 말했다. "일이 이 지경에 이르렀으니, 그렇게 하는 수밖에 없겠구나."

불쌍한 야곱은 피로 물든 채색옷을 받자 양치기의 말이 끝나기도 전에 혼절했다. 가족들의 돌봄으로 겨우 깨어난 야곱은 울음을 터뜨렸다. "내 아들 요셉의 채색옷이 맞구나! 그가 이렇게 잔인하게 죽임을 당했단 말이냐!" 그는 울면서 자신의 옷을 찢었다. 그러고는 사람을 시켜 자기 허리춤에 베를 둘러달라 명한 뒤, 르우벤과 형제들을 집으로 돌아오게 해 요셉의 장례를 치렀다. 야곱은 요셉의 시체를 찾으려 애썼지만 결국 찾지 못했다. 하느님께도 물었지만 명확한 대답을 얻을 수 없었다. 보통은 가족이 세상을 떠나도 한두 해의 애도 기간을 갖고 나면 그 슬픔이 옅어지기 마련이었다. 하지만 생사를 확실히 알 수 없게 되면 남은 가족들은 평생 위안을 얻지도, 비통한 마음을 잠재우지도 못한다. 요섭에 대한 야곱의 마음도 그러했다. 야곱의 슬픔은 하루가 다르게 커져만 갔다. '혹시 요셉이 아직 살아 있는 건 아닐까? 요셉은 야훼께서 우리 집에 상으로 주신 아들이다. 하느님께서 어찌 그런 아이를 요절하게 하신단 말인가?' 야곱은 가족들의 권유도 물리치고 상복을 벗지 않았다. 그는 가족들에게 말했다. "슬픔을 억누를 수가 없구나. 나도 내 아들을 따라 저승에 가련다!"(『창세기』 37:35)

이스마엘 부족은 당시 아라비아 사막의 떠오르는 신흥 민족이었다.(이 책 「하갈」 편 참조) 이스마엘 상인들은 종종 낙타를 타고 이집트와 메소포타미아를 오갔는데, 그날 요셉을 구해준 상인들도 그중 한 무리였다. 이 마음씨 좋은 상인들은 무사히 이집트에 도착해 고무와 향료를 팔았다. 그러던 중 자신들이 데려온 히브리 노예의 외모가 범상치 않음을 느낀 이집트 노예상이 마침 집에서 일할 노예를 구하던 파라오의 내신 겸 호위대장 보디발potiphar의 부인에게 그를 추천했다. 부인은 별생각 없이 요셉을 잘 씻겨서 데려오라고 말했다. 계단을 올라오는 요셉을 본 부인은 그의 모습이 범상치 않음을 느꼈다. 부인이 요셉의 턱을 들자 그는 겁에 질려 입술을 굳게 다물었다. 부인은 이스마엘 사람들에게 속아 여기까지 오게 되었냐고 그에게 물었다. 요셉은 눈물 젖은 눈으로 연신 고개를 흔들었다. 부인은 요셉을 좋아하게 되었다.

디에고 벨라스케스, 「요셉의 피 묻은 옷을 받은 야곱Joseph's Bloody Coat Brought to Jacob」, 1630

전하는 말에 의하면, 어린 노예를 얻은 그 부인은 이스마엘 상인에게 은자 400닢을 상으로 주었고, 요셉을 소개한 노예상에게도 후한 보상을 내렸다고 한다.

이렇게 요셉은 보디발의 집에서 일을 하게 되었다. 성경에는 야훼께서 항상 그와 함께하셨기 때문에, 주인이 시킨 일 가운데 그가 해내지 못한 일이 없었다고 기록되어 있다. 그는 곧 이집트 말도 배웠다. 호위대장은 그런 요셉을 마음에 들어했고 심복으로까지 여기게 되었다. 심지어 그는 요셉을 청지기 삼아 일상적인 집

프로페지아 데 로시, 「요셉과 보디발의 아내(Joseph and Potiphar's Wife」, 1520년대

안 사무와 재산까지 모두 그의 손에 맡겼다. 호위대장은 매일 집에 돌아오면 "자신의 식사에만 신경을 썼으며, 그 밖의 모든 일은 듣지도, 묻지도 않았다."(「창세기」 39:5)

이로 인해 야곱이 사랑해 마지않던 아들은 비록 이집트의 노예 신분이었지만 야곱의 집에서 도련님으로 있을 때보다 더 편안하게 생활했다. 형들의 미움과 질투에 전전긍긍하며 걱정할 필요도 없었다. 그는 점차 아버지 생각도 하지 않게 되었다. 가끔 고향과 식구들이 생각나더라도 전처럼 슬프지는 않았다. 마음이 편안해지니 자연히 혈색이 좋아져 두 뺨에 윤기가 흘렀다. 부인이 그의 외모를 칭찬하면 그는 외모에 더 신경을 썼다. 머리를 빗고 눈매를 가다듬고 입술을 칠했다. 걸을 때도 궁에서 유행하는 걸음걸이를 따라 두 손을 내저으며 걸었다. 곧 요셉의 용모는 마주치는 처녀들의 마음을 설레게 하기에 충분했다. 요셉에 대한 소문이 퍼졌고, 그는 이집트 처녀들이 선망하는 사내가 되었다. 요셉이 길을 나설 때마다 이집트의 처녀들은 창문이나 건물 꼭대기에 모여 앞다투어 듣기 좋은 말로 요셉을 불러댔다. 뿐만 아니라 자신들의 목걸이나 팔지, 코걸이 등을 그를 향해 던지기까지 했다. 미소년 요셉이 한 번이라도 자신을 바라봐주길 바라는 마음에서였다.(「창세기 문답」 49:22) 하루는 보디발 부인이 마련한 연회에서 요셉이 시중을 들게 되었다. 그런데 오렌지 껍질을 벗기려고 과도를 들고 있던 여성 손님 몇 명이 손이 베이는 줄도 모른 채 넋을 놓고 요셉을 바라보는 것이 아닌가. 요셉이 부인에게 술을 따를 때, 부인은 요셉에게 귓속말로 이 이야기를 전했다. 부끄러움에 얼굴이 빨개진 요셉은 얼른 고개를 숙이고 자리를 떠났다. 그날 저녁, 요셉은 부인의 가늘고 긴 눈이 평소와 달리 반짝이고 있으며, 부드러우면서도 강렬한 그 눈빛이 자신의 마음을 뜨겁게 달구고 있음을 깨달았다. 그때부터 요셉은 부인의 얼굴을 전처럼 쳐다볼 수 없게 되었다.(필론, 『요셉에 대하여On Joseph』 40)

어찌할 바 모르던 요셉은 최대한 부인과 단둘이 있게 되는 기회를 만들지 않으려 했다. 부인에게 핑계를 대고 밖에서 일을 보거나, 부인의 지시를 잘못 알아들은 척하며 다른 하인을 부인의 후원에 보내 시중들게 했다. 그러면서도 야생마처럼 날뛰는 자신의 욕정을 참을 수 있게 해달라고 하느님께 끊임없이 기도했다.(미드라시 1:584) 갑자기 변한 요셉의 행동을 참다못한 부인은 자신의 침실을 빠져나가는 요셉에게 외쳤다. "가지 말거라, 방으로 들어와 내 시중을 들어라!"

요셉은 얼굴을 붉혔다. 그는 무릎을 꿇고 부인에게 말했다. "부인, 현명하게 판단하십시오. 주인님께서는 모든 재산을 저에게 맡기시고 이 집의 크고 작은 일을 전부 저에게 맡기시면서, 한 번도 제게 집안일에 대해 묻지 않으셨습니다. 이처럼 안팎의 모든 일은 제 수중에 있지만, 부인만은 예외입니다. 그러니 제가 부인의 명을 따르지 못함을 용서하십시오!"

요셉의 말에 부인은 깔깔거리며 말했다. "네놈 말이 그럴듯하구나. '부인만은 예외'라니! 내 오늘은 봐줄 테니 그만 나가거라!"

이때부터 부인은 기회만 있으면 요셉을 불러 이야기를 나눴다. 하지만 절대 강요하지는 않았다. 요셉도 점점 부인의 허물없는 태도에 익숙해졌다.

시간은 쏜살처럼 흘러 시리우스가 나일 강변을 비추는 계절이 왔다. 이집트에서는 이 무렵이 되면 파라오와 대신들이 보름달 뜨는 날을 골라 강변에서 신에게 제사를 지냈고, 집집마다 사람들이 나와 나일 강변에 모였다. 그날 부인은 호위대장에게 몸이 불편해 집에서 쉬겠다고 전했다. 남편이 나가자마자 그녀는 화장을 짙게 하고 요셉에게 집에 남아 있으라고 귀띔했다.(『고대 유대사』2:4:3) 혈기왕성한 청년이었던 요셉도 부인이 유혹의 눈빛을 보낼 때마다 노예로 팔려온 자신의 운명을 한탄했다. 그는 장부 검토를 핑계로 혼자 회계실에 남아 향을 피우고 기도를 올렸다. 반나절 동안이나 우두커니 앉아 있었지만, 부인의 모습은 그의 머릿속에서 떠나지 않았다. 오후가 되자 집안의 하녀들과 주방일 보는 여자들도 모두 강가로 나갔다. 그런데 후원에서 갑자기 울음과도 같은 비파 소리가 들려왔다. 요셉은 더 이상 앉아 있지 못하고 조용히 부인의 방문 앞까지 갔다. 방문은 열려 있었고 방 안 커튼은 드리워진 채였으며 불은 꺼져 어두웠다. 마음이 뜨겁게 달아오른 요셉은 문을 밀고 방으로 들어갔다.

요셉이 컴컴한 방에 들어서자 익숙한 향기가 그를 에워쌌다. 어디선가 부드러운 두 손이 다가와 그의 두 볼을 감쌌다. 그는 자신도 모르게 눈을 감은 채 흔들리는 그림자를 따라 침대로 향했다. 요셉은 옷을 벗기며 떨리는 자신의 몸을 만지는 두 손을 그대로 두었다. 두 손은 천천히 그의 허리춤으로 다가갔다……. 그런데 바로 그때, 요셉은 현기증을 느꼈다. 눈을 떠보니 침대 옆에 흰옷을 입은 두 사람이 서있는 것 아닌가! 그는 놀라 소리를 지르며 자리에서 벌떡 일어났다. 흰옷을 입은 사람들은 이미 문 앞에 서 있었다. 그는 눈을 부릅떴다. '저분들은 아버지와 어머니 아닌가!(『바벨론 탈무드』 「의심」 36b) 내가 지금 무슨 음란한 꿈을 꾸고 있는 거지. 부모님의 간절한 가르침을 저버리려 하다니!' 견딜 수 없는 부끄러움이 요셉에게 밀려왔다. 그는 자신을 안으려는 부인을 뿌리치고 밖으로 뛰쳐나갔다.

보름달이 밤하늘을 환히 비추던 시각, 기분 좋게 집으로 돌아온 호위대장을 맞은 건 울먹이는 하녀들과 어수선한 집안 분위기였다. 놀란 호위대장이 무슨 일이냐고 묻자, 하녀들은 주인마님이 히브리 노예에게 능욕을 당했다고 대답했다. 호위대장은 급하게 후원으로 갔다. 남편을 맞으러 나온 부인은 울면서 손에 들고 있던 남자의 겉옷을 남편의 발밑에 던졌다. "참 좋은 사람을 키우셨습니다! 앞에서는 고상한 척하더니 뒤꽁무니로 계집들을 희롱하고 다니더군요. 마치 우리 집에 남자가 자기 혼자인 것처럼 말

창세기, 인문의 기원

입니다! 오늘 이 색마가 집에 아무도 없는 것을 보고 제 침실까지 들어와 감히 제 몸에 손을 댔습니다!(『요셉에 대하여』 51) 제가 있는 힘껏 소리를 지르니 그제야 저를 놓아주고 도망을 가더군요. 이 옷을 제 몸에 남겨두고 말이죠!"

　호위대장이 겉옷을 집어 들고 살펴보니, 과연 평소 요셉이 입던 옷이었다. 게다가 그것은 찢어져 구멍까지 나 있었다. 호위대장은 크게 화를 내며 당장 요셉을 잡아들이라고 명했다. 그러고는 변명할 여지도 주지 않고 요셉을 감옥에 가뒀다. 그 감옥에는 노련하고 경험이 풍부한 간수가 있었는데, 호위대장은 그에게 당장 요셉을 심문하여 사형에 처할 것을 명했다. 이에 간수는 요셉의 진술을 기록하고 정황을 살핀 후, 부인이 갖고 있던 요셉의 겉옷을 증거물로 가져왔다. 그런데 간수는 증거물로 가져온 옷 뒤쪽에 구멍이 있는 것을 발견하고, 히브리 노예의 진술이 사실임을 확인했다. 요셉은 그가 부인으로부터 벗어나 방을 나서려는 순간 옷이 찢어졌다고 말했는데, 부인이 반항을 했더라면 그 구멍은 옷 앞섬에 있어야 했기 때문이다.(코란 12:25 이하) 간수는 어떻게 된 일인지 대충 이해할 수 있었다. 그러나 호위대장은 파라오의 신임을 받는 사람이었다. 게다가 자신이 직접 범인을 송치하고 지시를 내렸으므로, 간수는 호위대장 부인의 체면과 자신의 명예를 보호하기 위해 진상을 밝히지 않으려 했다. 그는 요셉의 죄명을 주인에 대한 명령 불복종으로 바꾸고 그를 채찍으로 때린 후 감옥에 가

됐다.(「태초집해」 87:9)

이렇게 요셉의 운명은 한순간에 바뀌고 말았다. 방금까지만 해도 주인의 신임을 얻고 주인마님의 총애를 받는 청지기였던 그가 눈 깜짝할 사이에 죄수가 되어버린 것이다. 난생처음으로 형벌을 받은 요셉은 등과 허리, 두 다리까지 끊어질 듯 아팠다. 긴긴밤을 지새우는 동안 그가 할 수 있는 일이라곤 부친인 야곱, 즉 이스라엘의 하느님께 기도하는 것뿐이었다. 그는 갈라진 입술 사이로 하느님의 거룩한 이름을 부르다 잠이 들었다.

모리 교수가 내게 카르다노의 책을 준 이유는, 그가 수업 시간에 고대인의 점성술과 해몽에 관해 토론할 계획을 갖고 있었기 때문이다. 하지만 그는 그 계획을 실행에 옮기지 않았다. 수업이 끝나고 학생들이 그에 관한 질문을 해도 해석은 해주지 않고 알아서 공부해보라고만 했다. 그 학기에 나는 호턴 도서관에서 전 도서관장인 밴드 선생으로부터 판본학 수업을 들었고, 이 기회에 몇 종류의 중세 필사본과 초기 인쇄 판본들을 살펴보았다. 그중에는 총 5권으로 이루어진 2세기경 그리스의 명의名醫 아르테미도로스의 『꿈의 열쇠Oneirokritikōn biblia pente』도 있었다. 이 저서는 고대의 꿈 연구를 집대성한 책으로, 내가 읽은 것은 정교하고 화려한 양장의 베네치아 판본이었다. 카르다노의 『자전』도 물론 열심히 읽었다. 『자전』 중에서 모리 교수가 표시해놓은 '꿈속의 높은

산' 부분은 여러 판본이 전해 내려왔는데, 작가가 말년에 최종적
으로 완성한 원고는 다음과 같다.

1534년(당시 나는 여전히 어둠 가운데 있었다. 인생이 어디에서 와서 어
디로 향하는지도 몰랐고, 삶은 갈수록 피폐해져갔다) 어느 날 새벽, 꿈
에서 나는 북적거리는 한 무리의 사람들을 쫓아 오른편에 솟은
높은 산의 기슭을 따라 달리고 있었다. 앞선 무리에는 남녀노소,
부자와 빈자가 각양각색의 옷차림을 하고 있었다. 나는 숨을 헐떡
거리며 그들에게 대체 어디로 가느냐고 물었다. 그러자 누군가 대
답했다. "죽으러 가오!"
나는 깜짝 놀랐다. 갑자기 높은 산이 나의 왼편에 와 있는 것 같은
느낌이 들었다. 나는 급하게 몸을 돌려 그 산이 다시 내 오른편으
로 오도록 한 후, 잽싸게 등나무 덩굴을 잡고 산을 오르기 시작했
다. 등나무 덩굴에는 과일 대신 늦가을에나 볼 수 있는 마른 잎사
귀들만 남아 있었다. 산세가 험한 까닭에 처음에는 산을 오르기가
매우 힘들었지만, 산허리까지 오르니 훨씬 수월해졌다. 산꼭대기에
도착했지만 나는 등나무 덩굴을 잡은 채 계속 앞으로 나아가고 싶
었다. 그런데 아래를 보니, 발밑에 벼랑이 펼쳐져 있는 것 아닌가.
순간 몸이 흔들려 하마터면 어두컴컴한 심연으로 떨어질 뻔했다!
이 꿈을 꾼 지도 벌써 40년이 지났지만, 생각할 때마다 여전히 무
언가에 짓눌리는 듯한 두려운 기분이 든다.

카르다노는 꿈에 대해 논하기를 좋아해 평생 점성술과 해몽을 연구했다. 또 도박을 좋아하던 그는 확률론의 선구자이기도 했다. 하지만 그는 "주 예수 그리스도의 사주와 별자리를 망령되게 논했다"는 이유로 종교재판에서 이단 판결을 받은 뒤 대학에서 교직을 박탈당했으며, 평생 자신의 책을 출판할 수도 없었다. 그는 자신의 꿈을 해석하고 점을 치기도 했는데, 자신이 죽을 날짜와 시간까지 정확하게 맞출 정도였다. 일설에는 교의로 인해 내쳐진 후 자살했다는 말도 있다. 꿈에서 본 그 새벽, 마귀에 의해 '어두컴컴한 심연'으로 떨어진 것이다. 날이 밝기 전에 꾼 꿈이 가장 영험하다던 지옥 여행자 단테의 말처럼.(『신곡』「지옥」 26:7)

요셉 역시 해몽에 능했다. 옛사람들의 꿈 해석학에 따르면, 꿈은 두 종류로 나눌 수 있다고 한다. 첫 번째는 꿈의 장면enypnia으로, 이는 욕망의 대상을 재현한 것이며 그 의미가 단순하다. 가령 사랑하는 사람이 꿈에 나타나는 것처럼 말이다. 두 번째는 꿈의 징조oneiroi로, 이는 미래의 사건을 예견한다. 이런 꿈은 기이하며 변화가 많고 난해해 여러 해석이 존재할 수 있다. 아르테미도로스에 의하면, 신의 계시를 받은 경건하고 성결한 자들이 꾼 꿈은 그 징조가 기이한 요소를 포함하며, 대부분 직접적이고 이해하기 쉽다. 반면 여러 가지 해석이 존재하는 징조는 일반 사람에게 나타난다. 예를 들어 참언讖言은 술사들의 해석을 필요로 한다. '경건한 자'라고 불리는 요셉은 야훼의 선지자였다. 그가 꾼 꿈의 징조

창세기, 인문의 기원

는 의심할 여지도 없이 분명한 의미를 지녔다.

따라서 성경 해석학자들은 요셉이 감옥에 갇힌 것 역시 그가 꾼 꿈들이 나타내는 하느님의 계시와 호응한다고 보았다. 당초 부인이 남에게 속아 팔려온 것인지 요셉에게 물었을 때, 그는 그렇다고 대답하지 않았다. 그는 형들의 잘못을 밝혀 아버지와 온 집안의 명예를 실추시키지 않기 위해 자신의 자유를 포기했다. 비록 타향에 노예로 팔려온 불행한 운명이었지만, 요셉은 이 역시 하느님의 계획이고 그 안에 하느님의 정의로운 뜻이 있으리라 믿었다.(「창세기」 45:8) 이 같은 계시가 있었기에 요셉은 형들에게 앙심을 품지 않았던 것이다. 그는 자신의 생명을 하느님에게 맡겼고, 꿈의 해석을 통해 다시 한번 야훼의 대로에 오를 수 있었다. 여기에 관한 이야기는 다음 편에서 살펴보기로 하자.

쇼핑몰

Shopping Mall

초저녁이 되자 쇼핑몰 조명이 환하게 켜졌다. 1층 로비에는 빨간 치파오를 입은 점원 일고여덟 명이 나란히 서서 들어오는 손님들에게 인사를 했다. 그런데 우리 일행이 들어서자 그들은 인사 대신 웃는 얼굴로 K가 들고 있던 담배 주위에 몰려들었다. "젠장 맞을 상하이 같으니라고. 나는 아마 죽을 때까지 익숙해지지 않을 것 같다니까!" K는 조금 당황한 눈치였다. "비켜봐요!" K가 노랗게 변한 중지를 튕기자, 담배꽁초가 한 점원의 어깨를 스쳐 3미터쯤 떨어진 쓰레기통 안으로 들어갔다. "협조해주셔서 감사합니다!" 점원들이 한목소리로 외쳤다.

"형님 성격이 여전하지요? 저 꼬장꼬장한 성격 때문에 공장장에게 밉보여 공장에서 제일 먼저 잘리고 노점을 차린 거라니까요." K의 아내가 내게 미안해하는 기색으로 말했다. "형님이라니? 앞에 계신 사장님과 교수님이 형님이지!" K가 눈을 부릅뜨고 아내에게 말했다. "7층 식당이요!" 우리 일행은 그렇게 실없는 장난을 치며 엘리베이터를 탔다.

그들은 여전했다. 귀국할 때마다 나는 옛 친구들을 만나 술잔을 기울였다. 그때마다 우리는 함께 아이라오 산哀牢山에 올랐던 추억을 떠올리며 옛 숲을 그리워하는 늙은 사슴처럼 눈시울을 붉히곤 했다. 올해의 모임 장소는 한 쇼핑몰에 위치한 '얼하이뉘얼洱海女兒國'라는 식당이었다. 그곳은 K 부인의 사촌 동생이 운영하는 곳으로, 거기서 쓰는 채소는 모두 시솽반나西双版纳에서 당일 수확하여 비행기로 운송한 신선한 것들이라고 했다. K 부부는 그 식당의 음식을 두고 미국에서 1만 달러를 주고도 먹을 수 없는 음식이라고 말했다.

7층에 도착하자, 이번에도 치파오를 입은 식당 종업원들이 우리를 맞았다. K의 아내가 자신의 이름을 말하자 식당 매니저가 밝은 표정으로 말했다. "사장님께서 다른 일 때문에 나가시기 전에 제게 미리 당부해두셨습니다. 오시면 막 인테리어를 마친 홀로 안내하라고 하셨지요. 참, 어린아이와 같이 오신 어르신 한 분이 15분 전에 오셔서 미리 기다리고 계십니다." 매니저의 말에 K의 아내가 웃으며 말했다. "누군지 궁금하지 않으세요? 한번 맞춰보세요." 우리가 매니저를 따라 작은 홀에 도착하자, 원탁 옆에 앉아 있던 작은 체구의 노인이 보던 신문을 내려놓고 천천히 몸을 일으켰다. 빼빼한 흰 머리에 대모玳瑁 안경을 쓴 그 노인은 다름 아닌 '걸어 다니는 사전Walking Dictionary' 쑨孫 선생님이었다! 선생님 곁에 있던 남자아이는 수줍은 목소리로 "아저씨, 아줌마, 안녕하세요" 하고 인사를 했다. 선생님의 손자가 틀림없었다. 모두 놀랍고도 기쁜 마음에 어쩔 줄 몰랐다. 알고 보니 여자 동창생 몇 명이 작년 개교기념일에 학교를 찾아가 담임 선생님을 뵈었다가 쑨 선생님의 연락처를 알게 되어 그를 위한 선물을 준비한 것이었다. 선생님은 허스키하면서도 부드러운 목소리로 레르몬토프Mikhail Y. Lermontov의 「외로운 흰 돛」을 읽으실 때가 가장 근사했다. 선생님은 35년 만에 다시 만났다며 다섯 손가락을 쫙 펴서 일곱 번 뒤집었다. "그때 나는 목에 팻말을 걸고 화장실 청소를 하고 있었지!" 그는 살며시 미소를 지었다. K의 아내가 선생님께 학생들을 알아볼 수 있겠냐고 묻자, 그는 곧바로 우리의 이름을 하나씩 불렀다. 선생님은 이름뿐 아니라 우리가 학교에서 어떤 학생이었는지도 기억하고 계셨다. 선생님께서 K가 꾀병을 부려 기숙사에 누워 있던 이야기와 그가 노동 수업을 빼먹은 이야기를 들려주자, 우리는 물론 포도주를 추천하러 왔던 식당 종업원들까지 웃음을 터뜨렸다.

술이 여러 순배 돌고, 담배 연기가 자욱해지자 분위기가 한층 달아올랐다. 하지만 쑨 선생님은 말없이 따라 웃기만 하셨다. 아

창세기, 인문의 기원

마도 화제가 선생님과는 무관한 윈난 생활로 옮겨갔기 때문이었을 것이다. 모두가 흥미진진하게 이야기하는 사람과 사건에 대해 선생님은 아는 바가 없었다. K의 아내가 계속해서 선생님과 손자에게 요리를 덜어주자, 선생님은 연신 고맙다며 배가 불러 곧 테이블에 닿을 것 같다고 말씀하셨다. 디저트까지 다 먹은 후, 그는 나에게만 조용히 당신의 비밀 하나를 털어놓았다. "그해 윈난에 갔던 너희 몇 명이 가슴에 빨간 꽃을 달고 대학에 들어가는 꿈을 꾼 적이 있단다. 그런데 지금 보니, 그 꿈이 정말로 이루어졌구나!" 선생님의 말씀을 듣고 나는 손자가 몇 살인지, 이름은 무엇인지 여쭸다. 내 물음에 선생님께선 아이를 부르셨다. "자, 이리 와서 아저씨에게 영어로 네 이름을 말해보거라!"

"조지프." 아이가 작은 목소리로 대답했다.

할아버지의 얼굴에는 행복한 미소가 번졌다. "우리 말로 하면 요셉이지." 아이는 조그만 얼굴을 할아버지의 의자 뒤로 숨겼다. "이 녀석이 집에서는 말만 잘하더니, 아저씨랑 영어 연습 좀 해보거라!" 선생님의 말에 모두 웃음을 터뜨렸다. K의 아내가 한숨을 쉬더니 말했다. "저는 이제 은퇴해야겠어요. 아니, 요새는 탁아소에서 일하는 아줌마도 외국어를 할 줄 알아야 한다니까요? 그나저나 요셉이란 이름은 또 무슨 뜻이죠?" 쑨 선생님은 손자를 내 앞에 앉힌 후 말씀하셨다. "말하자면 길지! 내가 비록 문화대혁명 시절 갖은 고생을 했지만 문화대혁명이 끝난 후로는 은퇴할 때까

작자 미상, 「요셉과 보디발의 아내Joseph and Potiphar's Wife」, 1500년경

지 매년 우수 교사로 선정됐었네. 지금 이렇게 건강하고, 경제적
으로 모자람 없이 3대가 같이 살고 있으니 고진감래 아니겠나?
마치 성경의 요셉처럼 말일세. 그리고 보니 자네, 요셉의 이야기
에 대해 쓴 적이 있나?"

단체 사진을 찍을 때, 아이는 나를 향해 얼굴을 돌리고 말했
다. "아저씨, 저 중국 이름도 있어요."

"조지프, 마이 디어Joseph, my dear, 카메라 보거라!" 할아버지의

창세기, 인문의 기원

말에, 손자의 고백은 거기서 끊어지고 말았다.

성경은 야곱의 아들 요셉이 진실하고 성실하여 야훼께서 항상 그와 함께하셨다고 기록하고 있다. 요셉이 감옥에 갇혀 인생의 나락에 빠져 있을 때에도 하느님께서는 그에게 구원의 손을 내밀어 몸에 난 상처들을 어루만지셨다. 감옥의 간수장은 요셉이 젊고 준수한 데다 영리하며 맡은 일을 자발적으로 하는 모습을 보고 그를 높이 평가했다. 얼마 후 간수장은 요셉을 죄수들의 반장으로 삼아 그에게 감옥 사무를 보게 했다.(『창세기』 39:22) 간수장이 본 대로 요셉은 능숙하게 사무를 처리했다. 그가 제일 먼저 한 일은 죄수들이 먹는 음식과 노역 조건을 개선한 것이었다. 한 달도 채 되기 전에 요셉은 감옥 사람들로부터 신임을 얻기 시작했다. 뿐만 아니라 감옥 내에서는 상벌 제도가 규정에 따라 엄격하게 지켜졌기 때문에, 죄수들에게 욕을 하거나 죄수들을 때리는 소리도 다시는 들려오지 않았다.(『요셉에 대하여』 16) 간수장은 그제야 호위대장이 왜 이 히브리 노예에게 집안의 모든 일을 맡겼는지 알 수 있었다. 더불어 요셉이 여주인의 모함에 의해 억울한 누명을 쓴 것이라고 확신했다.(이 책 「높은 산」 참조)

하루는 두 관리가 의기소침한 모습으로 감옥에 잡혀 들어왔다. 그들은 각각 파라오가 마시는 술과 먹는 음식을 담당하는 관리였다. 그들이 감옥에 들어오게 된 연유는 이러했다. 파라오가 꽃을 구경하러 후원에 행차한 날, 왕후는 비빈들을 이끌고 술자리를 마련하여, 그곳에서 파라오를 맞이했다. 그런데 이 좋은 날 왕의 술잔에 파리가 빠지고, 상에 올린 떡에서 모래알 하나가 발견된 것이었다. 일순간 파라오의 얼굴빛이 변했다. 술 따르는 신하, 떡 굽는 신하와 평소 사이가 좋지 않던 환관sarisim은 이 기회를 틈타 왕에게 말했다. "왕이시여, 나쁜 놈들이 왕후마마를 음해하고자 궁 안팎으로 내통하여 일을 꾸미고 대담하게 왕의 음식에 손을 썼으니, 나중엔 독약을 넣을지도 모를 일입니다!" 파라오는 대로하여 술과 떡을 담당하는 두 신하를 잡아들여 감옥에 집어넣으라고 명했다.(『태초집해』 87:1)

규정에 따르면 관리가 투옥되면 일반 사람들과 다른 대우를 받게 되어 있었다. 관리들에게는 시중들 사람을 붙여주었는데, 간수장은 이 일을 요셉에게 맡겼다.

어느 날 아침 이마를 잔뜩 찌푸린 채 안절부절못하는 그들을 보고 요셉이 무슨 일인지 물었다. 이에 술 따르는 신하가 말했다. "어젯밤 우리 둘이 각각 이상한 꿈을 하나씩 꾸었는데, 그 꿈이 도통 무슨 뜻인지 몰라 이렇게 고민하고 있네." 신하의 말을 듣고 요셉이 말했다. "꿈을 해석하려면 반드시 하느님의 계시에 의거해야 합니다. 괜찮으시다면 제가 그 꿈을 해석해봐도 되겠습니까?" 술 따르는 신하는 잠시 고민하다 나쁠 것도 없겠다는 생각이 들어 자신이 꾼 꿈을 요셉에게 설명했다. "가지 세 개가 난 포도나무 한 그루가 있었네. 그런데 그 가지에서 싹이 트고 꽃이 피더니

창세기, 인문의 기원

곧 포도송이가 열렸네. 나는 다 익은 포도송이에서 포도 10개를 딴 뒤 그 즙을 짜서 파라오의 술잔에 바쳤지."

꿈 이야기를 다 듣고 눈을 감은 채 기도하던 요셉은 불현듯 깨달음을 얻었다. '이 꿈은 다름 아닌 이스라엘의 앞날을 예시하고 있지 않은가!(미드라시 1:594 이하) 세 개의 포도나무에서 핀 꽃은 3대 족장인 아브라함, 이사악, 야곱이 갖은 고생 끝에 가업을 일으킨 공로를 말한다. 또 그들의 후예는 그 포도 열매들처럼 이집트에서 자랄 것이며, 모세, 아론, 그들의 누이 미리암, 즉 세 선지자 또는 지도자가 나타나기 전까지 가지에서 떨어져 이집트인에게 착취당할 것이다.(「미가」 6:4) 파라오의 술잔에 담긴 피처럼 붉은 포도즙은 하느님께서 그의 백성을 이집트로부터 탈출시키기 위해 숙성시킨 분노, 즉 이스라엘 부족을 핍박한 이집트인에게 내려질 10번의 재앙이다.'(「희년서」 48:7) 하지만 요셉은 하느님의 계시를 함부로 누설할 수 없어, 술 따르는 신하에게 이렇게 고했다. "나리, 축하드립니다! 포도나무의 세 가지는 3일을 의미합니다. 3일 이내에 파라오가 당신의 머리를 들어 당신을 복직시키고 다시 그분께 술을 따르도록 할 것입니다. 하지만……" 요셉은 잠시 말을 멈추더니 작은 목소리로 말했다. "나리께서 이곳에서 나가시면 저를 기억해주십시오. 제 사정을 파라오께 아뢰어 제가 이곳을 나갈 수 있게 해주십시오. 저는 본래 가나안에서 강제로 팔려온 노예인데 단 한 번도 나쁜 짓을 저지르지 않았습니다."

베르나르도 스트로치, 「꿈을 풀이하는 요셉Joseph Telling His Dreams」, 1626

술 따르는 신하는 흔쾌히 그렇게 하겠노라 대답했다.

그때 요셉이 술 따르는 신하의 꿈을 해석하는 것을 옆에서 본 떡 굽는 신하가 서둘러 자신의 꿈을 이야기하기 시작했다. "내 꿈도 좀 해석해주게. 나는 꿈속에서 버드나무 가지로 엮은 광주리 세 개를 머리에 이고 있었네. 제일 위에 있던 광주리에는 파라오께 드릴 각종 떡이 담겨 있었네. 그런데 갑자기 날아온 새들이 그 떡들을 모조리 먹어 치웠지 뭔가!"

요셉은 떡 굽는 신하의 꿈 이야기를 듣자마자 얼굴이 새하얗게 질렸다. '이 꿈은 이집트에서 탈출한 이스라엘이 가나안에 돌아와 나라를 세운 후 겪게 될 재앙을 그리고 있다! 세 개의 광주리는 머리 위에 놓인 순서대로 이스라엘 사람들을 노예로 부릴 세 개의 제국을 의미한다. 그들의 통치는 갈수록 잔혹해지리라. 제일 마지막에 놓인 광주리는 천하를 제패할 로마제국이며, 떡을 먹으러 날아온 새는 구세주를 의미한다. 그는 로마가 멸망할 때까지 절대 포기하지 않을 것이다!' 하지만 하느님의 계시를 함부로 누설할 수는 없는 법, 요셉은 떡 굽는 신하에게 그와 관련 있는 계시만 말해주었다. "세 개의 광주리는 3일을 의미합니다. 3일 내에 파라오는 당신의 머리를 들어 나무에 매달아 새들로 하여금 당신의 살을 뜯어먹게 할 것입니다!"

그로부터 3일이 지나고 파라오의 생일이 되었다. 신하들은 모두 조정에 나와 파라오에게 축하 인사를 건넸고, 파라오는 전국

적으로 대대적인 사면을 실시했다. 술 따르는 신하와 떡 굽는 신하도 감옥에서 풀려났다. 요셉의 예언대로 술 따르는 신하는 복직되어 예전처럼 파라오에게 술을 따랐고, 떡을 굽는 신하는 교수대에 매달리게 되었다. 호위대장이 파라오에게 올린 '술 따르는 자와 떡 굽는 자의 독살 혐의 사건 보고서'의 수사 결과가 다음과 같았기 때문이다. "왕의 술잔에 파리가 빠진 것으로는 술을 담당하는 자의 음모를 증명할 수 없습니다. 하지만 모래는 떡을 반죽할 때 들어간 것이므로 그 책임자의 잘못을 묻지 않을 수 없습니다. 관리의 배임은 왕에게 화가 되며 후궁의 안위까지도 위협할 수 있습니다. 그러므로 떡 굽는 자의 죄는 군주를 속인 죄로 간주하고 법률에 의거해 그에게 교수형을 내려야 합니다." 파라오는 그 의견을 받아들였다.

그러나 술 따르는 신하는 복직이 된 후 친구와 동료 들의 초청에 응하며 우쭐거리다 요셉의 부탁을 그만 잊고 말았다.

또다시 2년의 시간이 훌쩍 흘러 나일 강이 범람하는 계절이 찾아왔다. 파라오는 문득 꿈을 하나 꾸었다. 꿈에서 그는 홀로 나일 강변에 서 있었다. 그때 갑자기 강물에서 소용돌이가 일더니 그곳에서 튼실한 암소 7마리가 강가로 걸어 나와 갈대밭에서 풀을 뜯었다. 뒤이어 강물에 다시 소용돌이가 일었고 그 속에서 비쩍 마른 암소 7마리가 나왔다. 그런데 그 암소들이 튼실한 소들의 뒤를 쫓더니, 녀석들을 한입에 삼켜버리는 게 아닌가! 파라오는 그 광경에 놀라 잠에서 깨어났다가, 잠시 후 다시 깊은 잠에 빠졌다. 이번에는 들판 한가운데 서 있는 보릿대에서 속이 꽉 찬 이삭 7개가 나왔다. 그리고 다른 7개의 이삭이 또 나왔는데, 동풍이 불자 그만 누렇게 시들어버렸다. 시들어버린 7개의 이삭은 속이 꽉 찬 이삭에 들러붙더니, 속이 꽉 찬 이삭을 삼켜버렸다. 잠에서 깨어난 파라오는 그것 역시 꿈임을 깨달았다.

아침에 일어난 파라오는 마음이 답답하고 생각이 어지러워 이집트의 점술가와 현인 들을 모두 궁으로 불러들여 꿈을 해석하게 했다. 점술가와 현인 들의 의견이 분분했다. 어떤 사람은 7마리의 튼실한 암소가 파라오께서 앞으로 낳을 7명의 공주이며, 그 공주들은 태어나자마자 요절할 것이라고 말했다. 비쩍 마른 7마리의 암소, 즉 7종류의 질병이 그들의 목숨을 앗아갈 것이기 때문이라면서. 다른 사람은 7개의 이삭이 파라오가 정복하게 될 동방의 7개 나라를 의미하며, 사막의 동풍이 이삭을 마르게 한 것처럼 그 7개의 나라에서 모반이 일어날 것이라고 풀이했다. 파라오의 궁에 모인 점술가와 현인 들은 파라오의 꿈을 해석하기 위해 한참을 토론했지만, 결론을 하나로 모을 수 없었다. 화가 난 파라오는 전국에 방을 붙여 자신의 꿈을 해석하는 사람에게 큰 상을 내리겠다고 했다. 또한 암암리에 왕궁을 비방하거나 헛소문을 퍼뜨리는 자가 있으면 용서하지 않겠다는 엄명을 내려 왕궁에 모였

쇼핑몰

던 점술가와 현인 들을 두려움에 떨게 만들었다. 말 한마디라도 잘못하면 목이 달아날 판이었던 것이다.

궁궐의 대신들이 파라오의 엄명에 불안해하고 있을 때, 갑자기 술 따르는 신하가 파라오를 알현하겠다고 청했다. 그는 파라오에게 말했다. "왕의 은혜 덕분에 오늘에서야 이 미천한 소인의 두 가지 잘못이 떠올랐습니다. 첫 번째는 어떤 자의 부탁을 저버린 것이며, 두 번째는 인재를 천거하는 일을 소홀히 한 것입니다." 그러면서 술 따르는 신하는 요셉이 어떻게 자신의 꿈을 해석했고 그 해석이 얼마나 적중했는지 상세히 고했다. "이 히브리 노예의 재주가 출중하니, 근심을 덜어줄 수 있을 것입니다."

파라오는 반신반의하면서 그 히브리 노예를 불러들였다. 간수장은 왕의 명령을 받고 황급히 요셉을 불러 수염을 깎고 목욕재계한 뒤 파라오를 알현하라고 일렀다. 요셉은 두 손을 공손히 모으고 궁전으로 들어갔다. 칠십 계단 위에 놓인 금빛 찬란한 보좌에 '이집트 70개 언어의 주인'이 앉아 있었다. 요셉은 얼른 무릎을 꿇고 예를 올렸다. 파라오가 물었다. "어떤 자가 내게 너를 추천했다. 듣자하니 네가 해몽을 잘한다던데, 정말이냐?" 요셉은 엎드린 채 대답했다. "왕이시여, 통촉하여 주시옵소서! 소인에게는 아무 능력이 없습니다. 오직 하느님만이 왕께 계시를 보이실 수 있습니다!"

파라오는 요셉에게 자신이 꿈에서 본 광경을 설명했다. 이야기를 다 들은 요셉은 하늘을 향해 손을 들고 눈을 감은 채 기도했다. 기도를 마친 후 요셉은 파라오에게 천천히 말했다. "왕께서는 마침 새벽녘에 꿈을 꾸셨습니다. 이 시간에 꾼 꿈은 그 징조가 가장 영험합니다.(『바벨론 탈무드』「기복」55b) 두 가지 꿈은 의미가 비슷하며, 모두 하느님의 계시입니다. 그 7마리의 튼실한 암소와 7개의 알찬 이삭은 7년 동안 있을 풍년을 의미합니다. 그 7년간의 풍년 뒤에는 7년의 흉년이 닥쳐 곡식을 한 톨도 거둘 수 없게 될 것입니다. 강변의 비쩍 마른 7마리의 암소와 동풍에 의해 말라비틀어진 7개의 이삭이 바로 7년의 흉년을 의미하기 때문입니다. 같은 징조의 꿈을 두 번이나 반복해서 왕께 보여주신 것은, 하느님께서 이미 그 일들을 결정하셨음을 의미합니다. 그 일들은 피할 수 없습니다. 하여 소인이 결례를 무릅쓰고 건의를 드리려 합니다. 왕께서는 똑똑하고 신중한 사람을 기용하시어 국정을 살피게 하고, 동시에 각 지역에 감독관을 보내 창고를 짓게 하십시오. 그런 후 다가올 7년의 풍년 동안 나라 전체에서 수확한 곡식의 5분의 1을 창고에 쌓아 잘 보관하십시오. 7년의 풍년 동안 곡식을 잘 저장해둔다면 뒤이어 7년의 흉년이 와도 이집트가 망하지는 않을 것입니다!"(「창세기」 41:25 이하)

파라오는 고개를 숙인 채 아무 말도 하지 않았다. 요셉이 다시 말을 이었다. "하느님께서는 소인이 왕의 신임을 얻을 수 있도록 왕께 특별히 기쁜 소식을 전하게 하셨습니다. 지금 왕후의 해산이 가까워오고 있으며 전하께서는 아들을 얻으실 것입니다." 요셉의 말이 끝나자 파라오는 일어나 말했다. "과인이 현인의 고견을 듣겠소!" 왕은 요셉을 숙소로 안내해 휴식을 취할 수 있게 했다.

얼마 지나지 않아 왕후가 순산하여 아들을 낳았다는 소식이 전해졌다. 파라오는 그 히브리 현인의 말이 맞았다며 크게 기뻐했다. 왕은 즉시 대신들을 소집하여 요셉을 재상으로 삼는 것이 어떨지 상의했다. 군신들의 의견이 분분한 가운데 옥새를 관장하는 대신이 나서서 말했다. "현명하신 왕이시여, 점술사를 재상으로 세운다면 백성은 따르지 않을 것이고 다른 나라가 우리를 비웃을 것입니다! 선조께서 비석을 세우고 법을 공표하신 이래, 이집트를 다스리는 자가 전국 70개 언어에 통달해야 한다는 규정은 오랫동안 변하지 않았습니다. 게다가 그 히브리 사람은 본래 가나안에서 온 노예가 아닙니까? 소인이 아무리 사적을 살펴보아도 노예가 관직에 올랐다는 선례는 보지 못했습니다!"(「태초집해」 89:7)

파라오는 한참을 침묵하더니 말을 꺼냈다. "좋다. 그럼 그자가 정말로 재능이 있고 똑똑한지 내일 한번 시험해보도록 하겠다!"

숙소에 있던 요셉은 70개의 언어로 시험을 봐야 한다는 소식을 듣고 당혹스러웠다. 애초에 자신의 믿음이 견고하지 못해, 술 관리에게 자신의 사정을 파라오께 전해달라고 부탁한 게 잘못이었다. 우상을 숭배하는 이교도에게 자신의 희망을 기탁하다니.(「고대 유대사」 2:5:1) 요셉은 목욕재계하고 옷을 갈아입은 후, 제단에

창세기, 인문의 기원

향을 피우고 진실한 마음으로 하느님께 자신의 죄를 회개했다. 회개하는 자의 마음을 기쁘게 받은 야훼께서는, 그날 저녁 천사장 가브리엘을 보내 요셉에게 70가지 언어를 전수하게 했다. 그리고 하느님의 거룩한 이름을 이루는 네 음절(YHWH) 중 두 번째 것을 그의 이름yoseph에 끼워 넣은 '요호셉yehoseph'이란 이름을 내려, 야훼께서 항상 그와 함께하신다는 증거로 삼았다. 거룩한 이름의 음절을 얻은 요셉의 귀, 혀, 입술은 하늘의 천사들처럼 기민해져 알아듣지 못하는 언어가 없게 되었다.(『바벨론 탈무드』「의심」 36b, 미드라시 「시편」 81:5)

다음 날 아침, 왕궁에 모인 대신들은 돌아가며 각종 방언과 속어로 요셉에게 질문했다. 요셉의 대답은 청산유수처럼 막힘이 없고 자연스러웠다. 파라오는 감탄을 금치 못하며 요셉에게 칠십 계단을 올라오라 명한 후, 그에게 파라오의 오른편에 앉아 공무를 논의할 권한을 부여했다. 파라오가 모여 있는 대신들을 향해 물었다. "이처럼 신의 영이 보호하는 자를 내가 또 어디에서 찾을 수 있겠느냐? 이 땅에 과연 이 자보다 더 똑똑하고 신중한 자가 있겠느냐?" 파라오는 같은 질문을 세 번이나 반복했지만 대답하는 사람은 아무도 없었다. 파라오는 요셉을 이집트의 재상으로 임명한 후, 모든 대신이 보는 앞에서 그의 옥새 반지를 빼 요셉의 손가락에 끼워주었다. 그러고는 손수 요셉에게 세마로 만든 관복을 입히고 금목걸이를 채워주었다. 또한 요셉이 외출을 할 때에

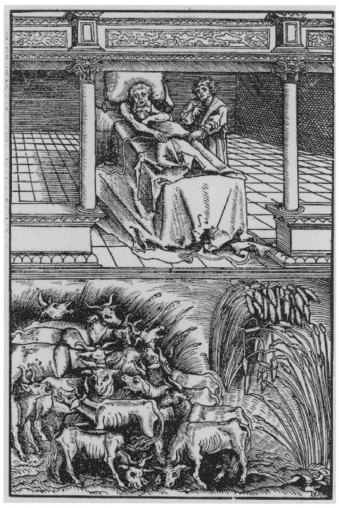

마르틴 루터가 번역한 구약(1523)의 조판 삽화, 「파라오의 두 가지 꿈」

는 좋은 말과 파라오의 마차를 이용하게 했다. 파라오는 요셉에게 '신의 말씀으로 살아남zaphenath-pa`neaḥ'(이집트어로 '신의 돌보심을 입어 생명을 얻다'라는 뜻)이라는 이름의 관직을 내렸다. 훗날 성경 해석학자들은 이 관직명을 이루는 8개의 히브리 자모(z-p-n-t-p`-n-ḥ)가 요셉을 설명하는 각기 다른 8개 단어의 첫 자모임을 발견했다. 즉 요셉은 보는 자zophen, 구원자poḍeh, 선지자nabi'', 버팀목 tomek일 뿐 아니라, 이해심pother, 총명함`arum, 신중함naḅon, 지혜 ḥakam의 미덕을 한 몸에 지닌 사람이라는 것이다.(「태초집해」 90:4)

노예였던 요셉이 이집트의 총리가 되어 만인을 다스리게 되었을 때, 그의 나이는 서른 살이었다. 그해 파라오는 요셉보다 높은 것은 칠십 계단 위의 보좌뿐이라고 선언했다.(「창세기」 41:40)

예로부터 이집트는 나일 강을 상하(남북)로 나누어 북쪽, 즉 나일 강 삼각주를 하이집트, 삼각주 이남에서부터 아스완까지를 상이집트라 불렀다. 그리고 상이집트와 하이집트의 경계에는 태양의 도시'on(현재 카이로 동북쪽의 교외 지역)가 위치하고 있었다. 그곳에는 태양의 신Re을 모시는 신전이 있었는데, 대제사장 한 명이 그곳을 관리하여 1년 내내 향불이 꺼지지 않았다. 대제사장에게는 자식이 없었고, 대신 손 안의 진주처럼 아끼던 양녀 아세낫이 있었다. 아세낫은 그 도시에서 아름답고 현숙하기로 유명했다. 그녀의 집 앞은 그녀를 사모하는 남자들의 마차와 말로 행렬이 끊이지 않았다. 게다가 그 구혼자들은 모두 귀족의 자제였다. 하지만 아세낫은 아버지를 핑계로 자신을 향한 남자들의 구애를 모두 거절했다. 그녀는 당시 사람들의 공명심과 경박함을 싫어했기 때문이다. 결국 아세낫을 찾는 남자들의 발길은 점점 뜸해졌고 대제사장의 근심은 늘어갔다. 하루는 대제사장이 아세낫의 방에 찾아가 그녀에게 말했다. "이집트의 모든 남자 중 네 마음에 드는 사람이 한 명도 없으니, 이제 한 사람밖에 남지 않았구나. 내가 들으니 그는 경건하고 신실하며 사려가 깊다고 하더구나." 아버지의 말에, 딸은 웃으며 그 사람이 누구냐고 물었다. 아버지는 대답했다. "왕궁에 있는 히브리 총리가 아니겠느냐!"

"그런데 제가 들은 소문은 좀 다릅니다." 아세낫은 웃음기를 거두고 말했다. "그분이 비록 지금은 총리이지만, 가나안 양치기의 아들이며 노예 출신이라고 합니다. 그는 여주인을 희롱하여 감옥에 있었으나 점술이라는 잔꾀로 파라오의 마음을 얻었다고 합니다.(『요셉과 아세낫』 4:10) 아버지, 이런 이방인이 뭐가 좋다고 그러십니까?"

아세낫의 말에 대제사장은 아무 말도 못 하고 딸의 방을 나갔다.

얼마 후, 요셉은 이집트의 각 지역을 순찰하다가 태양의 도시를 지나가게 되었다. 대제사장은 자신의 관저에서 총리를 위해 연회를 마련했다. 요셉이 자리에 앉자 상에 음식이 올라왔다. 그런데 후원의 누각에 어른거리는 사람의 그림자가 요셉의 눈에 들어왔다. 수상하게 생각한 요셉이 고개를 돌려 누각 쪽을 자꾸 바라보자, 대제사장이 웃으며 말했다. "저 누각은 제 딸아이의 방입니다. 제 딸아이는 평소 총리의 품행을 흠모하며, 총리의 축복을 받고 싶어했습니다." 요셉이 말했다. "그렇습니까? 그럼 따님도 연회에 모셔옴이 어떻겠습니까?" 요셉의 말에 대제사장은 하녀를 불러 딸에게 '총리의 명'을 전하라고 일렀다. 사실 누각에 있던 아세낫의 가슴은 자신을 쳐다보는 요셉으로 인해 진작부터 뛰고 있었다. 누각에서 내려와 연회에 참석한 그녀의 눈에 천사처럼 준수한 요셉의 모습이 들어왔다. 그녀는 이전에 그에 대해 험담했던 기억을 떠올리며 부끄러움에 얼굴을 붉혔다. 황급히 요셉에게 인사한 그녀는 고개를 숙인 채 총리의 축복을 바랐다. 요셉도 쑥스러운 마음에 재빨리 앞에 나가 축복을 해주려 했다. 그러던 찰나, 요셉의 시선이 그녀의 목걸이에 고정되었다. 이집트 양식과는 거리가 먼 그 목걸이가 낯설지 않았던 것이다. 자세히 살펴보니, 거기에는 하느님의 거룩한 이름이 새겨져 있는 게 아닌가! 요셉은 그 목걸이에 특별한 내력이 있는지 물었다. 대제사장은 오래전 신전 제단에서 발견된 어린 아세낫에 얽힌 기적에 대해 말해주었다. 그의 말을 들은 요셉은 깜짝 놀랐다. 그리고 그 목걸이가 왜 낯설지 않았는지 생각해냈다. 그 목걸이는 다름 아닌 요셉의 생모가 생전에 착용했던 것이었다. 그렇다면 신이 내려주셨다던 제단 위의 아기는 바로 요셉의 누이 디나의 딸일 것이다. 디나는 불행히도 세겜에게 강간당한 후 한 명의 딸을 낳았다. 온 집안은 그 딸을 치욕스럽게 생각했다. 그러나 야곱은 아기를 해치는 것을 허락하지 않았다. 그는 죽은 라헬이 남긴 목걸이에 하느님의 거룩한 이름을 새긴 후, 그것이 아기를 지켜줄 것이라 여겨 아기 목에 걸어주었다. 그러고 나서 아기를 안아 들판의 가시덤불과 금빛 날개를 가진 독수리에게 맡겼다.(이 책 「세겜」 편 참조) 독수리는 야훼의 보호 아래 그 아기를 이집트 대제사장의 양녀가 되게 한 것이다. 이로써 야곱의 잃어버린 두 혈육은 낯선 이방에서 비로소 만나게 되었다. 요셉은 다시 한번 조카를 바라보았다. 그런데 늘씬한 몸매와 반짝이는 검은 눈동자의 그녀도 자신을 바라보고 있는 게 아닌가. 요셉의 얼굴이 갑자기 달아올랐다. 그 순간 요셉은 아무 말도 할 수 없었다.

이 모든 광경을 지켜본 대제사장은 기쁨을 이루 말할 수 없었다. 그는 요셉에게 자신의 집에 일주일 동안 머물 수 없겠냐고 간곡하게 부탁했다. 요셉은 그의 말대로 일주일 동안 그곳에 머물렀다. 8일째 되던 날 요셉이 아세낫에게 아쉬운 작별을 고하고 떠나자, 대제사장은 직접 왕궁에 가서 파라오를 알현해 요셉과 자신의 딸 사이에 중신을 서달라고 간청했다.

성경(「창세기」 41:47 이하)은 요셉이 풍년이 든 7년 동안 부지런히 시정을 펼쳐 이집트 각지에 창고를 만들고 사방에서 곡물을

창세기, 인문의 기원

거두었다고 전한다. 온 이집트의 창고에 바닷가 모래알처럼 셀 수 없는 곡식이 쌓였다. 이렇게 야훼께서는 늘 요셉과 함께하셨다. 그리고 흉년이 오기 전 아세낫은 그를 위해 두 명의 아들을 낳았다. 요셉은 고난에서 자신을 구원한 하느님을 기념하기 위해 장자의 이름을 므나쎄menashsheh라 지었다. 이는 "나로 하여금 과거의 고난과 아버지의 집을 잊게 하셨다nashshani('므나쎄'와 발음이 비슷함)"는 뜻이었다. 또한 둘째의 이름은 에브라임'ephrayim이라 지었다. 그 이름은 "하느님께서 나를 고난의 땅에서 번성케 하셨다hiphrani('에브라임'과 발음이 비슷함)"는 의미였다.

식당에서 모임을 갖고 얼마 되지 않아, 나는 『진흙으로 빚은 아담』의 원고를 요셉 부분까지 완성했다. 스탠드 불빛 아래 고서를 읽으며 소재를 찾아 헤맬 때마다 쑨 선생님의 '고진감래'와 오래된 꿈의 '비밀'이 떠올랐다. 그중 어떤 것들은 '경건한 자' 요셉의 인생굴곡과 통하는 부분이 있다고 생각했다. 그래서 나는 그날의 모임과 요셉의 이야기를 묶어 해당 챕터를 완성했다. 그리고 쑨 선생님께 편지를 보내 원고에 대한 의견을 구했다. 추수감사절 전날, 쑨 선생님으로부터 답장이 도착했다. 그는 과거의 일은 다 잊었고, 내 신작을 기다린다고 말씀하셨다. 그리고 식당에서 우리가 함께 찍은 사진도 동봉하셨다. 환하게 웃는 선생님과 어린 '요셉'의 얼굴을 선생님의 낯익은 글씨체와 번갈아 보다 보니, 어느

덧 창밖의 눈과 바람도 잦아들어 있었다.

그날 밤, 나는 35년이나 잠들어 있던 만원 기차에 다시 올랐다. 석탄을 때며 검은 연기를 내뿜는 그 기차의 종착역은 출발역과 같았다.

그곳은 다름 아닌 상하이였다. 하늘은 색 바랜 회색빛이었고 전차를 가득 메운 승객들도 하늘처럼 우중충했다. 우리는 상하이 전시관 앞에서 만나기로 약속이 되어 있었다. '다자이大寨21 배우기' 전람회가 열리는 그곳에 가면, 전국 방방곡곡에서 강연자로 뽑힌 예쁘기로 이름난 아가씨들을 볼 수 있다고 K가 알려줬기 때문이다. 우리는 열의를 불태우며 전시관 안으로 들어갔다. 관람객은 많지 않았고 주로 식품 전시대 주변에 몰려 있었다. 우리는 신장 건설 부대의 하미과와 건포도, 그리고 짧은 머리의 여전사를 보고 K에게 속았다며 투덜댔다. 우리는 K에게 어떤 벌을 줄지에 대해 떠들며 칭하이 전시 구역으로 자리를 옮겼다. 그런데 그곳 전시대 옆에서 익숙한 뒷모습이 눈에 들어왔다. 구부정한 목에 베레모와 대모 안경까지, '걸어 다니는 사전'이 틀림없었다. 그는 데리고 온 남자아이에게 무언가 설명하듯 전시대를 손으로 가

---

21 중국 산시山西 성에 위치한 작은 촌락으로, 1960년대에 천융구이陳永貴의 지도하에 생산력 제고와 사회개조에 성공하면서 마오쩌둥에 의해 모범 마을로 인정받았고, 문화대혁명 시기 대대적으로 '다자이 배우기' 운동이 펼쳐졌다.─옮긴이

리키고 있었다. 그는 교사들 가운데 제일 먼저 끌려나와 음양두陰陽斗22를 당한, '반혁명분자(지주 출신의 불만분자)'였다. 매일 물동이를 나르며 청소를 해야 했고, 걸핏하면 비판 대회의 표적이 되었다. 그런 그가 어떻게 이런 곳을 자유롭게 돌아다닐 수 있었을까? 그 순간 내 눈이 때마침 몸을 돌린 '반혁명분자'의 눈과 마주쳤다. 그는 바로 고개를 숙이더니 손수건을 꺼내 창백해진 얼굴을 가렸다. 그러고는 남자아이의 손을 끌고 황급히 전시대 저편으로 사라졌다.

나는 그의 이름을 부르지 않았다. K와 친구들에게 그를 봤다는 말도 하지 않았다. 그 뒤로도 말이다.

추수감사절 새벽, 나는 오랫동안 잊고 있던 그 창백한 얼굴을 다시 떠올렸다.

인자함과 행복감이 깃든 그의 사진 속 두 눈은 한때 나에 대한 두려움으로 가득 차 있었다. 그랬던 그가, 조심스레 우리를 피하던 그날에서 벗어나, 어떤 책임감 때문에 꿈속에서 우리를 쳐다본 것일까? 뜨거운 햇볕이 내리쬐던 사탕수수 밭에서 청춘과 꿈을 잃어버린 우리를 축복하기 위해, 우리의 가슴에 붉은 꽃을 달아주려 했던 것일까?

---

22 문화대혁명 때 '반혁명분자'로 낙인찍힌 이들의 머리를 절반만 삭발한 데서 비롯된 표현.—옮긴이

"칭하이 전시 구역은 딱히 구경할 게 없군." 그때 내가 K에게 했던 말이다.

우리는 웃고 떠들며 다른 구역으로 자리를 옮겼다.

7년

Sheba shene

요셉의 예언대로 7년의 풍년이 지나고 곧이어 7년의 기근이 도래했다. 모든 나라가 기근에 시달렸으나 오직 이집트만 식량에 여유가 있었다. 그러나 이후에는 이집트 사람들도 굶주리기 시작했다. 그들은 파라오에게 도움을 청했다. 파라오는 말했다. "너희는 요셉을 찾아가 모든 것을 그의 처리에 따르라."

30년 전, 요셉 이야기 중에서 이 부분(「창세기」 41:53 이하)을 처음 읽었을 때, 나는 뱃가죽이 등가죽에 들러붙은 것 같은 기분을 느꼈다. 당시 아이라오 산은 기근이 심해, 도처에 빈 광주리를 메고 구걸하는 하니 족 여자들로 가득했다. 그들은 내가 교사로 있던 산간 마을의 작은 학교까지 찾아와 구걸했고, 학생들은 그들에게 옥수수나 토란을 나누어주며 말하곤 했다. "이번이 정말 마지막이에요. 이제는 선생님들 드실 것밖에 남지 않았어요!" 교사들은 학생들에게 쌀이나 메밀을 나눠주었고, 학생들은 그것을 먹지 않고 집에 가져가 동생들에게 먹였다. 그러느라 몇몇 학생은 허기를 참지 못하고 쓰러지기도 했다. 당시 학생들의 나이는 나와 비슷하거나 나보다 한두 살 많았다. 한창 클 때였으니 배고픔을 견디지 못하는 것은 지극히 당연했다.

그때 나는 『KJV 성경』을 읽었다. 오후 수업이 끝나면 작은 초가집으로 돌아와 큰 소리로 한 장을 읽은 후, 사전을 찾아가며 다음 장의 새로운 단어를 외웠다. 처음에는 학생들이 몰려와 문지방에 앉아 영어 성경을 읽는 내 목소리를 듣더니, 나중에는 중얼거리는 소리에 익숙해졌는지 더 이상 오지 않았다. "And the famine was over all the face of the earth. 천하에 기근이 들었으나, 명재상 요셉 덕분에 황제가 내리는 곡식을 먹을 수 있었구나!" 이렇게 읽고 생각하기를 반복했다.

갑자기 문밖에서 개 짖는 소리가 들렸다. 고개를 든 순간 무언가가 눈앞으로 날아왔다. 순식간에 손을 뻗어 잡으니, 어떤 버섯이었다. 버섯을 던진 사람은 위산 형의 장난꾸러기 딸 미나였다. 반짝반짝 윤이 나는 검은색 버섯에서 먹음직스러운 향기가 났다. "어이쿠, 이 버섯 누가 가지고 온 거야? 독은 없고?" 마침 등 뒤에서 은구슬 같은 웃음소리가 들렸다. 미나는 내가 들고 있던 버

창세기, 인문의 기원

섯을 빼앗아 침대 쪽으로 던지며 말했다. "마을에서 선생님에 대한 우스갯소리가 들리던데요? 한밤중에 쥐들이 시끄럽게 하니까 선생님이 독버섯을 잘라 쥐들에게 먹였다면서요?" 나는 미나에게 과일 맛 사탕이라도 쥐어주고 싶은 생각에 서랍을 열어보았지만 찾지 못했다. 어쨌든 요 며칠 쥐들이 조용해진 것은 사실이었다. "아니면 침대 밑에 똬리를 틀던 구렁이가 쥐구멍이라도 공격했나?" 내 말에 미나는 구렁이처럼 혀를 날름거리며 내게 다가와 킥킥대며 말했다. "뱀 드시러 오시래요! 우리 아빠가 할아버지를 모시고 오던 길에 현수교 밑에서 어린애 팔뚝만 한 우산뱀 한 마리를 잡아 오셨거든요. 아저씨 술 한잔 하러 오시래요."

나는 읽고 있던 책을 덮었다. 손전등을 챙겨 미나와 함께 말라버린 골짜기를 지나 공사公社 위생소로 향했다. 죽은 동물을 사냥하려는 독수리 몇 마리가 파란 하늘 위를 빙빙 돌고 있었다. 작년 이맘때는 일찌감치 시작된 장마로 연일 비가 내렸다. 그 무렵 농기구 공장에 갓 배정된 K가 주머니에 버섯을 잔뜩 넣고 현에서 이곳으로 왔다. 나와 K는 가져온 버섯을 삶아 고추장에 찍어 먹었다. 그런데 절반쯤 먹었을 때 K의 눈이 갑자기 멍해지더니 내 베개 밑 모기장에 손가락만 한 인형들을 수도 없이 숨겨놓았다고 말하는 것이 아닌가! 나는 겁에 질렸다. 그러나 천만다행으로 위생소에 있던 위산 형이 때마침 도착해 K에게 주사를 놓았고, 그는 다시 정신을 차릴 수 있었다.

위생소는 산꼭대기 뒤쪽에 있었다. 학교와 마찬가지로 건물 앞에는 국기 게양대가 세워져 있었다. 벽돌과 기와로 만들어진 위생소에는 총 5개의 방이 있었다. 진찰실, 약국, 입원실, 숙소까지 모두 갖췄지만 정식 의사는 위산 형 혼자였다. 위생소에 도착하자 미나의 할아버지가 숙소 앞에 앉아 물 담배를 피우고 계셨다. 내가 할아버지께 안부를 여쭙는 걸 듣고, 위산 형이 진찰실에서 나와 인사했다. "아버지 댁에도 쌀이 떨어져서 이리 오시라고 했어." 위산 형의 말에 할아버지는 고개를 끄덕였다. 방에서는 형수님이 뱀탕을 끓이고 있었다. "오늘은 운이 좋았어. 저 뱀이 날아올라 나를 물려는 찰나, 내가 밟은 나뭇가지가 튀어 오르면서 뱀의 급소를 때렸지 뭐야!" 뱀은 냄새가 얼마나 고약하던지 위산 형이 설명을 하는 사이, 한 사람이 몸을 흔들며 들어왔다. 생산 대대의 지부 서기였다. "아이고! 이게 무슨 냄새예요? 저 산 밑에서부터 나던데요?" 내가 그에게 어디가 아프냐고 묻자, 위산 형이 대신 대답했다. "영양 부족으로 생기는 부종이야. 저 귀 좀 봐, 말라 비틀어졌잖아? 지부 서기도 이쪽으로 앉아요! 오늘은 같이 목구멍에 기름칠 좀 합시다!" 위산 형의 말에 지부 서기도 사양하지 않고 짚 더미를 끌어와 앉으며 말했다. "선생님, 제가 뭐 하나 여쭤봐도 될까요? 변방의 하니 족 사람들 말입니다. 전에는 이 높은 산에 물이 많아 산꼭대기까지 계단식 논을 일궜고, 배를 곯았던 적도 없었습니다. 그런데 문화대혁명이 일어나고 인민공사가 생긴 후에는 오히려 배불리 먹지를 못하니 이게 어찌 된 일입니까? 사유제와 수정주의에 반대하며 군중을 동원해 찾아낸 원인이 계급의 적이라면……." 그의 말이 채 끝나기도 전에 미나가 물 담배와 심지를 가져다 할아버지께 건네준 뒤 내 손을 잡고 흔들었다. "아저씨, 서양 사람들 이야기해주세요! 할아버지가 듣고 싶으시대요."

젊을 적 미나의 할아버지는 술잔을 들면 3일 밤낮 쉬지 않고 노래를 부르던 유명한 노래 왕이었다. 할아버지는 하니 족의 제사장 베이마로부터 신과 조상을 기리는 「십이누쥐十二奴局」[23]의 민요를 배웠다. 마침 할아버지께 그 노래을 가르쳐달라고 할 참이었던 나는 먼저 요셉의 이야기를 꺼냈다. 이야기를 들은 위산 형은 요셉이라는 이름이 하니 족 사람의 이름 같다며, 내가 했던 이야기를 하니 족 언어로 통역해 할아버지께 들려드렸다. 할아버지는 수염을 쓰다듬으며 천천히 말했다. "이 이야기는 나도 알고 있다네. 우리 조상들이 불렀었지. 옛 노래에 슬픔이 눈을 상하게 하고 기근이 집을 그리워하게 한다는 말이 있어. 아버지는 눈이 멀도록 눈물을 흘리는 바람에 아들의 생사를 확인할 수 없게 되었지. 그렇다 치더라도 아들이 조정에서 관직을 맡고 아내를 얻었으면 식

---

23 「십이누쥐十二奴局」는 하니 족 민간에 전해 내려오는 창세 역사시. '누쥐奴局'는 하니 족 언어로 '편篇'이나 '장章'을 뜻한다. 총 12편으로 이루어진 이 역사시는 우주와 자연, 인류의 발전, 하니 족의 역사, 역법 계산, 농사 등에 관한 하니 족의 인식과 이해를 담고 있다.—옮긴이

구들을 기억해야 하지 않겠나!" 그 사이 형수님이 뱀탕을 가져와 식탁 위에 올려놓았다. 할아버지는 내게 손짓하며 말했다. "선생부터 어서 드시게!"

그로부터 여러 해가 지난 후, 모리 교수의 수업 시간에 나는 할아버지가 했던 말, "슬픔이 눈을 상하게 하고, 기근이 집을 그리워하게 한다"는 속담이 히브리 박사들의 성경 해석에도 등장한다는 사실을 알게 되었다.

요셉이 7년의 기근을 예언했지만, 풍요로움에 익숙해진 이집트 백성은 곡식을 저장하는 데 힘쓰지 않았다. 그로 인해 기근이라는 재앙이 닥치자 민간에 비축해둔 양식은 금세 바닥을 드러냈다. 요셉은 상황이 위급해지자 나라의 창고를 열어 백성들을 구제할 것을 명했다. 하지만 기근은 이집트 주변 국가들로 빠르게 번졌고, 녹음이 무성했던 오아시스의 비옥한 땅은 몇 개월 만에 황무지로 변해 굶어 죽은 시체가 도처에 널렸다.

가나안도 기근을 피해갈 수 없었다. 사람들은 공황에 빠졌다. 그러던 중 야곱은 이집트가 나라의 창고를 열어, 근방에 사는 사람들이 모두 그리로 향한다는 이야기를 들었다. 그는 아들들에게 말했다. "서로 쳐다보며 한숨만 쉰다고 될 일이냐? 우리가 살 길은 이집트에 가서 양식을 사 오는 것뿐이다." 이집트 얘기가 나오자 야곱의 가슴이 덜컥 내려앉았다. 요셉이 생각났기 때문이다.

창세기, 인문의 기원

로런스 알마타데마,
「파라오의 곡창을 관리하는 재상 요셉Joseph, Overseer of Pharaoh's Graneries」, 1874

요셉의 피가 묻은 채색옷을 보았을 때, 그는 상심한 나머지 야훼
의 선지자로서 지녀야 할 마음의 눈을 닫아버렸다. 요셉이 죽었다
고 생각한 것이다.(이 책 「높은 산」 참조) 그런데 기근으로 인해 슬
픔이 누그러지자, 아들이 살아 있을지도 모른다는 생각이 들었
다. 만약 요셉이 살아 있다면, 아마 그는 이집트에 있을 것이다.
야곱은 르우벤과 유다에게 당부했다. 이집트에 도착하면 반드시
요셉에 대해 알아보고, 그가 죽지 않고 이집트에 있다면 몸값이

얼마가 되든 그를 다시 찾아오라고 말이다.(「태초집해」 91:1) 이에 야곱의 아들들은 곡식을 구하러 이집트로 출발했다. 그러나 라헬의 마지막 혈육을 잃을까 염려했던 야곱은 베냐민만은 보내지 않고 곁에 남겨두었다.

파라오의 왕궁에서 구제활동에 여념이 없던 요셉은, 많은 가나안 사람이 기근을 피해 이집트의 변경 지역으로 몰려든다는 소식을 듣고 가슴 한구석이 아팠다. 어쩌면 아버지가 보낸 형들이 양식을 사러 올지도 모르는 일이었다. 요셉은 분쟁을 막기 위해 이집트 변방을 지나는 사람들의 이름을 낱낱이 기록하도록 명했다. 그리고 이방인은 누구든지 왕성의 창고에서만 양식을 구매할 수 있도록 했고, 그 외의 창고는 이집트 백성을 구제하는 용도로만 사용할 수 있게 했다. 얼마 후 요셉은 이집트 변경을 넘은 사람들 명단에서 야곱의 아들 르우벤 일행의 이름을 발견했다.

르우벤 일행은 갖은 고생 끝에 이집트 왕성에 도착해 여관에 짐을 풀었다. 그러고는 곧장 왕성 창고로 가 줄을 서서 양식을 구매했다. 양식을 산 일행은 여관으로 돌아오며 만나는 사람마다 요셉에 대해 수소문했지만 어떠한 소식도 들을 수 없었다. 다들 풀이 죽어 있던 차에, 아홉 번째 아들 아셀이 입을 열었다. "당초 이스마엘 상인들이 남쪽으로 내려간다고 하지 않았습니까? 요셉은 준수한 용모 때문에 이집트에서 분명 비싼 값에 팔렸을 것입니다. 그렇다면 누가 요셉을 사갔을까요?" 아셀의 말에 시므온이 손바닥으로 허벅지를 치며 말했다. "그렇다면 우리가 파라오를 만나러 왕궁으로 가야겠구나! 듣자하니 파라오에게 용모가 준수한 노예가 많다고 하던데." 시므온의 말에 아셀은 코웃음을 치며 말했다. "형님, 참 성격도 급하십니다. 생각해보십시오. 저 왕궁은 셀 수 없는 벽과 문으로 둘러싸여 있습니다. 우리의 증조모이신 사라 할머니 정도의 절세미인만이 파라오의 초청을 받아 들어갈 수 있단 말입니다.(이 책 「하갈」편 참조) 사막을 지나다니는 상인들은 아마 왕궁의 환관도 만나지 못할 것입니다. 제 말은, 그들이 우리의 동생을 기방에 팔아넘겼을 수도 있단 말입니다!" 아셀의 말에 모두 마음이 급해졌다. 그들은 왕성 안에 있는 기방의 소재를 파악한 뒤, 달이 뜨자마자 기방을 하나씩 찾아다녔다. 그런데 첫 번째 기방을 나서자마자 그들은 총리의 명으로 히브리 첩자들을 체포하러 온 군졸들에게 둘러싸이고 말았다.

군졸들은 르우벤 일행을 총리의 집으로 끌고 왔다. 그들은 불 밝은 건물 중앙의 높은 의자에 앉아 있는 총리를 보았다. 총리 곁에 있는 시종들은 쥐 죽은 듯 조용했다. 유다는 다른 형제들에게 무릎을 꿇으라는 눈짓을 보내고 큰 소리로 외쳤다. "고명하신 총리님, 오해입니다! 소인들은 모두 형제지간으로 양식을 사러 가나안에서 온 평범한 백성입니다!"

르우벤과 형제들은 요셉을 알아보지 못했다. 누가 감히 고개를 들고 이집트의 총리를 자세히 살펴볼 수 있었겠는가? 게다가 기억 속에 남아 있는 요셉은 구덩이에 떨어진 애송이 소년에 불과했으니, 그들이 변해버린 요셉의 얼굴을 알아볼 리 만무했다. 엎드린 형제들의 모습을 본 요셉은 자신을 향해 절하던 10개의 보릿단을 떠올렸다.(이 책 「높은 산」 참조) 이 모든 것이 하느님의 계획이었다고 생각하니 만감이 교차했다.(성 에프렘, 『창세기 평론』 37:7) 그는 아버지의 생사를 확인하기 위해 일부러 형제들에게 큰 소리로 말했다. "닥쳐라! 너희는 난민을 가장하여 이 나라의 취약한 곳'erwath(나신裸身, 즉 부끄러운 곳을 의미)을 염탐하러 온 첩자가 분명하다! 그렇지 않으면 어찌 몰래 기방에 잠입하여 이것저것을 묻고 다녔느냐! 게다가 너희의 생김새가 서로 닮지 않았거늘, 어찌 형제라 우기느냐!"

형들은 당황하여 양식을 구입하고 동생을 찾게 된 경위를 요셉에게 낱낱이 고했다. "소인들은 본래 열두 형제였습니다. 생김새가 다른 이유는 아버지께서 네 명의 부인을 두셨기 때문입니다. 막내 동생은 연로하여 거동이 불편한 아버지 곁을 지키고 있고, 다른 한 동생은 실종된 지 몇 년이 지났습니다. 아버지께서 실종된 동생을 찾아오라 하셨기에 이곳에 도착하자마자 동생의 소식을 탐문했지만 아무런 단서도 얻지 못했습니다. 해서 혹여나 기방에 팔린 것은 아닐까 하여 가본 것입니다."

형들의 말을 들은 요셉의 마음에는 기쁨과 슬픔이 교차했다. 아버지가 살아 있다는 사실에 기뻤고, 형들이 아직 잘못을 인정

창세기, 인문의 기원

하지 않는 것에 슬펐다. 요셉은 자신의 방으로 물러나며 히브리 첩자들을 가두고 처분을 기다리게 했다. 르우벤 일행이 조마조마한 마음으로 명을 기다린 지 3일째, 군졸들이 다시 그들을 요셉에게 데려갔다. 총리는 여전히 노기등등했다. "너희 말이 황당하기 짝이 없지만, 너희 늙은 아비를 봐서 한 번은 놓아주겠다. 하지만 너희 중 한 명은 인질이 되어 이곳에 남아야 한다. 남은 9명은 풀어줄 테니 집으로 돌아가라. 대신 너희가 말한 그 막내 동생을 내 앞에 데려와 너희 말이 진실임을 증명하라! 그렇지 않으면 내 너희를 용서하지 않겠다!"

요셉의 말에 형들은 무릎을 꿇고 감사할 수밖에 없었다. 하지만 그들은 일어선 뒤 작은 목소리로 서로를 원망했다. "결국 동생을 해친 죗값을 치르는 것이다! 당초 요셉을 해치지 않았다면 지금 이 고생을 겪지 않았을 것을!" 누구보다 통탄해 마지않았던 이는 르우벤이었다. "그날 내가 너희에게 뭐라고 말했더냐? 너희가 내 말을 듣지 않았기 때문에 이런 날이 온 것이다!" 그들은 총리 곁에 있는 통역관은 그저 허수아비에 불과하며, 요셉이 그들의 말을 알아들으리라고는 상상도 못했다. 요셉은 형들의 후회하는 말을 듣고 측은한 마음이 들어 자리에서 일어나 자신의 처소로 물러났다. 잠시 마음을 추스르고 돌아온 요셉은 시므온을 옥에 가두고 왕성 창고를 열어 그들에게 곡식을 내어주라고 명했다. 그리고 변경에 일러 그들의 통행을 허락했다.

시므온을 제외한 9명의 형제는 낙심한 채 여관으로 돌아왔다. 그런데 곡식과 마초馬草가 담긴 자루 9개가 이미 여관에 와 있었고, 나귀들도 여물을 충분히 먹고 배가 불러 있는 게 아닌가! 그들은 놀라워하며 나귀에 자루를 싣고 길을 떠났다. 저녁이 되자 그들은 노숙을 했다. 셋째 레위는 평소처럼 나귀에게 풀을 먹이고 밥을 짓기 위해 곡식과 마초가 들어 있는 자루를 열었다.(『바벨론 탈무드』「기복」40a) 그런데 시므온이 양식을 사고 지불한 돈이 자루 안에 고스란히 들어 있는 것 아닌가! 레위는 급히 다른 형제들을 불렀다. 달려온 형제들은 돈 꾸러미를 보고 겁에 질려 서로를 바라보며 말했다. "큰일이다! 이제 이집트 사람들이 우리를 도둑으로 보겠구나! 하느님, 대체 이게 무슨 일입니까?" 하지만 그들은 이집트로 돌아가 돈을 돌려줄 엄두를 낼 수 없었다. 총리에게 무슨 말을 어떻게 해야 할지도 몰랐고 괜한 변명으로 가족들을 다치게 할까 두려웠기 때문이다.

한편 야곱과 함께 집에 남아 있던 베냐민은 형제들이 돌아온다는 소식을 듣고 비틀거리는 아버지를 부축해 마중을 나왔다. 그런데 시므온이 보이지 않았다. 르우벤은 이집트에서 있었던 자초지종을 아버지와 베냐민에게 털어놓았다. 야곱은 그 자리에서 울음을 터뜨렸다. "잘하는 짓이다! 요셉은 맹수에게 잡아먹히고 둘째는 이집트에 인질로 잡혀 있는데, 이제 베냐민까지 내놓으란 말이냐! 차라리 이 늙은이를 죽여라!" 야곱이 통곡하는 동안 모두 아무 말도 없이 나귀에서 자루를 내렸다. 곡식을 분배하는 일은 여인들의 몫이었다. 그런데 여인들이 곡식을 꺼내기 위해 자루를 열자 그 안에 각자 지불한 돈 꾸러미가 들어있는 것 아닌가! 이 광경을 보고 화가 난 야곱은 온몸을 부들부들 떨며 말했다. "이게 지금 다 뭐냐! 이집트 사람들이 우리에게 공짜로 양식을 주었다는 것이냐! 안 된다. 베냐민을 절대 이집트로 보낼 수 없다. 베냐민이 이집트에 간다면 요셉과 시므온처럼 다시는 이곳에 돌아오지 못할 것이다!"

가나안에 기근이 계속되자 야곱의 집에 있던 양식도 다시 다 떨어졌다. 유다는 베냐민을 데리고 이집트에 가서 다시 양식을 사와야 한다고 야곱에게 말했다. "베냐민을 데려오지 않으면 한 톨의 양식도 팔지 않겠다고 총리가 경고했습니다." 하지만 야곱은 두 눈을 감은 채 누구의 말도 들으려 하지 않았다. 누구든 말을 꺼냈다간 오히려 야곱으로부터 욕만 실컷 얻어먹었다. 야곱의 손자들은 배고픔에 어미에게 울음을 터뜨렸고 야곱 역시 쓰러졌다. 야곱은 병상에 누워 하느님께 기도를 올렸다. "주님, 일생을 주님께 헌신했는데 어찌하여 제게 이런 시련을 주십니까?" 이때 유다가 다시 야곱을 설득하기 시작했다. "베냐민을 데려가게 해주십시오. 그 아이를 데려가지 않으면 총리는 저희에게 어떠한 은혜도 베풀지 않을 것입니다. 베냐민이 저희와 함께 이집트에 가더라도 아버지께서 걱정하시는 일은 벌어지지 않을 것입니다. 그 총리는 백성을 제 자식처럼 사랑하고 돌보기로 소문이 자자한 분입니다. 더구나 그는 아버지의 건강이 어떤지도 물었습니다. 저는 다만 저희가 양식 값으로 지불해야 했던 돈이 자루에 들어 있었던 게 걱정입니다. 하지만 베냐민이 가지 않는다면 이곳에 있는 60~70명은 모두 굶어 죽고 말 것입니다. 아버지, 불확실한 장래가 걱정되어 눈앞의 재앙을 모른 척하시렵니까?(『요셉에 대하여』 32) 제가 목숨을 걸고 베냐민을 무사히 집으로 데려오겠습니다!"

유다의 맹세를 듣고서야 야곱은 고개를 끄덕였다. 그는 힘겹게 일어나 앉은 후 베냐민을 불러 유다에게 맡겼다. 그리고 향 고무, 꿀, 아몬드, 피스타치오 botnim 등 가장 좋은 토산물로 총리에게 바칠 선물을 준비했다.(『창세기』 43:11) 아들들에게는 지속된 기근으로 곡물 값이 올랐을 것이니 돈을 전보다 두 배 더 가져가고 자루에 들어 있던 돈도 반드시 돌려주라 일렀다. 야곱은 아들들에게 거듭 당부한 후 다시 침상에 누웠다. 그는 나귀 모는 소리가 점점 멀어지는 것을 들으며, 속으로 아들을 위해 쉬지 않고 기도했다.

야곱의 아들들은 풍찬노숙 끝에 이집트의 왕성에 도착했다. 그들은 그길로 총리의 집에 달려가 그를 뵙기를 청했다. 관저의 문이 열리자 관리인이 나왔다. 그는 야곱의 아들들을 한번 훑어보더니 말했다. "지난번에 왔던 히브리 손님들 아닙니까? 손님들이

창세기, 인문의 기원

오늘 도착할 것을 총리께서 예견하고 계셨습니다." 관리인의 말에 르우벤이 앞서 절하고 안부를 물었다. "나리, 한 가지 드릴 말씀이 있습니다. 지난번 저희가 곡식을 구입한 후 집에 가서 살펴보니, 어떻게 된 영문인지 저희가 지불한 돈이 자루 안에 그대로 있었습니다. 그래서 그 돈을 다시 돌려드리러 왔습니다. 곡식을 살 돈도 따로 더 챙겨 왔으니 부디 받아주십시오." 르우벤의 말에 관리인은 웃으며 대답했다. "걱정하지 마십시오. 지난번 손님들이 치른 돈은 제가 분명히 받았습니다. 그 자루 안에 있던 돈은 어쩌면 당신들의 하느님께서 내려주신 돈일지도 모르죠." 말을 마친 관리인은 사람을 불러 시므온을 데려오도록 했다. 형제들은 그동안 시므온이 감옥에서 얼마나 심한 고초를 겪었을까 걱정했지만, 그들 눈앞에 나타난 시므온은 되레 통통하게 살이 오른 모습이었다. 시므온은 그간 총리의 집에서 극진한 대접을 받았다고 했다. 모두가 기뻐하는 가운데, 관리인은 형제들을 객실로 데려가 발 씻을 물을 제공하고 나귀에게도 먹이를 주었다. 잠시 쉬고 있으면 곧 총리가 왕궁에서 돌아와 연회를 열고 그들을 접견할 것이라고 관리인은 말했다.

정오가 되자 총리가 돌아왔다. 형들은 막내 베냐민의 손을 잡고 연회장으로 향했다. 그들은 야곱이 준비한 선물을 내놓고 땅에 엎드렸다. 그 모습은 요셉의 꿈에서 그를 향해 절하던 11개의 별들 같았다.(부버Salomon Buber, 『미드라시』 1:198) 요셉이 물었다.

"지난번 말한 너희 아버지는 잘 계시냐?" 형들은 일제히 머리 숙여 절하며 대답했다. "저희가 아비를 대신하여 총리님께 문안 인사를 여쭙습니다."

요셉은 유다 옆에 있는 베냐민을 한눈에 알아보았다. 준수한 청년으로 자란 베냐민의 얼굴에 어머니 라헬의 자애로운 낯이 뚜렷했다. 요셉은 코끝이 찡하고 눈앞이 흐려졌다. 그는 급히 일어나 자신의 안방으로 가서 실컷 울었다. "이때 요셉의 마음속에는 뜨거운 불덩이가 활활 타오르고 있었다. 오직 눈물만이 그 불덩이를 꺼뜨릴 수 있었다."(「광명경」 1:202b) 한바탕 울고 난 요셉은 세수를 하고 다시 연회장으로 돌아와 하인들에게 명했다. "음식을 대령하라!"

요셉은 하인들에게 자신, 형제들, 그리고 시중드는 이집트 하인들을 위해 각각 상을 마련하라고 분부했다. 이집트인과 히브리인은 음식에 대한 금기와 예절이 달랐기 때문이다. 요셉은 베냐민을 옆에 앉히고 싶었다. 그러나 자신의 정체를 드러내고 싶지 않았던 그는 술잔을 들고 점을 치는 척했다. 요셉이 유다를 가리키며 말했다. "늘 앞장서서 말하는 네가 첫째인 줄 알았는데, 이 은잔으로 점을 쳐보니 너는 말만 많을 뿐 첫째는 아니구나." 그렇게 말한 요셉은 르우벤을 상석에 앉게 했다. 그는 술잔을 치더니, 이번에는 시므온에게 말했다. "너는 둘째이므로 첫째 형 다음 자리에 앉도록 하라!" 이렇게 요셉은 형제들을 나이 순으로 앉히고 그들이 같은 어미의 소생인지 아닌지 이야기했다. 베냐민의 차례가 되자 요셉이 베냐민에게 말했다. "내가 보니 너는 어릴 때 어미를 잃었고, 같은 어미의 배에서 난 형은 오래전에 실종되었구나. 공교롭게도 나 역시 오래전 잃어버린 동생이 있고, 우리 둘을 낳아주신 어머니는 이미 돌아가셨다. 너와 내 처지가 비슷하니 이리 와 내 곁에 앉거라!" 놀란 형들은 서로의 얼굴만 쳐다볼 뿐 아무 말도 할 수 없었다. 요셉은 상에 있던 음식을 형제들에게 나눠주고, 자신의 몫을 베냐민에게 주었다. 아세낫과 두 아들도 이를 보고 자신들의 음식을 모두 베냐민에게 가져다줄 것을 명했다. 베냐민 앞에는 5인분의 음식이 쌓였다. 하지만 형들은 막내 동생이 왜 특별한 대우를 받는지 전혀 눈치채지 못했다.(「창세기」 43:34)

다음 날 아침, 요셉의 형제들은 자신들의 곡식 자루가 가득 찬 것을 보고 기분 좋게 나귀에 올랐다. 그런데 왕성을 벗어난 지 얼마 되지 않아, 갑자기 뒤에서 그들을 부르는 소리가 들렸다. 총리 관저의 관리인이었다. 그는 총리가 점을 볼 때 쓰던 은잔이 없어졌다며, 그들의 짐을 살펴보겠다고 했다. 어안이 벙벙한 형제들 앞으로 유다가 나섰다. "지금 그게 무슨 말씀이십니까? 저희는 지난번 다른 사람이 저희 곡식 자루에 넣어둔 돈도 도로 가져온 사람들입니다. 그런 저희가 어떻게 총리의 은혜를 도둑질로 갚겠습니까? 만약 저희 중 누군가에게서 총리의 잔이 발견된다면 그를 죽이십시오! 그리고 남은 사람들은 속죄의 의미로 총리의 노예가 되겠습니다!"

관리인은 형제들의 곡식 자루를 나귀에서 내려 르우벤의 것부터 차례대로 수색했다. 그런데 맨 마지막으로 열어본 베냐민의 자루에 총리의 은잔이 들어 있는 것 아닌가! 형제들은 아연실색했다. 그들은 울고, 욕하고, 옷을 찢으며 관리인을 따라 총리의 관저로 돌아갔다.

고개를 숙인 채 총리 관저에 도착한 형제들의 주위로 팽팽한 긴장감이 감돌았다. 그들은 땅바닥에 엎드려 용서를 빌었다. 그들의 머리 위로 요셉의 서릿발 같은 목소리가 들려왔다. "너희는 어찌하여 이리도 어리석은 짓을 저질렀느냐! 내가 점을 쳐서 범인을 찾아낼 수 있다는 사실을 몰랐느냐?" 유다가 대답했다. "베냐민의 자루에서 은잔이 나왔는데 더 무슨 말씀을 올리겠습니까? 저희가 변명한들 소용이 있겠습니까? 하느님께서 저희 죄를 드러내셨으니, 그 죗값을 치르겠습니다.(「태초집해」 92:9) 총리께서는 잔이 발견된 자루의 주인과 함께 저희 모두를 노예로 삼으십시오." 유다의 호소에 요셉은 쓴웃음을 지으며 말했다. "그럴 필요까지는 없다. 죄지은 자만 처벌받으면 된다. 너희의 막냇동생만 남기고 나머지는 집으로 돌아가 너희 아비에게 사실대로 전하라. 베냐민이 총리의 은잔을 훔쳐 집안에 치욕을 안겼으니 죗값을 치러야 마땅하다고!"

유다는 차마 자리에서 일어나지 못하고 엎드려 간청했다. "총리께서는 부디 화를 가라앉히십시오. 막내 동생은 저희 아버지께서 가장 아끼는 아들입니다. 저희 집에 양식이 끊어지지 않았다면, 또 그로 인해 어린 아들과 손자들이 하나둘씩 쓰러지지만 않았다면, 그리고 제가 동생의 안전을 책임지겠다고 아버지께 맹세하지 않았다면, 아버지께서는 절대로 동생을 이곳에 보내지 않으셨을 것입니다. 제가 베냐민 대신 총리의 종이 되겠습니다. 그러니 제발 이 아이만은 형들과 함께 집으로 돌아가 아버지를 뵐 수 있도록 허락해주십시오! 아버지는 이미 사랑하는 아들 요셉을 잃었습니다. 만약 베냐민까지 잃는다면 그는 곧 죽고 말 것입니다!"

사실 돈과 은잔을 그들의 자루에 넣어두라고 분부한 것은 요셉이었다. 요셉은 형들의 진심을 알고 싶었다. 그들의 마음속에 아직도 질투와 미움이 남아 있는지, 그들이 지난 일을 후회하고 있는지, 그리고 그들에게 아버지를 공경하고 동생을 보호하려는 마음이 있는지 확인하고 싶었다.(「희년서」 42:35) 그런데 지금 형들은 어떻게든 베냐민을 지키려 하고 있었다. 게다가 이토록 진실하고 용감한 유다의 모습을 보라! 요셉은 더 이상 자신의 감정을 억제할 수 없었다.(「창세기」 45:1 이하)

"모두 물러가라!" 요셉이 큰 목소리로 하인들에게 명령했다. 따라서 요셉이 형들에게 자신의 신분을 밝힐 때 다른 이들은 그곳에 없었다. 그러나 이집트 하인들은 그가 목 놓아 통곡하는 소리를 모두 들었다. 이 소식은 파라오의 왕궁까지 흘러들었다.

"제가 요셉입니다!" 그는 형들에게 말했다. "아버지는 아직 건강하세요?" 형들은 얼이 빠지고 혀가 굳어, 말도 없이 그저 멀뚱멀뚱 그를 쳐다볼 뿐이었다. 이에 요셉은 그들을 가까이 불렀다. 그들이 다가오길 기다리며 요셉이 말했다. "제가 형님들의 동생입니다. 형님들이 이집트에 팔았던 그 요셉이요! 하지만 제발 그일 때문에 걱정하거나 자책하지 마세요. 하느님께서 가족 모두의 생명을 구하시려고 이곳에 저를 보내신 것입니다. 큰 가뭄이 온 지 이제 2년이 되었으니, 앞으로 5년 동안 밭을 갈아도 아무런 수확이 없을 겁니다. 하느님께서 저를 먼저 이곳에 보내신 것은 형들로 하여금 목숨을 보전하여 세상에 자손을 남기고 번성케 하려 하셨기 때문입니다. 그러니 저를 여기에 보내신 것은 형님들이 아니라 하느님입니다. 하느님께서 저를 세워 파라오의 두 번째 아비가 되고 청지기가 되게 하셨습니다. 그리고 이집트 전체의 재상이 되게 하셨고요!"

국왕이 총리를 '제2의 아버지'로 우대하는 것은 고대 근동의 풍습이었다.(칠십인역 「에스더」 31:3f) '경건한 자' 요셉은 야훼의 계명에 따라 그를 해치려 했던 형들을 용서하고(「레위기」 19:17) 마음속 응어리를 모두 풀어버렸다. 요셉은 형들에게 어서 가나안으로 돌아가 아버지와 가족, 심지어는 소와 양, 하인 들까지 모두 이집트로 데려와 기근을 피하라고 일렀다. 말을 마친 요셉은 베냐

창세기, 인문의 기원

폴 귀스타브 도레,
「형제들에게 자신을 알리는 요셉Joseph Makes Himself Known to His Brethren」, 19세기

민을 안고 통곡했다. 요셉은 형제들과 한 명씩 입을 맞추고 포옹할 때까지 눈물을 그치지 않았다.

한편 파라오는 왕궁에서 총리가 형제들과 해후했다는 소식을 전해 들었다. 그는 크게 기뻐하며 곧바로 야곱 일가에게 이주를 허락했고 비옥한 땅을 상으로 내렸다. 왕궁의 모든 대신도 그 일을 축하하며 요셉에게 선물을 보냈다. 요셉은 파라오의 분부대로 형들을 위해 좋은 마차와 양식을 준비했고, 그들에게 새 옷을 한 벌씩 선물했다. (그는 특별히 베냐민에게 네 벌의 옷과 은자 300닢을 더 주었다.) 그리고 아버지께 드릴 선물로 나귀 10쌍을 준비하여, 수컷 나귀에는 이집트의 토산물을 가득 실었고, 암컷 나귀에는 야곱이 이집트로 오는 동안 먹을 각종 음식을 실었다. 요셉은 형들을 가나안으로 돌려보내며 당부했다. "가는 길에 사소한 일로 다투지 마십시오! 아버지를 모시고 오는 중대한 임무를 잊으시면 안 됩니다!"

"아이라오 산의 7년과 누쥐 열두 편." '누쥐'는 하니 족의 전통 민요를 통칭하며, 12라는 숫자는 1년 열두 달, 즉 만물의 순환 주기와 부합한다. '누쥐'는 천지개벽, 인간과 짐승의 기원, 농업과 의학 지식, 그리고 남하하여 훙허 강紅河에 정착한 선조들의 역사를 담고 있다. 그 안에서 산채생활의 윤리적 지침을 제공하는 경구나 격언도 쉽게 찾을 수 있다. 나는 이러한 노래들을 수집

창세기, 인문의 기원

작자 미상, 「가족을 이끌고 이집트로 이주하는 야곱Jacob and His Family Go To Egypt」, 1500년경

했지만 아쉽게도 연구할 틈이 나질 않았다. 내가 중국을 떠난 후, 위산 형은 나의 향수병을 달래주기 위해 특별히 사람을 초청하여 '누쥐'를 녹음한 테이프를 내게 보내주었다. 그 테이프에는 '우리가 함께한 7년을 기념하며'라는 제목도 달려 있었다. 위산 형의 아버지는 이미 돌아가신 뒤였다.

문화대혁명 당시 신을 섬기는 것은 '4구四舊'24 혹은 '봉건 미신'에 속했지만 위산 형의 아버지는 '누쥐'를 즐겨 부르셨다. 그날 공사 위생소에서 흥이 오른 위산 형의 아버지는 하니 족 말로 '새로운 사회를 찬양하자'라는 노래를 한 소절 불렀다. 위산 형은 우리에게 아버지의 노랫말을 표준어로 통역해줬지만, 사실 그도 아버지의 말을 절반 정도밖에 알아듣지 못했다. 한 세대가 지나 하니 족 언어의 절반이 잊힌 것이다. 한편 지부 서기는 뱀탕 한 그릇을 비우고 사탕수수로 만든 술로 입가심을 한 후 자리를 떴다. 오늘 밤 공사에서 열리는 회의에 늦지 않게 문서를 전달해야 한다면서, 그는 나가는 순간까지도 푸념을 계속했다. "선생님, 그래도 선생님이 말씀하신 요셉의 상황이 우리 형편보다는 나은 것 같네요. 요셉의 형제들은 곡식을 사러 외국에 갈 수라도 있잖아요. 여긴 산이 높고 험한 데다 사람들의 생각도 낙후된 변방 아닙니까. 게다가 근방의 베트남이나 라오스도 이곳과 비슷한 상황이니……" 지부 서기가 가고 나서, 나도 재해 상황에 대한 위산 형의 이야기를 들으며 돌아갈 채비를 했다. 가서 보던 책을 계속 읽을 참이었다. 그런데 위산 형이 자리를 뜨려던 나를 붙잡았다. "우산뱀 고기의 더운 성질은 혈액 순환을 촉진시키고 양기를 북돋는 효과가 있어. 그래서 우산뱀을 먹은 다음에는 바로 머리를 쓰기가 쉽지 않을 거야. 네 형수한테 '개미 차'를 끓이라고 할 테니까 그거라도 한잔하고 머리가 맑아지면 가도록 해." 차를 마시자 쓴맛이 입 안 가득 퍼지면서 정신이 들었다.

문을 나서자, 찬란한 별빛이 울룩불룩한 산봉우리를 물들이고

---

24 문화대혁명 당시 타파 대상으로 삼았던 네 가지 낡은 것으로 사상, 문화, 풍속, 습관을 의미한다.—옮긴이

창세기, 인문의 기원

있었다. "아저씨!" 뒤따라오던 미나가 나를 불렀다. 나는 "응" 하고 대답했지만, 머릿속은 이미 몽롱한 하늘 끝을 향해 날고 있었다.

"그래서 어떻게 됐어요?" 미나가 나를 가볍게 밀며 물었다. 그녀의 은색 목걸이에서 달빛이 반짝였다.

"어떻게 됐냐고? 그렇지, 요셉은 그의 아버지를 이집트로 모시고 와서 한솥밥을 먹게 되었어. 요셉의 아버지는 더 이상 골짜기를 다니며 산나물을 캐지 않아도 되었지. 매일매일 오늘밤 우리처럼 배불리 먹고 술도 마시고 노래도 불렀단다. 끝!"

나는 미나의 머리를 쓰다듬으며 밤하늘의 별자리를 하나하나 가르쳐주었다.

"그럼……" 그녀는 별들보다 더 먼 곳을 바라보며 물었다. "누가 나쁜 사람이에요?"

'나쁜 사람?' 나는 손전등을 켜며 생각했다. '그러게 말이구나. 언제 끝날지 모를 이 기근은 대체 누구의 탓일까?' 하지만 미나에게는 대답하지 않았다. 나는 발걸음을 재촉했다. 한 시간이나 걸리는 산길이 나를 기다리고 있었다.

목소리

Q o l

검은 땅을 걷는다. 한 걸음 또 한 걸음
목소리 하나, 밤하늘을 울린다. "아저씨!"
그럴 리가, 그녀가 내는 귀갓길 발자국 소리, 노래를 흥얼거리며
빗장 거는 소리를 들었는데. 그녀가 어떻게

하늘로 갔을까?
얼굴을 들어 성좌 속에서 그녀를 찾는다. 점점 더 큰 소리로
나를 부르는 그 목소리를. 어떻게
그녀는 30년의 별빛을 지나온 것일까?

성경을 덮자, 마치 입추가 온 듯, 나일 강은 끝이 없고

삼각주의 물빛 하늘과 하나 되어, 저 멀리 낙타의 방울 소리조차 들리지 않는데—그녀는

다시 내 귓가에 엎드려 속삭인다. "또 이야기를 들려주세요,

아저씨!"—그래 생각해보자

그래, 이렇게 해보자. 네가 나의 시에서

야곱의 작은 손녀딸, 그의 여덟 번째 아들 아셸'asher의 딸이 되어

주렴

네 아버지는 형제가 열둘, 그중 열 명의 형이 한 동생을 질투하고

미워해, 은자 20닢에

그를 팔아넘겼지. 가뭄을 피해 식량을 구하러 간 이집트에서 동생

을 다시 만났고, 형들은 그제야 후회를 했단다

그들은 동생의 발아래 엎드렸단다. 가나안에 돌아간 그들은 선뜻

아버지를 뵙지 못했지

오랜 병으로 종잇장처럼 약해진 아버지의 몸이, 갑작스런 기쁜 소

식을 견디지 못할까봐

걱정이 된 거야. 이 임무를 네게 줄게, 행복`osher의 딸아

네가 칠현금을 켜며 할아버지께 가거라!

세라serah는 칠현금을 안고 야곱(이스라엘)의 장막을 젖혀

할아버지의 침상 앞에 앉았다. 그녀는 침묵의 향로 곁에서, 노인의

기억을

살살 끄집어냈다. "높은 산과 마른 우물, 황야와 피 묻은 옷"

뜨거운 눈물이 족장의 뺨을 타고 흘러내렸다

그녀는 노래했다. "히브리의 작은 노예, 주인의 총애를 얻고 조심스레

여주인의 환심을 샀네, 어여쁜 미인 앞에서 아버지의 슬픔이 생각이나 났을까?

채찍을 맞고 옥에 갇혀 죗값을 치르나 했는데, 그게 끝이 아니었으니, 야훼께서 돌보셨구나!"

야곱은 손가락을 말아 주먹을 쥐었다

그녀는 계속 노래했다. "파라오가 새벽에 꾼 꿈, 하느님의 계시였네, 암소 7마리와

보리 이삭 7개의 예언. 태양신의 제단에 놓였던 족장 가문의 치욕 아세낫,

성장하여 하느님의 응답을 받았네"

이스라엘의 가슴이 파도처럼 일렁거렸다

"보라, 어떤 이적이 하늘 끝에 닿아, 천사들을 수군대게 하는지

또 어느 길에서 노란 먼지를 일으키며 먼 곳에서 곡식을 나르는

무리가 오는지,

누가 70개의 언어를 하는 통치자의 아버지냐? 사랑하는 아들아,

네가 진정 살아 있느냐?"

베개에 기대 있던 할아버지가 떨리는 손을 뻗으며 말한다

"아, 나의 세라야, 은혜의 공주sarah야,

야훼께서 지켜주시어 검은 날개를 가진 죽음이

너에게 길을 비켜주기를! 네 노래가 다시 살렸구나, 나의 생명, 그
리고

나의 희망을……"

한 걸음, 또 한 걸음, 온 하늘에 별이 가득하다

목소리, 오래전에 헤어졌던 목소리가 나를 부른다

"아저씨!"—너였구나? 어서

네 할아버지를 모시고 파라오가 보낸 마차에 타렴

성경이 말하길, 이스라엘이 이집트로 데려간 70명의 자손 중에

딸은 오로지 세라뿐이었단다(「창세기」 46:17)

오라, 너의 칠현금을 켜며

수많은 별이 노니는 대하를 건너, 너는

내 이야기를 노래하렴

GENESIS
THE LEGENDS AND INTERPRETATION

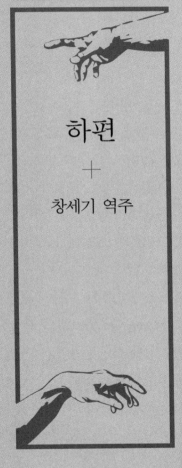

하편

+

창세기 역주

태초

1장

1 태초에 하느님께서 천지를 창조하셨다.[1]

2 대지는 형태가 없는 한 조각 혼돈이었고, 흑암은 깊음을 뒤덮었다.[2] 하느님의 영[3]은 커다란 수면 위를 배회[4]하셨다.

3 하느님께서 "빛!"[5]이라 말씀하시자 빛이 생겼다.[6]

4 그 빛이 하느님이 보시기에 좋았다. 그는 빛과 어둠을 나누어[7]

5 빛을 '낮'이라 칭하고 어둠을 '밤'이라 칭하셨다. 밤이 지나고 새벽이 오자 이는 첫째 날이었다.[8]

6 하느님께서 "큰 물 중간에 궁창[9]이 있어 물을 나누라!"고 말

---

1 표제, 조각의 말미인 『창세기』 2:4과 호응한다.
2 창세 이전을 형용하고 있다. 하느님이 무에서 세상을 만들었다는 것은 현학이 그리스화된 이후의 해석이다. 외경 『마카베오하』 7:28 참조.
3 ruaḥ, 본래는 '바람' 또는 '기氣'를 뜻한다.
4 옛 번역은 '운행'이나, 알맞지 않다.(일부 국역본은 '운행'으로 적고 있다.—옮긴이)
5 첫 번째 말씀이다.
6 창세가 시작되었다.
7 어둠은 하느님의 창조물이 아니다. 또한 여기서 '빛'ᵒʳ은 육안으로 볼 수 있는 빛이 아니다. 당시에는 아직 일월성신이 없었다.
8 고대인들은 황혼 무렵ᵉʳᵉᵇ을 하루의 시작으로 보았다.
9 옛 번역은 '공기'이나, 잘못되었다.

씀하시자 과연 물이 둘로 나뉘었다.

7 이렇게 하느님은 궁창을 만들어 커다란 물이 위아래로 흐르게 하셨다.[10]

8 하느님은 궁창을 '하늘'이라 칭하셨다. 밤이 지나고 새벽이 오자 이는 둘째 날이었다.

9 하느님께서 "하늘 아래의 물은 한곳에 모여 마른 땅을 드러내라!"고 말씀하시자, 마른 땅이 정말 수면 위로 떠올랐다.

10 하느님은 마른 땅을 '육지'라 칭하셨고, 한곳에 모인 물을 '바다'라 칭하셨다. 이것들이 하느님께서 보시기에 좋았다.

11 하느님은 또한 말씀하셨다. "땅에 초목이 자라[11] 오곡백과를 내며 저마다 씨앗을 맺으라!"

12 땅 위에는 초목이 자랐고 오곡백과가 열렸으며 저마다 씨앗을 맺었다. 하느님께서 보시기에 매우 좋았다.

13 밤이 지나고 새벽이 오자 이는 셋째 날이었다.

14 하느님께서 말씀하셨다. "하늘 위에 광체가 있어 낮과 밤을 가르고 계절과 절기를 표시하며

15 빛으로 대지를 밝혀라!" 그러자 하늘에는 과연 등불[12]이 생

---

10 고대 셈 족은 궁창 위에 은하수가 있다고 여겼다. 그래서 궁창이 열리자 은하수가 쏟아져 세상을 잠기게 했다고 생각했다. 「창세기」 7:11 참조.
11 옛 번역은 "육지는 초목을 내어"이나, 뜻이 통하지 않는다.
12 me'roth, 하느님께 드리는 장명등과 같다. 「출애굽기」 27:20 참조.

창세기, 인문의 기원

겼다.

16 하느님은 먼저 가장 밝은 것 두 개를 만드셨다. 하나는 크고 다른 하나는 작았는데, 큰 것은 낮을 주관하게 하시고 작은 것은 밤을 주관하게 하셨다.[13] 그리고 별들도 만드셨다.

17 하느님은 그것들을 하나씩 하늘에 두어 대지를 비추고

18 주야를 지배하며 어둠과 광명을 구분케 하셨다.[14] 하느님이 보시기에 참 좋았다.

19 밤이 지나고 새벽이 오자 이는 넷째 날이었다.

20 하느님께서 "물속에는 수많은 물고기가 헤엄치고,[15] 하늘에는 새들이 날게 하라!"고 말씀하시자 과연

21 커다란 고래[16]와 각양각색의 물고기와 새가 생겨났는데, 모두 하느님께서 만드신 것이었다. 하느님이 이를 보고 매우 좋게 여겼다.

22 하느님께서 그것들에게 복을 내려 말씀하시길, "낳으라, 성장 하라, 물고기는 바다를 가득 채우게 하고, 새들은 땅에 흩어

---

13 태양과 달이라는 단어는 고의로 생략되었다. 태양과 달은 주변 이교도들 이 숭배하는 신이기 때문이다.

14 옛 번역은 "주야를 주관하게 하시며 빛과 어둠을 나뉘게 하셨다"이나, 뜻 이 통하지 않는다.

15 nephesh ḥayyah, 직역하면 '생령生靈'이라는 뜻이다.

16 tanninim, 혹은 바다 괴물이다.

져 알을 낳게 하라!"

23 밤이 지나고 새벽이 오자 이는 다섯째 날이었다.

24 하느님께서 "땅은 가축과 길짐승과 들짐승 따위의 동물이 번
성하게 하라!"고 말씀하시자 과연

25 들짐승과 가축, 그리고 길짐승[17]이 생겨났다. 각각은 모두 하느
님께서 만드셨다. 이것들이 하느님께서 보시기에 매우 좋았다.

26 다음으로 하느님께서 말씀하셨다. "이제 나[18] 자신의 형상을
따라 나의 모양대로 사람을 만들 것이다![19] 나는 사람으로 바
닷속의 물고기, 공중의 새, 그리고 모든 가축과 들짐승[20]과
길짐승을 다스리게[21] 할 것이다!"

27 그리하여 하느님은

자신의 형상을 취해 사람을 만드셨다.

남자와 여자는 모두

---

17 remes, 뱀, 도마뱀, 곤충, 지렁이 등을 총칭한다. 옛 번역의 '곤충'은 옳
지 않다.

18 원문은 복수형이다. 뿐만 아니라 '하느님elohim'도 복수 명사다. '우리'라고
해석하면 하느님과 하늘의 천사들을 가리킨다. 역시 뜻이 통한다.(국역본
에서는 일반적으로 '우리'라고 번역하고 있다.—옮긴이)

19 사람의 형상zelem이 하느님으로부터 온 것은 사람이 다른 생물과는 달리
지혜, 의지 등의 품성을 하느님과 함께 나눌 수 있음을 상징한다.

20 옛 번역에는 '들짐승'이 '땅'으로 표기되어 있다. 이 번역은 예루살렘 역본
을 따랐다.

21 옛 번역은 "관리하게"이나, 옳지 않다.

창세기, 인문의 기원

그의 모양을 따랐다.

28 하느님은 사람에게 복을 내리며 말씀하셨다. "자녀를 낳고 기르라. 자자손손이 온 사방에 가득하게 하라. 대지를 정복하라! 나는 너희로 하여금 물속의 물고기와 공중의 새와 땅 위에서 걷는 동물들을 다스리게 할 것이다."

29 또 말씀하셨다. "보아라, 나는 대지가 산출한 오곡과 나무 위에 열린 과실을 모두 너희에게 주어 너희의 양식으로 삼았다.

30 하지만 나는 새와 걷는 짐승, 기는 벌레 들에게는 푸른 풀과 연한 잎사귀를 먹도록 했다."[22]

31 모두 하느님의 소원대로 실현되었다. 이렇게 만드신 모든 것이 하느님께서 보시기에 참 좋았다.[23] 밤이 가고 새벽이 오니 이는 여섯째 날이었다.

2장

1 이렇게 천지만물이 모두 창조되었다.

2 일곱째 날 창조는 끝났고 하느님은 쉬셨다.

---

22 사람과 짐승이 평화롭게 공존하며, 육식을 하는 사람이나 짐승이 없던 황금시대를 말한다. 「창세기」 9:3 참조.
23 「창세기」 1장에는 '좋았다'는 표현이 총 7번 나온다.

3 그는 일곱째 날에 복을 주시어 이날을 거룩한 날로 정하셨다.[24] 이는 하느님께서 창조를 마치시고 이날 휴식하셨음이다. 이것이 바로 천지의 시작이며 세계의 내력이다.[25]

에덴동산

4 야훼 하느님[26]께서 처음 천지를 만드셨을 때,

5 대지는 아득했고 초목은 전혀 없었다. 왜냐하면 야훼께서 일찍이 비를 내리신 적이 없었고, 땅을 개척하고 경작할 사람도 없었기 때문이다.

6 그 거대한 황무지를 적시는 것은 오로지 지하에서 솟아나는 샘물[27]뿐이었다.

7 야훼께서 땅 위의 진흙을 취해 사람을 만드시고 그의 코에 생

---

24 안식일shabbath을 말한다. 후에 하느님은 시나이 산에서 모세를 통해 이스라엘 백성에게 이날을 "나와 너희 사이의 언약의 표징"이라고 선포했다. 「출애굽기」 31:12 참조.

25 「창세기」 5:1과 연결된다. 이 절에서 3:24까지는 연원이 다른 평행 조각이다.

26 하느님의 이름이 처음 성경에 등장하는 대목이다. 'YHWH'라고 표기하며, '야훼yahweh'라고 읽는다. 통설에는 이 이름이 고대 히브리어의 어근 hwh에서 왔다고 한다. 본래 '존재하다在, 있다有, 살아 있다生'를 뜻한다.

27 'ed, 혹은 '물안개'라고도 한다.

기를 불어넣자 아담이 영혼을 얻어 살아났다.[28]

8 이어서 야훼 하느님께서는 동방의 에덴에 동산[29]을 마련해 새
   로 만든 사람에게 주어 살도록 했다.

9 또한 땅에서 온갖 보기 좋은 나무가 자라게 하고 먹을 수 있
   는 과일을 가득 맺게 했다. 동산 한가운데는 생명나무와 선악
   을 알게 하는 지혜의 나무가 자랐다.

10 에덴에서 한 줄기의 강이 발원하여 그 동산을 적시고, 거기서
   부터 네 줄기로 갈라졌다.

11 첫째 강은 비손으로 하윌라[30] 전체를 지나는데,

12 그곳에서는 양질의 황금이 생산되었고, 브돌라와 홍옥수[31]도
   많이 났다.

13 둘째 강은 기혼[32]으로 구스[33] 전체를 지났다.

---

28 흙을 뭉쳐 ʾadamah 사람을 만들어 ʾadam, 아담 ʾadam이라는 이름을 붙였다.
29 gan, 칠십인역에는 paradeisos라고 표기되어 있다. 후세 사람들이 천
    당, 낙원을 일컫는 바로 그 단어다. 에덴 ʿeden은 본래 '풍성하여 보기 좋다'
    는 뜻이다.
30 ḥawilah, 아라비아를 가리킨다.
31 shoham, 보석의 일종으로 추정된다.
32 giḥon, 예루살렘 성에 흐르는 물의 발원지와 이름이 같다. 이곳은 솔
    로몬 왕이 기름 부음을 받고 왕위를 계승한 곳이기도 하다. 「열왕기상」
    1:38 참조.
33 kush, 이집트 이남 지역이다. 지금의 수단, 에티오피아, 예멘 일대를 말
    한다.

알렉상드르 카바넬, 「에덴동산에서 쫓겨나는 아담과 이브The Expulsion of Adam and Eve from the Garden of Paradise」, 1867

14 셋째 강은 티그리스[힛데겔]로 아시리아[앗수르]34 동쪽으로 흘
   렀고, 넷째 강은 유프라테스였다.35

15 야훼 하느님께서는 아담을 에덴으로 데려와 동산을 정비하고
   가꾸도록 했으며,

16 이와 같은 금령을 내리셨다. "동산의 나무 열매는 무엇이든
   네 마음대로 따먹어라.

17 다만 선악과 지혜의 나무36에 열린 열매는 먹지 말라.37 먹었
   다간 반드시 그날로 죽게 될 것이다!"

18 야훼 하느님께서 다시 말씀하셨다. "아담 혼자 외로이 있는
   것이 보기 좋지 않으니, 그에게 어울리는 짝38을 지어주어야
   겠다."

19 하느님은 진흙으로 만든 날짐승과 길짐승을 아담 앞으로 데려
   와 그에게 이름을 짓도록 했다. 모든 동물이 아담의 입을 통

---

34 'ashshur, 지금의 이라크 북부에 위치했던 두 개의 강 유역의 고대 국가.
35 이 조각은 에덴동산의 신성함을 설명하기 위해 삽입되었으나, 에덴동산
   의 지리적 묘사는 정확하지 않다.
36 옛 번역은 '선악을 분별하는 나무'이나, 확실하지 않다.
37 선악을 분별하는 일에는 반드시 완전한 도덕적 독립 혹은 자유의지가 필
   요했다. 이 일은 신의 특권이며 인류가 넘볼 수 없었다. 「창세기」 3:22 때
   문에 '금지된 과일'이라고 불렸다.
38 kenegdo, 뒤에서(「창세기」 3:16) 하느님이 저주하신 것과 같은 주종관계
   는 아니다.(국역본은 일반적으로 거들거나 돕는다는 의미로 번역하고 있
   다.—옮긴이)

해 이름을 얻었다.

20 그러나 날짐승과 길짐승의 이름을 다 짓고 나서도 아담은 자신에게 어울리는 짝을 보지 못했다.

21 그리하여 야훼께서는 아담을 깊이 잠들게 했다. 그가 잠들었을 때, 야훼께서는 그의 갈빗대 하나를 떼어낸 뒤 그 자리를 살로 메웠다.[39]

22 야훼께서는 아담에게서 취하신 그 갈빗대로 여자를 만들어 아담에게 데려다놓았다.

23 아담이 말하길,

"마침내 찾았구나, 나의
뼈 중의 뼈, 살 중의 살을!
남자에게서 나왔으니
'여자'라 칭하리라."[40]

24 이리하여 남자는 부모를 떠나 아내를 그리워하며, 그녀와 한 몸이 되었다.

---

39 살basar은 「창세기」 2:24에 나오는 부부가 결합한 육체를 말한다. 인간의 생명에 주어진 '영'과 대조되는 개념으로, 인성의 연약함을 나타낸다.
40 쌍관어다. 원문의 '여자'ishshah'와 '남자'ish'는 같은 어원에서 나왔다.

3장

금지된 과일

1 아담과 그의 처는 벌거벗었으나[41] 부끄러움이 없었다. 야훼 하느님께서 지으신 들짐승 중, 뱀이 가장 교활했다.[42] 뱀이 여자에게 물었다. "하느님께서 진정 이 동산에 있는 모든 나무 열매를 먹지 말라고 했느냐?"

2 여자가 대답했다. "이 동산에 있는 모든 실과를 우리가 먹을 수 있으나,

3 동산 중앙에 있는 저 나무의 실과는 하느님 말씀에 '먹지도 말고 만지지도 말라, 그렇지 않으면 너희는 반드시 죽게 될 것이다!' 하셨다."

4 그러자 뱀이 말했다. "그럴 리가, 너희는 죽지 않을 것이다![43]

5 물론 하느님께서 모르실 리 없겠지만, 너희가 일단 그 과실을

---

41 '벌거벗다`arummim'는 다음 절에 나오는 '교활`arum'과 독음이 비슷하다. 또한 이 구절은 두 사람이 금지된 과일을 먹고 수치심을 느끼는 「창세기」 3:7과 호응한다.

42 후세 사람들은 뱀naḥash을 하느님과 인류의 적수인 사탄으로 해석했다. 외경 「지혜서」 2:24 참조.

43 과연 아담과 하와는 죽지 않았다. 하지만 그들은 에덴동산을 관리하는 직분과 영생을 박탈당했다. 「창세기」 3:19 참조.

먹으면 눈이 열려 하느님처럼 선과 악을 판단할 수 있게 될 것이다."

6 여자가 그 나무의 과실을 보니, 아름답기도 하고 보기에도 좋아 정말로 사람에게 지혜를 줄 것 같았다! 결국 참지 못하고 하나를 따서 먹은 뒤, 옆에 있던 남편에게도 하나를 건넸다.

7 과실을 먹자 두 사람은 눈이 밝아져 자신들의 벌거벗음을 알게 되었다.[44] 그들은 황급히 무화과 나뭇잎을 엮어 허리에 둘렀다.

8 저녁 무렵, 야훼 하느님이 동산으로 들어오는 발자국 소리가 찬바람을 타고 들려왔다. 그들은 급히 나무숲 사이로 숨었다.

9 야훼께서 아담을 불렀다. "아담아, 어디 있느냐?"

10 아담이 대답했다. "당신께서 동산으로 들어오시는 소리를 듣고 벌거벗은 몸이 부끄러워 숨었습니다."

11 야훼께서 물었다. "너의 벌거벗음을 누가 알려주더냐? 설마 내가 너희더러 먹지 말라고 한 과실을 먹은 것이냐?"

12 아담이 말했다. "당신께서 저에게 배필로 주신 여자가 그랬습니다.[45] 그녀가 제게 과실을 주기에 먹고 말았습니다."

---

44 정욕이 낙원을 망가뜨렸다. 그러나 죄는 아담과 하와가 하느님의 계명을 지키지 않기 때문에 생겨났다. 불순종의 근원은 자만에 있었다. 이에 자만은 '일곱 가지 죄' 가운데 으뜸이 되었다.

13 야훼께서 곧 여자에게 물었다. "어찌하여 그랬느냐?" 여자가
   대답했다. "뱀에게 속아 먹고 말았습니다."

14 그리하여 야훼 하느님은 뱀에게 말씀하셨다. "네가 이렇듯 악
   행을 저질렀으므로

   모든 가축과 들짐승 가운데

   오로지 너에게만 저주를 내린다.

   원래 뱀에게는 다리가 있었으나, 지금부터 뱃가죽으로 기어다니
   게 될 것이고,

   평생 흙을 먹을지니라.

15 여자와 너는 평생 적이 되고

   너희는 자자손손 서로 원수가 될 것이다.

   사람[46]이 너의 머리를 때려 짓이길 것이고

   너는 그의 발꿈치를 물어 상하게 할 것이다."

16 그리고 여자에게 말씀하셨다.

   "나는 너에게 출산의 고초를 갑절로 더하여

   아이를 낳을 때 참을 수 없이 고통스럽게 할 것이다!

   그럼에도 너는 남편에게 의지해야 하며

---

45 인류의 첫 번째 거짓말이자, 책임 회피다. 실제로는 뱀이 여인에게 금지된
   과일의 효능을 말할 때, 아담도 옆에서 듣고 있었다. 「창세기」 3:6 참조.
46 이 구절의 '사람'은 원문에서는 '그것', 칠십인역에서는 '그'라고 되어 있
   다. 모두 여인의 후손을 가리키며, 최후의 승자다.

남편을 너의 주인으로 섬겨야 할 것이다."[47]

17 마지막으로 하느님께서 아담에게 말씀하셨다. "너는 아내의
말에 넘어가 내가 먹지 말라고 한 과실을 먹었으므로
너로 인해 이 땅이 저주를 받으리라!
지금부터 너는 평생 고되게 일해야만
겨우 배를 채울 수 있을 것이다.

18 네가 먹을 것을 구하러 가는 곳마다
가시와 잡초가 무성해질 것이다.

19 흙으로 돌아갈 때까지 줄곧
얼굴 가득 땀을 흘려야만 겨우 먹을 것을 얻을 수 있을 것이다.
너는 본디 흙으로 지어졌으므로,
결국 흙으로 돌아가리라."[48]

20 아담은 아내에게 하와[49]라는 이름을 지어줬는데, 이는 그녀가
모든 살아 있는 백성의 어머니이기 때문이었다.

21 야훼 하느님은 아담 내외를 위해 두 벌의 가죽옷을 지어 입히
셨다.

---

47 옛 번역은 "다스리다"이나, 정확하지 않다.
48 사람이 영생할 수 없음을 가리킨다. 기독교의 원죄설이 여기서 나왔다.
「로마서」5장 참조.
49 ḫawwah, 풀어 해석하면 '살아 있다bayah'는 뜻이다. 아람어 'hewya'(뱀)'와
독음이 비슷하다. 작명은 주인 혹은 가장의 권리였다.

22 그러고 나서 이렇게 선언하셨다. "보라, 사람이 이미 우리와 다를 바 없이 선과 악을 판단하게 되었다. 만약 그들이 재차 손을 뻗어 생명나무의 열매까지 먹는다면 그들은 영생하게 될 것이다!"

23 그리하여 야훼께서는 사람을 에덴에서 쫓아내, 그들로 하여 금 땅을 갈고 흙에서 생계를 궁리하도록 했다.[50]

24 그 후 에덴 동쪽에 머리를 쳐들고 날개를 펼친 신의 짐승[51]과 공중을 돌며 춤추는 불칼을 보내, 생명나무로 가는 길을 막았다.

카인

4장

1 아담과 그의 아내 하와가 서로를 알고[52] 나니 하와가 임신하

---

50 구원을 받아 천당으로 다시 돌아갈 때까지를 말한다. 이 이야기는 후에 '원죄'의 유래로 해석되고 있다. 「로마서」 5:12 이하 참조.

51 keruḇim, 바빌로니아 신화에서 기원했으며, 옛 번역은 '그룹 천사'이 다.(일부 국역본은 고유명사 그대로 거룹, 그룹 등으로 적고 있다.—옮긴 이)

52 yaḏaʿ, '동침하다'의 완곡한 표현이다.

여 카인을 낳았다. 하와는 말했다. "야훼께서 돌보시어[53] 내
가 사내아이를 낳았구나!"[54]

2 후에 아이를 한 명 더 낳았으니, 카인의 동생인 아벨이었다. 아
벨은 양을 치는 목자, 카인은 밭을 가는 농부가 되었다.[55]

3 하루는 카인이 밭에서 거둔 소산을 제물로 삼아 야훼께 바
쳤다.

4 아벨 또한 양 떼 가운데 갓 태어난 가장 살지고 부드러운 새
끼 양을 골라 바쳤다. 야훼께서는 아벨과 그의 양은 받았지만

5 카인과 그의 제물은 받지 않았다.[56] 카인은 크게 화가 나 안
색이 어두워졌다.

6 야훼께서 카인에게 물으셨다. "너는 왜 어두운 얼굴로 화를
내느냐?

7 네가 옳은 일을 행하면 당연히 너의 제물을 받을 것이며[57] 네

---

53 직역하면 "야훼와 함께 있다"는 뜻이다.
54 '낳다qanithi'는 '카인qayin'과 독음이 유사하다. 아들을 '남자ʾish'라고 칭하
므로 여자가 남자로부터 나왔다는 견해를 뒤집었다. 「창세기」 2:23 참조.
55 문명시대의 도래. 「창세기」 4:14의 서술대로 당시는 이미 가족, 부락 간의
원한에 의한 살해가 존재했다.
56 하느님이 토지의 소출을 받지 않은 것은 제사와 관련이 있다. 농사일은
목축에 비해 토지에 대한 의존도가 훨씬 더 높다. 하지만 신이 매년 풍년
을 허락하지는 않는데, 이는 마치 농부의 제물을 트집 잡거나 토지를 저
주한 것처럼 보인다. 「창세기」 3:17 참조.

가 그릇된 일을 행하면 죄[58]가 너의 집 입구에 엎드려 호시탐탐 기회를 노릴 것이다. 네가 그것을 다스릴 수 있는지 지켜보겠다!"[59]

8 카인이 동생 아벨에게 말했다. "들에 나가 잠깐 걷자꾸나!"[60] 들에 나오자 카인은 갑자기 동생에게 달려들어 그를 죽였다.[61]

9 야훼께서 카인에게 물었다. "네 동생 아벨은 어디 있느냐?" 카인이 대답했다. "제가 그의 보호자도 아닌데, 어떻게 알겠습니까!"

10 야훼께서 말씀하셨다. "너는 무슨 짓을 했느냐? 네 아우의 피가 땅에서 나에게 울부짖고 있다!

11 네 손에서 동생의 피가 떨어져 그 피가 땅의 벌어진 입속으로 흘러들었다. 네게 큰 저주가 임했느니라![62]

---

57 '받다se'eth'의 원래 뜻은 '(얼굴, 머리를) 들다'인데, '인정하다' '돌보다'라는 뜻으로 바뀌었다. 「민수기」 6:26 참조.(이에 따라 국역본에서는 '얼굴을 들다' '낯을 들다' 등으로 번역하고 있다.—옮긴이)

58 성경에서 '죄ḥaṭṭā'th'라는 단어가 처음으로 등장한 대목이다. 죄를 굶주린 야수에 비유하고 있다.

59 이 구절은 원문에 오류가 있어 역본들 간의 내용이 일치하지 않는다.(국역본도 '너는 그 죄에 굴레를 씌워야 한다'(『공동번역』) 혹은 '죄가 너를 원하나 너는 죄를 다스릴지니라'(『개역개정』) 등 판본마다 다르게 적고 있다.—옮긴이)

60 원문에는 이 구절이 빠져 있어, 칠십인역을 참고하여 보충했다.

61 인류의 첫 번째 살인이다. 「요한의 첫째 편지」 3:12 참조.

12 네가 아무리 땅을 일궈도, 대지는 더 이상 너에게 소출을 내지 않을 것이다. 너는 어디로든 떠나 유랑하라!"

13 그러자 카인이 야훼께 빌었다. "이렇게 무거운 벌은 감당할 수 없습니다.

14 오늘 당신께서 제게 이 땅을 떠나라 하시니, 앞으로 저는 당신을 피해 숨어 지내야 합니다. 저는 돌아갈 집도 없는 유랑자가 되었으니, 저를 만나는 자는 누구든 저를 때려죽이려 할 것입니다!"[63]

15 야훼께서 말씀하셨다. "그렇지 않다. 카인을 죽인 이는 일곱 배로 목숨을 물어야 할 것이다." 말씀을 마친 후 카인의 이마에 표식을 남겨 그를 만나는 사람마다 감히 그를 죽이지 못하게 하셨다.[64]

16 이리하여 카인은 야훼께 작별을 고하고, 에덴 동편의 '놋'[65]이라는 곳으로 떠났다.

---

62 사람의 피로 땅에 제사를 지내는 것은 고대 근동의 생식 신화를 빌린 것이다.

63 유랑자는 살해당해도 원수를 갚을 가족이 없기 때문에, 그를 죽인 자는 목숨을 걱정할 필요가 없었다.

64 카인이 받은 표식은 당시 카인 부락의 토템으로, 친족의 복수를 경고하는 의미를 지녔다.

65 nod, '유랑하다'라는 뜻으로, 유랑자[nad] 카인의 고향이다.

카인의 족보

17 카인과 아내가 서로를 알자[66] 아내는 임신하여 에녹을 낳았다. 후에 카인은 성을 세워 그 성에 아들의 이름을 붙였다.[67]

18 에녹은 이랏을 낳았고, 이랏은 므후야엘을 낳았으며, 므후야엘은 므두사엘을, 므두사엘은 라멕을 낳았다.[68]

19 라멕에게는 두 명의 아내가 있었는데, 한 사람은 아다, 다른 한 사람은 실라였다.

20 아다는 야발을 낳았는데, 그는 천막에 거주하는 유목민의 조상이었다.

21 야발의 동생은 유발로, 그는 수금과 피리를 연주하는 악사의 조상이었다.

22 실라는 두발카인을 낳았는데, 그는 구리와 철을 다루는 장인의 조상이었다.[69] 두발카인에게는 나아마[70]라는 여동생이 있

---

66 '동침하다'를 에둘러 표현한 말이다. 「창세기」 4:1과 같다.

67 이 족보에 의하면, 카인이 평생 동안 유랑한 것은 아니다. 오히려 그는 인류의 첫 번째 성을 만들어 그곳에 정착했고 카인의 후손은 그곳에서 번성했다. 그들은 목축, 대장일, 음악, 매춘을 창안했다.

68 이 구절은 아래 아담의 족보 중 케난에서 라멕까지(「창세기」 5:12 이하)의 기술과 중복된다. 인명의 표기와 출현 순서가 조금 다를 뿐이다.

69 원문에는 '조상'이라는 단어가 없지만, 아람어 역본에 근거해 보충했다. 셈 족 언어로 '카인qayin'은 '철을 다루는 장인'이라는 뜻이다.

었다.

23 라멕은 두 아내에게 말했다.

　"아다여, 실라여, 잘 듣거라.

　나 라멕이 그대들에게 할 말이 있다.

　누군가 내게 상처를 입혀, 내가 그를 죽였다.

　또 어떤 사내가 내 기분을 언짢게 하여, 내가 그를 베었다!

24 카인을 죽인 죗값은 일곱 목숨이지만

　나 라멕을 죽인 죗값은

　일흔일곱 목숨이다!"[71]

셋의 족보

25 아담이 아내와 다시 서로를 알게 되었다. 아내가 아들을 낳자
　이름을 셋이라 하였다. 그녀가 "하느님께서 또 내게 자식을
　베풀어주셔서[72] 카인이 죽인 아벨을 대신하게 하셨다!"고 말
　했기 때문이다.

70　na`amah, 원래 뜻은 '귀여움'이다. 아람어 역본에 의하면, 신을 모시는
　　사당 기녀의 조상이다.
71　고대가요로, 마지막 구절은 추장 라멕의 용맹을 나타낸다.
72　'은혜를 베풀다shath'와 '셋sheth'은 발음이 유사하다.

26 셋은 사내아이 한 명을 낳았고, 이름을 '에노스'라 지었다.[73]
그때부터 인류는 야훼라는 거룩한 이름을 부르기 시작했다.[74]

아담의 족보

5장

1 아담의 족보는 다음과 같다.[75] 당초 하느님은 자신의 형상[76]대로 사람을 만드셨다.

2 남자와 여자는 모두 그의 창조물이다.[77] 창조를 마치신 후 그는 사람에게 복을 베푸시며 이름을 아담이라 지으셨다.

3 아담은 130세에 자신과 매우 닮은 아들을 한 명 얻어[78] 이름을 셋이라 지었다.

4 그 후 800년 동안 자녀를 낳고 기르다가

---

73 '에노스enosh'는 인류라는 뜻이다. 셋이 아담의 진정한 후손임을 암시한다.
74 하느님께 기도를 하고 예배를 드렸다는 뜻이다. 거룩한 이름이 탄생하게 된 또 다른 견해에 대해서는 「출애굽기」 3:14 참조.
75 「창세기」 2:4에서 연결된다. 카인의 족보는 창세와 6장 홍수 사이의 역사를 연결한다.
76 옛 번역은 '모양'이나, 알맞지 않다.
77 「창세기」 1:26의 주석 참조.
78 하느님의 형상은 대대로 전해 내려오면서 인성의 일부분이 되었다.

5 930세에 세상을 떠났다.

6 셋은 105세에 에노스를 낳았다.[79]

7 그 후 807년간 자녀를 낳고 기르다가

8 912세에 세상을 떠났다.

9 에노스는 90세에 케난을 낳았고

10 그 후 815년간 자녀를 낳고 기르다가

11 905세에 세상을 떠났다.

12 케난은 70세에 마할랄렐[80]을 낳았고

13 그 후 840년간 자녀를 낳고 기르다가

14 910세에 세상을 떠났다.

15 마할랄렐은 65세에 야렛을 낳았고

16 그 후 830년간 자녀를 낳고 기르다가

17 895세에 세상을 떠났다.

18 야렛은 162세에 에녹[81]을 낳았고

19 그 후 800년간 자녀를 낳고 기르다가

20 962세에 세상을 떠났다.

---

79 칠십인역에 의하면 셋은 하느님께 예배를 드린 최초의 인간이다. 「창세기」 4:26 참조.
80 mahalal'el, 앞서 카인의 족보에 나온 므후야엘mehuya'el과 동일 인물이다.
81 ḥanok, 카인의 족보에는 카인의 아들, 이랏의 아비로 등장한다.

21 에녹은 65세에 므두셀라[82]를 낳았고

22 그 후 300년간 하느님과 동행하며[83] 자녀를 낳고 길렀다.

23 에녹은 365세[84]가 되어서도 여전히 하느님과 동행하다가

24 훗날 갑자기 사라졌는데, 이는 하느님께서 데려가신 것이다.[85]

25 므두셀라는 187세에 라멕을 낳았고

26 그 후 782년간 자녀를 낳고 기르다가

27 969세에 세상을 떠났다.[86]

28 라멕은 182세에 아들을 낳고

29 이름을 노아라 지으며 말했다. "야훼께서 대지에 저주를 내리셨으므로 우리는 쉴 새 없이 두 팔을 움직여도[87] 고생을 그칠 수 없게 되었다. 그러나 이 아이가 우리에게 위안[88]을 줄 것이다."

30 그 후 595년 동안 자녀를 낳고 기르다가

---

82 methushellaḥ, 카인의 족보에 나오는 므두사엘methushaʾel이다.

83 하느님의 사랑을 받는 의인을 비유한다. 「창세기」 6:9 참조.

84 고대 이집트 태양력에서 1년의 날짜 수와 같다. 완벽한 아름다움을 상징한다.

85 선지자 엘리야처럼 살아서 하늘로 올라갔다. 「열왕기하」 2:11 참조.

86 성경에서 가장 오래 산 사람이다. 옛 사람들은 장수한 조상을 더 존경했다. 이는 생식에 대한 숭배에서 근원한 것이다. 「창세기」 6:3 참조.

87 옛 번역은 "일하다"이나, 옳지 않다.(일부 국역본은 "일하다"로 번역하고 있다.—옮긴이)

88 '위안niḥam'은 '노아noaḥ'와 발음이 유사하다. 하느님이 은혜를 베풀어 특별히 노아에게 새로운 인류의 대를 잇게 하리라는 예언이다. 혹은 노아가 포도를 제배해 술을 빚게 될 것을 가리킨다. 「창세기」 9:20과도 통한다.

31 777세에 세상을 떠났다.[89]

32 노아가 500세가 되었을 때 세 명의 자식이 있었으니 셈, 함, 야벳이었다.[90]

신의 아들

6장

1 땅 위에 인구가 나날이 증가하여, 집집마다 딸들이 태어났다.

2 신의 아들[91]들이 사람의 딸들의 아름다움을 보고, 잇따라 그녀들을 아내로 맞아들였다.

3 야훼께서는[92] "사람은 육체에 속하니 나의 영이 영원히 육체와 함께하지 못할 것이다. 사람의 수명을 줄이는 것이 나으니, 120세를 한계로 삼을 것이다" 하고 말씀하셨다.[93]

---

89 '777'이라는 숫자는 완벽을 상징한다.

90 「창세기」 6:5과 연결된다.

91 '신의 아들bene'elohim', 즉 천사를 가리킨다.

92 이 구절의 삽입은 생식에 대한 숭배(세상의 여인을 섬기는 신의 아들들)와 영웅의 시대를 악으로 선포하는 것이다.

93 이 규정은 족장 시대의 말기(「창세기」의 결말 부분)에 실행되었다. 요셉은 110세에 죽었다. 「창세기」 50:26 참조.

4 이때부터 세상에는 느빌림[네피림]이 생겨났다.[94] 그들은 신의
   아들들과 사람의 딸들 사이에서 태어났으며 옛날부터 이름
   높은 용사였다.

방주

5 야훼께서 인류가 사악하여 온종일 마음에 악한 계획을 품고
   있는 것을 보시고
6 결국 사람을 지어 세상에 둔 것을 무척 후회하셨다. 하느님은
   슬퍼하며 말씀하셨다.
7 "나는 내가 만든 사람을 짐승, 새, 길짐승과 함께 전부 대지
   에서 없애버리려 한다. 애초에 그것들을 만들지 말았어야 했
   다!"[95]
8 그러나, 노아만은 야훼의 눈에 들어 은혜를 입었다.[96]

---

94 nephilim, '거인'이라는 뜻이다. 느빌림의 사적은 여러 나라의 신화에
    자주 등장한다.
95 이하의 홍수와 방주 이야기는 두 개의 다른 서사적 전통으로 뒤섞여 있
    다. 때문에 이야기가 중복되거나 일치하지 않는 부분이 많다. 하지만 여
    기서 일일이 밝히지는 않겠다.
96 '은혜hen'를 거꾸로 읽으면 '노아'의 독음과 비슷하다. 「창세기」 5:29 주석
    참조.

9 노아의 사적은 이러하다. 노아는 정직한 사람으로, 당시 유일
하게 완전한 사람이어서 늘 하느님과 동행했다.[97]

10 노아에게는 세 아들이 있었으니, 그들은 셈, 함,[98] 야벳이었다.

11 세상은 사악하고 대지는 난폭함으로 가득 차 있었다.

12 하느님께서 세상을 내려다보시니, 모든 것이 뿌리부터 부패해
있었다.

13 이에 노아에게 말씀하셨다. "나는 이미 결정했다. 모든 살아
있는 것의 종말이 다가왔다. 인류가 대지를 난폭한 행실로 가
득 채웠으므로, 나는 그들과 대지를 멸망시키려 한다!

14 너는 어서 잣나무를 구해 방주를 만들어라. 내부에는 칸막이
를 치고, 안팎으로는 역청을 발라라.

15 방주의 규격은 다음과 같다. 길이는 300규빗, 너비는 50규빗
으로 하고 높이는 30규빗으로 하라.[99]

16 지붕으로부터 1규빗 떨어진 곳에 창을 내고, 옆면에는 문을
내라. 선실은 상중하 3층으로 나누어라.

17 들어라, 나는 홍수로 온 땅을 뒤덮을 것이다! 하늘 아래 모든

---

97 노아는 하느님의 사랑을 받는 자였다. 「창세기」 5:22 주석 참조.
98 이어지는 내용에 따르면, 함은 노아의 막내아들이다. 「창세기」 9:24 참조.
99 1규빗'ammah은 45.7센티미터다. 그러니 방주의 크기는 대략 길이 137미터,
    너비 23미터, 높이 14미터다. 60진법을 따르는 신의 계산에 의하면, 길이
    는 60×5 규빗, 높이는 60÷2 규빗, 용적은 (60³×2)+(60²×5) 규빗이다.

숨 쉬는 것은 하나도 남김없이 멸망할 것이다.

18 그러나 나는 너와 언약[100]을 맺으려 한다. 너는 네 처자식과 며느리 들을 데리고 방주에 올라라.

19 동물들도 종마다 암수 한 쌍을 골라 너와 함께 방주로 데리고 올라가 생명을 보존케 하라.

20 날짐승과 길짐승, 그리고 벌레도 한 쌍씩을 골라 그것들이 멸종을 면하도록 하라.[101]

21 그리고 온갖 양식을 준비하고 잘 저장하여 너희와 동물들의 식량과 먹이로 삼아라."

22 노아는 하느님의 지시에 따라 모든 일을 처리했다.

7장

1 마침내 야훼께서 노아에게 지시하셨다. "네 가족을 데리고 방주로 올라라. 내가 보니 오늘날 세상에 의인은 너 한 사람뿐이다.

2 정결한 동물은 일곱 쌍을 태우고, 정결하지 않은 동물은 한

---

100 berith, 불평등한 주체 간의 언약. 하느님이 노아와 그의 자손들에게 약속한 은혜를 말한다.
101 무고한 동물들도 대지와 마찬가지로 인류가 행한 악행에 연루되었다.

쌍을 태워라.[102]

3 그리고 날짐승은 종마다 암수 일곱 쌍을 태워, 그것들이 세상에 남아 번식할 수 있도록 하라.

4 이레가 지나면 나는 40일 밤낮으로 큰비를 내려, 내가 지은 모든 생명을 대지에서 소멸시킬 것이다!"

5 노아는 야훼의 명령에 따라 모든 일을 처리했다.

6 노아가 600세가 되던 해 큰 홍수가 온 땅을 덮었다.

7 노아는 처자식과 며느리를 데리고 방주로 몸을 피했다.

8 새와 짐승, 뱀과 곤충 등 정결한 동물과 정결하지 않은 동물은

9 모두 하느님의 명대로 암수 짝을 지어 노아를 따라 방주에 올랐다.

10 이레가 지나자 대지는 망망대해가 되었다.

11 그날은 노아가 600세 되던 해, 2월 17일이었다. 지하의 심연이 갑자기 붕괴되자 어마어마한 샘물이 터져나왔다. 하늘의 수문도 모두 열렸다.[103]

12 큰비가 40일 밤낮을 그치지 않고 억수같이 내렸다.

---

102 정결한 동물과 정결하지 않은 동물에 대한 상세한 설명은 「레위기」 11장을 참조하라.
103 「창세기」 1:7 주석 참조.

13 그날 노아와 그의 세 아들 셈, 함, 야벳이 방주에 올랐고, 노아의 처와 세 며느리도 같이 방주에 올랐다.[104]

14 또한 날짐승과 길짐승, 가축과 벌레 들도 무리지어 방주에 올랐다.

15 생명의 기운을 호흡하는 모든 동물이 암수 짝을 지어

16 하느님의 명령대로 노아를 따라 방주에 들어갔다. 문은 야훼께서 잠그셨다.

17 40일 내내 허연 파도가 굽이쳐 방주를 띄웠다.

18 물은 갈수록 더 불어났고, 급류는 방주를 뒤흔들었다.

19 물이 불어나 새카만 구름 아래 모든 산이 잠겼고

20 도도한 물살은 겹겹이 우뚝 솟은 산위로 15규빗이나 더 불어났다.

21 새와 짐승, 뱀과 곤충 등 대지의 모든 동물이 인류와 함께 몰살당했다.

22 콧구멍에 생기를 가진, 육지에 거하는 모든 생명[105]이

23 하나같이 죽음을 면치 못했다. 오직 노아와 방주에 오른 그의 가족 및 동물 들만이 살 수 있었다.

24 홍수는 150일간 맹렬히 계속됐고 육지는 보이지 않았다.

---

104 남자들이 먼저 방주에 오르고, 그다음에 여자들이 올랐다.
105 물에서 사는 생물을 제외한 모든 생명을 가리킨다.

8장

1 하느님께서는 노아와 함께 방주에 있는 동물들을 기억하셨다.
   하느님께서 부드러운 바람을 대지에 불게 하자 물살이 잔잔해
   졌다.[106]

2 지하의 심연과 하늘의 수문이 모두 닫히자 큰비는 위세를 잃
   었다.

3 물의 위세는 점점 약해졌다. 150일이 지난 후

4 7월 17일에 이르자, 방주가 아라랏 산[107]에 멈췄다.

5 큰물이 계속 빠져 10월 1일이 되니, 산봉우리들이 수면 위로
   하나씩 모습을 드러냈다.

6 다시 40일이 지나자, 노아는 방주의 창문을 열어

7 까마귀 한 마리를 날려 보냈다. 까마귀는 이리저리 날았지만
   마른땅을 찾을 수 없었다.

8 노아는 지면의 물이 다 빠졌는지 확인하기 위해 다시 비둘기
   를 날려 보냈다.

9 그러나 비둘기는 망망대해에서 발 디딜 땅을 찾지 못하고 돌

---

106 물 위로 바람ruah이 불자, 창세 이전의 정경으로 돌아갔다. 「창세기」 1:2
     참조.
107 'araraṭ, 지금의 터키 동부, 알바니아와 이란의 경계 부근이다.

아왔다. 노아는 할 수 없이 손을 뻗어 비둘기를 방주 안으로 들어오게 했다.

10 노아는 일곱 날을 더 기다렸다가 다시 비둘기를 방주에서 날려 보냈다.

11 황혼 무렵 비둘기가 돌아왔는데, 부리에는 푸른 감람나무 잎사귀가 물려 있었다![108] 이로써 노아는 물이 거의 빠졌음을 알아차렸다.

12 다시 이레를 기다려 그 비둘기를 날려 보냈다. 이번에는 비둘기가 돌아오지 않았다.

13 노아가 601세가 되던 그해 정월 초하루,[109] 큰물이 빠졌다. 노아는 방주의 지붕을 열고 주위를 둘러보며 말했다. "오, 마른 땅이로구나!"

14 2월 27일이 되자 땅이 모두 말랐다.

15 하느님께서 노아에게 명하셨다.

16 "네 처자식과 며느리를 데리고 방주에서 내려도 된다.

17 너와 함께 방주에 오른 날짐승, 길짐승, 그리고 뱀과 곤충 등 다른 생명도 모두 풀어주어라. 그들을 땅으로 돌려보내 다시

---

108 후세 사람들은 비둘기를 성령, 구속, 화평의 상징으로 여겼다.
109 원문에는 '노아'의 이름이 등장하지 않는다. 칠십인역에 의거해 보충했다.

번식하게 하라!"

18 그리하여 노아는 처자식과 며느리를 데리고 방주에서 나왔다.

19 가축과 날짐승, 길짐승, 벌레도 모두 한 쌍 한 쌍 줄지어 나와
땅을 밟았다.

20 이어서 노아는 야훼를 위해 제단을 쌓고, 정결한 가축과 새를
종별로 한 마리씩 골라 제단 위에서 번제[110]를 드렸다.

21 야훼께서 제물의 향을 맡으시고 매우 흡족하게 여기며 속으
로 생각하셨다. '내 다시는 사람으로 인해 대지를 저주하지
않을 것이다. 설령 그들의 마음이 어려서부터 사악하다 하더
라도, 결코 이번처럼 생명을 멸하지 않을 것이다.

22 대지가 잠기지 않는 한

반드시

봄에 씨를 뿌리고 가을에 거두며,

찬 겨울과 더운 여름,

낮과 밤이

영원히 그치지 않고 번갈아 오리라.'[111]

---

110 번제`olah는 제물의 가죽을 벗긴 뒤 조각을 내어 태운 후 연기로 만들어
신에게 바치는 제사를 뜻한다. 자세한 내용은 「레위기」 1장 참조.
111 하느님은 새로운 자연법칙을 공포했다. 인류의 타락을 이유로 창세의 목
적을 변경하지 않기로 한 것이다.

창세기, 인문의 기원

무지개의 약속

9장

1 하느님께서 노아 부자를 축복하시며 말씀하셨다. "자녀를 낳고 길러 사방에 가득하게 하라.

2 날짐승과 길짐승, 벌레와 물고기 들이 너희를 두려워할 것이다. 모든 것을 너희 수중에 맡기니, 그것들은 너희의 다스림을 받을 것이다.

3 너희는 각종 동물을 먹을 수 있으며, 채소도 모두 너희에게 준다.[112]

4 다만 예외를 둘 것이니, 뭇 생명의 피가 묻은 살은 먹지 말라.[113]

5 다른 이가 너희에게 피를 빚지면, 나는 필히 그것을 돌려받으리라. 짐승이든 사람이든, 형제지간이든, 나는 사람의 목숨을 해하는 자에게서 반드시 그의 목숨을 돌려받을 것이다.

6 사람으로 하여금 피를 흘리게 하는 자,

---

112 하느님이 두 번째로 인류를 축복했다. 이때부터 사람과 동물은 전처럼 평화롭게 공존할 수 없었다. 「창세기」 1:28 이하 참조.

113 생명은 피에 있으며, 모든 생물의 피는 하느님에게 속한 것이기 때문이다.

반드시 다른 이가 그를 피 흘리게 할 것이다.[114]

하느님께서는 사람을

자신의 형상대로 지으셨으니.

7 쉼 없이 낳고 기르라,

자손들로 하여금 사방을 정복하게 하라!"[115]

8 하느님께서는 곧바로 노아 부자에게 명령하셨다.

9 "들어라, 내가 지금 너희와 언약을 맺겠다. 그리고 너희의
자손,

10 너희를 따르던 모든 새와 짐승, 뱀과 곤충, 방주에서 나온 동
물, 대지 위의 뭇 생명과도 언약을 맺겠다.[116]

11 너희에게 말한다. 모든 살아 있는 것은 다시는 멸망하지 않을
것이며, 홍수도 다시는 대지를 파괴하지 않으리라."

12 하느님께서는 또 말씀하셨다. "내가 너희, 그리고 너희를 따르
던 생명들과 맺은 약속을 영원한 징표로 보증한다.

13 보아라, 나는 구름 끝에 활을 걸어 대지와 맺은 약속의 징표
로 삼았다.[117]

---

114 피를 흘린 자의 씨족이나 근친은 그를 위해 피의 복수를 할 수 있었다.
115 원문에는 '정복 redu'이 아닌 '번성 rebu'으로 되어 있다. 그러나 '번성'이
라는 표현은 오역인 듯하다. 칠십인역을 참고하여 수정했다. 「창세기」
1:28 참조.
116 「창세기」 17장에서 하느님과 아브라함이 맺은 할례 언약과 비교해보라.

14 나는 구름으로 땅을 뒤덮을 때마다 구름에 걸린 무지개를 보며

15 너희와 맺은 약속, 모든 생명에게 했던 맹세를 떠올릴 것이다. 홍수로 하늘을 덮어 모든 생명을 멸하는 재난은 다시 일어나지 않으리라.

16 구름 끝에 무지개가 내릴 때마다, 나는 그것을 보고 대지의 살아 있는 모든 것과 맺은 영원한 맹세를 떠올릴 것이다."

17 하느님께서는 노아에게 말씀하셨다. "이것이 바로 내가 천하의 생명과 맺은 약속의 징표다."[118]

노아가 술에 취하다

18 방주에서 내려온 노아의 아들은 셈, 함, 야벳이다. (그중 함은 가나안의 부친이었다.)[119]

19 온 세상의 인류는 노아의 세 아들에게서 나온 후손이다.[120]

20 노아는 본디 농부로, 포도 심는 법을 발명했다.[121]

---

117 활을 뜻하는 'qesheth'는 '무지개'라는 의미도 갖게 되었다. 즉 야훼께서 활을 내려놓고 평화의 언약을 세웠다는 뜻이다.
118 「창세기」 9:28과 연결된다.
119 다음에 나올 노아의 저주에 대한 설명이다.
120 「창세기」 10장에 나오는 '모든 부족의 족보'를 예고한다.
121 술을 빚는 법도 발명했다.

21 하루는 포도주에 잔뜩 취하여 옷을 발가벗고 장막 안에 누워
   있었다.

22 (가나안의 부친인) 함이 아버지의 발가벗은 몸[122]을 보고, 장막
   밖에 있던 두 형에게 알렸다.

23 셈과 야벳은 급히 긴 옷을 가져다 어깨에 걸치고 뒷걸음치며
   장막 안으로 들어와 아버지를 가렸다. 그들은 처음부터 끝까
   지 등을 돌려 아버지의 벗은 몸을 보지 않았다.

24 노아가 술에서 깬 후 막내아들이 자신에게 행한 무례를 알고[123]

25 욕하며 말했다.

   "가나안, 이 망할 녀석!

   그놈은 나중에 형들의

   노예 중의 노예가 될 것이다!"

26 그러고도 화가 풀리지 않아 또 말했다.

   "야훼를 찬미하라, 셈의 하느님을.

   그가 가나안을 셈의 노예로 만드실지어다!

27 하느님께서 야벳의 강대함[124]을 지키시고

---

122 발가벗은 몸`erwah, 즉 다음 구절의 '벗은 몸(부끄러운 곳)'은 성적 금기를
    위반했음을 암시한다.

123 가나안을 노아의 막내아들로 기록한 다른 판본이 있음을 알 수 있다.

124 yapht, 야벳yepheth과 발음이 유사하다.

그로 하여금 셈의 장막에 살도록 하시며

가나안을 그의 노예로 만드실 것이다!"[125]

28 홍수 이후 노아는 350년을 더 살았고

29 950세까지 장수하다 세상을 떠났다.

모든 부족의 족보

10장

1 홍수 이후 노아의 세 아들 셈, 함, 야벳은 각각 자손을 남겼다.[126] 그 족보는 아래와 같다.

2 야벳은 일곱 자식을 낳았으니, 곧 고멜, 마곡, 메대, 야완,[127] 두발, 메섹 그리고 디라스였다.

3 그중 고멜은 세 아들을 낳았으니, 아스그낫과 리밧, 도가르마였다.[128]

---

125 노아의 저주와 축복은 세 아들의 후손에게 적용되었다.
126 천하가 셋으로 나뉘었다. 야벳의 자손들은 북방에, 함의 자손들은 남방과 가나안 지역에, 셈의 자손들은 중앙과 동방에 거주했다. 이러한 분할은 기원전 8세기에서 기원전 7세기까지 이스라엘 사람들의 세계에 대한 인식을 보여준다.
127 일반적으로 그리스인을 가리킨다.
128 모두 소아시아 민족을 가리킨다.

4   야완에게는 네 아들이 있었는데, 엘리사아와 다르싯[달시스], 기띰과 로다님이었다.

5   이들에게서 바다를 낀 지역[129]과 각 섬으로 민족이 갈라져 나 왔다. 이상이 야벳의 후손으로,[130] 각각 자기의 언어와 종족, 국토를 가졌다.

6   한편 함에게는 네 명의 자식이 있었으니 구스,[131] 이집트[미스 라임],[132] 리비아[붓], 가나안[133]이었다.

7   구스에게는 다섯 아들이 있었는데 곧 스바, 하윌라,[134] 삽다 아, 라아마, 그리고 삽드가였으며[135] 라아마에게는 세바와 드 단, 두 아들이 있었다.

8   구스에게는 니므롯[136]이라는 아들이 또 있었는데, 그는 처음 으로 세상을 제패한 용사였다.

9   그는 야훼의 눈에 용감한 사냥꾼이기도 했다. "야훼께서도 인

---

129 지중해를 말한다.
130 원문에는 이 구절이 없다. 「창세기」 20절, 31절에 의거해 보충했다.(국역 본에도 나오지 않는 구절이다.—옮긴이)
131 「창세기」 2:13 주석 참조.
132 옛 번역은 '미스라임'이다.(일부 국역본은 미스라임으로 옮기고 있다.—옮긴 이)
133 kena`an, 팔레스타인의 옛 이름이다.
134 「창세기」 2:11 주석 참조.
135 모두 동아프리카와 아라비아 남부의 민족이다.
136 nimrod, 메소포타미아의 전설에 등장하는 거인이다.

정하시는 니므롯처럼 용감한 사냥꾼"이라는 속담이 이를 증
명한다.

10 니므롯은 시날[137]에 바벨, 에렉, 아깟, 세 개의 성을 포함하는
나라를 세웠다.

11 그 후 아시리아로 북상하여 니느웨, 르호봇(르호보딜), 갈라 등
세 개의 성을 세웠고,

12 왕성王城인 니느웨와 갈라[138] 사이에 레센[139]이라는 성을 세
웠다.

13 이집트에게는 일곱 명의 자식이 있었는데 리디아[루딤], 아남
[아나밈], 르합[르하빔], 납두[납두힘],

14 바드루스[바르두심], 가슬루[가슬루힘], 그리고 갑돌[갑도림]이
다. 갑돌 족은 불레셋의 조상이 되었다.

15 가나안에게는 열한 명의 자식이 있었으니 그들은 장남 시
돈,[140] 차남 헷[141]을 비롯하여

---

137 shin`ar, 바빌로니아의 고대 명칭이다.(국역본에는 시날에 세워진 세 개의 성
외에 '갈네'까지 모두 네 개의 성이 언급된다.—옮긴이)
138 갈라와 니느웨는 차례로 앗시리아 제국의 도성이었다.
139 resen, '말의 고삐'라는 뜻이다. 레센 성은 설형문자의 기록에서 찾아볼
수 없다.
140 zidon, 레바논 남부 항구에 위치한 항구 도시. 고대에는 페니키아의 도
시 중 하나였다.
141 het, 소아시아 민족으로 가나안 북부를 점거했었다. 「창세기」 23장 3절
이하의 구절에서처럼, 가나안의 토착민을 지칭할 때 자주 등장한다.

16 여부스,[142] 아모리,[143] 기르갓,

17 히위, 아르키, 신,

18 아르왓, 스말, 하맛이었다. 가나안의 여러 부족은 후에 널리 흩어졌는데,

19 그 영역은 북으로 시돈에서부터 남으로 그랄(가자 부근)까지, 그리고 동으로는 소돔과 고모라, 아드마와 스보임(라사 부근)까지였다.[144]

20 이상이 함의 자손으로 각각 자기의 언어와 종족, 국토를 가졌다.

21 셈은 야벳의 큰형으로, 에벨 자손의 조상이다.[145]

22 그에게는 다섯 명의 아들이 있었는데 곧 엘람,[146] 아시리아, 아르박삿, 룻,[147] 아람[148]이었다.

---

142 yeḇus, 예루살렘의 옛 이름이다. 기원전 1000년 무렵에 다윗 왕이 이 곳을 정복한 후 수도를 세웠다. 「사무엘하」 5:6 참조.

143 'emori, 가나안 산간지대에 사는 부족을 지칭한다. 「민수기」 13:29 참조.

144 고대 팔레스타인의 국경을 그려볼 수 있을 것이다. 소돔을 비롯한 4개의 성이 있던 곳은 사해 남부 지역이다. 「창세기」 14:2 주석 참조.

145 에벨'eber 자손은 히브리인을 말한다.

146 'elam, 두 개의 강(유프라테스와 티그리스) 유역의 고대 국가로, 지금의 이란 서부에 위치했다.

147 같은 장 13절에 나오는 이집트의 장자와 같은 이름이다.

148 'aram, 시리아의 모든 부족을 통칭한다. 히브리인들은 이들을 친척으로 여겼다. 아래 나홀의 족보 참조. 「창세기」 22:21 참조.

23 그중 아람은 우스, 훌, 게델, 마스 등 네 아들을 낳았다.

24 아르박삿은 셀라를 낳았고, 셀라는 에벨을 낳았다.

25 에벨은 두 아들을 낳았는데, 형은 '분열分裂[벨렉]'[149]이라 불렀
다. 그때부터 인류가 갈라졌기 때문이다.[150] 그리고 동생은 욕
단이었다.

26 욕단에게서 태어난 자식은 알모닷, 셀렙, 하살마윗, 예라,

27 하도람, 우잘, 디클라,

28 오발, 아비마엘, 세바,

29 오빌, 하윌라, 요밥 등 13명으로, 모두 욕단 부족을 이루었다.[151]

30 그 집의 영토는 메사에서 시작해서 동쪽의 스바르라는 산간지
대에 이르렀다.

31 이상이 셈의 자손으로, 각각 자기의 언어와 종족, 국토를 가
졌다.

32 노아의 자손들은 각각 위와 같이 족보에 기록되었다. 홍수 이
후 세상의 모든 부족은 그들의 후손이었다.[152]

---

149 peleg. 옛 번역은 '벨렉'이다.(국역본은 모두 벨렉으로 옮기고 있다.—옮긴이)
150 바벨탑의 혼란으로 언어가 분화된 일을 가리킨다.
151 아라비아의 모든 부족을 말한다. 그중 '하윌라'와 '세바'는 같은 장 7절에
나오는 구스의 자손들과 이름이 같다.
152 단일했던 인류의 종족과 언어가 다양해지고 복잡해진 까닭에 대한 설
명으로, 바벨탑 이야기와 대비를 이룬다.

바벨탑

11장

1 처음에 세상에는 하나의 언어만 있었으며, 인류는 모두 같은 말을 사용했다.

2 후에 동방[153]으로 이주한 사람들은 시날 지역에서 평원[154]을 발견하여 그곳에 정착했다.

3 그들은 서로 상의했다. "자, 우리 벽돌을 빚고 불에 구워 단단하게 만들자! 그리고 손을 움직여 돌 대신 벽돌을 쌓고, 진흙 대신 역청을 바르자."

4 그들은 또 말했다. "자, 높은 탑이 있는 성을 지어 꼭대기가 천국으로 곧장 통하게 하자![155] 이것이 우리 대신 이름을 드날려, 우리가 사방으로 유랑하며 흩어지지 않게 하자."

---

153 miqqeḏem, 인류가 큰 강 동쪽에서 발원했다는 가설에 따라 "그들이 동방으로부터 왔다"고 해석해도 의미가 통한다.

154 즉 유프라테스 강의 충적지에 세워진 바벨론을 말한다. 「창세기」 10:10 주석 참조.

155 바벨론의 7층 지구라트ziggurat는 높이가 90미터나 된다. 이곳은 제사장들이 '하늘에 올라' 신을 참배하던 곳이었다. 그러나 이 구절에서 '천국으로 통하는 탑'은 인류의 교만과 도시 문명의 타락을 상징한다.

5 야훼께서 천국에서 내려와 사람들이 바삐 성과 탑을 세우는
   것을 보시고

6 이처럼 말씀하셨다.[156] "원래 저들은 하나의 민족이었고 하나
   의 언어를 사용했다! 이제 이런 일을 벌이기 시작했으니, 앞으
   로 저들이 해내지 못할 일이 없을까 걱정이다.

7 서두르자, 우리가 내려가 저들의 언어를 흩어 서로가 하는 말
   을 알아듣지 못하게 하자!"

8 야훼께서는 말을 마친 후 성을 쌓는 이들을 각지로 흩어놓았
   고, 성을 쌓는 일도 중단되었다.

9 그 탑이 바벨[157]이라 불리게 된 것은, 야훼께서 그곳에서 인
   류의 언어를 흩어 사람들을 세계 각지로 흩어지게 했기 때문
   이다.

셈의 족보

10 셈의 족보는 다음과 같다.[158] 셈은 100세에 아르박삿을 낳았

---

156 천사들을 향해 한 말이다.
157 babel, '혼란balal'과 소리가 유사하다. 하지만 이 명칭은 실제로 바빌론
     어에서 왔으며, '신의 문bab-ilu'이라는 뜻이다.
158 노아의 족보(「창세기」 10:32) 및 「창세기」 5장에 나오는 아담의 족보에서
     이어진다. 아브람(아브라함)의 족보가 나오기 위한 준비다.

는데, 이는 홍수가 그치고 2년이 지난 뒤였다.[159]

11 그 후 셈은 500년 동안 자녀를 낳고 길렀다.

12 아르박삿은 35세에 셀라를 낳았고,

13 그 후 403년간 자녀를 낳고 길렀다.

14 셀라는 30세에 에벨을 낳았고,

15 그 후 403년간 자녀를 낳고 길렀다.

16 에벨은 34세에 분열을 낳았고,

17 그 후 430년간 자녀를 낳고 길렀다.

18 분열은 30세에 르우를 낳았고,

19 그 후 209년간 자녀를 낳고 길렀다.

20 르우는 32세에 스룩을 낳았고,

21 그 후 207년간 자녀를 낳고 길렀다.

22 스룩은 30세에 나홀을 낳았고,

23 그 후 200년간 자녀를 낳고 길렀다.

24 나홀은 29세에 데라를 낳았고,

25 그 후 119년간 자녀를 낳고 길렀다.

---

159 셈의 나이 100세는 근삿값이다. 노아가 500세 때 이미 셈을 낳았고(「창세기」 5:32) 그의 나이 601세에 홍수가 물러갔다.(「창세기」 8:13) 그리고 다시 2년이 지났으니, 셈의 나이는 적어도 103세여야 한다.

26 데라는 70세가 되던 해에 세 아들이 있었는데 아브람, 나홀,[160] 하란이었다.

데라의 족보

27 데라의 족보는 다음과 같다. 데라에게는 세 아들이 있었는데, 아브람, 나홀, 하란이었다. 하란은 롯을 낳았으나

28 고향인 갈대아 우르[161]의 아버지 면전에서 죽었다.

29 아브람은 사래를 아내로 맞았고, 나홀은 동생 하란의 딸 밀가를 아내로 맞았다. (하란의 또 다른 딸은 이스가였다.)

30 사래는 임신을 하지 못해 자녀가 없었다.

31 데라는 아브람과 손자(하란의 아들) 롯, 그리고 며느리 사래를 데리고 갈대아 우르를 떠나 가나안으로 갔다. 그러나 그들은 하란[162] 성에 도착한 후 더 이동하지 않고 그곳에 정착했다.

32 데라는 하란 성에서 죽었다. 향년 205세였다.

---

160 조부와 이름이 같다.
161 'ur, '태양이 뜨는 곳'이라는 뜻이다. 유프라테스 강 하류 지역의 옛 도시다.
162 haran, 유프라테스 강 상류 지역의 상업 도시이자 교통의 요충지였다.

가나안

12장

1   야훼께서 아브람에게 명하셨다. "너의 고향, 네 가족과 아버지의 집을 떠나 내가 알려준 곳으로 가라!

2   내가 너로 하여금 큰 민족을 이루게 하겠다. 내가 너에게 복을 주고, 네 이름이 천하에 가득하게 하여 모든 사람이 네 이름을 부르며 복을 빌게 하겠다.

3   너를 축복하는 이에게는 나도 축복을 내리고,
    너를 저주하는 이에게는 나도 저주를 내릴 것이다.
    세상의 모든 민족이
    너로 인해 복을 받을 것이다!"

4   그리하여 아브람은 야훼의 명에 따라 몸을 일으켜 하란을 떠났고 롯도 동행했다. 아브람이 75세 되던 해였다.

5   아브람은 아내 사래와 조카 롯, 그리고 그들이 하란에서 모아둔 재물과 노예[163]들을 데리고 가나안으로 향했다. 가나안 땅에 들어섰을 때

---

163 nephesh, 직역하면 '영혼'이다.

6　그들은 계속 남하하여 곧장 세겜[164]에 이르렀고 신성한 모레[165]의 상수리나무 아래 도착했다. (당시 그곳에는 아직 가나안 사람들이 살고 있었다.)

7　야훼께서 홀연히 나타나 아브람에게 말씀하셨다. "이 땅을 장래 네 후손에게 줄 것이다!"[166] 그리하여 아브람은 그곳에 제단을 쌓고 그에게 나타나신 야훼를 모셨다.

8　그들은 다시 남하하여 베델[167]과 그 동쪽 아이 성 사이의 땅을 골라 천막을 쳤다. 아브람은 거기에 야훼를 위한 두 번째 제단을 쌓고 거룩한 이름을 받들어 기도했다.

9　이후 그들은 다시 남쪽 땅[168]으로 이동했다.

10　때마침 가나안은 기근으로 상황이 매우 심각했다. 이에 아브람은 기근을 피해 남하하여 이집트에 이르렀다.[169]

164　세겜shekem 성의 옛 터는 예루살렘에서 북쪽으로 67킬로미터 떨어진 곳에 있다.

165　moreh, '인도자' 또는 '신의 지시를 전하는 자'라는 뜻이다. 칠십인역에는 '우뚝 솟은'이라고 번역되어 있다.

166　가나안은 하느님께서 허락하신 첫 번째 성지다. 이 구절은 아브라함이 가나안으로 이주한 목적을 드러내고 있다.

167　beth'el, '하느님의 집'이라는 뜻이다. 예루살렘 북쪽에 위치한 교통의 요충지였다.

168　negeb, 가나안 남단, 즉 '약속의 우물'(「창세기」 21:31) 이남에 위치한 관개지역과 황야를 말한다.

169　이 구절을 원문대로 직역하면 "아브람은 남하하여 이집트에 기거했다"가 된다.

11 이집트에 거의 이르렀을 때 그는 사래에게 말했다. "여보, 당
신이 매우 아름다우니

12 이집트 사람들이 당신을 보면 틀림없이 '저 자의 처를 보라!'고
말할 것이오. 그러고는 나를 죽이고 당신은 남겨둘 것이오.

13 그러니 당신을 내 누이라 부르게 해주시오.[170] 그리하면 당신을
봐서 그들이 내게 잘할 테고, 당신도 내 목숨을 구할 것이오!"

14 이집트에 이르자 사래의 미모는 과연 사람들의 이목을 끌었다.

15 파라오의 대신들은 이를 보고 하나같이 파라오 앞에서 그녀
의 아름다움을 칭찬했다. 그리하여 파라오는 사래를 후궁으로
들였고,

16 아브람을 후대하여 많은 소, 양, 낙타, 그리고 노예를 하사했다.

17 아브람의 처 사래가 뜻밖에 후궁으로 들자, 야훼께서 열병[171]을
내려 파라오의 첩들이 임신을 하지 못하게 되었다.[172]

18 파라오가 급히 아브람을 불러 물었다. "그대는 도대체 무슨
이유로 그녀가 그대의 처라는 사실을 말하지 않았는가?

---

170 일설에는 남편이 아내를 누이로 여기는 것이 고대 하란(아브람의 고향) 상
류사회의 관습이었다고 한다. 그렇게 함으로써 아내가 사회적 지위를
이중으로 얻을 수 있도록 한 것이다. 「창세기」 20:12 참조.

171 nega'im, 본래 뜻은 '타격'이다.

172 원문을 직역하면 "파라오와 온 궁에 큰 타격을 입혔다"가 된다. 여기서
'타격'은 후궁들의 불임을 가리킨다는 게 통설이다. 「창세기」 20:18 참조.

19 그녀를 누이라고 속여 과인으로 하여금 그녀를 첩으로 삼게 하
   다니! 자, 그대의 처가 여기 있으니 어서 썩 데리고 사라져라!"
20 파라오는 부하들에게 명을 내려 아브람과 그의 아내, 그리고
   그의 모든 가산을 즉시 나라 밖으로 내보내도록 했다.

롯의 분가

13장

1 아브람이 처와 가산을 대동하고 이집트에서 가나안 남쪽 땅
   으로 돌아올 때 롯도 동행했다.
2 이때 아브람은 수많은 가축과 금, 은을 가지고 있었다.[173]
3 그는 북상하여 베델에 이르렀다. 그곳은 당초 그가 베델과 아
   이 성 사이에 천막을 치고
4 제단을 쌓았던 곳이었다.[174] 천막을 치고 아브람은 다시 야훼
   의 거룩한 이름을 불렀다.
5 롯은 줄곧 아브람과 동행했지만, 그 역시 소와 양 떼, 그리고

---

173 파라오가 아브람에게 내린 것이다. 「창세기」 12:16 참조.
174 「창세기」 12:8 참조.

자신의 장막[175]을 가지고 있었다.

6 그러나 소와 양의 수가 늘자 목초지가 부족해졌다. 그래서 함
    께 살던

7 두 집안 목자들 사이의 언쟁도 불가피하게 되었다.(당시 그 지
    역에는 가나안 사람과 브리즈 사람[176]도 살고 있었다.)

8 결국 아브람이 롯에게 말했다. "우리는 서로 가까운 친척인데,
    아랫사람들의 말다툼으로 우애가 상해서는 안 된다.

9 보아라. 천지가 저리 넓으니,[177] 서로 갈라지자. 네가 왼쪽으로
    가면 나는 오른쪽으로 갈 것이고, 네가 오른쪽으로 향하면
    나는 왼쪽으로 가겠다."

10 롯이 사방을 보니, 요르단 강 근처에 물과 풀이 넉넉했다. 그
    때는 야훼께서 아직 소돔과 고모라를 멸하시기 전이었다. 그
    곳은 마치 야훼의 낙원 같기도 하고 이집트의 비옥한 들판
    같기도 했다. 그 땅은 소알[178]이라는 소읍小邑까지 펼쳐져 있
    었다.

---

175 '장막ʾohalim'이라는 단어가 복수로 사용될 경우, 집이 작음을 비유한다.
176 perizzi, 가나안 산간지역의 토착민이다.
177 원문을 직역하면 "땅이 모두 네 앞에 있다"가 된다.(국역본은 이를 직역
    하여 "네 앞에 얼마든지 땅이 있으니"(『공동번역』) 혹은 "네 앞에 온 땅
    이 있지 아니하냐"(『개역개정』) 등으로 적고 있다.—옮긴이)
178 zoʿar, 사해 남단에 위치한 소읍이다. 「창세기」 19:20 이하 참조.

11 그는 요르단 강 부근의 드넓은 평원[179]을 택하여 동쪽으로 갔
   다. 이렇게 그들은 갈라졌다.

12 아브람은 가나안에 정착했고 롯은 평지 위의 도시에 이르러
   소돔 부근에 장막을 세웠다.

13 소돔 사람들은 매우 사악했고, 야훼에 대적하는 죄인들이었
   다.[180]

14 롯이 떠난 후 야훼께서 아브람에게 명하셨다. "네 눈을 들어
   네가 서 있는 곳에서 동서남북을 바라보아라.

15 네 시선이 닿는 모든 곳을 너와 네 자손에게 영원히 주겠다.[181]

16 나는 또 네 자손이 땅 위의 모래알처럼 많아지게 하겠다. 누
   가 땅 위의 모래를 셀 수 있겠느냐, 누가 네 자손이 몇 명인지
   말할 수 있겠느냐!

17 가거라. 종횡으로 이 땅의 끝까지 가라. 그 모두가 내가 너에
   게 주고자 하는 땅이다."

18 그리하여 아브람은 남으로 헤브론[182]까지 이동하여 마므레[183]

---

179 kikkar, '동그라미'라는 뜻이다. 저자는 사해가 생기기 전이기 때문에
   요르단 강이 드넓은 평원으로 흘러들었다고 가정하고 있다.
180 안락함을 택한 롯은 죄인들과 섞여 생활하게 되었다. 「창세기」 18:20 이
   하 참조.
181 하느님께서 두 번째로 성지를 허락하셨다.
182 ḥebron, 예루살렘의 서남쪽에 위치한다. 가나안의 도성이기도 했다.

상수리나무 옆에 장막을 치고 야훼를 위해 제단을 쌓았다.[184]

시띰 골짜기

14장

1 그 무렵 네 명의 대왕이 있었다. 그들은 시날 왕 아므라벨, 엘
   라살 왕 아룩, 엘람 왕 그돌라오멜,[185] 그리고 고임 왕 티드알
   [디달]이었다.[186]

2 이 네 왕은 군사를 일으켜 다섯 소왕小王을 공격했는데, 그들
   은 소돔 왕 베라, 고모라 왕 비르사, 아드마 왕 시납, 스보임
   왕 세메벨, 그리고 벨라(소알이라고도 함) 왕이었다.[187]

---

183 mamre', 통설에 따르면 헤브론에서 동북쪽으로 3킬로미터 떨어진 곳이
    라고 한다. 「창세기」 14:13 주석 참조.
184 「창세기」 15:1과 연결된다. 14장은 독립된 조각이 삽입된 것이다.
185 kedor-la'omer, '라오멜의 아들'이라는 뜻이다. 라오멜은 바벨론 신화
    에 나오는 영웅이다.
186 네 왕에 대한 역사적 기록은 찾을 수 없다. 그들은 각각 네 지역, 즉 남
    쪽의 시날(바벨론), 북쪽의 엘라살(아시리아), 동쪽의 엘람(지금의 이란 남
    부), 서쪽의 고임(지금의 터키 동부)을 점령했다.
187 이상 다섯 개의 성 중 소알 성을 제외한 네 개의 성은 후에 하느님에 의
    해 멸망하여 사해 속으로 침몰했다. 「창세기」 19:25 및 「신명기」 29:22
    참조.

3 다섯 왕은 군대를 시띰 골짜기(지금의 사해)에 주둔시켰다.

4 그들은 원래 그돌라오멜의 신하를 자청하여 그를 섬겼으나, 12년이 지난 후 13년째 되던 해에 거병하여 반란을 일으켰다.

5 이듬해 그돌라오멜은 동맹군을 이끌고 토벌을 감행했다. 먼저 아스드롯카르나임에서 르바인을 궤멸시켰고,[188] 연이어 함에 서 수스인을, 사웨키랴다임 평원에서 엠인을 패주시켰다.

6 또한 세일 산에서 호리인을 패주시켜 사막 근처 엘바란의 상수리나무[189]까지 추격하여 그들을 살상했다.

7 그 후 군대를 '심판의 샘물(엔미스밧, 카데스라고도 함)'[190]로 돌려 아말렉[191] 전역과 하사손다말에 사는 아모리인을 정복했다.[192]

8 이리하여 소돔, 고모라, 아드마, 스보임, 벨라(곧 소알)의 다섯 소왕은 시띰 골짜기에 집결하여 네 명의 대왕에 응전했다.

---

188 아스드롯카르나임`ashteroth qarnayim은 갈릴리 호수의 동쪽, 즉 지금의 시리 아 남부 지역을 말한다. '르바인repha'im'은 거인이라는 뜻인데, 가나안 종 교에서는 지하에 존재하는 '조상의 영혼'이라는 의미를 가지고 있다.

189 5~6절에 나오는 부족은 모두 요르단 강 동쪽에 살던 전설의 부족이다. 「신명기」 2:10 이하 참조. 엘바란`el-pa'ran의 위치는 분명하지 않다. 「창세 기」 21:21 참조.

190 `en mishpaṭ, 네겝 지방의 교통 요충지로, 시나이 반도 북단에 위치하 고 있다.

191 `amaleqi, 사해 이남의 유목 민족이다. 「창세기」 36:12 참조.

192 「창세기」 10:16의 주석을 보라.

9 그 네 명의 대왕은 엘람 왕 그돌라오멜, 고임 왕 티드알, 시날 왕 아므라벨, 엘라살 왕 아룍으로, 다섯 소왕은 이들과 혈전을 벌였다.

10 시띰 골짜기 도처에는 역청 구덩이가 깔려 있었다.[193] 소돔 왕과 고모라 왕이 버티지 못하고 패퇴하다 구덩이로 떨어지자, 남은 군대는 혼비백산하여 산속으로 도주했다.

11 네 명의 대왕은 소돔과 고모라 두 성의 식량과 재물을 모조리 약탈했고

12 소돔에 기거하던 아브람의 조카 롯을 포로로 삼아 그의 재산을 모두 가져갔다.

13 그곳에서 도주한 어떤 사람이 히브리인 아브람에게 달려와 소식을 전했다. 그때 아브람은 아모리인 마므레의 상수리나무 부근에 살고 있었다.[194] 마므레와 그의 두 형제 에스골과 아넬은 모두 아브람과 동맹을 맺은 벗이었다.[195]

14 아브람은 자신의 조카가 잡혀갔다는 소식을 듣고 즉시 집에

---

193 지금도 사해 이남에는 유전이 있다.
194 앞서 「창세기」 13:18의 지명 마므레가 이곳에서는 인명이 되었다. 두 조각의 연원이 다르기 때문이다. 「창세기」 18:1 참조.
195 즉 동맹을 맺은 부락들이라는 뜻이다. '에스골'eshkol과 '아넬'aner은 성경의 다른 곳에서도 지명으로 나온다. 「민수기」 14:14, 「역대기상」 6:55 참조.

있는 잘 훈련된 318명의 수하를 소집하여 급히 북쪽의 단[196]
성으로 향했다.

15 그는 장정들을 몇 개의 무리로 나누어 밤을 틈타 습격해 적
을 패주시켰다. 그들은 적을 끝까지 쫓아 다마스쿠스[다메섹]
북쪽에 있는 호바까지 이르렀고,

16 일거에 약탈당한 재물을 되찾았다. 아브람은 조카 롯과 그의
가산을 비롯하여 여자들과 그 밖의 사람들을 구했다.

의로운 왕

17 아브람이 그돌라오멜을 비롯한 네 명의 왕을 쳐부수고 개선하
자, 소돔 왕이 친히 왕의 골짜기라고도 불리는 사웨 골짜기까
지 나와 그를 영접했다.

18 살렘 성의 '의로운 왕(이하 멜기세덱)'[197]은 지극히 높으신 하느
님의 제사장으로, 떡과 술을 가져왔다.[198]

---

196 dan, 갈릴리 호수의 북쪽 골짜기에 있던 성이다. 메소포타미아와 이집
트의 문헌에는 '사자獅子의 성'이라는 이름으로 등장한다.

197 malki-zedeq, 옛 번역은 멜기세덱. 살렘shalem은 예루살렘을 말함.(국
역본은 '멜기세덱'이라고 번역하고 있다.―옮긴이)

198 「시편」 110:4에서는 다윗 왕을 멜기세덱에 견주고 있다. 그리고 다윗 왕
은 구세주의 등장을 예고한다. 따라서 이 구절은 구세주에 대한 예언으
로 해석된다. 기독교에서는 떡과 포도주로 성찬 예식을 비유한다.

19 그는 아브람을 축복하며 말했다.

"아브람이 천지의 주인이며

지극히 높으신 하느님의 복을 받기를 바라노라!

20 그가 적들을 그대의 수중에 넘기셨으니,

지극히 높으신 하느님을 영원히 찬송하라!"

아브람은 전리품의 1할을 멜기세덱에게 바쳤다.[199]

21 소돔 왕이 아브람에게 말했다. "그 재물을 모두 그대에게 준다. 그러나 사람들은 내게 돌려주기를 청한다."

22 아브람이 대답했다. "나는 야훼, 즉 천지를 창조하신 지존한 하느님을 향해 손을 들어 맹세합니다.

23 모든 것은 대왕에게 속하니, 실오라기 하나 신발 끈 하나도 가져가지 않겠습니다. 이는 후에 대왕께서 '내가 아브람을 부유케 했다'는 말을 못 하도록 하기 위함입니다.

24 그렇습니다, 저는 아무것도 원치 않습니다. 다만 제 수하들이 먹은 것과 사용한 것, 그리고 앞서 전투를 도운 아넬, 에스골, 마므레가 얻은 것만을 원할 뿐입니다."

---

199 제사장에게 가진 것의 1할을 바치는 것과 같다. 「레위기」 27:30 참조.

고깃덩이의 약속

15장

1 그 후 아브람은 어느 날 갑자기[200] 환상[201] 속에서 야훼의 말
   씀[202]을 들었다.
   "아브람아, 두려워 말아라.
   내가 너의 방패가 될 것이고,
   너에게 앞으로 큰 보답이 있을 것이다!"

2 아브람이 말했다. "나의 주 야훼여, 저는 늙도록 슬하에 자식
   이 없으니,[203] 당신이 제게 무엇을 주실 수 있겠습니까? 저를
   이어 집을 관리할 이는 다마스쿠스 사람 엘리에젤[204]뿐입니
   다!"

3 그는 말을 이을수록 더 큰 상심에 빠졌다. "당신께서 제게 자

---

200 『창세기』13:18에서 연결된다.
201 maḥazeh, 꿈과 유사하다.
202 daḇar, 하느님이 세상을 창조할 때 했던 말과 같다.
203 아브람의 아내는 불임이었다.(『창세기』11:30)
204 'eliʿezer, '하느님께서 돌보다'라는 뜻이다. 그는 아브람이 가장 신뢰하
   는 종이었다. 근동의 고대 풍습은 주인에게 아들이 없으면 종이 가업을
   계승하도록 했다. 이 절의 원문은 오류가 있어서 『불가타본』을 참고하여
   번역했다.

식을 주지 않은 까닭에, 저는 집안의 종으로 가업을 이을 수
밖에 없습니다!"

4 야훼의 음성이 대답했다. "아니다, 그는 너의 후계자가 아니
   다. 너의 가업은 너의 친자식이 이을 것이다!"

5 하느님께서 그를 장막 밖으로 이끄시며 말씀하셨다. "하늘을
   우러러 별을 세어보아라. 네가 저것들을 다 셀 수 있겠느냐.
   너의 후손이 저만큼 많아질 것이다!"

6 아브람은 야훼의 말을 믿었고, 야훼께서도 곧 그의 믿음을 의
   로움으로 여겼다.[205]

7 그리고 야훼께서 그에게 명하셨다. "나는 야훼다. 내가 너를 갈
   대아 우르에서 나오게 한 까닭은 이 땅을 네게 주기 위함이다."

8 아브람이 물었다. "내 주인이신 야훼여, 이 땅이 후에 제게 속
   하게 될지 제가 무엇을 미루어 알 수 있겠습니까?"

9 야훼께서 말씀하셨다. "너는 암소와 암염소, 숫양을 모두 세
   살 된 것으로 한 마리씩 구해라. 또 산비둘기와 어린 집비둘기
   를 한 마리씩 가져와 내게 바쳐라."

10 아브람은 제물을 준비하여, 소와 양은 반으로 갈라 쌍이 되도

---

205 zedeqah, 의로움이란 도덕적 요구(의로운 일을 행함)이며 율법의 규범(불
    의를 제거함)이기도 하다. 또한 의로움은 믿음에서 비롯된 것인데, 이는
    후에 전도자들의 가르침이기도 했다. 「갈라디아인들에게 보낸 편지」 3:6
    참조.

록 두었고, 새는 가르지 않았다.

11 솔개들이 날아와 죽은 가축 위에 앉을 때마다 그는 몸을 일으켜 그것들을 쫓아냈다.

12 붉은 태양이 서쪽으로 기울 무렵, 아브람은 깜빡 잠이 들었다. 컴컴한 공포가 홀연히 그를 에워쌌다.[206]

13 야훼의 음성이 들려왔다. "기억하라, 너의 후손은 타향을 떠돌며 400년간[207] 노역을 하고 능욕을 당할 것이다.

14 그러나 그들을 부리던 나라[208]는 나의 징벌을 면치 못하리라. 너의 자손은 다시 자유를 얻어 그곳을 떠나 많은 재물을 얻을 것이다.

15 그리고 너는 천수를 누린 뒤에 너의 조상이 있는 곳으로 돌아갈 것이다.[209]

16 하지만 네 자손은 4대를 넘겨야 비로소 이 땅으로 돌아오게 될 것이다. 아모리인[210]의 죄악은 그때가 되어야 비로소 만료될 것이기 때문이다."

---

206 아브람은 또 환상을 보았다.
207 대략의 숫자다. 실제로는 430년이다. 「출애굽기」 12:41 참조.
208 이집트를 가리킨다.
209 「창세기」 25:8 참조.
210 이 구절에서는 아모리인을 포함한 가나안의 토착민을 통칭한다. 「창세기」 10:16 주석 참조.

17 태양이 산 너머로 지고 밤의 장막이 내려오던 바로 그때, 갑자기 연기를 뿜는 화덕과 이글거리는 횃불이 두 줄 고깃덩어리 사이로 지나갔다.[211]

18 야훼께서는 그날 아브람과 약속을 맺었다.[212]

"나는 이집트의 강에서 유프라테스 강까지 이르는

이 땅을 네 자손에게 줄 것이다.

19 켄 족, 크니즈 족, 동방[카드몬] 족,[213]

20 헷 족, 브리즈 족, 르바 족,

21 아모리 족, 가나안 족, 기르갓 족, 여부스 족의 거대한 땅을."[214]

---

211 약속을 하는 자가 고깃덩어리 사이를 지나가며 맹세하는 것은 고대 근동의 풍속이었다. 만약 언약을 위반하면, 바로 찢긴 제물과 같은 신세가 되었다.(「예레미야」 34:18) 불은 하느님을 상징한다.(「출애굽기」 3:2 참조)

212 하느님과 아브람 사이의 세 번째 약속이다.

213 qaḏmoni, 옛 번역은 '카드몬인'인데, 어떤 부족을 가리키는지 분명하지 않다. 유프라테스 강 유역의 부족들을 일반적으로 통칭하는 말일 수도 있다. 「창세기」 29:1 참조.

214 이들은 모두 가나안과 그 주변에 거주하는 민족이다.

하갈

16장

1 아브람의 부인 사래는 임신을 할 수 없었다. 그녀에게는 하갈
   이라는 이집트 출신의 여종이 있었다.

2 사래가 아브람에게 말했다. "여보, 내가 아이를 갖지 못하는
   것이 야훼의 뜻이니, 내 여종과 잠자리를 갖도록 하세요. 그
   녀가 제 대신 아이를 낳을 수도 있잖아요!"²¹⁵ 아브람은 이에
   동의했다.

3 그리하여 아브람의 부인 사래는 자신의 이집트인 종을 남편에
   게 첩으로 주었다. 아브람이 가나안에서 거주한 지 10년째 되
   던 해였다.²¹⁶

4 잠자리를 같이 한 지 얼마 되지 않아 하갈이 임신을 했다. 그런
   데 그녀가 자신의 임신을 알고는 여주인을 무시하기 시작했다.

5 사래는 남편을 원망하며 말했다. "당신 때문에 저 종년이 감

---

215 메소포타미아의 고대 풍습이다. 여주인이 임신을 하지 못하면 자신의
   종을 남편의 첩으로 들여 슬하에서 아이를 낳게 한 후, 그 아이를 적자
   로 삼았다. 「창세기」 30:1 이하 참조.

216 기근을 피해 이집트에 기거했던 시간을 포함해 10년이다. 당시 아브람의
   나이는 85세였다.

히 저를 박대하는 거예요. 제 손으로 저 여자를 당신 품에 드
렸는데, 그녀가 아이를 얻고 나니 이제 저를 무시하기까지 하
네요. 야훼께서 당신과 나 사이에 시비[217]를 가려주시길 바랄
뿐이에요!"

6 아브람이 사래를 위로하며 말했다. "좋소, 좋소. 당신의 종을
당신 손에 맡기니, 그 여자를 어떻게 하든 당신 마음대로 하
시오!" 이에 사래가 하갈을 사납게 부리기 시작하자 하갈은
견디지 못하고 도망쳤다.

7 야훼의 천사가 땅에 내려와 '샘물 옆' 곧 수르[218]의 길가 우물
근처에서 하갈을 만났다.

8 천사가 그녀에게 물었다. "하갈아, 사래의 여종아, 어디에서
와서 어디로 가느냐?" 이에 하갈이 울며 대답했다. "저는 주
인인 사래로부터 도망치는 길입니다."

9 천사가 말했다. "너는 돌아가 주인의 명을 따르라!

10 그녀에게 가서 내가 그녀의 자손을 셀 수도 없을 만큼 번성케
할 것이라고 전해라. 그리고,

11 보아라, 너는 아이를 가졌다!

---

217 옛 번역은 '판단'이나, 이는 오역이다.
218 수르shur 황야는 시나이 반도 동북쪽에 위치하고 있으며, 가나안의 서남
쪽을 둘러싸고shur 있다.

너는 한 아이를 낳을 것이니

이름을 이스마엘[219]이라 지어라.

야훼께서 너의 울부짖음을 들었느니라.

12 그가 자라면 한 마리 야생 나귀처럼,

사람들을 적으로 삼고

사람들도 그를 적으로 삼을지니,

홀로 오가며 뭇 친족을 업신여길 것이다."[220]

13 하갈은 문득 깨달았다. '나를 보호하시는 하느님을 뵈었구나!'
[221] 이에 그녀는 자신에게 말씀하신 야훼를 가리켜 '돌보시는
하느님'이라 불렀다.[222]

14 이때부터 그 우물은 '영원하신 이가 보호하는(이하 라하이 로
이) 우물'[223]이라 불렸다. 그곳은 카데스와 베렛의 중간 지점이
었다.[224]

15 후에 하갈은 아브람을 위해 아들을 낳았다. 아브람은 아이에

---

219 yishma`e'l, '하느님께서 들으셨다'는 뜻이다.
220 이스마엘의 후손은 용맹스러운 사막의 아라비아인이다.
221 사람이 하느님을 보면 죽음을 면치 못했다. 때문에 하느님은 천사의 형
    상을 빌려 하갈에게 나타나셨다. 「창세기」 21:17, 22:11, 31:11 참조.
222 'el ro'i. 이 구절은 원문에 오류가 있어, 칠십인역에 따라 번역했다.
223 be'er lahay ro'i, '영원하신 이'는 하느님을 가리키며, 이 우물은 구원을
    상징한다. 「창세기」 21:19을 참조해 비교해보길 바란다.
224 「창세기」 14:7 주석 참조.

게 이스마엘이라는 이름을 지어주었다.

16 하갈이 이스마엘을 낳은 그해, 아브람의 나이는 86세였다.[225]

할례의 약속

17장

1 아브람이 99세 때 야훼께서 나타나 말씀하셨다. "내가 곧 전능한[226] 하느님이다. 네가 내 앞에서 온전하므로[227]

2 나는 네 자손을 번성케 할 것임을 약속하려 한다!"

3 아브람이 황망하여 땅에 엎드리자 하느님께서 말씀하셨다.

4 "들어라, 이것은 내가 너와 하는 약속이다. 너는 앞으로 만민의 아버지가 될 것이다.

---

225 「창세기」 17장은 「창세기」 15장에 나오는 '고깃덩이의 약속'을 중복 서술할 뿐 아니라, 본래 이야기에서 더 발전시켰다. 하지만 서사의 연원은 다르다.

226 shadday, 의미는 명확하지 않다. 통설에 따르면 아시리아어 'shadu'에서 파생된 말로 그 뜻은 '높은 산, 넓은 벌판'이다. '전능하다'는 칠십인역과 불가타본이 세운 전통적인 번역어를 따른 것이다.

227 노아와 같이 '완전한 자'라는 뜻이다. 「창세기」 6:9 참조.(국역본에서는 이어지는 약속을 말하기에 앞서 아브람에게 완전할 것을 명하고 있다.—옮긴이)

5　그러니 다시는 아브람으로 불려서는 안 된다. 네 이름은 이제
　　아브라함[228]이다. 이는 네가 만민의 아버지가 되어

6　자손이 무궁히 번성하고, 모든 나라의 왕이 너를 조상으로 삼
　　을 것임을 내가 약속했기 때문이다.[229]

7　또 나는 너의 하느님이 될 것이고, 네 자자손손의 하느님이
　　될 것이다. 이 약속은 영원히 없어지지 않을지니, 이는 곧 내
　　가 너와 자손만대로 세워둔 언약이다.

8　나는 네가 기거하는 이 땅, 가나안 전체를 너와 네 후손에게 주
　　어 영원한 기업으로 삼게 하고, 그들의 하느님이 되고자 한다."

9　이어 하느님께서 말씀하셨다. "너와 네 후손은 나와 한 약속을

10　대대로 지켜야 할 것이다. 그 약속이란 모든 사내에게 할례를
　　행하여

11　양피[230]를 잘라내는 것이다. 이것이 내가 너희와 약속을 세웠
　　다는 표시[231]이니라.

228　'abraham, 본래는 '고귀하신 아버지'라는 뜻이다. '만민의 아버지'ab-
　　hamon'와 소리가 유사하다. 고대인들은 이름을 바꾸면 운명도 바뀐다고
　　믿었다.

229　덕분에 아브라함을 '거룩한 조상'이라고 칭하게 되었다.

230　`arlath, 음경의 살갗을 잘라내는 것은 원래 부족의 성인식 혹은 정혼식
　　때 거행했던 입적 의식이었다.(「창세기」 34:14 참조) 이 풍습은 고대 근동
　　의 이집트에서 시작되었다.

231　옛 번역은 '증거'인데, 적합하지 않다.

12 너희 모든 사내는 집에서 태어난 이든, 밖에서 사온 노예든 자손 대대로 출생 후 여드렛날 할례를 행해야 한다.

13 모두 할례를 행하여 양피를 잘라내야 한다. 내 약속이 너희 살에 새겨져야만 영원한 약속이 될 것이다.[232]

14 할례를 행하지 않고 양피를 잘라내지 않은 사내는 모두 부족 에서 제외되어야 한다. 그는 나와의 약속을 어긴 것이니라."

15 하느님께서 아브라함에게 분부하셨다. "네 아내는 다시는 사 래라 불려서는 안 된다. 앞으로는 사라[233]로 불러라.

16 내가 그녀에게 복을 주어 너를 위해 자녀를 낳게 할 것이다. 나는 그녀를 보호하고 만민의 어머니가 되게 하며, 만국의 왕 이 그녀에게서 나오도록 할 것이다."

17 땅에 꿇어앉은 아브라함이 웃음을 참지 못하고 속으로 말했 다.[234] '나 같은 백 세 노인이 어떻게 자식을 얻는다는 말인가? 사라도 아흔 살이나 되었는데 자식을 낳고 기를 수 있겠는가?'

18 그는 하느님께 청했다. "이스마엘이나 당신의 은혜를 입기를

---

232 이렇게 해서 할례는 이스라엘 자손과 (이집트인을 제외한) 주변의 '불결한' 이교도들을 구분하는 신분 표식이 되었다.

233 sarah, '공주'라는 뜻이다.

234 아래 사라의 웃음(「창세기」 18:12)과 이스마엘의 웃음(「창세기」 21:9)은 같 은 장 19절 사라의 아들 이사악yizhaq의 이름이 가진 '그(하느님)가 웃으 셨다'는 의미와 호응한다.

바랄 뿐입니다!"

19 하느님께서 대답하셨다. "아니다, 네 아내 사라가 네게 자식을 낳아줄 것이다. 그 아이의 이름을 이사악이라 하라. 나는 그와 함께 내 약속을 지킬 것이며, 그 약속은 영원토록 변치 않으리라. 나는 그와 그 자손만대의 하느님이 될 것이다.[235]

20 이스마엘에 대한 네 부탁도 들었다! 그에게도 복을 주어 그의 자손을 번성케 할 것이다. 그는 앞으로 열두 족장의 아버지가 될 것이고, 그들은 하나의 큰 민족을 이룰 것이니라.

21 나의 이 약속은 이사악을 통해 이루어질 것이다. 내년 이맘때 사라는 네 아들을 낳을 것이다!"

22 하느님은 말씀을 마치시고 하늘로 올라가셨다.

23 아브라함은 하느님의 명을 받들어 그날로 이스마엘을 비롯하여 집에서 태어난 이와 밖에서 사온 노예를 가리지 않고 집안 모든 사내의 양피를 잘라냈다.

24 할례를 행한 그해 아브라함의 나이는 99세였고

25 이스마엘은 13세였다.

26 부자는 같은 날 할례를 받았다.

27 온 집안 사내들이 집에서 났든 밖에서 왔든 빠짐없이 할례를

---

235 19절의 마지막 문장은 원문에 없었다. 칠십인역을 바탕으로 보충했다.

받아 양피를 잘랐다.

마므레 상수리나무

18장

1 야훼께서는 마므레 상수리나무 아래서 아브라함에게 나타나
   셨다.[236] 무더위가 한창이던 어느 날 오후, 아브라함은 장막
   앞에서 더위를 식히던 참이었다.

2 아브라함이 고개를 들어보니 세 사람이 서 있는 게 아닌
   가![237] 그는 황급히 달려가 그들을 영접하며 땅에 엎드려 말
   했다.[238]

3 "나리,[239] 어서 오십시오. 길을 떠나시기 전에 이 종의 초대를
   뿌리치지 마십시오.

4 제가 곧 사람을 시켜 물을 길러와 당신들의 발을 씻겨드릴 것

---

236 「창세기」 13:18 참조.
237 하느님과 두 명의 천사를 말한다. 「창세기」 18:13, 19:1 참조.
238 이마를 땅에 대는 인사는 손님에 대한 존경을 나타낸다. 아직 아브라함
   은 손님이 하느님인 줄 모르는 상황이다.
239 '나리adon'는 단수로 쓰여 두 천사가 하느님의 변형된 상(像)임을 암시한
   다. 교부들은 이를 삼위일체의 오묘함으로 해석했다.

이니 나무 아래서 잠시 쉬고 계십시오.

5 제가 떡을 좀 가져올 테니, 천천히 드신 후에 길을 떠나십시오. 당신들께서 누추한 제 집에 오셨으니, 이제 제 손님이 되신 겁니다." 손님들이 말했다. "좋다, 그대의 말대로 하겠다."

6 아브라함은 장막으로 뛰어가 사라를 불렀다. "어서 밀가루 3스아²⁴⁰를 가져다 떡을 구우시오!"

7 말을 마치고 소 떼가 있는 곳으로 가서 살지고 연한 송아지 한 마리를 골라 하인을 시켜 재빨리 잡도록 했다.

8 그러고 나서 그는 버터와 우유, 그리고 막 익힌 소고기를 직접 날라 손님들 앞에 차렸다. 그들이 나무 아래서 그것을 먹을 동안 그는 옆에 서 있었다.

9 "네 아내 사라는 어디 있느냐?" 손님들이 물었다. "장막 안에 있습니다." 아브라함이 답했다.

10 그중 한 사람이 말했다. "때에 이르렀으니 내년에 내가 이곳에 다시 올 때 네 아내 사라는 아이를 갖게 될 것이다." 사라가 마침 장막 입구에 서 있다가 손님들 뒤에서 그들이 하는 말을 들었다.

11 아브라함 부부는 이미 나이가 들어 늙었고, 사라에게 폐경이

---

240 se'ah, 건량을 재는 단위, 1스아는 약 15리터다.

온 지도 몇 년이 지난 뒤였다.

12 이에 그녀는 속으로 웃으며 말했다.[241] '내가 벌써 나이가 이렇게 되었고 남편도 이미 늙었는데 어떻게 아이를 갖는단 말인가?'

13 야훼께서 아브라함에게 물으셨다. "어째서 사라는 나이가 들어 진정 아이를 가질 수 있겠느냐고 웃으며 말하는 것이냐?

14 야훼가 하지 못할 일이 있겠느냐? 때에 이르면 내가 이곳에 돌아올 것이며, 그때 사라는 틀림없이 아이를 갖게 될 것이다!"[242]

15 사라는 속으로 두려워하며 이를 부인했다.[243] "저는 웃지 않았습니다." 그는 말했다. "아니다, 너는 방금 웃었다."[244]

거룩한 조상의 간청

16 세 손님은 말을 마친 뒤 몸을 일으켜 길을 나섰다. 아브라함

---

241 사라는 손님이 누구인지, 장래 아들의 이름이 '웃음'이 될지 전혀 모르고 있다. 「창세기」 17:17 주석 참조.
242 세 번째 예언이다.
243 사라는 그제야 비로소 자신에게 말을 하는 손님이 하느님인 줄 알아차렸다.
244 「창세기」 21:1과 연결된다.

도 그들을 전송하느라 저 멀리 소돔이 내려다보이는 산 위까지 걸었다.

17 야훼께서는 생각하셨다. '내가 이번에 길을 나선 목적을 아브라함에게 속일 필요가 있겠는가?

18 그는 앞으로 큰 민족을 이룰 것이고 천하의 민족이 그로 인해 축복을 받을 것이다.[245]

19 더구나 내가 그를 안 것[246]도 그가 그의 자손을 인도하여 야훼의 법도[247]를 지키고 의로움을 행하는 의인이 되도록 함으로써 나 야훼가 아브라함에게 한 약속을 실현하기 위함이 아니었던가?'

20 여기까지 생각한 후 아브라함에게 말했다. "소돔과 고모라, 이 두 성의 죄악이 쌓일 만큼 쌓여 그 악명이 실로 매우 높다.

21 내려가서 사람들이 내게 호소하는 것처럼 그곳이 진정 죄악으로 가득한지 살펴봐야겠다!"

22 나머지 둘도 몸을 돌려 소돔 방향으로 나아갔다. 아브라함이

---

245 「창세기」 12:3 주석 참조.
246 이 구절에서 '알다'는 '선택하다'라는 뜻이다.(국역본은 "택하다"(「공동번역」), "뽑아 세우다"(「개역한글」) 등으로 번역하고 있다.—옮긴이)
247 derek, 야훼의 법도를 지킨다는 것은 하느님의 법에 따라 생활함을 의미한다. 「신명기」 10:12 이하 참조.

야훼 앞에 서서[248]

23 참지 못하고 말했다. "당신은 진실로 의인을 죄인과 함께 모조리 멸할 생각이십니까?

24 만일 성안에 50명의 의인이 있어도 그곳을 멸망시키시겠습니까? 이 50명을 위해 성 전체를 용서하실 수는 없습니까?[249]

25 당신은 결코 의인을 죄인과 함께 죽여 그들이 같은 운명에 처하도록 하실 수 없습니다! 안 됩니다, 그렇게 하셔서는 안 됩니다. 세상을 심판하시는 이께서 공평함의 도리를 지키지 않을 수 있습니까?"

26 야훼께서 대답하셨다. "만약 소돔에서 50명의 의인을 찾는다면 그들을 위해 성 전체를 용서하겠다."

27 아브라함이 다시 물었다. "주인이시여, 먼지처럼 보잘것없는 저이지만 감히 간청을 올리려 합니다.

28 의인이 단지 45명이라면, 5명이 부족하다 하여 성 전체를 멸하시겠습니까?" 야훼께서 대답하셨다. "45명을 찾을 수 있다

---

248 원문은 다음과 같다. "야훼께서 여전히 아브라함의 앞에 계셨다." 이는 히브리어 마소라본과 고대 역본이 하느님에 대한 경외를 나타내기 위해 주어와 목적어를 도치했기 때문이다.

249 고대인은 집단 책임을 신봉했다. 여기서 아브라함은 억울한 이들의 있고 없음이 아니라 몇몇 의인이 하느님께 용서를 구함으로써 소돔 성 전체의 생명을 구할 수 있는지 여부를 묻고 있는 것이다.

면 그 성을 멸하지 않을 것이다."

29 "40명밖에 없다면요?" "그 40명을 위해 마찬가지로 성을 멸하지 않을 것이다."

30 아브라함이 격동하기 시작했다. "주님, 저로 인해 성내지 마십시오. 만약 30명뿐이라면요?" "30명을 찾게 된다 해도 성을 멸하지 않을 것이다."

31 "주님, 제 무모함을 용서해주십시오. 만약 20명뿐이라면 어떻게 하시겠습니까?" "20명뿐이라도 멸망시키지 않겠다."

32 아브라함이 두려움에 부들부들 떨며 말했다. "주님, 제게 성내지 말아 주십시오. 마지막으로 간청을 드립니다. 만약 10명뿐이라면 어찌시겠습니까?"[250] 야훼께서 말씀하셨다. "그 10명을 위해 멸하지 않겠다."

33 말씀을 마치신 후 야훼께서 떠나셨다. 아브라함도 별수 없이 산을 내려와[251] 집으로 돌아왔다.

---

250 「예레미야」 5:1, 「에제키엘」 22:30 참조. 하느님은 한 사람의 의인을 위해 예루살렘을 용서하고자 했다.
251 다음 날 아침 아브라함은 또 산에 올랐다. 「창세기」 19:27 참조.

소돔

19장

1 두 천사가 황혼 무렵 소돔에 왔다.[252] 롯은 성 입구에 앉아 있다가 그들을 보고 황급히 영접하며 땅에 엎드려 외쳤다.

2 "나리![253] 저희의 누추한 집에 오셔서 발을 씻고 쉬십시오. 그리고 하루를 보내신 후 내일 날이 밝으면 길을 떠나십시오." 이에 손님이 말했다. "괜찮소, 우리는 길에서 밤을 보내도 상관없소."

3 롯이 거듭 간청하자 그들도 하는 수 없이 그를 따라 집으로 들어갔다. 롯이 손님들을 위해 만찬을 마련하고 무교병을 구우니, 손님들도 앉아서 그것을 먹었다.

4 식사를 마치고 아직 잠자리에 들기 전, 갑자기 문밖이 사람들의 목소리로 떠들썩했다. 성안의 남자들이 모두 모인 것이다. 그들은 노소를 불문하고 롯의 집을 빙 에워쌌다.

5 어떤 이가 고함쳤다. "롯, 문을 열어라! 오늘 저녁 네 집에 온 그 두 사람은 어디 있느냐? 그들을 내보내 우리도 그들과 알

---

252 앞서 하느님을 따라 아브라함에게 나타난 두 명의 '손님'을 말한다. 「창세기」 18:22 참조.
253 옛 번역은 "나의 주여"로, 적절하지 않다.

게[254] 해다오!"

6 롯이 밖으로 나와 등 뒤로 문을 닫은 채 말했다.

7 "형제들이여, 그대들에게 간청하니 제발 그런 못된 짓은 하지 마시오.

8 아직 사내를 알지 못하는[255] 두 딸을 데려올 것이니 그대들이 데려가 마음대로 하시오![256] 다시 한번 간청하니, 내 집에 와 계시는 두 손님에 대해서는 모른 척해주십시오."

9 그러나 한 사람이 소리쳤다. "물러나라!" 또 다른 이가 말했다. "어디서 굴러온 촌뜨기가 판관 노릇이야![257] 비켜서지 않으면 네놈을 저 두 놈보다 더 끔찍하게 손봐주겠다!" 그들은 떼로 몰려와 욕을 퍼부으며 롯을 떠밀고 문을 부수려 했다.

10 그러나 문이 열리며 팔 네 개가 롯을 안으로 끌어당겼다. 문은 쾅 소리를 내며 다시 닫혔다.

---

254 여기서 '알다yada'는 성교를 의미한다. 즉 육체적 앎을 가리키는 것으로, '하느님이 거룩한 조상을 알다(선택하다)'와는 대비되는 개념이다. 「창세기」 18:19 참조.(국역본은 '재미를 보다'(『공동번역』), '상관하다'(『개역개정』 『개역한글』), '욕보이다' (『우리말성경』) 등으로 해석하고 있다.—옮긴이)

255 처녀를 말한다. 4:1 주석 참조.

256 딸의 안전과 명예가 손님을 보호해야 하는 의무보다 중요하지 않음을 보여준다. 「창세기」 12:13을 참고하여 비교해보라.

257 그들은 하늘의 판관이 그들을 주시하고 있다는 사실을 알지 못했다. 「창세기」 18:25 참조.

11 문밖의 사람들은 어른 아이 할 것 없이 눈부시게 밝은 하얀 빛 만을 보았을 뿐이었다. 그들은 눈앞이 깜깜해져 다시는 문에 손을 댈 수 없었다.[258]

12 손님이 롯에게 물었다. "너 말고 이 성안에 누가 있느냐?[259] 아들딸이나 그 밖의 가솔이 있느냐? 그들을 데리고 어서 떠나라!

13 우리는 이 성을 멸망시킬 것이다. 야훼께서 우리를 보내신 것은 제단 앞[260]에서 소돔 사람들의 악명이 극히 더럽고 높았기 때문이다!"

14 롯은 황망히 문을 열고 두 딸의 약혼자[261]를 찾아가 이렇게 말했다. "일어나라, 어서 일어나 성을 떠나고 목숨을 부지하라. 야훼께서 소돔을 멸하려 하신다!" 그러나 미래의 두 사위는 그가 하는 말을 농담으로 여겼다.

15 날이 곧 밝으려 하자 두 천사가 롯을 재촉했다. "일어나라, 처

---

258 11절을 원문 그대로 직역하면 다음과 같다. "실명失明이 문밖의 사람들을 공격했다. 그들은 다시는 문에 손을 댈 수 없었다."

259 원문에는 이 문장에 '사위'라는 단어가 들어가 있어 "너 말고 이 성안에 사위가 있느냐?"라고 기록되어 있는데, 의미가 통하지 않는다. 베끼는 과정에서 잘못 들어간 것으로 추정된다. 성 예루살렘본에 근거해 생략했다.(일부 국역본에서는 '사위'를 함께 언급하고 있다.—옮긴이)

260 '제단 앞'을 직역하면 '야훼의 앞'이다.

261 ḥathan. 일반적으로 '사위'라고 번역한다. 여기서는 이미 롯의 딸들과 정혼은 했지만 아직 딸들을 아내로 맞이하지는 않은 남자를 가리킨다. 그러나 당시 율법으로는 약혼자도 사위로 보았다.

와 두 딸을 데리고 어서 떠나라! 그렇지 않으면 너희도 이 성처럼 재앙을 면치 못할 것이다!"

16 롯이 여전히 꾸물대자, 천사가 롯과 그 아내의 손을 꼭 쥐고 날듯이 성 밖으로 데려다주었다. 이는 야훼께서 롯을 불쌍히 여기신 까닭이다.

17 성 밖에 도달하자 그제야 천사들은 쥐었던 손을 놓고 그들에게 거듭 당부했다. "어서 도망쳐 목숨을 구하라! 뒤를 돌아봐서는 안 된다. 들판에서 걸음을 멈춰서도 안 된다. 단숨에 저 산 위까지 뛰어가라. 그러지 않으면 멸망할 것이다!"

18 "잠시만요, 나리!"[262] 롯이 다급히 말했다.

19 "나리의 두터운 은혜에 목숨을 보전하게 되었으니, 이 종은 더없이 감사할 따름입니다! 하지만 저 산자락까지는 도망치는 걸음이 늦으니 저희에게도 재난이 닥쳐 목숨을 잃을까 두렵습니다.

20 보십시오, 저기에 작은 도시가 있지 않습니까? 이곳에서 멀지 않으니 저기로 도망하게 해주십시오."

21 천사가 말했다.[263] "좋다. 네 말대로 하겠다. 네가 말한 저 작은 도시를 멸하지 않을 것이다.

---

262 단수로 쓰였다. 「창세기」 18:3에서처럼 하느님을 암시한다.
263 이 구절을 원문대로 직역하면 "그가 말했다"가 된다.

22 어서, 어서 도망쳐라! 네가 그곳으로 가지 않으면 일에 착수하기가 어렵다!" 이리하여 그 작은 도시는 후에 소알[264]이라 불리게 되었다.

23 롯은 태양이 지평선 위로 떠올랐을 때 막 소알에 도착했다.

24 갑자기 이글거리는 유황불이 하늘로부터 무수히 떨어져 삽시간에 소돔과 고모라를 불바다로 만들었다! 야훼께서

25 이 두 도시와 모든 골짜기를 폐허로 만들고 성안의 모든 주민과 땅의 초목을 멸하셨다.[265]

26 롯의 아내는 도망 중에 참지 못하고 고개를 돌려 그 즉시 소금 기둥으로 변하고 말았다.[266]

27 그날 아브라함은 아침 일찍 일어나 전에 야훼 앞에 섰던 산위로 올라갔다.

28 거기서 그는 소돔과 고모라, 그리고 골짜기와 평원을 바라보았다. 골짜기에는 짙은 연기가 자욱하여 마치 거대한 가마솥을 보는 듯했다.

29 이렇게 하느님께서는 골짜기의 모든 성을 멸망시키실 때도 아

---

264 zo'ar, '작다'라는 뜻이다. 「창세기」 13:10 주석 참조.
265 사해가 생성된 이유를 설명하고 있다. 지진은 석유를 내뿜고 큰불을 일으킨다. 소돔, 고모라와 함께 아드마^{'admah} 성과 스보임^{zebo'im} 성도 멸망했다. 「신명기」 29:23 참조.
266 소금 기둥은 지금도 여전히 그 지역의 구경거리다.

브라함을 잊지 않으셨다. 그는 롯을 대재난 속에서 구하셨고, 종말을 앞둔 성에서 내보내셨다.[267]

롯의 딸들

30 롯은 감히 소알에 머물지 못하고 두 딸을 데리고 산 위로 올라가 동굴에 머물렀다.[268]

31 하루는 큰딸이 여동생과 상의하여 말했다. "아버지가 이미 연로했는데 세상에 한 사람도 남기지 못하셨으니 어떤 사내가 풍습에 따라 우리를 데리러 오겠니?

32 자, 술을 가져와서 아버지를 취하게 하고, 그와 잠자리를 가져 후손을 이으시도록 하자!"

33 밤이 되자 두 딸은 아버지를 취하게 했다. 첫째가 아버지와 동침했으나, 롯은 딸이 침상에 오르내린 일을 전혀 알지 못했다.

34 이튿날, 큰딸이 동생과 상의했다. "어제는 내가 아버지와 잠자리를 같이 했으니, 오늘 다시 그에게 술을 드리고 네가 그와 동침하여 후손을 이으시도록 하자!"

---

267 아래 삽입된 롯의 딸들에 관한 이야기는 이미 바뀐 민족의 기원에 관한 전설이다.
268 이 조각의 원본은 소돔 혹은 사해의 생성 원인과는 관련이 없고, 대재앙으로 멸망한 인류를 배경으로 두 부족의 기원을 기술하고 있다.

35 밤이 되자 자매는 또 아버지를 취하게 했다. 둘째가 아버지
    와 동침했으나, 롯은 딸이 침상에 오르내린 일을 전혀 알지
    못했다.

36 이렇게 롯의 두 딸은 모두 아버지의 자식을 가지게 되었다.

37 큰딸이 낳은 아들의 이름은 모압[269]으로, 오늘날 모압인의 조
    상이다.

38 둘째가 낳은 아들의 이름은 벤암미[270]로, 오늘날 암몬인의 조
    상이다.

그랄

20장

1 아브라함은 그곳[271]을 떠나 남쪽으로 내려가 카데스와 수르라
   는 황야 사이에 머물렀다. 그랄[272]에 기거할 때

---

269 mo'ab̲, '아비의 소생me'ab̲'과 발음이 비슷하다. 사해 동쪽 연안에 거주했
     던 부족이다.
270 ben'ammi, '근친의 아들'이라는 뜻이며, '암몬의 자손benê'ammon'과 독
     음이 유사하다. 사해 동북쪽에 거주했던 부족이다.
271 마므레를 가리킨다. 「창세기」 18:1 참조.
272 gerar, 지금의 팔레스타인 남부 가자 지역 부근이다. 「창세기」 10:19
     참조.

2   그는 사람들 앞에서 매번 부인인 사라를 가리켜 여동생이라 말했다.[273] 이에 그랄 왕 아비멜렉[274]은 사람을 보내 사라를 후궁으로 들이도록 했다.

3   그날 밤 하느님께서 왕의 꿈에 나타나 그에게 경고하셨다. "너에게 죽음의 날이 이르렀다! 네가 새로 얻은 여자는 남편이 있는 여자다!"

4   아비멜렉은 아직 사라와 잠자리를 하지 않았으므로 황급히 말했다. "주님, 어찌 무고한 사람[275]을 죽이려 하십니까?

5   아브라함이 제 입으로 '그녀는 제 여동생입니다' 하였고, 그녀도 '그는 제 오라비입니다' 하였으니, 제 두 손은 깨끗하며 양심에 거리낄 것이 없습니다!"

6   하느님이 꿈속에서 대답하셨다. "옳다. 나도 네가 여자를 얻은 일이 양심에 거리낄 일이 아니었음을 알고 있다. 해서 네가 그녀를 가까이하여 나를 거스르는 큰 죄를 짓지 못하도록 사

---

273 이 장에서는 「창세기」 12장 '이집트' 이야기에 나오는 모티프가 반복된다. 사라는 여전히 젊고 아름다웠지만, 당시의 윤리 관념은 전처럼 '원시'적이지 않았다.

274 'abimelek, '내가 아버지요, 왕이다'라는 뜻으로, 어머니를 빼앗고 아버지라 불리고자 함을 암시한다.

275 예루살렘본을 따라, 원문의 '민족'을 '사람'으로 바꾸었다.(일부 국역본은 '백성'으로 옮기고 있다.—옮긴이)

전에 알려주는 것이다.[276]

7 지금 바로 그의 아내를 돌려보내라. 선지자[277]인 아브라함만
이 너를 대신해 네 목숨을 구해줄 것을 간청할 수 있다. 잊지
마라, 그녀를 돌려보내지 않으면 너와 후궁[278]들은 모두 죽음
을 면치 못할 것이다!"[279]

8 다음 날 아침 왕이 신하들을 소집하여 꿈에 대해 말하자 모
두 크게 두려워했다.

9 그러고 나서 왕은 아브라함을 불러 그를 나무라며 말했다.
"그대가 한 일을 보시오! 과인이 그대에게 무슨 죄를 지었기
에, 과인의 나라를 이리도 큰 죄에 빠뜨린 것이오? 이렇게 소
란을 피워도 되는 거요!"

10 그는 거듭 말했다. "도대체 무슨 의도로 이런 일을 한 것이오?"

11 아브라함이 절하며 말했다. "제가 삼가 귀국의 백성이 하느님
을 경외할 줄 모른다 여겨, 그들이 제 아내를 범하고 저를 해

---

276 하느님이 적절한 시기에 관여하고 있음을 강조하고 있다. 「창세기」 12:15
이하와 비교해보라.

277 nabi', 하느님과 소통하며, 하느님의 말씀을 전달하고 다른 사람들을 대
신해 하느님께 기도하는 사람을 뜻한다. 하느님 앞에 서도 죽지 않는 특
별한 권한을 부여받은 사람이다. 「시편」 105:15 참조.

278 원문은 '네게 속한 자'이다.

279 '죽음을 면치 못할 것'이라는 말은 '대가 끊김'을 의미한다. 「창세기」
20:18 참조.

할까 두려워 그리 하였습니다.

12 허나 그녀는 진정 아버지는 같으나 어머니는 다른 제 여동생이 맞습니다. 제가 여동생을 아내로 맞은 것입니다.[280]

13 애초에 하느님께서 저를 불러 고향을 떠나 타향을 떠돌게 하셨을 때, 제가 그녀에게 이렇게 분부한 것도 그래서입니다. '당신이 나를 사랑한다면, 우리가 어딜 가든 사람들에게 내가 당신의 오라비라고 말하도록 하시오.'"

14 이에 아비멜렉은 사람을 시켜 사라를 데려와 아브라함에게 돌려주었고 소, 양, 노예 들도 하사했다.

15 그는 말했다. "그대는 과인의 땅을 마음대로 골라, 가고자 하는 곳으로 가시오."

16 그리고 사라에게도 말했다. "부인도 보시오. 은자 1000닢[281]을 그대의 오라비에게 줄 것이니, 이것으로 그대의 가족 앞에서 부인의 결백함을 증명하시오!"[282]

---

280 고대인들은 오누이 혹은 근친끼리의 결혼을 이상적으로 생각했다. 모세가 법을 세운 후부터 근친끼리의 결혼을 난륜이라고 여겨 금지했다. 「레위기」 18:6 이하 참조.

281 사라의 결백을 증명하는 돈. 은자 1000닢은 당시 큰돈이었다. 후에 아브라함은 그의 가족들이 묻힐 묘지를 은자 400닢에 샀다. 「창세기」 23:15 참조.

282 이 구절의 원문은 해석이 어려워 예루살렘본에 근거해 옮겼다.

17 아브라함은 즉시 하느님께 기도했다. 하느님께서 왕과 왕후, 그리고 모든 첩[283]의 병을 낫게 하시자, 그녀들은 다시 아이를 가질 수 있게 되었다.[284]

18 야훼께서 아브라함의 부인 사라의 일로 분노하셔서 아비멜렉의 궁에 사는 모든 여자의 태를 닫으셨던 것이다.[285]

사라가 아들을 낳다

21장

1 야훼께서는 약속대로 사라를 보살피셨다.[286]

2 사라가 임신했고, 하느님께서 지정하신 때에 연로한 아브라함에게 아들을 낳아주었다.

3 아브라함은 사라가 낳은 아들에게 이사악[287]이라는 이름을 지어주었다.

4 이사악이 태어난 지 8일째 되던 날 아브라함은 하느님의 규정

---

283 'amahoth, '여종'도 된다. 「창세기」 21:12 주석 참조.
284 「창세기」 12:17과 비교해보라.
285 「창세기」 21:22과 연결된다.
286 「창세기」 18:15에서 연결된다.
287 '그가 웃었다'는 뜻이다. 「창세기」 17:17 주석 참조.

을 준수하여 아기에게 할례를 행했다.

5 이사악이 태어난 그해 아브라함은 100세였다.

6 사라가 말했다.

"하느님께서 나를 웃게 하시는구나!

기쁜 소식을 들은 이들이여, 나와

함께 웃자!"

7 또 말했다.

"이전에[288] 어느 누가 아브라함과

사라에게 아이가 생길 것을 일러주었나? 하지만 나는

100세인 그에게 아들을 낳아주었다!"

이스마엘

8 이사악은 하루가 다르게 성장했다. 이사악이 젖을 떼던 날 아
   브라함은 성대한 연회를 열었다.

9 사라는 어느 날 이집트인 하갈이 아브라함에게 낳아준 자식

---

288 옛 번역은 '미리'라고 옮겼다. 틀린 번역이다.
289 칠십인역에 의거해 원문에 없던 "이사악이 같이"를 보충했다. 이 조각은
   「창세기」 16장과 평행하는 조각이나 그 연원이 다르며, 처음부터 끝까지
   하갈의 이야기만 기록되어 있지는 않다.

과 자신의 아들 이사악이 같이 장난치는 것을 보고[289]

10 아브라함에게 말했다. "저 계집종 모자를 쫓아내세요! 저 종년의 자식이 장차 우리 아들의 가업을 나누어 갖게 할 수는 없어요."

11 아브라함은 난처했다. '종의 자식이라도 피붙이가 아닌가!'

12 하느님께서는 그를 위로하며 말씀하셨다. "그 아이와 네 종[290]으로 인해 걱정하지 말라. 네 아내 사라의 말대로 하거라. 이사악을 통해서만 너의 이름이 후세에 전해질 것이다.[291]

13 그 하녀의 아들도 네 자식이므로, 내가 그로 하여금 큰 민족을 이루게 할 것이다."[292]

14 다음 날 하늘이 밝아오자 아브라함은 쌓아놓은 밀로 만든 떡과 물을 가득 채운 가죽 주머니를 하갈에게 건넸다. 그리고 아이를 그녀의 등에 업히게 한 후[293] 그녀를 밖으로 내보냈다. 그녀는 발걸음을 옮기다 '약속의 우물[브엘세바]'[294] 부근의 황

---

290 당시 첩은 종'amah과 지위가 같았다. 때문에 첩인 하갈을 습관적으로 종이라고 지칭하고 있다. 「출애굽기」 21:7 이하 '노예법' 참조.

291 이사악을 적자로 삼았다. 「로마서」 9:7 참조.

292 「창세기」 17:20에 나오는 이스마엘을 향한 하느님의 약속과 중복된다. 「창세기」 13:16, 15:3~5과 호응한다.

293 「창세기」 21:5, 16:16에 근거해 이스마엘의 나이를 계산해보면 쫓겨날 당시 이스마엘은 아직 어린아이였지, 열대여섯 살의 소년이 아니었다.

294 be'er sheḇaʿ, '남쪽 땅'에서 이집트로 가는 길에 위치하고 있다. 「창세기」 21:31 참조.

창세기, 인문의 기원

야에서 길을 잃었다.

15 가죽 주머니의 물도 이미 다 떨어져 있었다. 그녀는 아들을 관목 아래 두고

16 화살이 날아가는 거리만큼 물러났다. "자식이 죽어가는 걸 두 눈 뜨고 지켜봐야 하다니, 견딜 수가 없구나!" 그녀는 멀찌감 치 앉아 한없이 쓰린 마음에 큰 소리로 울부짖으며 말했다.[295]

17 하느님께서 아이의 우는 소리를 들으셨다. 하느님의 사자가 하 늘에서 하갈을 불러 그녀에게 물었다.[296] "하갈아, 무엇이 너 를 슬프게 하느냐? 두려워 말라. 하느님께서 이미 네 아이의 울음소리를 들으셨다.[297]

18 어서 가서 아이를 안아 얼러주어라. 앞으로 내가 그로 하여금 큰 민족을 이루게 할 것이다!"[298]

19 하느님께서는 곧장 하갈의 눈을 열어[299] 우물 하나를 보여주 셨다.[300] "어서 가서 가죽 자루에 물을 가득 채우고 아이에게

---

295 칠십인역에는 하갈이 아니라 그 아이가 큰 소리로 울었다고 나와 있다.

296 실제로는 야훼의 말을 전한 것이다. 「창세기」 16:13 주석 참조.

297 '듣다shamma'는 '이스마엘'과 소리가 유사하다. 즉, 이스마엘의 이름을 암 시하고 있다. 「창세기」 16:11 주석 참조.

298 이스마엘을 향한 하느님의 세 번째 약속이다. 「창세기」 21:13 참조.

299 옛 번역은 "하느님이 그녀의 눈을 밝게 하셨다"이나, 옳지 않다.(일부 국 역본은 '눈을 밝히다'의 의미로 번역하고 있다.—옮긴이)

300 「창세기」 16:14 참조.

먹이도록 하라."

20 이렇게 하느님께서 아이와 함께하셨다. 그 아이는 황야에서
자라 백발백중의 사냥꾼이 되었다.

21 그는 바란[301] 사막에 정착했고, 그의 어머니는 이집트 여자를
데려다 그의 아내로 삼았다.[302]

약속의 우물

22 얼마 지나지 않아[303] 아비멜렉이 군대 총사령관 비골을 데리
고[304] 아브라함을 찾아와 말했다. "선생이 하는 모든 일에 하
느님께서 계시는구려.

23 청컨대 바로 지금 여기서 하느님께 맹세하시오. 다시는 과인
과 과인의 자손들을 속이지 않기로 말이오. 과인이 그대를 은
혜로 대한 만큼 그대도 과인과 그대가 기거하는 이 나라를
은혜로 대해야 하지 않겠소?"

24 아브라함이 말했다. "그러기로 맹세하겠습니다."

---

301 pa'ran. 시나이 반도 북단, 가디스 부근에 위치한 사막이다.
302 이 장에서는 처음부터 끝까지 이스마엘의 이름이 언급되지 않는다.
303 「창세기」 20:18과 연결된다.
304 이는 아브라함에 대한 위협이었다.

25 그리고 나서 곧 아브라함은 왕에게 항의했다. 왕의 하인이 어느 우물을 무단으로 빼앗았기 때문이다.[305]

26 아비멜렉은 크게 놀랐다. "그런 일을 누가 저질렀단 말이오? 어째서 진즉 내게 말하지 않아서 과인으로 하여금 이제야 알게 한 것이오!"

27 그리하여 아브라함은 소와 양을 끌고와 왕에게 바쳤고[306] 양측은 협정을 맺었다.

28 그리고 아브라함은 양의 무리 속에서 일곱 마리의 새끼 암양을 추려 따로 한쪽에 두었다.

29 왕이 의아하게 여겨 말했다. "선생은 무슨 의도로 이 일곱 마리 양을 따로 두셨소?"

30 아브라함이 답했다. "대왕께서는 이 일곱[307]마리 어린양[308]을 거두시어 제가 이 우물을 팠다는 증거로 삼으십시오!"

31 후에 이곳은 '약속의 우물'[309]이라 불렸는데, 이는 쌍방이 이곳에서 서약을 맺었기 때문이다.

---

305 유목민에게 수원水源 확보는 생사를 결정짓는 일이었다. 때문에 이에 관한 분쟁도 자주 일어났다. 「창세기」 26:15 이하 참조.
306 이러한 행동은 아브라함의 선의를 보여준다.
307 '7'이란 숫자는 하느님이 증인임을 상징한다.
308 kiḇsoth, 제물로 쓰는 어린양을 가리킨다.
309 '일곱 양의 우물'이라고도 불린다. 숫자 7sheḇa`와 서약sheḇa`은 음이 같다. 「창세기」 26:33 참조.

32 서약을 맺은 후 아비멜렉은 총사령관 비골을 데리고 블레셋
인의 영토로 돌아갔다.[310]

33 아브라함은 브엘세바에 에셀 나무를 심었고, 그곳에서 야훼
곧 영원하신 하느님의 거룩한 이름을 소리 높여 불렀다.[311]

34 그는 블레셋 사람들의 영토에 오랫동안 기거했다.

자식을 바치다

22장

1 그 후 어느 날 하느님께서 아브라함을 시험하고자 그를 부르
셨다. "아브라함아!" "여기 있습니다!" 아브라함이 대답했다.

2 하느님께서 말씀하셨다. "네 아들, 네가 사랑하는 외아들[312]
이사악을 데리고 모리야[313]로 가거라. 내가 너에게 산을 정해

---

310 역사적 오류다. 당시 그랄 일대에는 블레셋인pelishtim이 살고 있지 않았
다. 블레셋 사람들이 크레타 섬에서 나와 가나안을 식민지로 삼고 나라
를 세우기 시작한 것은 기원전 13세기 말의 일이다.

311 '제단을 쌓았다'고도 할 수 있다. 「창세기」 12:8, 23:4 참조.

312 장자 이스마엘은 이미 내쫓긴 후였다. 「창세기」 21:14 참조.

313 moriyah, 구체적인 위치는 알 수 없다. 전설에 따르면 「역대기하」 3:1에
서 솔로몬이 예루살렘 성전을 건설한 작은 산이라고 한다.

줄 테니 그곳에 올라 그를 내게 번제물로 바쳐라!"[314]

3   이튿날 아침, 아브라함은 일어나 나귀를 준비하고 제사에 필
    요한 장작을 패 두 하인과 아들 이사악에게 짊어지도록 했다.
    그들은 하느님께서 일러주신 곳으로 이동했다.

4   3일째 되던 날[315] 아브라함이 눈을 들어 멀리 보니, 과연 작은
    산이 하나 있었다.

5   그가 하인에게 일렀다. "너희는 나귀를 데리고 여기서 기다려
    라. 나는 아이와 산에 올라 제사를 드린 후 내려오겠다."

6   그는 제사용 장작을 이사악의 어깨에 지우고, 자신은 부싯돌
    [316]과 칼[317]을 손에 들었다. 한 사람은 앞서고 다른 한 사람은
    뒤따르며 부자는 산을 올랐다.

7   "아버지?" 이사악이 아버지를 불렀다. "무슨 일이냐, 얘야." 아
    브라함이 고개를 돌려 대답했다. "아버지, 우리에게 부싯돌과
    장작은 있는데, 번제에 바칠 암양은 어디 있나요?"

8   아브라함이 대답했다. "아들아, 번제에 바칠 암양은 하느님께
    서 친히 준비해두실 거란다!" 한 사람은 앞서고 다른 한 사람

---

314 남자아이를 제물로 바치는 것은 가나안 이교의 의식이었다.
315 아브라함 일행은 3일 동안 걸었다. 「창세기」 30:36 참조.
316 원문에는 '불'이라고 나와 있다.(국역본은 '불' 또는 '불씨'로 옮기고 있다.─옮
     긴이)
317 ma'akeleth, 「판관기」 19:29에 나오는 것과 같은 도살용 칼을 가리킨다.

은 뒤따르며 부자는 산을 올랐다.

9   하느님이 지정해주신 곳에 당도하자, 아브라함은 손으로 제단
    을 쌓았다. 그는 제단 위에 장작을 깔고 아들을 묶어 장작더
    미 위에 두었다.

10 그리고 칼을 쥐고 팔을 높이 들어 아들을 찌르려 했다.

11 "아브라함아! 아브라함아!" 야훼의 사자가 구름 끝에서 크게
    소리쳤다. "제가 여기 있습니다!" 아브라함이 답했다.

12 "멈춰라!" 천사가 외쳤다.[318] "아이를 다치게 하지 마라! 네가
    하느님을 경외하는 줄 이제 알겠다. 나를 위해 너의 독자까지
    도 아끼지 않다니!"

13 아브라함이 눈을 들었을 때, 마침 관목 가지에 뿔이 걸린 숫
    양[319] 한 마리를 발견했다. 아브라함은 급히 그 양을 잡아 아
    들을 대신하여 번제를 드렸다.

14 후에 그는 그 산을 '야훼께서 준비하심[야훼 이레]'[320]이라 불
    렀는데, 오늘날까지도 '야훼께서 산 위에 준비해두셨다'는 속
    담이 남아 있다.[321]

---

318 실제로는 하느님이 하신 말씀이었다. 「창세기」 21:17 주석 참조.
319 'ayil, 「레위기」 5:15에 나온 것처럼, 번제물로 자주 쓰이는 양이다.
320 yir'eh, 이 단어는 「창세기」 22:8에도 등장한다. 칠십인역에는 '보살피다'
     로 되어 있으며, 그렇게 봐도 의미가 통한다.

15 천사가 구름 끝에서 다시 큰 소리로 아브라함을 불러

16 야훼의 약속을 전했다. "나는 거룩한 이름으로 맹세한다. 나를 위해 독자마저 아끼지 않은 너의 대단한 행동으로 인해,

17 내가 너에게 큰 복을 내릴 것이다. 네 자손은 번성하여 하늘의 별과 바닷가의 모래처럼 많아질 것이다. 너의 후손들은 적의 성을 점령할지니라.[322]

18 세상 모든 나라가 너희로 인해 복을 받을 것이고, 너로 인해 나의 뜻을 받들 것이다!"

19 아브라함은 산에서 내려와 하인들과 만난 뒤 브엘세바로 돌아왔다. 아브라함은 브엘세바에 계속 머물렀다.

나홀의 족보

20 그 뒤에 아브라함은 제수 밀가가 나홀을 위해 아들들을 낳았다는 소식을 들었다.[323]

21 장자는 우스이고 차남은 부즈였으며, 삼남은 아람의 아버지

---

321 원문에는 "야훼의 산에 기이한 일이 있었다"고 되어 있는데, 이는 모리아 산에 예루살렘 성이 세워졌다는 전설을 억지로 끼워 맞춘 것처럼 보인다. 이 책의 번역은 칠십인역을 따랐다.

322 「창세기」 24:60 참조.

323 「창세기」 11:29 참조.

크무엘이었고.[324]

22 그 밖에도 케셋, 하조, 빌다스, 이들랍, 브두엘이 있었다.

23 이중 브두엘은 리브가의 아버지다.[325] 이렇게 여덟 아들은 모
두 나홀의 처 밀가의 소생이었다.

24 나홀은 다른 첩을 한 명 두었는데 그녀의 이름은 르우마였다.
그녀는 네 명의 아들을 낳았는데 그들은 테바, 가함, 다하스,
마아가[326]였다.

쌍굴

23장

1 사라는 127세에 생을 마치고

2 가나안의 키럇아르바,[327] 즉 현재의 헤브론[328]에서 죽었다. 아

---

324 10장 '모든 부족의 족보'와 내용이 다르다. 「창세기」 10:22 이하 참조.
325 삽입된 구절이다. 24장에 나올 이야기를 예고한다.
326 ma`akah, 여성의 이름이기도 하다. 통설에 따르면 나홀의 열두 아들은
아람(고대 시리아) 부족 12지파의 조상이 된다.
327 qiryath `arba`, 예루살렘 서남쪽에 있던 성이다. 네 개의 부족이 함께
성을 건설했기 때문에, 성이 네 개의 구역으로 나뉘어 있었다.
328 「창세기」 13:18 참조.

창세기, 인문의 기원

브라함이 돌아와 그녀를 위해 몹시 슬퍼하여 울음을 그치지 않았다.

3 그는 울면서 부인의 영전에서 일어나 헷 사람[329]에게 말했다.

4 "저는 여기에 기거하는 외부인입니다. 제게 관을 옮겨 매장할 만한 무덤 자리 하나를 주십시오.

5 헷의 자손이 대답했다.

6 "어르신,[330] 마음 놓으세요. 당신은 우리 가운데 고귀한 분[331]입니다. 우리에게 있는 가장 좋은 묘지를 골라 부인을 안장하십시오. 아무도 당신의 요구를 거절하지 않을 겁니다!

7 아브라함은 몸을 일으켜 무덤의 주인인 헷의 자손에게 절하며 말했다.

8 "제가 관을 옮겨 매장하는 것을 모두 허락하신다면, 저 대신 소할의 아들 에브론에게 가서,

9 그의 얼굴을 직접 보고 그의 밭머리에 있는 '쌍굴(이하 막벨라 굴)'[332]을 제게 시가로 팔아 그곳을 묘지로 쓸 수 있도록 부탁

---

329 또는 헷의 자손들을 말한다. 이 구절에서는 가나안의 토착민들을 가리킨다. 「창세기」 10:15 주석 참조.
330 옛 번역은 "내 주여"이나, 적합하지 않다.(일부 국역본은 "내 주여"라고 옮기고 있다.—옮긴이)
331 nasi', 또는 '하느님의 돌보심을 받는 자'를 가리킨다.
332 makpelah, 전설에 따르면 상하로 나뉘어 있다고 한다.

해주십시오."

10 공교롭게도 에브론은 사람들 무리에 앉아 있었다. 그는 성문 앞에 모인 그의 동포 즉 헷의 자손이 모두 듣도록 큰 소리로 대답했다.[333]

11 "안 됩니다! 어르신, 제 얘기를 들으십시오. 그 밭과 밭머리에 딸린 동굴을 모두 당신께 드리겠습니다. 동족 앞에서 당신이 그것을 받으시기를 청하니, 장례 일은 마음 놓으십시오!"

12 아브라함은 재차 땅의 주인에게 절하고

13 모든 사람이 다 들을 수 있도록 에브론에게 대답했다. "선생, 불쾌해 마시고 제 말을 들어주십시오. 땅값은 반드시 치러야지요. 당신이 돈을 받아야 제가 관을 옮길 수 있습니다!"

14 에브론이 웃으며 말했다.

15 "어르신, 무슨 말씀을요! 그 땅의 값은 은 400세겔[334]에 지나지 않습니다. 어르신과 저 사이에 무슨 계산이 필요합니까? 마음 놓고 장례나 치르세요."

16 아브라함은 에브론의 말을 알아듣고,[335] 그가 사람들 앞에서

---

333 전체 주민이 회의를 한 것처럼 보인다.
334 sheqel, 바빌로니아와 페르시아의 은화 단위. 「창세기」 20:16 주석 참조.
335 일설에 따르면 헷 족은 주인이 반드시 땅덩어리 하나를 통째로 책임져야 한다는 관습을 가지고 있었다. 에브론이 동굴과 밭을 같이 팔려고 했던 이유도 그 때문이다.

말한 시가에 따라 은 400세겔을 그에게 지불했다.

17 그리하여 마므레 동쪽의 막벨라 땅에 있는 동굴과 그 경계에 심긴 나무는

18 모두 아브라함의 소유가 되었다. 아브라함은 헷 자손, 즉 성안에 사는 모든 주민 앞에서 그 땅을 샀다.[336]

19 그 후 아브라함은 사라를 가나안 마므레(지금의 헤브론) 동쪽의 막벨라 굴에 안장했다.[337]

20 이렇게 그 땅과 동굴은 헷 사람들로부터 아브라함에게 넘어가 그 가족의 묘지가 되었다.

부탁

24장

1   아브라함은 연로했지만 모든 일에 야훼의 복을 받았다.[338]

---

336 이때부터 이스라엘 사람들은 가나안에 법적으로 승인을 받은 땅을 갖게 되었다.

337 「창세기」 13:18 주석 참조.

338 이 조각은 아브라함이 임종 때 늙은 종에게 부탁을 하는 이야기다. 그런데 창세기를 엮은이가 크투라의 이야기(「창세기」 25:1 이하)를 중간에 끼워 넣고 아브라함의 죽음을 그 뒤로 옮겼다. 「창세기」 25:7 이하 참조.

2 그는 가산 전체를 관리하는 늙은 종[339]을 불러 말했다. "네 손을 내 허벅지[340] 아래로 넣어라.

3 내 아이로 하여금 절대 주변의 가나안 여자를 아내로 맞이하지 않게 하겠다고 천지를 주관하시는 야훼 하느님께 맹세하거라.

4 너는 내 고향[341]으로 돌아가 친척들 중에서 이사악의 신붓감을 구해 오너라.

5 늙은 종이 물었다. "만일 그 여인이 저를 따라 가나안으로 오지 않으면 어떻게 합니까? 작은 주인님과 함께 주인님의 고향으로 갈까요?"

6 아브라함이 말했다. "절대 안 된다!

7 하늘과 땅[342]을 주관하시는 야훼 하느님께서 애초에 내가 아버지의 집과 가족의 고향을 떠나도록 하셨을 때, 이 땅을 내 자손에게 허락하셨다.[343] 하느님께서 천사를 보내 네 길을 안

---

339 엘리에젤을 말한다. 「창세기」 15:2 참조.
340 yarek, 은밀한 곳을 가리킨다. 고대 관습에 따르면, 맹세를 요청한 사람의 씨가 나오는 곳에 손을 대고 맹세를 하면, 그 맹세는 절대 깨지지 않는다고 한다. 「창세기」 47:29 참조.
341 유프라테스 강 상류의 하란 일대를 말한다. 「창세기」 11:31 참조.
342 원문에는 '땅'이라는 단어가 없었다. 칠십인역에 의거하여 보충했다.(일부 국역본에서도 '땅'이 언급된다.—옮긴이)
343 「창세기」 12:7 참조.

내하시고 너를 도와 내 아들의 아내를 구해주실 것이다.

8 설령 그 여인이 너를 따라오지 않으려 해도 네가 서약을 어긴 것으로 치지 않겠다. 다만 어떤 경우에도 이사악을 내 고향으로 데려가서는 안 된다!"

9 그리하여 늙은 종은 자신의 손을 주인의 허벅지 밑에 넣고 아브라함에게 굳게 맹세했다.

리브가

10 늙은 종은 주인의 낙타[344] 무리에서 10마리를 골라 예물을 잔뜩 실은 후 아람 나하라임[345]이 있는 북쪽으로 향하여 나홀의 성[346] 밖에 도착했다.

11 마침 황혼녘에 이르러 여인들이 성을 나와 물을 긷는 시간이 되었다. 그는 낙타를 우물 앞에 앉혀놓고

12 손을 들어 기도를 올렸다. "야훼여, 제 주인 아브라함의 하느님이시여! 제 주인에게 은혜를 베푸시어 오늘 제 일이 잘 이루

---

344 역사적 오류다. 근동에서 낙타를 길들이기 시작한 시기는 철기시대(기원전 1200년 이후)부터다. 그 이전에는 장거리 운송에 당나귀를 사용했다.

345 'aram naharayim, 지금의 시리아 북부 지역을 가리킨다.

346 지명. 「창세기」 24:4에 따르면 하란 부근이다. 혹은 나홀이 거주하는 성, 즉 하란이라고 해도 의미가 통한다. 「창세기」 24:27 참조.

어질 수 있도록 도와주십시오!

13 보십시오, 제가 우물가에 서 있고, 성안에 사는 사람들의 딸이 저마다 우물을 긷기 위해 오고 있습니다.

14 제가 그중 한 처녀에게 '항아리의 물을 따라 마실 수 있겠소?'라고 물을 때, '드세요 어르신. 다 드시고 나면 제가 당신의 낙타들에게도 물을 먹이겠습니다!' 하고 대답하는 여인이 당신께서 당신의 종 이사악을 위해 선택하신 신부가 되기를 바랍니다. 그제야 당신이 제 주인에게 은혜를 베푸시는 분임을 제가 알겠습니다."

15 늙은 종의 말이 떨어지기가 무섭게 성 입구에서 항아리를 어깨에 매고 한 소녀가 걸어 나왔다. 리브가였다. 그녀는 아브라함의 동생 나홀과 그의 부인 밀가 사이에서 난 브두엘의 딸이었다.

16 이 소녀는 미모가 뛰어났고, 아직 다른 이를 안 적이 없는 듯했다.[347] 그녀는 우물가로 내려와 물을 길어 돌아가려고 했다.

17 늙은 종이 급히 앞으로 가서 말했다. "항아리 안에 있는 물을 한 모금 마시게 해주시겠소?"

18 소녀가 말했다. "어르신 어서 드세요!" 그녀는 곧장 항아리의

---

347 이 소녀가 처녀임을 뜻한다. 「창세기」 19:8 참조.

창세기, 인문의 기원

물을 두 손으로 따라 마시도록 했다.

19 그가 물을 다 마시자 그녀가 말했다. "당신의 낙타들도 해갈할 수 있도록 물을 더 길어 오겠습니다!"

20 말을 마치자 항아리의 물을 구유에 붓고 우물물을 긷기 위해 몸을 돌렸다. 그녀는 우물과 구유를 오가며 낙타 10마리에게 물을 먹였다.

21 늙은 종은 옆에서 감히 소리도 내지 못하고 야훼께서 과연 그로 하여금 이 일을 이루게 하실지[348] 지켜보았다.

22 낙타들이 물을 충분히 먹기를 기다렸다가, 그는 반 세겔[349] 나가는 금 코걸이 하나와 10세겔 나가는 금팔찌 한 쌍을 소녀에게 주며 물었다.

23 "어느 집 따님이오? 그대의 아버지 댁에 우리가 하루 묵을 곳이 있겠소?"

24 소녀가 대답했다. "저는 밀가가 나홀에게 낳아준 아들 브두엘의 딸입니다."[350]

---

348 옛 번역은 "야훼께서 과연 평탄한 길을 주실지 여부를 알고자 했다"이나, 의미가 통하지 않는다.

349 1세겔은 국제 도량형으로 11.4그램이다.

350 「창세기」 22:20 이하에 나오는 나홀의 족보와 부합한다. 그러나 초기 판본에는 리브가가 나홀의 딸이라고 기록되어 있으며, 편집자도 이를 고치지 않았다. 「창세기」 24:29과 24:48 주석 참조.

25 그녀가 또 말했다. "제 집에는 여물도 많고 손님께서 묵을 방도 있습니다."

26 늙은 종은 이 말을 듣자 무릎을 꿇고 야훼께 거듭 감사의 경배를 드렸다.

27 "야훼를 찬미하라, 내 주인 아브라함의 하느님을! 그가 시종 인애와 신실함[351]으로 내 주인을 대하셨구나. 그가 나를 인도하셔서 내 주인의 동생 집[352]을 찾게 하셨다!"

28 소녀는 단숨에 뛰어 집으로 돌아와 어머니와 가족들에게 이 소식을 알렸다.

29 리브가에게는 라반이라는 오라비가 있었다.[353]

30 라반은 여동생이 금 코걸이와 금팔찌를 찬 것을 보고, 또 그녀로부터 노인이 말한 내용을 듣고, 서둘러 뛰어나가 그를 영접했다. 과연 우물가에 한 노인이 서서 손으로 낙타를 끌고 있었다.

31 라반은 급히 앞으로 나가 인사했다. "어서 오십시오, 야훼의

---

351 옛 번역은 '성실함'이나, 알맞지 않다.(국역본 가운데도 '성실함'이라고 번역한 판본이 있다.—옮긴이)
352 나홀의 집을 말한다. 같은 장 10절과 48절의 주석 참조.
353 라반이 이 집의 가장임을 나타내고 있다. 때문에 리브가의 모친만 언급될 뿐 아버지인 브두엘(혹은 원문의 나홀)에 대한 언급은 없다.

복을 받으신 분이여, 제가 벌써 방을 비워두고 낙타에게 먹일 여물도 준비해두었거늘, 어찌 아직도 성 밖에 서계십니까?"

32 손님이 방에 들자 라반은 사람을 시켜 낙타에게 먹이를 주었다. 또 물을 길어와 노인과 그를 따르는 이들의 발을 씻겼다.

33 그리고 나서 그들을 위해 음식을 내왔지만, 늙은 종이 말했다. "서두르지 마십시오, 제가 여기에 온 이유를 먼저 설명해 드리고 나서 먹도록 하겠습니다." 이에 라반이 대답했다. "그러십시오!"

34 늙은 종이 말했다. "소인은 아브라함의 하인입니다.

35 야훼께서 제 주인에게 매사에 복을 내리고 그를 보호하시어, 오늘날 그가 부유한 사람이 되었습니다. 그가 소유한 소, 양, 낙타, 금과 은, 노예, 이 모든 것은 야훼께서 그에게 주신 것입니다.

36 주인[354]께서는 노년에 안주인이신 사라를 통해 아들을 얻으셨습니다. 주인께서는 모든 재산을 다 이 아들에게 상속하시고,[355]

37 제게 서약할 것을 명하시며 이렇게 말씀하셨습니다. '너는 절

---

354 원문에는 '주인'이 아닌 '안주인'이 노년에 아들을 얻었다고 나와 있다. 칠십인역에 따라 번역했다.(국역본은 '안주인'(『공동번역』), '나의 주인의 아내'(『개역개정』), '주인 마님'(『표준새번역』) 등으로 번역하고 있다.—옮긴이)

355 「창세기」 25:5 참조

대 내 아들로 하여금 주변 가나안의 여인을 아내로 삼게 해서
는 안 된다.

38 내 아버지의 고향에 돌아가 집안사람 중에 한 사람을 골라
내 아들의 아내로 삼게 하라.'[356]

39 제가 말했습니다. '만일 그 여인이 저를 따라 가나안으로 오
지 않으면 어떻게 합니까?'

40 이에 주인께서 말씀하셨습니다. '나는 평생 야훼와 동행했으
므로, 그가 천사를 보내 너와 함께하실 것이고 너의 갈 길을
순탄케 하실 것이며, 나를 대신해 내 옛 가족 가운데 한 여인
을 선택해주실 것이다.

41 내 가족들이 살던 곳에 가면 내게 했던 맹세를 이행하여라.
설령 그들이 딸을 시집보내려 하지 않는다 해도, 네가 서약을
어긴 것으로 치지 않겠다!'

42 오늘 저는 우물가에 와서 이렇게 기도했습니다. '야훼여, 내
주인인 아브라함의 하느님이시여! 제 일이 잘 이루어질 수 있
도록 도와주십시오!

43 보십시오, 제가 우물가에 서 있습니다. 성을 나와 물을 긷는

---

356 성경은 입에서 입으로 전승된 것이므로, 남의 말을 전달할 때 직접화법
을 여러 번 반복한다.

여인에게 '제가 항아리의 물을 마실 수 있게 해주시겠소?'라고 물었을 때

44 '드세요, 어르신. 다 드시면 제가 당신의 낙타들에게도 물을 먹이겠습니다!'라고 답하면 그녀가 바로 야훼께서 제 작은 주인님을 위해 정하신 신부입니다!'

45 이 말이 떨어지기 무섭게 리브가가 물동이를 메고 성을 나왔습니다! 그녀가 우물에서 물을 긷기에 제가 다가가서 마실 물을 달라고 했지요.

46 그녀는 곧바로 어깨 위의 물동이를 내려놓고 말했습니다. '드세요, 어르신. 다 드시면 당신의 낙타들에게도 물을 먹이겠습니다.'

47 제가 물었습니다. '당신은 어느 집에서 오셨소?' 그러자 그녀는 '밀가가 나홀에게 낳아준 아들 브두엘의 딸입니다'라고 답했지요. 그래서 제가 그녀에게 금으로 된 코걸이와 금팔찌를 준 것입니다.

48 그리고 나서 무릎을 꿇고 야훼, 즉 제 주인이신 아브라함의 하느님께서 저를 바른 길로 이끄시고 제 주인의 조카딸[357]을 만나게 해주신 것을 찬양했습니다!

---

357 「창세기」 24:24, 24:47과 모순되나, 같은 장 27절과는 부합한다. 원문에는 라반과 리브가가 나홀의 자녀라고 나와 있다. 「창세기」 29:5 참조.

49 이제 귀댁이 은혜로 제 주인을 대하고자 하신다면 소인께 말씀하시고, 만일 원치 않으시더라도 솔직하게 말씀하시어 좌우간 소인이 결정을 내릴 수 있게 해주십시오."

50 라반과 브두엘은 대답했다.[358] "이 일은 야훼께서 행하신 일이니 그 시비를 우리가 말할 수 있겠소?

51 보시오, 리브가가 당신 앞에 있으니 야훼의 뜻대로 그녀를 데리고 가서 그대 주인의 며느리로 삼도록 하시오!"

52 이 말을 듣고 아브라함의 늙은 종은 땅에 엎드려 야훼를 경배했다.

53 그리고 금은으로 만든 장식품과 아름다운 옷을 리브가에게 주고, 그녀의 오빠와 모친에게도 귀한 예물을 건넸다.

54 그 후에야 그와 그를 따라온 하인들은 저녁을 들기 시작했다. 하루를 묵고 날이 밝자 늙은 종이 말했다. "소인이 주인께 돌아가려면 작별을 고해야 할 것 같습니다."

55 리브가의 오빠와 모친이 간청했다. "제 딸이 저희와 며칠 더 묵게 해주시오. 열흘만이라도 안 되겠소?"

56 늙은 종은 말했다. "만류하지 마십시오. 기왕 야훼께서 저로

---

358 브두엘이 이번 조각에서 유일하게 등장하는 구절이다. 그러나 「창세기」 24:53 이하의 구절들을 통해 가장은 여전히 라반임을 알 수 있다.

하여금 일을 이루게 하셨으니 돌아가 주인을 뵐 수 있도록 작별을 허락해주십시오!"

57 오빠와 모친이 말했다. "우리가 딸을 데려올 테니, 그 아이의 의견을 들어봅시다."[359]

58 그들은 리브가를 불러 물었다. "손님을 따라 지금 갈 테냐?" 리브가가 대답했다. "네."

59 그리하여 가족은 모두 리브가와 그녀의 유모를 배웅하며 그녀들과 아브라함의 늙은 종이 노정에 오르는 것을 지켜보았다.

60 그러면서 이별을 앞두고 한목소리로 신부를 축복했다.

"먼 길 떠나는 누이여!

만인의 어머니가 되기를 바란다!

수많은 후손이

적국의 성을 점령하기를 바란다!"[360]

61 리브가와 그녀의 시녀들은 낙타를 타고, 늙은 종은 앞에서 신부를 인도했다. 그들은 귀로에 올랐다.

---

359 메소포타미아의 고대 관습에 따르면 오빠가 여동생을 시집보낼 때는 반드시 본인의 동의를 구해야만 했다. 아버지가 직접 혼사를 맡아 처리할 때는 본인의 동의를 구할 필요가 없었다. 「창세기」 29:15 이하 참조.
360 「창세기」 22:17에 나오는 하느님의 축복과 호응한다.

혼사를 마치다

62 이때 이사악은 이미 '라하이 로이 우물'에서 돌아와[361] 남쪽 지방에 살고 있었다.

63 저녁 무렵, 그는 들판에서 산책하며 깊은 생각[362]에 잠겼다. 고개를 드니 한 무리의 낙타가 또각또각 그를 향해 다가오고 있었다!

64 리브가 또한 멀리서 이사악을 보았다. 그녀는 낙타에서 내려

65 늙은 종에게 물었다. "들판에서 우리를 맞는 저 사람은 누구입니까?" 늙은 종이 말했다. "제 주인이십니다!"[363] 리브가는 급히 면사로 얼굴을 가렸다.[364]

66 늙은 종은 이사악에게 신붓감을 구한 경위를 상세히 보고했다.

67 그 후 이사악은 신부를 모친 사라의 장막[365]에 데려갔고, 리

---

361 「창세기」 16:14을 보라.

362 '깊은 생각suab'이라는 단어는 여기서만 등장하므로 정해진 해석이 없다. 이 책에서는 칠십인역을 따랐다.(국역본은 "바람 쐬러 나왔다가"(「공동번역」), "묵상하다가"(「개역개정」), "묵상하러 들에 나갔다가"(「우리말성경」) 등으로 번역하고 있다.—옮긴이)

363 이때 이사악은 아브라함으로부터 이미 족장의 자리를 계승받은 뒤였다. 「창세기」 24:1 주석 참조.

364 신부가 면사로 얼굴을 가린 채 바로 신방으로 들어가는 풍습은 아직까지도 남아 있다.

창세기, 인문의 기원

브가는 이사악의 사랑하는 아내가 되었다. 이사악은 그녀를
깊이 사랑하여 어머니를 잃은 슬픔을 달랠 수 있었다.

크투라

25장

1 아브라함은 크투라[366]라는 이름을 가진 여자와 재혼했다.

2 크투라는 여섯 아들을 낳았는데 지므란, 욕산, 므단, 미디
   안,[367] 이스박, 수아가 그들이다.

3 그중 욕산에게는 두 아들이 있었는데 바로 세바와 드단이었
   고, 드단은 아수르, 르투스, 르움 등 세 부족을 퍼뜨렸다.

4 미디안에게는 에바, 에벨, 하녹, 아비다, 엘다아 등 다섯 자식
   이 있었다. 이상은 모두 크투라의 자손이다.[368]

---

365 '모친 사라'는 아마도 후에 추가된 내용일 것이다.(일부 국역본은 이 내용
   을 포함하고 있지 않다.—옮긴이)
366 qeṭurah, '향기로운 여인'이라는 뜻이다. 이 조각은 「창세기」 25:18까지
   인데, 아브라함의 이야기로 끝을 맺는다. 줄거리는 연결되지 않는다.
367 midyan, 아라비아 반도의 서북쪽, 팔레스타인 동남쪽에 거주했던 부
   족이자 그곳의 지명이다. 후에 이집트에서 도망친 모세는 미디안으로 도
   피했고 그곳에서 아내를 얻었다. 「출애굽기」 2:15 이하 참조.
368 크투라의 자손은 모두 아라비아 부족의 선조가 되었다.

5 아브라함은 재산을 모두 이사악에게 남겼고

6 서자들도 아브라함 생전에 각각 재물을 받았다. 그러나 아브
   라함은 그들을 적자인 이사악으로부터 멀리 떨어진 동방으로
   이주시켰다.

거룩한 조상의 죽음

7 아브라함은 175세에 수명을 다하고,

8 세상을 떠나 조상들에게로 돌아갔다.[369]

9 아들 이사악과 이스마엘은 그를 마므레 동쪽의 막벨라 동굴
   에 안장했다. 그곳은

10 아브라함이 헷 사람 소할의 아들 에브론에게서 사들인 곳이
   었다.[370] 그는 부인 사라와 그곳에 묻혔다.

11 아브라함이 세상을 떠난 후 하느님께서는 그의 아들 이사악
   에게 복을 주셨다. 이사악의 장막은 라하이 로이 우물 근처에
   있었다.

---

369 하느님의 말씀대로 되었다. 「창세기」 15:15 참조. '조상'을 직역하면 '부족
    사람들'이 될 것이다.
370 「창세기」 23장 참조.

12 이스마엘은 사라의 종이자 이집트 사람인 하갈이 아브라함에
게 낳아준 아들이었다. 그의 족보는 이러하다.

13 이스마엘이 낳은 자식을 태어난 순서대로 열거하면 이렇다.
장남 느바욧, 그 아래로 케달,[371] 아드브엘, 밉삼,

14 미스마, 두마, 마싸,

15 하닷, 데마, 여툴[여두르], 나비스, 케드마.[372]

16 이렇게 열두 아들은 모두 부족의 수장이었다.[373] 각 부족이
거주하는 촌락과 야영지는 이 열두 아들의 이름을 따랐다.

17 이스마엘은 향년 137세에 세상을 떠나 조상들에게 돌아갔다.

18 그의 후손들은 이집트의 동쪽, 수르에서 하윌라로 가는 길목
에서 아시리아에 이르기까지 따로따로 살았고 친족들을 서로
무시했다.[374]

---

371 qedar, '검은 피부'를 가진 전사이다. 「애가」 1:5 참조. 아라비아 사람들
혹은 베두인 유목 부족을 지칭한다.
372 qedemah, '동방인'이다. 「창세기」 15:19 주석 참조.
373 북 아라비아 부족에 속한다.
374 「창세기」 16:12와 중복된다.

에사오와 야곱

19 아래는 아브라함의 아들 이사악 가문의 일[375]이다. 아브라함
   은 이사악을 낳았다.

20 이사악은 40세에 리브가를 아내로 맞았다. 리브가는 '아람
   들판'(이하 '바딴아람')의 아람인[376] 브두엘의 딸이자 아람인 라
   반의 누이였다.[377]

21 아내가 임신을 하지 못했기 때문에,[378] 이사악은 그녀를 위해
   야훼께 복을 빌었다. 야훼께서 그의 기도를 들으시자 리브가
   에게 태기가 생겼다.

22 뜻밖에 뱃속의 아이가 치고 때리기를 그치지 않자 그녀가 말
   했다. "왜 하필 나만 이렇게도 임신이 힘든가?"[379] 야훼께 가
   서 이유를 묻자[380]

23 야훼께서 응답하셨다.

---

375 toleḏoth, 본래의 의미는 '가보, 족보'다.
376 하란 성의 거주민을 가리킨다.
377 paddan 'aram, 유프라테스 상류에 위치한 '아람 나하라임'을 말한다. 「창
   세기」 24:10 참조.
378 사라와 같았다. 「창세기」 11:30 참조.
379 이 구절의 원문은 빠진 글자가 있는 것으로 추정되어 정확한 해석이 불
   가능했다. 그래서 칠십인역에 따라 번역했다.

창세기, 인문의 기원

"네 태중에 두 개의 국가가 자라고 있다.

배 속에 한 쌍의 민족이 다투고 있다.

하나가 다른 하나보다 강대하니,

큰애가 둘째에게 복종할 것이다."381

24 아이를 낳으니 과연 쌍둥이였다.

25 먼저 모친의 뱃속을 빠져나온 아이는 피부가 온통 붉었고 온
몸이 털로 뒤덮여 있어 마치 털옷을 두른 듯했다. 그래서 아
이의 이름을 에사오382라 불렀다.

26 뒤에 나온 아이는 작은 손으로 형의 발뒤꿈치를 꽉 붙잡고 있
었기 때문에 이름을 야곱383이라 지었다. 형제가 세상에 나올
때 이사악은 60세였다.

27 쌍둥이는 무럭무럭 자랐다. 에사오는 사냥을 좋아하여 종일
산과 들을 돌아다녔다. 야곱은 성품이 조용하여384 늘 장막
안에 있었다.

28 고기를 좋아하는 이사악은 에사오를 편애했다. 그러나 리브

---

380 '마므레 상수리나무'처럼 하느님이 나타나는 성지에 가서 하느님께 기도
로 여쭤봤다는 의미다.
381 아벨이나 이사악처럼 둘째가 첫째보다 하느님의 보살핌을 더 받곤 했다.
「창세기」 4:4, 21:12 참조.
382 `esaw, '털이 많다se`ar'와 소리가 유사하다.
383 ya`aqob, '발뒤꿈치`aqeb'와 발음이 비슷하다. 「창세기」 27:36 주석 참조.
384 tom, 본래 '단순하다, 온전하다'의 뜻이다.

가는 야곱을 좋아했다.[385]

29 하루는 야곱이 콩죽을 끓이고 있었는데, 사냥에서 돌아온 에사오가 몹시 피곤하고 배가 고파

30 야곱에게 떠들어댔다. "솥 안에 불그스름한 음식을 조금만 먹게 해다오. 배가 고파 죽겠다!" 이에 그의 별명은 '붉은 형(이하 에돔)'[386]이 되었다.

31 야곱이 말했다. "좋아, 하지만 먼저 장자의 권리[387]를 내게 팔아."

32 에사오가 참지 못하고 말했다. "뭐? 배가 고파 죽을 지경인데 그 따위 장자 권한이 뭐라고."

33 야곱이 서둘러 말했다. "먼저 맹세해." 에사오는 맹세하고 장자 권한을 동생에게 팔았다.

34 야곱은 그제야 떡과 콩죽[388]을 그에게 내놓았다. 에사오는 단숨에 그것들을 배불리 먹어치우고는 몸을 일으켜 밖으로 나갔다. 에사오는 장자의 권한을 이처럼 가볍게 여겼던 것이다.[389]

---

385 옛 번역에는 리브가가 야곱을 '사랑'했다고 나오는데, 적합하지 않다.
386 'edom, '붉다'는 뜻이다. 에사오가 태어날 때 피부가 온통 붉었고'admoni, 또 불그스름한'adom 콩죽을 먹었기 때문이다.
387 장자는 다른 아들보다 두 배 많은 재산을 상속받을 수 있는 권한을 가졌다. 「신명기」 21:17 참조.
388 렌틸콩(편두)'adashim, 고대 가나안 사람들의 주식이었다. 떡으로 만들어 먹을 수 있다.

그랄에서의 에사오

26장

1 후에 그 지역에 기근이 들자,[390] 예전에 아브라함이 재난을 당했을 때 그랬던 것처럼 이사악도 그랄로 집을 옮겨 블레셋 왕 아비멜렉에게 의탁했다.

2 야훼께서 그에게 나타나셔서 말씀하셨다. "이집트로 남하해서는 안 된다. 내가 너에게 지시한 땅으로 가라.

3 잠시 여기에 의탁하도록 해라. 내가 너와 함께하여 너에게 복을 줄 것이다. 나는 이 땅을 너와 네 후손에게 주어 네 아비 아브라함과 맺은 약속을 지킬 것이니라.

4 나는 네 자손을 하늘의 별처럼 번성케 할 것이다. 네 후손들은 이 큰 강토를 물려받고, 세상의 모든 나라가 너희로 인해 복을 받게 될 것이다.

5 이는 아브라함이 내 뜻에 순종했고 내 계명과 법을 엄격히 지켰기 때문이다!"[391]

---

389 「창세기」 26:34과 연결된다.
390 「창세기」 26:33까지는 「창세기」 12:10 이하 및 「창세기」 20장의 아브라함 이야기와 중복되는 두 개의 조각이 삽입되었다.
391 「창세기」 22:17에 등장하는 하느님과 아브라함이 맺은 약속과 중복된다.

6 그리하여 이사악은 그랄에 머물렀다.

7 그곳 사람들이 그의 부인에 대해 물을 때마다, 이사악은 이렇게 말했다. "그녀는 제 누이입니다." 그는 속으로 '리브가의 미모가 사람들의 이목을 끄니, 그녀를 갖기 위해 저들이 나를 해할까 두렵다!'고 생각하여 그녀가 자신의 아내임을 감히 말하지 못했다.

8 이런 식으로 얼마간 대응하던 중, 하루는 아비멜렉이 창밖을 보다가 이사악과 리브가가 껴안고[392] 사랑을 나누는 장면을 목격했다.

9 그는 크게 놀라 급히 이사악을 불러 물었다. "흥! 그녀가 명백히 그대의 아내이거늘, 어째서 그대의 누이라고 말한 것이오?" 이사악이 대답했다. "다른 이들이 그녀를 빼앗고 나를 죽일까 두려워 그랬습니다."

10 왕이 탄식하며 말했다. "어찌 이런 일이, 정말 큰 일이 날 뻔했구나! 만약 백성[393]들 중 누군가 그대의 부인을 아내로 삼기라도 했다면,[394] 과인이 어찌 큰 죄를 면할 수 있었겠는가!"

11 그는 즉시 전국에 그와 그 부인을 범하는 이는 누구라도 목

---

392 mezaheq, '이사악yizhaq'과 발음이 비슷하다. 「창세기」 17:17 참조.
393 백성ʿam, 혹은 칠십인역에 따라 '친족들'이라고 해도 의미가 통한다.
394 "아내로 삼기라도 했다면"을 직역하면 "동침할 뻔 했다면"이 된다.

을 벨 것이라는 영令을 내렸다.

우물을 둘러싼 다툼

12 이사악이 땅에 파종한 그해 100배의 수확이 있었다. 야훼께 서 복을 내려

13 그는 하루가 다르게 부유해졌고, 마침내 제일가는 부자가 되 었다.

14 소와 양이 무리를 이루었고, 수많은 하인을 두게 되었다. 블레 셋 사람들은 그를 매우 시기하여

15 이사악의 우물을 모조리 막아버렸다. 흙으로 메워 못쓰게 만 들어버린 것이다. 이 우물들은 모두 이사악의 부친 아브라함 이 살아 있을 적에 하인들을 시켜 판 것이었다.

16 아비멜렉이 이사악에게 말했다. "선생의 흥성이 이 보잘 것 없는 나라를 능가하니, 더 이상 그대가 머물도록 붙들지 못함 을 이해해주오!"

17 이사악은 할 수 없이 그곳에서 철수했다. 그는 그랄 골짜기에 장막을 세웠다.

18 예전에 아브라함이 살아 있을 때 그곳에 팠던 몇 개의 우물 은 모두 그가 죽은 후 블레셋 사람들에 의해 메워졌다. 이사 악은 우물을 하나하나 다시 팠고, 부친이 그것들에 붙인 이름

을 그대로 사용했다.

19 하지만 우물을 파는 이사악의 하인이 산골짜기에서 흐르는
물을 발견했을 때,

20 그랄의 목자와 이사악의 목자 사이에 다툼이 생겼다. 그랄의
목자가 말했다. "이 물은 우리 거야!" 이사악은 그 우물을 가
리켜 '다툼[에섹]'395이라 불렀다. 이는 그들이 끊임없이 다투었
기 때문이다.

21 오래지 않아 하인이 또 우물을 하나 팠다. 이번에도 그랄 사
람들이 와서 악랄하게 시비를 걸었다. 이사악은 그 우물을
'적을 만들다[싯나]'396라고 불렀다.

22 결국 그는 골짜기를 떠나 다른 곳에 우물을 팠다. 이번에는
아무도 시비를 걸지 않았다. 이사악은 우물의 이름을 '공터[르
호봇]'397라 불렀다. 이사악이 말했다. "야훼의 은혜를 입어 거
할 곳을 찾았으니, 우리는 이곳에서 필히 번성할 것이다!"

23 이사악은 그곳에서 북상하여 브엘세바에 이르렀다.398

24 그날 밤 야훼께서 다시 나타나셔서 그에게 말씀하셨다. "나는

---

395 ʿeseq, 「창세기」 21:14 주석 참고.
396 siṭnah, 하지만 이사악은 그랄 사람들과 대적하지 않고 또 한 번 그들을
피했다.
397 reḥoboth.
398 「창세기」 21:14 주석 참조.

네 아비 아브라함의 하느님이니 두려워할 것 없다. 내가 너와 함께하며 나의 충직한 종 아브라함을 위해 너를 축복하고 너의 자손을 번성케 할 것이다!"

25 그리하여 이사악은 그 땅에 제단을 쌓고 야훼의 거룩한 이름을 찬양했다.[399] 또한 장막을 내리고 하인들에게 우물을 파도록 했다.

26 아비멜렉은 군사軍師[400]인 아후삿[401]과 총사령관 비골을 데리고 느닷없이 그랄에서 찾아왔다.[402]

27 이사악이 그들에게 말했다. "폐하께서 소인을 적으로 여겨 쫓아내시더니, 오늘은 어인 일로 이렇게 찾아오셨는지요?"

28 그가 대답했다. "애초 야훼께서 선생과 함께하심을 알지 못하고 외람된 일을 범하고 말았소. 이제 선생과 약속을 맺고 서로 조약을 체결했으면 하오.

29 우리가 선생을 해하지 않고 선생이 우리나라에서 떠날 때까지 후대했던 것처럼, 선생도 우리나라를 침범하지 않겠다고 말이오. 선생은 야훼의 복을 받은 사람이잖소!"

---

399 아버지 아브라함처럼, 이사악도 하느님의 은혜에 감사했다. 「창세기」 21:33 참조.
400 merea, 본래 '친구, 벗'이라는 의미를 갖고 있다.
401 'aḥuzzath, '재산'이라는 뜻이다.
402 「창세기」 21:22 이하와 비교해보라.

30 이사악은 잔치를 마련하여 손님들을 관대히 대했다.

31 다음 날 아침 쌍방은 서약을 맺고 작별했다. 이사악은 처음처럼 화기애애한 분위기에서 그들을 전송했다.

32 그날 우물 파는 하인이 와서 보고했다. "물을 찾았습니다!"

33 이사악은 그 우물을 가리켜 '약속[세바]'403이라 불렀다. 후에 그곳에 성이 세워졌는데, 그 성의 이름은 오늘날까지 '브엘세바'라고 불리고 있다.

에사오가 아내를 맞다

34 에사오는 40세에 두 명의 헷 여인을 아내로 맞았다.404 한 명은 브에리의 딸 유딧이었고, 다른 한 명은 엘론의 딸 바스맛이었다.405

35 이 두 며느리는 이사악과 리브가의 속을 크게 썩였다.406

---

403 shib`ah, '약속'이라는 뜻이다.
404 「창세기」 25:34에서 연결된다.
405 에사오가 결혼한 두 여자는 모두 가나안의 토착민이었다. 「창세기」 36:1 부터 나오는 에사오의 족보 참조.
406 그녀들이 '이교도의 신'을 섬겼기 때문이다. 「창세기」 27:46과 연결된다.

창세기, 인문의 기원

복을 가로채다

27장

1 이사악은 연로한 탓에 두 눈이 침침해져 사물을 분간하지 못하게 되었다. 그는 장자인 에사오를 앞으로 불렀다. "에사오야?" "여기 있습니다!" 에사오가 대답했다.

2 이사악이 말했다. "봐라, 나도 이렇게 나이를 먹어 언제 쓸모없게 될지 모르겠구나!

3 잘 듣거라. 네 활과 사냥 도구를 가지고 들로 나가서 내게 고기 맛을 보게 해다오.

4 고기를 내가 좋아하던 맛으로 잘 구워서 내게 가져 오너라. 내가 죽기 전에 내 영혼[407]이 너를 축복하도록 해다오!"

5 그런데 이사악이 장자인 에사오에게 한 이 말을 뜻밖에도 리브가가 들었다. 그녀는 에사오가 사냥을 하러 들로 나가는 것을 보고

6 이 사실을 사랑하는 아들 야곱에게 급히 알렸다. "방금 아버지가 네 형 에사오에게 하는 말을 들었다.

7 네 아버지가 이렇게 말하더구나. '가서 사냥을 하여 내게 고기

---

407 nephesh, 여기서 '영혼'은 '생명' 혹은 '몸과 마음'을 의미한다.

맛을 보게 해다오. 죽기 전에 야훼 앞에서 너를 축복하려 한다.'

8 애야, 잘 듣고 내가 시키는 대로 해라!

9 어서 양 떼가 있는 곳으로 가서 살이 연한 어린 산양 두 마리를 골라 오너라. 그리고 내가 평소 네 아버지가 좋아하던 맛으로 구우면

10 그걸 아버지께 올려 그가 죽기 전에 너를 축복하도록 하거라!"

11 야곱이 모친 리브가에게 말했다. "하지만 형 에사오는 온몸이 털로 뒤덮여 있는데, 저는 맨살이잖아요.

12 만일 아버지가 손을 뻗어 저를 만지시다가 제가 당신을 속인 것을 알게 되신다면, 축복은커녕 저주를 받지 않을까요?"

13 하지만 그의 모친은 이렇게 대답했다. "그 저주는 내가 네 대신 책임지마! 애야, 너는 내가 시키는 대로만 해라. 어서 가서 새끼 양을 내게 가져다오!"

14 야곱은 새끼 양을 안고 돌아와 모친에게 건넸다. 그녀는 평소 이사악이 좋아하던 대로 고기를 요리했다.

15 그러고 나서 장자 에사오가 집에 남겨둔 가장 좋은 옷을 꺼내 아들 야곱에게 입히고

16 그의 두 손과 매끈한 목에 양가죽을 둘렀다.

17 그러고는 잘 구운 양고기와 떡을 야곱의 손에 들려주었다.

18 야곱이 부친의 면전에서 그를 불렀다. "아버지!" "오냐!" 부친

이 답했다. "너는 누구냐?"

19 야곱이 부친에게 대답했다. "저예요, 장남 에사오. 아버지께
서 분부하신 대로 음식을 만들어 왔으니 앉아서 고기 맛 좀
보세요. 다 드시거든 제게 축복을 내려주세요!"

20 이사악이 물었다. "애야, 오늘은 어떻게 이리 사냥을 금방 끝
내고 돌아왔니?" 야곱이 답했다. "당신의 야훼 하느님께서 제
게 행운을 주셨나 봐요."[408]

21 이사악이 말했다. "애야, 가까이 오너라. 내 아들 에사오가 맞
는지 한번 만져보자."

22 야곱은 부친에게 다가갔다. 이사악이 야곱을 더듬어본 후 말
했다. "목소리는 야곱 같은데 손을 만져보니 에사오가 맞구나!"

23 야곱의 손에 감긴 보송보송한 털이 형 에사오의 것과 똑같아,
이사악은 야곱을 알아보지 못하고 그를 축복[409]했다.

24 이어서 한 번 더 물었다. "네가 진정 내 아들 에사오가 맞느
냐?" "그럼요!" 야곱이 대답했다.

25 그리하여 이사악이 말했다. "고기를 가져와라! 가져온 고기를

---

408 야곱은 거짓말을 하면서 하느님을 언급했지만, 이를 하느님에 대한 모독
이라고 볼 수는 없다. 고대 사람들은 하느님이 모든 일의 직접적인 원인
이 된다고 믿었기 때문이다.
409 여기서 축복은 후계자를 정하는 축복이 아닌 인사말을 대신한 축복을
말한다.

다 먹고 나서, 내가 너에게 축복을 내리마!" 야곱은 고기를 올린 후 부친이 식사하기를 기다렸다가 술도 따라 바쳤다.[410]

26 이사악이 말했다. "애야, 이리 와서 내게 입을 맞춰다오."

27 야곱이 가서 부친에게 입을 맞췄다. 이사악은 야곱의 옷 냄새를 맡고[411] 입을 열어 축복했다.

"아, 내 아들의 몸에서 나는 향기,

마치 야훼께서 돌보시는 땅의 내음 같구나.

28 하느님께서 너를 위해 비옥한 들판에 때마침 비를 내리시어

온갖 곡식과 향긋한 술이 풍성하기를 기원한다!

29 만민이 너를 따르고, 만국이 네 앞에 엎드리기를,

네가 모든 형제[412]의 주인이 되기를,

네 어미의 아들에게 경배 받기를 기원한다!

무릇 너를 저주하는 이는 필시 저주를 받을 것이요,

너를 축복하는 이는 필시 축복을 받을 것이다."

30 야곱이 축복을 받고 부친의 장막에서 물러나올 때, 그의 형 에사오가 사냥에서 막 돌아왔다.

31 그 또한 향긋하게 구운 양고기를 부친에게 들고 가서 외쳤다.

---

410 이사악이 노아처럼 술에 취하게 됨을 암시한다. 「창세기」 9:21 이하 참조.
411 이사악은 야곱의 옷에서 에사오의 냄새가 나자 마침내 야곱의 거짓말을 믿게 되었다.

"아버지, 오셔서 아들이 잡아온 고기를 드셔보세요. 드시고 나서 저를 축복해주세요!"

32 부친이 놀라 물었다. "넌 누구냐?" "저예요, 당신의 아들, 당신의 장남 에사오입니다!"

33 이사악의 온몸이 격렬하게 떨렸다. "그럼 아까 사냥해 온 고기를 내게 가져온 그는 누구란 말이냐? 네가 들어오기 전에 그가 구워온 고기를 먹고 막 그를 축복했다. 아, 그 축복은 이제 영원히 그의 것이 되었구나!"[413]

34 에사오가 이 말을 듣고 목 놓아 울었다. "아버지, 아버지, 저에게도 축복을 내려주세요!"

35 그러나 부친이 말했다. "네 아우가 간계를 써서 나를 속이고 네 복을 빼앗았구나."

36 에사오가 울며 말했다. "어쩐지 그놈의 이름이 야곱이었더니! 나를 속인[414] 게 이번이 두 번째로구나! 지난번에는 나를 속여 장자의 권리를 빼앗아가더니, 이제 나의 복[415]마저도 빼앗아갔구나. 그래도 아버지, 제게 남겨두신 복은 없나요?"

---

412 이 구절의 '형제'과 다음 구절의 '아들'은 모두 에사오의 후손을 가리킨다.
413 한번 내뱉은 축복은 저주와 마찬가지로 다시 거둘 수 없었다.
414 '속이다ʿaqab'는 '야곱'과 발음이 비슷하다. 「창세기」 25:26 주석 참조.
415 berakah, '장자의 권리bekorah'와 독음이 유사하다.

37 이사악은 여전히 부들부들 떨고 있었다. "아, 나는 이미 그 녀석을 네 주인으로 세워, 뭇 형제가 그의 종이 되도록 했다.[416] 온갖 곡식과 향긋한 술도 마르지 않도록 축복해주었느니라. 애야, 내가 너를 위해 무엇을 할 수 있겠니?"

38 "아버지, 단 한 번만 축복하실 수 있는 건가요? 저를 위해 다시 축복을 내려주세요!" 에사오가 계속 애걸복걸했지만 이사악은 입을 열지 않았다. 에사오는 다시 목 놓아 울었다.

39 시간이 한참 지난 후에야 이사악은 중얼거렸다.

"아, 너에게는

적당한 비도, 비옥한 토양도 없을 것이다.[417]

40 너는 네 칼에 의지하여 생을 도모해야 하며[418]

네 아우는 너를 종으로 삼을 것이다.

하지만 네가 일단 일어나 반항하면,[419] 필시 목에 찬 멍에를 깨부수게 될 것이다!"

---

416 이 구절에서 '네', '형제'는 모두 에사오의 후손을 가리킨다. 「창세기」 9:25 이하부터 나오는 노아의 저주 참조.

417 에사오의 후예인 에돔 족은 사해 남쪽에 위치한 사막 부근의 산지에 거주했다.

418 강도가 되리라는 것이 에사오가 받은 유일한 축복이었다.

419 이 조각에 포함되지 않았던 낱개 구절이거나 에돔 족이 유다(야곱의 후손이 가나안에 세운 왕국)로부터 독립한 후 보충된 것이다. 「열왕기하」 8:20 참조.

41 야곱에게 부친의 축복을 빼앗긴 에사오는 이를 갈도록 동생을 미워했다. 그는 생각했다. '아버지가 돌아가실 날이 머지않았으니, 때가 되면 저 놈을 잡아 죽이고 말테다!'

42 어떤 이가 큰아들의 마음을 리브가에게 토로했다. 그녀는 급히 사람을 보내 야곱을 불러 분부했다. "들어라, 네 형 에사오가 너와 사생결단을 낼 생각을 품고 있다.

43 아들아, 내가 시키는 대로 하거라. 즉시 외숙부 라반이 있는 하란으로 도망쳐

44 한동안 숨어 지내도록 해라. 네 형의 화가 풀리고

45 마음이 진정되어 네가 그에게 했던 일들을 잊게 되면, 내가 그때 사람을 보내 너를 부르겠다. 하루 사이에 두 아들을 모두 잃을 수는 없다!"[420]

집을 떠나다

46 계획을 정한 후 리브가가 남편에게 말했다.[421] "저 두 명의 헷 부족 며느리 때문에 화가 나 죽겠어요. 만약 야곱마저 헷 여

---

420 관습법에 의하면 살해당한 자의 친족은 그 살인자를 죽일 수 있었다. 그러므로 에사오가 야곱을 죽인다면 에사오 역시 죽음을 면치 못하게 된다. 「민수기」 35:19 참조.

인을 며느리로 맞는다면, 차라리 제가 죽는 게 나을 겁니다!"

28장

1 그리하여 이사악은 야곱을 불러 그를 축복하며 간곡하게 타
   일렀다. "절대 가나안 여자[422]를 아내로 맞아서는 안 된다.
2 일어나 곧장 바딴아람에 있는 외할아버지 브두엘의 집으로
   가서, 네 외숙부 라반의 딸들 중 한 명을 골라 결혼해라.
3 전능하신 하느님께서 네게 복을 내리시어 네 자손이 번성하여
   큰 민족을 이루기를 바란다!
4 그분께서 아브라함의 복을 너와 네 후손에게 내리시고,[423] 장
   래 네가 살고 있는 이 땅을 네게 주시며, 아브라함의 가업을
   네게 허락하시기를 빈다!"
5 야곱은 부친의 명을 따라 즉시 길을 떠나 바딴아람의 외숙부
   라반에게 갔다. 그는 바딴아람 사람 브두엘의 아들이며 야곱
   과 에사오의 모친인 리브가의 오라비였다.

---

421 「창세기」 26:35에서 연결된다. 이 조각의 시작부터 「창세기」 28:5까지는
    야곱이 하란으로 향하게 된 또 다른 이유(연원이 다름)를 설명하며, 「창
    세기」 27:41 이하의 내용과 평행을 이룬다.
422 여기서 말하는 가나안 여자는 헷 여자를 의미한다. 「창세기」 23:3 참조.
423 「창세기」 12:3 주석 참조.

창세기, 인문의 기원

에사오가 효성을 다하다

6 에사오는 부친이 야곱을 위해 축복하고, 그에게 바딴아람에
  서 아내를 찾도록 명한 것을 보았다. 또한 부친이 축복할 때
  아우에게 가나안 여자를 아내로 삼지 말라고 명하고,

7 야곱이 부모의 뜻을 따라 바딴아람으로 떠난 것을 들었다.

8 그제야 그는 부친 이사악이 가나안 며느리를 싫어한다는 사
  실을 알게 되었다.[424]

9 그리하여 그는 백부의 집안에서 한 여인을 찾아 아내로 맞아들
  였다. 그녀는 아브라함의 아들 이스마엘의 딸이며, 느바욧[425]의
  여동생인 마할랏[426]이었다. 그녀는 에사오의 세 번째 부인이 되
  었다.

천국으로 가는 계단

10 야곱은 브엘세바를 떠나 하란으로 갔다.[427]

---

424 에사오가 부모에게 효성을 다 바치다.
425 neḇayoth, 이스마엘의 장자다. 「창세기」 25:13 참조.
426 maḥalath, 에사오의 족보에는 '바스맛'이라는 이름으로 등장한다. 「창
    세기」 36:3 참조.

11 붉은 해가 서쪽으로 기울 무렵, 야곱은 어둑어둑해진 길가에서 빈자리를 발견하고 밤을 보내기 위해 걸음을 멈췄다. 돌 하나를 옮겨 베개로 삼고 그곳에 몸을 눕혔다. 야곱은 곧 꿈속으로 빠져들었다.

12 꿈속에서 야곱은 기이할 정도로 긴 계단[428]을 보았다. 땅 위에 세워진 그 계단은 끝이 구름 낀 하늘까지 닿아 있었다. 그런데 보라! 천사의 무리가 그 계단을 오르내리고 있지 않은가!

13 문득 그 위에 서서 명을 내리시는 야훼가 보였다. "나는 야훼다. 네 조부 아브라함의 하느님, 이사악의 하느님이다. 네가 밟고 있는 그 땅을 너와 네 자손에게 주겠다.

14 네 후손들이 장래에 땅의 모래알처럼 많아져 사방에 퍼지고, 세상 모든 민족이 너와 네 후손으로 인해 복을 받을 것이다.

15 기억하라, 나는 너와 함께할 것이다. 네가 어딜 가든지 너를 보호하며, 네가 이 땅으로 다시 돌아오도록 이끌 것이다. 나는 너를 결코 버리지 않을 것이다. 무릇 내가 응답한 일이 모두 실현되리라!"

---

427 당시 야곱은 아브라함의 부탁을 받아 이사악의 신붓감을 구하러 갔던 늙은 종처럼 북쪽으로 향했다. 「창세기」 24:10 참조.

428 sullam, 계단의 형상은 바빌로니아의 7층 신전탑에서 신당이 있는 꼭대기 층으로 통하는 계단에서 따왔다. 「창세기」 11:4 주석 참조.

16 야곱이 꿈에서 깨어나 말했다. "야훼께서 본디 여기에 계셨는
데도 나는 이를 전혀 알지 못했구나!"

17 그는 마음속으로 몹시 두려워하며 떨었다.[429] "사람을 두렵게
하는 이 땅은 필시 하느님의 거처요, 천국의 문일 것이다!"

18 날이 밝자 야곱은 일찌감치 일어나 베던 돌을 세워 기둥으로
삼고, 기둥 위에 기름을 부었다.[430]

19 그는 루즈[431]라는 그 지역의 원래 이름을 버리고 그곳을 새로
'하느님의 집[베델]'[432]이라 불렀다.

20 또 맹세하여 말하기를 "만약 하느님께서 저와 함께하시어 제
여정을 순탄케 하시고 제게 의복과 먹을 것을 주시며,

21 저를 평안히 제 아버지의 집으로 돌아가게 해주신다면, 야훼
께서는 진정 저의 하느님이 될 것입니다!

22 제가 기둥으로 삼은 이 돌은 앞으로 하느님의 집[433]이 될 것입

---

429 지혜의 근본은 하느님을 경외하는 것이다. 「잠언」 1:7 참조

430 기둥을 세우고 mazzebah 그 위에 기름을 붓는 행위를 통해 신을 공경하
는 것은 본래 가나안의 오래된 풍습이었다. 원래 기둥은 남근을 상징하
며 신의 존재를 나타냈다. 후에 모세의 율법은 이러한 우상숭배를 금지
했다. 「출애굽기」 23:34 참조

431 luz, '은행나무'라는 뜻이다.

432 beth'el, 아브라함은 처음 가나안으로 향할 때 이곳에 천막을 쳤다. 「창
세기」 12:8 참조.

433 신전과 성지다.

니다. 그리고 당신께서 제게 베푸신 모든 은혜 가운데 1할을 반드시 당신께 바치겠습니다!"[434]

라반

29장

1 야곱이 다시 여정에 올랐다. 어느 날 그는 동방 사람들의 경계에 이르렀다.[435]

2 눈을 들어 보니 들판에 우물 하나가 있었고, 그 주위에 세 무리의 양 떼가 모여 있었다. 그 우물은 양 떼가 마실 물을 공급했는데, 우물 입구에는 큰 돌이 덮여 있었다.

3 양치기들은 양 떼가 다 오기를 기다렸다가 그 큰 돌을 옮기고, 양에게 물을 다 먹인 후 힘을 모아 돌을 원래대로 옮겨 우물을 막으려 했다.

4 야곱이 그들에게 물었다. "이보시오, 형제들! 어디서 오는 길이오?" 양치기들이 말했다. "우리는 하란 사람이오."

---

434 하느님께 십일조를 드리기로 한 약속이다. 「창세기」 14:20과 호응한다.
435 「창세기」 15:19 주석 참조.

5 야곱이 또 물었다. "그곳에 나홀의 손자 라반이 산다던데,[436] 그를 아시오?" "어찌 모르겠소!" 모두가 대답했다.

6 야곱이 크게 기뻐하며 말했다. "그분은 잘 계시오?" "잘 있다마다요!" 모두들 말했다. "그 집 딸인 라헬이 양을 몰고 오는 중이오."

7 야곱이 다시 물었다. "보시오, 태양이 아직 높고 양 떼를 몰기엔 아직 이른데 어째서 양에게 물을 먹이지 않고 계속 풀만 먹이는 거요?"

8 양치기가 말했다. "아직 물을 먹일 때가 아니오. 모두가 모여야 우물 위에 놓인 저 큰 돌을 능히 옮겨 각자 양에게 물을 먹일 수가 있소."

9 그들이 말하는 사이, 라헬이 부친의 양 떼를 몰고 도착했다. 그녀 또한 양치기[437]였다.

10 외숙부 라반의 딸 라헬과 그녀의 양을 보자마자, 야곱은 성큼성큼 걸어가 우물을 덮은 돌을 단번에 치우고 외숙부의 양들에게 물을 먹였다.

11 그러고는 라헬에게 입을 맞추고 감정을 주체하지 못해 눈물을 흘렸다.

---

436 「창세기」 24:48 주석 참조.
437 ro'eh, '암양'이라는 의미를 가진 '라헬rabel'과 발음이 비슷하다.

12 그는 울면서 자기를 소개했다. "나는 부친의 외조카이자 리브가의 아들이오!" 라헬은 바람처럼 달려가 이 사실을 부친에게 알렸다.

13 라반이 여동생의 아들인 야곱의 소식을 듣고 급히 뛰어가 그를 영접했다. 그는 야곱을 끌어안고 입을 맞춘 후 집으로 들였다. 야곱은 집안의 일을 낱낱이 설명했다.

14 라반이 웃으며 말했다. "네가 진정 나의 혈육이 맞구나!"

레아와 라헬

15 이리하여 야곱이 라반의 집에 머물게 되었다. 그로부터 한 달 후, 라반이 그에게 말했다. "비록 자네가 내 외조카라 하더라도, 공짜로 일을 시킬 수는 없지 않겠나? 말해보게, 보수는 얼마면 되겠는가?"

16 라반에게는 두 딸이 있었다. 큰 딸은 레아[438]였고 작은 딸은 라헬이었다.

17 레아의 두 눈은 부드러웠다.[439] 그러나 라헬은 태어날 때부터

---

438 le'ah, '암소'라는 뜻이다.
439 rakkoth, 칠십인역은 '가냘프다astheneis'라고 해석했는데, 이 역시 의미가 통한다.

창세기, 인문의 기원

몸매가 아름답고 얼굴빛이 밝아

18 야곱의 마음을 사로잡았다. 그래서 그가 대답했다. "라헬을 위해 7년간 외삼촌께 봉사하고 싶습니다!"

19 라반이 말했다. "좋다. 라헬을 네게 주는 것이 외지인에게 시집보내는 것보다 낫겠지. 그럼 여기 남아서 일하도록 해라!"

20 그리하여 야곱은 라헬을 위해 7년을 일했다. 7년이라는 세월은 불과 며칠 같았다. 그의 마음은 온통 라헬에 대한 사랑으로 가득했던 것이다.[440]

21 약속한 그날이 다가왔다! 야곱이 라반에게 말했다. "때가 되었으니 이제 아내[441]를 제게 주십시오."

22 라반은 곧 결혼 잔치를 마련하여 성안에 사는 모든 주민을 초청했다.

23 그러나 그는 혼례가 시작되기를 기다렸다가, 큰딸 레아를 신방에 들여보내 야곱과 혼약을 맺도록 했고[442]

24 하녀 질바를 레아의 몸종으로 주었다.

---

440 사랑에 빠진 야곱의 모습만 강조 할 뿐, 초조해하며 기다리는 모습은 일부러 기록하지 않고 있다.
441 이미 정혼한 사이일 경우 아내라고 부를 수 있었다. 「창세기」 19:14 주석 참조.
442 결혼식에서 신부는 면사를 쓰고 얼굴을 가리고 있어야 했다. 그로 인해 라반은 신부를 바꿔치기 할 수 있었다. 「창세기」 24:65 주석 참조.

25 날이 밝자, 야곱은 자신의 신부가 레아였음을 알고 급히 라반에게 가서 따졌다. "이게 대체 어떻게 된 일입니까? 라헬과의 결혼을 허락하셔서 당신을 위해 7년을 일했는데, 왜 저를 속이셨습니까?"

26 라반이 대답했다. "어쩔 수 없었네. 이곳에는 언니보다 동생이 먼저 시집갈 수 없다는 규칙이 있거든.

27 이렇게 하세. 이 주에 혼례를 다 치르고 나서 동생도 자네에게 시집보내도록 하겠네.[443] 단, 자네가 다시 7년간 나를 위해 일한다는 조건으로 말일세."

28 야곱은 동의했다. 한 주간의 혼례가 끝나고, 라반은 정말로 라헬을 야곱에게 시집보냈고

29 하인 빌하를 그녀의 몸종으로 주었다.

30 야곱은 마침내 라헬과 혼인을 올리게 되었다. 그는 레아보다 라헬을 훨씬 더 사랑했다. 라헬을 위해 그는 라반의 집에서 7년을 더 일했다.

---

443 자매가 동일한 사내에게 시집을 가는 풍습은 뒤늦게 율법으로 금지되었다. 「레위기」 18:18 참조.

31 레아가 남편의 사랑을 받지 못함을 보시고 그의 자궁을 여셨다. 그러나 라헬은 줄곧 아이를 갖지 못했다.[444]

32 레아는 그녀가 낳은 아이의 이름을 르우벤이라 지었다. 그녀는 기뻐하며 말했다. "야훼께서 나의 고통[445]을 보셨구나. 이제 내 남편이 나를 좋아해주겠지!"

33 오래지 않아 그녀는 아들을 또 낳았다. 그녀가 말했다. "야훼께서 나의 사랑받지 못함을 보시고 내게 아들을 또 주셨구나!" 이로 인해 그 아들의 이름을 시므온[446]이라 지었다.

34 이어서 그녀는 세 번째로 아들을 얻었다. 그녀가 웃으며 말했다. "이번에는 내 남편이 나를 사랑해주겠지? 내가 아들을 셋이나 낳아주었으니 말이야!" 고로 아들의 이름을 레위[447]라 지었다.

35 마지막으로 그녀는 네 번째 아들을 낳았다. 그녀가 말했다. "이제야말로 야훼를 찬양해야겠다!" 이에 아이의 이름을 유다

---

444 여주인의 불임과 그 극복은 이스라엘 가족사에 있어 일관된 주제다. 「창세기」16:1, 25:21 참조.

445 ra'ah be`onyi, '르우벤re`uben'과 소리가 유사하다.

446 shim`on, '그가 듣다shamà'와 독음이 비슷하다.

447 lewi, '그가 연연하다yillaweh'와 발음이 비슷하다.

⁴⁴⁸라 지었다. 이후로는 그녀도 더 이상 자식을 낳지 못했다.

30장

1 라헬은 야곱에게 아이를 낳아주지 못하자 언니를 몹시 질투했다. 그녀는 야곱에게 말했다. "제게도 자식을 주세요. 주시지 않으면 죽어버릴 거예요!"

2 야곱이 화가 나 그녀에게 말했다. "설마 내가 하느님을 대신할 수 있다고 말하는 것은 아니겠지? 그대의 자궁이 열리지 않게 하시는 분은 하느님이오!"

3 라헬이 말했다. "그렇다면 좋아요. 여기 제 여종 빌하가 있으니 그녀와 동침하세요. 그녀의 자궁을 빌려 제게 아들을 낳아주도록 하겠습니다!"⁴⁴⁹

4 그리하여 라헬은 자신의 종 빌하를 남편에게 첩으로 주었다. 얼마 지나지 않아

5 빌하가 임신하여 야곱에게 아들을 낳아주었다.

6 라헬이 웃으며 말했다. "정의로우신 하느님께서 내 기도를 귀

---

448 yehuḏah, '내가 찬미하리라^{'odeh}'와 소리가 유사하다. 후에 '유다'에서 '유대'라는 단어가 파생됐다.
449 「창세기」 16:2 주석 참조.

기울여 들으시고[450] 아들을 주셨구나!" 그리하여 그녀는 아이의 이름을 단[451]이라 지었다.

7 후에 종 빌하가 또다시 임신하여 아들을 낳았다.

8 라헬이 말했다. "나와 언니가 이제껏 크게 다투었으나, 결국 내가 이겼다!" 이에 아들의 이름을 납달리[452]라 지었다.

9 더 이상 아이를 가질 수 없음을 알고 레아는 자신의 종 질바를 남편에게 첩으로 주었다.

10 질바 역시 야곱에게 아들을 낳아주자

11 레아가 기뻐하며 말했다. "정말 행운이다!" 이에 아들의 이름을 가드[453]라 하였다.

12 후에 여종 질바가 아들을 한 명 더 낳자

13 레아가 말했다. "내가 복이 있구나. 어떤 여인이 나의 복을 부러워하지 않겠는가!" 그리하여 아들의 이름을 아셀[454]이라 지었다.

---

450 공교롭게도 사래가 남편을 원망하면서 했던 말과 같다. 「창세기」 16:5 참조. 옛 번역은 "하느님께서 내 억울함을 풀어주시려고"로 옮기고 있으나 정확한 번역이라고 볼 수 없다.

451 dan, '정의로움을 나타내다dananni'와 발음이 비슷하다.

452 naphtali, '싸우다niphtali'와 독음이 유사하다.

453 gad, '행운'이라는 의미를 갖고 있다.

454 'asher, '복이 있다be'oshri'와 비슷하게 발음된다.

14 보리를 수확하는 계절의 어느 날 르우벤이 들에서 자귀나무[455] 가지 몇 개를 주워 모친 레아에게 주었다. 이에 라헬이 레아에게 말했다. "언니 아들이 꺾어온 자귀나무를 내게도 좀 나눠 줘. 부탁할게."

15 레아가 대답했다. "네가 내 남편을 **빼앗아가더니**, 이제는 내 아들이 가져온 자귀나무마저 **빼앗으려고**?" 라헬이 말했다. "좋아, 오늘 밤 내가 그를 언니에게 빌려줄 테니, 언니 아들이 가져온 자귀나무와 바꿉시다!"

16 저녁 무렵, 레아가 밭에서 돌아온 야곱을 맞으며 말했다. "제 아들의 자귀나무 열매로 당신을 빌렸으니,[456] 오늘 밤은 저와 같이 보내도록 하세요." 그날 밤, 야곱이 레아의 침상에 올랐다.

17 하느님께서 레아의 임신을 허락하시어 그녀가 다섯 번째 아이를 갖게 되었다.

18 그녀가 득의양양하게 말했다. "하느님께서 내가 남편에게 내 몸종을 보낸 대가를 치러주셨구나!" 이에 아이의 이름을 이싸갈[457]이라 지었다.

---

455 duḍa'im, 고대인들은 자귀나무의 뿌리와 열매가 애정을 북돋아 임신에 도움을 준다고 여겨 이를 '사랑의 열매'라고 불렀다.
456 레아가 '빌리다sakar'라는 표현을 쓴 것은 라헬에 대한 풍자다. 같은 장 18절의 '대가'도 마찬가지다.
457 yissakar, '내가 치른 대가sekari'와 소리가 비슷하다.

19 그로부터 얼마 후 레아가 여섯 째 아들을 낳았다.

20 그녀가 말했다. "이는 하느님께서 내게 주신 귀한 선물이다. 내가 여섯 아이를 낳아서 길렀으니, 이제 내 남편은 내게 잘 대해줄 것이다!" 이에 아이의 이름을 즈불룬[458]이라 지었다.

21 후에 그녀는 여자아이를 낳아, 이름을 디나[459]라 지었다.

22 그러나 하느님께서는 라헬도 기억하셨다. 하느님께서 라헬의 자궁을 여시니

23 그녀가 임신하여 아들을 낳았다. 이에 그녀가 말했다. "하느님께서 나의 치욕을 씻어주셨구나!"

24 그리하여 아들의 이름을 요셉[460]이라 지었다. 그녀는 또 "야훼께서 내게 자식 하나를 더 주시기를 바란다!"고 말했다.[461]

껍질 벗긴 나뭇가지

25 라헬이 요셉을 낳은 후 야곱이 라반에게 말했다. "제가 고향

---

458 zebulun, '내게 주다zebadani' '선물zebed' '내게 친절을 베풀다yizbeleni' 등과 발음이 유사하다. yizbeleni는 '나와 동거하다'라는 뜻도 있다.

459 dinah, '정의, 공의'라는 뜻이다.

460 yoseph, '닦아내다asaph'와 독음이 유사하며 다음 구절의 '다시 더하다 yoseph'와 소리가 같다.

461 「창세기」 35:16 이하부터 막내 베냐민의 출생에 대한 이야기가 나온다.

으로 돌아갈 수 있게 허락해주십시오.

26 아내와 자식 들도 데리고 가렵니다. 처자식을 얻으려 저는 줄 곧 당신을 위해 일했습니다. 얼마나 많은 일을 했는지는 장인 께서 잘 아실 겁니다. 제가 떠날 수 있게 해주십시오!"

27 라반이 웃으며 대답했다. "만약 조카가 내 체면을 생각한다 면……[462] 내가 점을 쳐보고 알았네. 야훼께서 자네 때문에 내게 복을 주셨다는 걸 말일세."[463]

28 그리고 화제를 돌려 말했다. "자네가 품삯을 말하게, 내가 자 네 말대로 주겠네!"

29 야곱이 말했다. "저는 죽도록 일했습니다. 제가 관리하던 소 와 양은 모두 토실토실하게 잘 자랐음을 장인께서도 모르시 지 않을 겁니다.

30 장인의 재산도 제가 오기 전보다 훨씬 더 많아져 가축이 온 들판에 가득할 정도가 되었습니다. 제가 이곳에 온 후 야훼께 서 장인께 복을 내리셨습니다! 그런데 저는 도대체 언제까지 기다려야 저만의 재산을 가질 수 있는 겁니까?"

---

462 라반이 말을 마치지 못한 까닭은 떠나려는 야곱을 말리고 싶었기 때문 이다.
463 라반(나홀)은 하느님의 자손이 아니었다. 그들에게는 숭배하는 가신이 따로 있었다. 「창세기」 31:19 참조.

31 라반은 여전히 같은 말을 반복했다. "말해보게, 삯이 얼마면 되겠는가?" 야곱이 대답했다. "장인께서는 제게 아무것도 주실 필요가 없습니다. 다만 한 가지만 허락해주시면, 제가 장인의 양치기가 되어 예전처럼 가축을 치겠습니다.

32 오늘 제가 당신의 양 떼를 한 차례 지나면서 그중에 검은 면양, 그리고 반점과 잡색이 섞인 산양을 모두 골라내겠습니다.[464] 그 양들을 제 삯으로 셈하여주십시오.

33 이리하면 이후 장인께서 제 삯을 검토하실 때, 제 성실함이 쉬이 증명될 수 있을 겁니다. 제 양 떼 중에 반점이 없거나 잡색이 섞이지 않은 산양, 또는 털이 검지 않은 면양이 있으면 모두 제가 훔친 것으로 간주하십시오."

34 라반이 말했다. "좋네, 두말하기 없길세!"[465]

35 하지만 그날 라반은 무늬나 반점이 있는 산양과 반점과 잡색이 섞인 암컷 산양, 그리고 검은 면양 등을 골라내 모두 자신의 아들들에게 주고,

36 그들로 하여금 야곱과 3일 거리 떨어진 곳에서 방목하게 했

---

464 원문에는 "그중에" 뒤에 "반점과 잡색이 섞인 양"이라는 표현이 있었으나, 불필요하게 들어가 있는 것으로 여겨 칠십인역에 따라 생략했다.

465 당시 그 지역의 양은 흰색 면양과 검은색 산양이 대부분이었다. 때문에 라반은 야곱의 제의가 본인에게는 이득이며, 그에게는 품삯을 주지 않거나 아주 적게 주어도 될 것이라 생각했다.

다. 그리고 나머지 양들만 야곱이 관리하도록 남겨두었다.

37 그러나 야곱은 당황하지 않았다. 그는 버드나무와 살구나무, 그리고 플라타너스의 연한 줄기를 자른 후 나무껍질을 몇 군데 벗겨 흰 속살이 드러나게 했다.

38 그런 뒤 껍질을 벗겨낸 나뭇가지를 양 떼 앞에 놓인 물고랑이나 구유에 세워, 그들이 물을 먹을 때 그곳에서 교미하게 했다.

39 껍질을 벗긴 나뭇가지 앞에서 교미한 산양은 하나같이 반점이나 무늬가 있는 새끼를 낳았다.

40 야곱은 다시 면양들을 갈라놓고, 그들이 라반의 양 떼 가운데서 반점이 있거나 검은 것과 서로 대하게 했다.[466] 이렇게 야곱은 자신의 양 떼를 번식시켜 라반의 양 떼와 구분해 보살폈다.

41 튼튼한 양이 물을 마실 때에는 껍질 벗긴 나무를 잘 보이도록 구유에 세워두어 그들이 나뭇가지 앞에서 교배하게 했다.

42 그러나 허약한 양들이 교배할 때는 나뭇가지를 세워두지 않았다.[467] 점차 허약한 양들은 모두 라반의 것이 되었고, 튼튼한 양은 야곱의 것이 되었다.[468]

43 그 결과 야곱은 부유해졌고 양 떼와 더불어 노예와 낙타도

---

466 그렇게 해서 태어난 새끼 양은 모두 반점이 있거나 검은 털을 가지고 있었다.
467 튼튼한 양들은 일찍 교배를 하고, 허약한 양들은 늦게 교배를 한다.

갈수록 많아졌다.

인사 없이 떠나다

31장

1 야곱은 라반의 아들들이 의논하는 말을 들었다. "저 야곱이
   아버지의 재산을 전부 차지하겠어. 그가 우리 아버지의 재산
   에 빌붙어 아버지가 모은 재산[469]을 모조리 가져간단 말이
   야!"
2 게다가 야곱은 자신을 대하는 라반의 태도가 예전과 다름을
   알아차렸다.
3 야훼께서 야곱에게 명하셨다. "네 조부와 부친의 집, 곧 네가
   태어난 곳으로 돌아가라. 내가 너와 함께할 것이다."
4 야곱은 즉시 라헬과 레아[470]에게 사람을 보내 그가 양을 치

---

468 본 단락은 그 연원이 오래되었을 뿐 아니라 문자가 어렵고 난해하여 삭
    제되거나 바뀐 부분이 있을 것으로 추정된다. 대략적으로 야곱이 마술
    (껍질 벗긴 나뭇가지 등)을 부려 양 떼의 교배와 출산을 조작하고, 라반에
    게 '영광스러운' 복수를 실현한다는 내용이다.
469 『KJV 성경』은 "아버지가 모은 재산"을 "아버지가 얻은 영예"로 번역했다.
470 라헬의 이름이 레아보다 앞에 있는 이유는 야곱이 가장 사랑하는 아내
    이기 때문이다.

는 들로 데려오도록 했다.

5 야곱은 그녀들에게 말했다. "내가 보니 당신들 부친의 안색이 변해 예전처럼 우호적이지가 않게 되었소. 하지만 내 아버지의 하느님께서는 줄곧 나와 함께하셨소.

6 어디 말해보시오. 내가 그대들 부친을 위해 불평도 없이 열심히 일하지 않았소?

7 그러나 장인께서는 나를 속였소. 내게 주어야 할 품삯을 10번도 넘게 속였단 말이오! 다행히 하느님께서는 그가 나를 해하도록 허락하지 않으셨소.

8 그가 반점을 지닌 것을 품삯으로 하자고 말하면, 양 떼는 모두 반점이 있는 새끼를 낳았소. 그가 말을 바꿔 줄무늬가 있는 것을 품삯으로 하자고 말하면, 양 떼들도 모두 줄무늬가 있는 새끼를 낳았소.

9 즉 하느님께서 그대들 부친의 가축을 빼앗아 내게 주신 것이오.

10 지난번 양들이 교배할 때, 나는 꿈을 꾸었소. 눈을 들어 먼 곳을 보니, 허! 암양 위에 탄 모든 수컷 산양이 저마다 반점이나 무늬를 가졌거나 잡색이 섞여있는 게 아니겠소!

11 하느님의 사자가 꿈속에서 나를 부르셨소.[471] '야곱아!' 나는

---

471 「창세기」 16:13 주석 참조.

황급히 대답했소. '제가 여기 있습니다!'

12 천사가 말했소. '자세히 보거라, 암양을 타고 있는 저 숫양들은 모두 반점이나 무늬가 있거나 잡색이 섞여 있다. 라반이 네게 한 못된 일을 내가 모두 보았기 때문이다.

13 내가 바로 베델에서 너에게 나타난 하느님이다.[472] 네가 그곳의 돌기둥에 기름을 붓고 내게 기도하지 않았느냐.[473] 어서 일어나라! 하란을 떠나 네가 태어난 곳으로 돌아가라!'"

14 라헬과 레아가 야곱에게 대답했다. "아버지 재산 가운데 우리 몫이 어디 있겠어요!

15 그분은 진즉에 우리를 남처럼 취급하셨어요. 우리를 팔아넘기고도 개의치 않으셨고, 심지어 우리의 몸값까지 한입에 집어삼키셨다고요![474]

16 하느님이 그의 손에서 빼앗은 재산은 원래 우리와 우리 아이들의 것입니다. 그러니 당신은 하느님께서 분부하신 대로 따르십시오!"

17 야곱은 즉시 처자식에게 명하여 낙타에 오르게 하고

18 자신은 소와 말을 몰았다. 그는 바딴아람에서 얻은 하인, 가

---

472 원문에는 "너에게 나타난"이 빠져 있었다. 칠십인역에 의거해 보충했다.
473 「창세기」 28:18 이하 참조.
474 고대 메소포타미아에는 신부의 아버지가 신랑에게서 받은 예물mohar(신부의 몸값)의 일부를 출가한 딸에게 돌려주는 풍습이 있었다.

축을 이끌고 재물을 챙겨 가나안, 곧 부친 이사악의 집으로 향했다.

19 그날 라반은 마침 밖으로 나가 양털을 깎고 있었다. 라헬은 이 기회를 틈타 집으로 들어가 부친이 소유하던 집안의 드라빔[475] 몇 개를 훔쳤다.

20 이렇게 야곱은 아람 사람[476] 라반을 속이고 인사도 없이 은밀히 떠났다.

21 그는 황급히 전 재산을 가지고 큰 강[477]을 건넌 다음 길르앗 산[478]으로 향했다.

갈르엣

22 3일째가 돼서야 라반은 야곱이 도주한 사실을 알게 되었다.

23 그는 곧장 친척[479]들을 불러 7일간을 추격한 끝에 길르앗 산

---

475 teraphim, 작은 신상을 가리킨다. 일설에는 이 신상이 가산의 계승권과 관련이 있기 때문에, 신상이 사라진 것을 발견한 라반이 크게 화를 냈다고 한다. 같은 장 30절 참조.
476 칠십인역에는 '시리아 사람'이라고 되어 있다.
477 유프라테스 강을 말한다.
478 요르단 강 동쪽, 지금의 요르단 땅을 말한다.
479 칠십인역은 '형제'라고 번역했다. 이 장에 등장한 '친척'은 모두 '형제'라고 번역해도 의미가 통한다.

에서 야곱을 따라잡았다.

24 그날 밤 하느님께서 아람 사람 라반의 꿈에 나타나 경고하셨다. "조심하라, 야곱에게 제멋대로 굴어선 안 된다!"[480]

25 라반이 야곱을 따라잡았을 때, 야곱은 이미 산 위에 장막을 친 후였다. 라반과 친족들도 길르앗 산 아래 막사를 쳤다.

26 라반이 야곱을 꾸짖었다. "이게 무슨 짓인가? 나를 기만하고 내 두 딸을 속여 인질로 삼아

27 이렇게 남몰래 일을 꾸미다니, 떠날 거라면 왜 내게 말하지 않았나? 내가 노래를 부르고 거문고와 북을 연주하여 자네를 환송했을 텐데!

28 허나 자네가 일을 교묘하게 처리하는 통에 내가 내 딸들과 입을 맞추고 작별할 기회도 갖지 못했잖은가, 이 못난 사람아!

29 어젯밤 자네 부친의 하느님께서 내게 '조심하라, 야곱에게 제멋대로 굴어선 안 된다!' 하고 말씀하시지만 않았다면, 자네 목숨은 벌써 날아갔을 걸세![481]

30 그리고 자네가 진정 고향을 생각하는 마음이 절실하여 부친

---

480 이 구절을 원문대로 직역하면, "야곱의 옳고 그름을 네가 말하지 말라"가 된다. 즉, 야곱에게 시비를 걸지 말라는 뜻이다.
481 이 구절에서 2인칭 '자네'의 원문은 복수 명사인 '너희'다. '자네'라는 표현은 칠십인역에 근거한 것이다.

의 집으로 돌아가려 했다면, 왜 나의 수호신은 훔쳤는가?"

31 야곱이 엎드려 말했다. "장인께서는 노여움을 푸십시오. 외조
카는 장인께서 따님들을 가지 못하게 막으실까 두려웠을 뿐입
니다.

32 다만 누군가 수호신을 가지고 있는 것이 밝혀진다면 그를 죽
이십시오! 모든 친족이 보는 앞에서 여기에 장인의 물건이 있
음이 밝혀진다면, 그것이 무엇이든 모두 가져가십시오!" 야곱
은 수호신을 훔친 이가 라헬이라는 사실을 모르고 있었다.

33 라반은 야곱의 장막을 수색하고, 곧바로 레아와 두 첩의 장막
도 수색했지만 아무것도 나오지 않았다. 그는 레아의 장막에
서 나와 라헬의 장막을 열어젖혔다.

34 라헬은 드라빔을 낙타 안장 아래 숨겨두고 그 위에 앉아 있었
다. 라반은 장막을 뒤졌으나 아무것도 발견하지 못했다.

35 라헬이 부친에게 말했다. "아버지, 제가 몸이 불편하여 일어
나 영접해드리지 못함을 나무라지 마십시오." 라반은 사방을
뒤졌으나 드라빔을 찾지 못했다.

36 야곱이 매우 화가 나서 라반에게 따졌다. "제가 도대체 무얼
어겼고 무슨 죄를 지었기에 저를 죄인 취급하여 쫓아오신 겁
니까?

37 제 짐을 샅샅이 뒤지시더니, 장인 댁 물건과 비슷한 것이라도
찾으셨나요? 친족들 면전에 꺼내놓고 그들로 하여금 시비를

가리게 해보시지요.

38 저는 장인 댁에서 20년을 일하면서, 장인의 면양과 산양을 한 번도 유산시킨 적 없고, 장인의 숫양 한 마리 잡아먹어본 적 없습니다.

39 한 번도 들짐승이 물어 죽인 가축을 가지고 돌아와 장인께 드린 적 없었고, 그것들을 모두 제가 보충했습니다.[482] 도적질을 당하면 장인께서는 낮이든 밤이든 오로지 제게만 물어낼 것을 요구하셨습니다.

40 대낮의 뙤약볕과 늦은 밤 된서리를 견디며, 하루도 편히 잠을 청한 적이 없습니다.

41 20년 동안 장인의 댁에서 이렇게 살았습니다. 14년간 당신의 두 딸을 아내로 삼기 위해 대가도 없이 일했고, 6년은 당신의 양 떼를 위해 일했습니다. 그러나 장인께서는 열 차례나 제 품삯을 속이셨죠!

42 만일 제가 제 조부 아브라함의 하느님, 곧 이사악이 경외하는 하느님[483]과 함께하지 않았다면, 당신은 벌써 저를 빈손으로

---

482 당시 관습법에 따르면, 양치기는 들짐승이 물어 죽인 가축의 사체를 주인에게 가져다줄 경우, 그 가축을 변상하지 않아도 되었다. 「출애굽기」 22:13 참조.

483 '이사악의 경외pahad'는 하느님의 이름 가운데 하나로, 이 구절과 아래 53절에만 등장한다. 칠십인역에 의거해 옮겼다.

내쫓으셨을 겁니다. 하지만 하느님께서는 저의 고생과 노력을 보시고 어제 당신을 꾸짖으신 겁니다!"

43 라반의 말투가 누그러졌다. "그대의 아내는 내 딸이고, 아이들은 내 외손자이며, 그대의 소와 양 떼도 나의 가축들이 낳은 것일세. 네 눈앞의 모든 것이 내 것이네. 허나 일이 이리 되었으니, 내가 낳은 딸과 그 아이 들을 어찌 하겠는가?

44 이렇게 하세. 자네와 약속할 테니, 우리 사이에 ⋯⋯484을 증거로 삼으세!"

45 야곱이 돌 하나를 세워 기둥으로 삼고485

46 친족들에게 말했다. "돌을 쌓읍시다. 여러분, 모두 돌을 주워 여기에 쌓도록 합시다!"486 그리고 나서 모든 사람이 그 돌무더기 옆에 앉아 먹고 마셨다.

47 라반은 이 돌무더기를 가리켜 '여가르사하두다'라 하였고, 야곱은 '갈르엣'이라 하였다.487

---

484 이 부분은 원문에서 빠져 있다. 칠십인역 참조.(국역본은 "돌무더기를 쌓아"(『공동번역』), "언약을 세워 그것으로"(『개역한글』) 등으로 번역하고 있다.—옮긴이)
485 하느님을 경배하기 위함이다. 「창세기」 28:18 참조.
486 나홀의 신을 경배하기 위함이다. 아래 53절 참조.
487 '여가르사하두다yegar-sahaḍutha'는 아람어, '갈르엣gal`ed'은 히브리어 이름이다. 모두 '돌을 쌓아 증거를 삼다'라는 뜻이다.

창세기, 인문의 기원

48 라반이 말했다. "오늘 이 돌무더기는 그대와 나 사이 약속의 징표일세!" 후에 그곳은 '갈르엣'

49 또는 '미스바'[488]라 불리게 되었다. 이는 라반이 "헤어진 후 야훼께서 우리의 약속을 감독하시길 바라네.

50 그대가 내 딸을 학대하거나 그녀들 외에 다른 여인을 아내로 얻거든 그러고도 이를 아는 사람이 없다고 여기지 말게. 하느님께서 그대와 나 사이에 보증을 서고 계심을 기억하게!"라고 말했기 때문이다.

51 라반은 야곱에게 또 말했다. "보게, 그대와 나 사이에 돌무더기를 쌓고 돌기둥을 세웠네.

52 돌무더기와 돌기둥은 경계의 표시일세. 나는 결코 이곳을 넘어 자네를 침범하지 않을 것이네. 그대도 이곳을 넘어 나를 해치지 말게.

53 원컨대 아브라함의 하느님과 나홀의 신[489]께서 그대와 나 사이에 공정함을 주관[490]하시길 바라네!" 라반의 뒤를 이어 야

---

488 mizpah, '망대'라는 뜻이다. 다음 구절에 나오는 '감독yizeph'과 비슷하게 발음된다.

489 원문에는 '나홀의 신' 뒤에 '즉 그들 아버지의 신'이라는 말이 삽입되어 있으나, 보충된 주석으로 추정된다. 칠십인역에 따라 생략했다.

490 옛 번역은 '판단'이나, 옳지 않다.(국역본은 '판단' '판가름' 등으로 옮기고 있다.—옮긴이)

곱도 아버지 이사악이 경외하는 하느님의 이름을 가리켜 맹세했다.[491]

54 그들은 맹세를 한 후 산 위에서 제사를 드렸고, 친족들을 초청하여 식사를 했다. 식사를 마치고는 모두 산 위에서 밤을 보냈다.

32장

1 다음 날 라반은 일찌감치 일어나 손자들과 딸들에게 일일이 입을 맞추고 그들을 축복한 후 복귀길에 올랐다.

2 야곱도 다시 길을 떠났다. 도중에 야곱은 하느님의 천사가 길 위에 진을 치고 있는 것을[492]

3 보고 말했다. "여기는 하느님의 군영[493]이다!" 이에 그곳을 '두 군영[마하나임]'[494]이라 불렀다.

---

491 고대 풍속에 따르면 맹세를 하는 양측은 각각 그들의 신을 증인으로 삼았다. 「창세기」 31:42 주석 참조.
492 하늘의 군사가 야곱 일행을 호송했다.
493 옛 번역은 '군대'이나, 의미가 통하지 않는다.(일부 국역본은 '군대'라고 적고 있다.—옮긴이)
494 maḥanayim, 아래 8절에 나오는 '두 진영'을 암시한다.

선물을 준비하다

4   야곱은 하인을 먼저 보내 에돔[495]에서 형 에사오에게 인사하
    게 했다.

5   그는 하인에게 거듭 당부했다. "나리를 뵙거든 종 야곱이 이
    렇게 말씀 올리더라고 전하라. '소인이 외숙부 라반의 집에 기
    거하다 오늘에 이르러서야

6   소, 양, 낙타, 노예 등의 재산을 좀 얻어 돌아오게 되었습니
    다. 특별히 먼저 하인을 보내 형님께 소식을 전하니 부디 기꺼
    운 마음으로 맞아주시길 바랍니다!'라고 말이다."

7   하인이 돌아와 야곱에게 보고했다. "형님을 뵈었습니다. 그분
    께서 주인님을 만나기 위해 400명의 장정을 거느리고 이리로
    오고 계십니다!"

8   야곱은 크게 놀라며 깊은 근심에 빠졌다. 그는 사람과 가축
    을 두 무리[496]로 나누고

9   속으로 생각했다. '만약 형이 이중 한쪽을 습격하면 나머지
    한쪽은 도피할 수 있겠지.'

---

495 'edom, 사해 이남의 산간지역으로, 에사오가 주둔했던 땅이다. 「창세기」
    27:39 주석 참조.
496 「창세기」 32:3과 호응한다.

10 방책을 마련한 후 야곱은 기도를 하기 시작했다. "야훼여, 저의 조부 아브라함의 하느님, 저의 부친 이사악의 하느님이시여! 당신께서는 제게 '태어난 곳으로 돌아가라, 내가 너를 우대하리라' 하고 말씀하셨습니다!

11 당신께서 베푸신 사랑과 신실함은, 그 만분지일도 감히 저 같은 이가 받기에 합당치 않았습니다. 제가 처음 요르단 강을 건널 때 몸에 지닌 것은 단지 막대기 하나뿐이었지만,[497] 이제는 두 무리의 하인과 가축을 거느리게 되었습니다.

12 당신께 바라옵건대, 저를 구해주시옵소서. 제가 제 형 에사오의 손아귀에서 피할 수 있게 해주십시오! 그가 저를 죽이고 제 처자식이 불행을 당할까 두렵습니다.

13 당신께서는 제게 은혜를 내리시어 제 후손을 바닷가의 모래처럼 셀 수 없이 많아지게 하겠다고 말씀하시지 않았습니까."[498]

14 그는 그곳에서 하룻밤을 보냈다.[499] 다음 날 야곱은 한 무리의 가축을 골라 형 에사오에게 바칠 예물로 삼았다. 그는 속으로 계산했다.

---

497 야곱이 에사오를 피해 고향을 떠난 일을 말한다.
498 「창세기」 22:17 및 28:14 참조.
499 이 구절부터 22절까지는 공존했던 다른 이야기들에서 유래했으며, 「창세기」 33:1과 연결된다.

귀스타브 모로, 「야곱과 천사Jacob and the Angel」, 1874~1878

15 '산양과 면양 각각 220마리는 수컷 한 마리당 암컷 열 마리를,

16 젖을 먹이는 어미 낙타 30마리에는 각각 젖을 떼지 않은 새
끼 낙타를, 소 50마리는 수컷 한 마리당 암컷 4마리를, 나귀
30필은 수컷 한 마리당 암컷 두 마리를 각각 묶어서 보내자.'

17 그는 이 가축들을 생긴 대로 각각 한 무리씩 나누어 하인에
게 건네며 말했다. "너희는 이 가축들을 이끌고 앞장서라. 그
리고 각 무리 사이에는 일정한 거리를 두어라."

18 또 그들 가운데 우두머리에게 지시했다. "형님께서 너를 만나
거든 '네가 어느 집 사람이냐, 어디로 가느냐, 너희가 이끄는
가축은 누구의 것이냐' 하고 물으실 것이다.

19 너는 '이것들은 모두 당신의 종 야곱의 것으로, 그가 에사오
형님께 공경하는 마음으로 바치려는 것입니다. 보십시오, 그
가 뒤에 있으며 곧 이리로 올 것입니다'라고 답하라."

20 이어서 같은 지시를 두 번째, 세 번째 하인에게도 내리고, 가
축을 이끌 모든 하인에게도 한 차례 분부했다. "형님을 만나면

21 반드시 '나리, 당신의 종 야곱이 뒤에 있으며 곧 이리로 올 것
입니다!'라고 말씀드려야 한다." 야곱은 속으로 생각했다. '내
가 먼저 선물을 보내 그의 환심을 산다면, 그가 나를 용서해
줄지도 몰라.'

22 그리하여 그는 선물을 먼저 보내고 자신은 야영지 안에서 밤
을 보냈다.[500]

창세기, 인문의 기원

23 야곱은 한밤중에 일어나 처첩과 11명의 아들을 데리고 야뽁
강[501] 나루를 건넜다.

24 그들을 맞은편까지 데려다놓은 후 다시 돌아와 남은 종들과
가축을 강 건너로 보내니,

25 마지막에는 야곱 한 사람만 남게 되었다. 홀연히 사람의 그림
자 하나가 다가와 날이 밝을 때까지 그와 씨름을 벌였다.

26 그 사람은 자신이 야곱을 이길 수 없음을 알고 야곱의 허벅지
[502]를 손으로 가격했다. 힘을 주던 야곱은 그만 그곳을 다치
고 말았다.

27 그 사람이 말했다. "날이 곧 밝으니 나를 그만 보내줘라!" 야
곱이 숨을 내쉬며 말했다. "당신께서 나를 축복해주지 않으시
면 당신을 놓아드릴 수 없습니다!"

28 그 사람이 물었다. "그대의 이름은 무엇인가?" 야곱이 자신의
이름을 가르쳐주자

---

500 23절부터 이 장의 마지막 절까지는 삽입된 조각이다.
501 yabboq, 요르단 강의 지류이며, 사해 북쪽의 길르앗(증인) 산을 통과
한다.
502 yareḳ, 생식기를 에둘러 표현하는 말이다. 남근에 손을 대는 것은 맹세
를 할 때 행하던 의식이다. 「창세기」 24:2 주석 참조.

29 그 사람이 말했다. "그대의 이름을 앞으로 야곱이라 부르지
말고 이스라엘[503]이라 부르라. 이는 그대가 신[504]과도, 사람과
도 힘을 겨루어 이겼기 때문이다."

30 야곱이 말했다. "당신의 이름은 무엇입니까?" 그 사람이 대답
했다. "어찌 내 이름을 묻는가?" 말을 마친 뒤 그는 야곱에게
복을 빌어주고 떠났다.

31 야곱은 그곳을 '하느님의 얼굴[브니엘]'[505]이라 부르며 말했다.
"내가 하느님을 뵈었음에도 생명을 보전하다니!"[506]

32 붉은 해가 막 떠오르자 그는 브니엘을 떠났다. 허벅지를 삐끗
한 까닭에 그는 절뚝거리며 걸었다.

33 이스라엘 자손은 지금까지도 허벅지 고기를 먹지 않는다.[507]
야곱이 허벅지를 맞아 그곳을 다친 까닭이다.

---

503 yisra'el, 즉 '하느님'el과 힘을 겨룬saritha 자'라는 뜻이다.
504 'elohim, '하느님'이라고 번역해도 의미가 통한다.
505 peni'el, 즉 하느님이 천사의 모습을 하고 야곱에게 얼굴을 보였음을 의
미한다. 그러므로 '이스라엘'이라는 이름을 쪼개어 '하느님을 본 자yish
ra'ah'el'라고도 해석할 수 있다.
506 평범한 사람은 하느님을 보는 즉시 죽음을 면치 못했다. 하지만 하느님
으로부터 특별한 은혜를 받은 자는 하느님의 얼굴을 보고도 죽지 않았
다. 「출애굽기」 33:24 참조.
507 성경에서 허벅지 고기에 대한 금기를 언급한 것은 오직 이 구절뿐이다.

형제의 화해

33장

1 야곱이 눈을 들어 바라보니 에사오가 400명의 장정을 데리고 다가오고 있었다![508] 야곱은 급히 자녀들을 세 무리로 나누어 레아, 라헬, 그리고 두 명의 첩에게 맡겼다.

2 첩들에게는 각자의 아이들을 맡겨 먼저 가게 하였고, 레아에게는 여섯 아들과 한 명의 딸을 맡겨 그 뒤를 따르게 했으며, 라헬에게 요셉을 맡겨 후미에 두었다.

3 야곱 자신은 앞장서서 걸으며, 형의 앞에 당도할 때까지 한 번에 일곱 차례씩 땅에 엎드려 절했다.

4 이를 본 에사오가 바람같이 달려와 양팔을 벌려 야곱의 목을 꽉 껴안고 입을 맞추었다. 두 형제는 그 자리에서 통곡했다.

5 에사오가 눈물이 그렁그렁한 눈을 들어 주위의 부인과 아이들을 보며 물었다. "이 사람들은 너와 무슨 관계냐?" 야곱이 답했다. "하느님께서 이 아이들을 모두 소인에게 주셨습니다."

6 두 첩이 아이들을 데리고 앞으로 나와 에사오에게 인사했다.

---

508 「창세기」 32:14에서 연결된 것이므로, 야곱이 강을 건넜다는 언급이 없다.

7　이어서 레아가 자녀들을, 라헬이 요셉을 데리고 차례대로 앞으로 나와 무릎을 꿇었다.

8　에사오가 또 물었다. "내가 앞서 마주친 무리[509]의 사람과 가축 들은 무엇이냐?" 야곱이 대답했다. "그것들은 형님을 기쁘게 해드리고자 마련한 선물입니다."

9　에사오가 말했다. "아우야, 나는 아무것도 부족한 게 없다. 도로 가져가거라!"

10　"아닙니다, 아닙니다!" 야곱이 거듭 말했다. "싫은 게 아니시라면 형님께서 부디 그 작은 정성을 거두어주십시오! 형님께서 그리 넓은 아량으로 소인을 이해해주시니, 형님의 얼굴을 뵙는 것이 마치 은혜를 입어 하느님의 거룩한 얼굴을 뵙는 것 같습니다.[510]

11　이 보잘 것 없는 선물은 소인의 작은 마음이니, 제 체면을 보아서라도 부디 받아주십시오. 하느님의 큰 은혜로 저에게 재물이 무척 많습니다." 야곱이 거듭 사정하자 에사오는 결국 재물을 받아들였다.[511]

---

509 「창세기」 32:8에서 언급한 '두 무리' 중 하나이며, 「창세기」 32:15 이하 야곱이 형을 위해 준비한 가축의 무리를 지칭하는 것은 아니다.
510 야곱의 아첨이지만, 「창세기」 32:31에 언급된 '하느님의 얼굴'을 은연중에 가리키기도 한다.
511 에사오의 관대함을 보여준다.

12 에사오가 제안했다. "그럼 가자꾸나. 나도 너와 같이 가마."[512]

13 야곱이 대답했다. "하지만 형님, 제 자식들이 아직 어려서 젖을 못 뗀 새끼 가축들을 제가 돌봐야 합니다. 급하게 걷다가는 설령 하룻길이라 해도 저 가축을 모두 보전하지 못할까 걱정입니다.

14 형님께서 먼저 가시면 저는 가축, 자식 들과 걸음을 맞추어 천천히 뒤를 따르겠습니다. 세일에 이르러 형님과 제가 다시 만나는 게 어떨지요?"

15 에사오가 말했다. "그럼 내가 몇 사람을 남겨 너를 안내하게 하마." "아닙니다, 형님!" 야곱이 얼른 대답했다. "너무 겸양치 마십시오!"[513]

16 그리하여 에사오는 그날 세일로 돌아왔고

17 야곱은 다른 길을 통해 수꼿[514]에 이르러, 그곳에 자신이 머물 집과 가축우리를 지었다. 이것이 그 땅이 훗날 '우리[수꼿]'라고 불리게 된 이유다.

---

512 『KJV 성경』은 "내가 앞서 가겠다"로 옮기고 있다. 이 역시 의미가 통한다.
513 직역하면 "나로 하여금 형님의 은혜를 얻게 하소서"가 된다. 의례적인 인사말이다.
514 sukkoth, '우리'라는 뜻이다. 야뽁 강과 요르단 강이 교차하는 지점에서 멀지 않은 곳에 있다.

세겜

18 야곱이 바딴아람에서 가나안으로 돌아오는 길은 평탄했다. 그는 세겜[515] 성 아래 도착한 뒤 성문을 마주보고 장막을 세웠다.

19 장막을 세운 그 땅은 그가 은자 100닢을 주고 세겜[516]의 아버지 하몰의 아들들에게서 구입한 것이었다.

20 그는 또한 그곳에 제단을 쌓고 이름을 '위대한 능력자, 이스라엘의 하느님'[517]이라 불렀다.

디나

34장

1 디나는 레아가 야곱에게 낳아준 딸이다.[518] 하루는 디나가 가

---

515 아브라함이 가나안 땅에 들어서서 가장 먼저 제단을 쌓은 곳이다. 「창세기」 12:6 참조.

516 '세겜'이라는 이름은 성·부락의 이름에서 따왔다.

517 'el 'elohe yisra'el, '발뒤꿈치를 잡은 자' 야곱이 족장의 지위에 올랐음을 선포한 것이다.

518 「창세기」 30:21 참조. 이 장은 독립적인 조각으로, 그 연원이 매우 오래되었다. 이 장에서는 처음부터 끝까지 하느님이 언급되지 않는다.

나안의 친구들을 만나러 나갔다가

2 그 지역의 수장인 히위 사람[519] 하몰의 아들 세겜의 눈에 띄었다. 그는 디나를 잡아다 그녀의 몸을 강제로 더럽히고 말았다.

3 그러나 그는 야곱의 딸에게 빠져 그녀를 돌려보내지 못하고 오히려 그녀의 마음을 얻으려 했다.[520]

4 그는 부친 하몰에게 졸랐다. "그녀의 집에 가서서 혼담을 전해주세요. 그녀를 아내로 삼고 싶습니다!"[521]

5 딸의 몸이 더럽혀졌다는 말을 듣고 야곱은 아무 말도 하지 않았다. 아들들이 가축들을 이끌고 목장에 갔기 때문이다. 그는 아들들이 올 때까지 기다렸다.

6 세겜의 부친 하몰이 야곱을 방문하여 혼담을 꺼낼 무렵,

7 야곱의 아들들이 목장에서 막 돌아왔다. 그들은 여동생이 겁탈당한 소식을 듣고 매우 화가 나 있었다. 세겜이 야곱의 딸을 강제로 범한 일은 이스라엘[522] 전체의 치욕이었던 까닭이다. 이는 결코 용인할 수 없는 사건이었다.

8 하몰이 그들과 상의했다. "내 아들 세겜의 마음이 이미 그대들

---

519 hiwwi, 가나안 토착 민족 중 하나다. 「창세기」 10:17 참조.
520 원문대로 직역하면, "그녀의 마음에 대고 말을 했다"가 된다.
521 이에 세겜은 디나를 집으로 돌려보내지 않았다.
522 이스라엘 부족 전체를 가리킨다.

집안의 딸에게 묶여버렸소. 청컨대 세겜과 그녀의 혼인을 허락해주시오.

9 우리 두 부족이 통혼하여 친족관계를 맺읍시다. 당신들의 딸을 우리 집에 시집보내고 우리 집안의 딸을 당신들의 아내로 삼아

10 모두 함께 사는 거요. 그렇게 되면 오늘 이후로 그대들은 이 땅을 집 삼아 자유로이 생활할 수 있고,[523] 이 땅을 거래할 수도 있을 것이오!"

11 세겜도 와서 디나의 부친과 오라비들에게 사죄했다. "저를 관대히 용서해주십시오. 조건을 말씀하시면 무엇이든 응하겠습니다.

12 그녀만 아내로 맞을 수 있다면, 바라시는 예물이 얼마든 다 수용하겠습니다."

13 야곱의 아들들은 그 말을 듣고 한 가지 계책을 생각해냈다. 여동생이 당한 능욕을 되갚기 위해 그들은 세겜과 그의 부친 하몰에게 말했다.

14 "안 되오. 할례를 받지 않은 이에게 우리 여동생을 시집보낼 수는 없소. 이는 우리에게 엄청난 치욕이기 때문이오.[524]

---

523 원문을 직역하면 "땅이 당신들의 앞에 있으니"가 된다.
524 후에 모세의 율법은 이스라엘 자손들이 이방 신을 섬기고 하느님을 배반할까 염려하여 이민족과의 통혼을 금지했다. 「신명기」 7:3 참조.

15 그대들 집안의 모든 사내가 우리처럼 할례를 받는다는 조건을 따른다면,

16 우리가 여동생을 그대들에게 시집보내고, 그대들의 딸도 아내로 삼으며, 친척이 되어 함께 살 수 있을 것이오.

17 그러나 만약 이 조건에 따르지 않고 할례를 받지 않는다면, 우리는 딸을 데려올 수밖에 없소!"

18 하몰과 세겜의 마음이 움직였다.

19 세겜은 두말없이 조건에 응했다. 그는 야곱의 딸을 사랑하고 있었고, 집안의 모든 사내도 자신의 말을 따를 것이었기 때문이다.[525]

20 이로써 하몰 부자는 성 앞에서 성의 주민 모두에게 선포했다.

21 "이 사람들은 무척 우호적이니 여기에 정착하여 자유로이 방목[526]하게 하자. 이곳은 땅이 많으니 그들을 충분히 받아들일 수 있을 것이다. 우리는 그들의 딸을 아내로 삼고, 그들도 우리의 딸들을 아내로 삼을 것이다.

22 그런데 그들이 내건 조건이 하나 있다. 그것은 우리 사내들이 그들처럼 할례를 받아야 한다는 것이다. 우리가 이것만 동의

---

525 원문을 직역하면 "그가 가장 존중을 받았기 때문이다"가 된다.
526 saḫar, 본래는 '왕래하다'라는 뜻이지만, 칠십인역의 번역처럼 '거래하다'의 뜻으로 확대될 수 있다. 「창세기」 42:34 참조.

하면, 그들도 우리와 같이 살 수 있고 서로 친척이 될 수 있다고 했다.

23 우리 동의하자! 그들을 우리 사이에 머물러 살게 하면, 그들의 수많은 가축과 재산도 나중에 우리의 것이 되지 않겠는가?"

24 성문을 드나드는 모든 부족 사람은 하몰과 그의 아들 세겜의 의견에 찬성했다. 성안의 모든 남자는 함께 양피를 잘라냈다.

25 그러나 3일째 되던 날 그들이 여전히 참기 어려운 고통에 신음하고 있을 무렵, 야곱의 두 아들 즉 디나의 오라비인 시므온과 레위[527]가 칼을 들고 슬그머니 성안에 들어와 눈에 띄는 사내를 모두 살해할 줄 누가 알았겠는가!

26 두 형제는 하몰 부자를 죽이고 세겜의 집에서 디나를 데려왔다.[528]

27 야곱의 남은 아들들은 시체들의 머리를 짓밟고 온 성을 약탈하여 여동생이 받은 모욕을 세겜 사람들에게 되갚았다.

28 그들은 소, 양, 나귀를 비롯하여

29 돈과 재물, 부녀자와 어린이, 집안의 귀중품 등 성과 마을 안의 모든 것을 약탈했다.

---

527 시므온과 레위는 디나와 어머니가 같았다.
528 친족을 위해 피의 복수를 해야 할 의무와 가해자의 집단 책임을 명백하게 밝히고 있다. 「창세기」 18:24 주석 참조.

창세기, 인문의 기원

30 야곱이 시므온과 레위에게 말했다. "너희가 큰일을 저지르고 말았구나!529 이제 이 지역의 가나안 사람, 브리즈 사람530 들은 모두 나를 죽도록 미워하게 되었다. 내게는 사람도 힘도 많지 않으니, 그들이 연합하여 나를 대적한다면 우리 집안 전체가 액운을 면키 어렵게 될 것이다!"

31 그러나 두 아들은 지지 않고 대꾸했다. "설마 여동생을 창기로 만들어 누구든지 제멋대로 겁탈하도록 내버려두실 생각은 아니시겠지요?"

베델

35장

1 하느님께서 야곱에게 말씀하셨다.531 "일어나라, 베델로 가서 장막을 치고 하느님을 위해 제단을 쌓아라. 네가 에사오로부터

---

529 야곱이 임종 때 아들들에게 내렸던 축복과 저주를 참조하라. 「창세기」 49:5 이하.
530 「창세기」 13:7 주석 참조.
531 이 장은 출처가 다른 여러 조각의 모음이다. 그러므로 앞서 나온 이야기들과 중복된 것도 있으며, 서로 연결되지 않는다.

도망쳤던 그해, 하느님께서 네게 나타나셨던 그곳으로 가라."[532]

2 그리하여 야곱은 가족과 하인 들에게 분부를 내렸다. "너희가 지니고 있는 이방 민족의 신상을 모두 버려라![533] 그런 연후에 몸을 씻고 옷을 갈아입어라.[534]

3 우리는 베델로 이동할 것이다. 나는 거기서 하느님을 위해 제단을 쌓을 것이다. 내가 어려움을 당할 때 그분께서 나의 기도를 들으셨기 때문이다. 내가 어디로 가든지 그분은 늘 나와 함께하셨다."

4 이에 모든 사람이 집 안에 있던 이방 민족의 신상과 귀고리[535]를 내놓았다. 야곱은 그것들을 세겜 부근의 상수리나무[536] 아래 묻었다.

5 그들이 장막을 거두고 길을 나설 때, 하느님께서 주변의 각 성을 두려움에 짓눌리게 하시니, 한 사람도 감히 야곱의 아들들을 추격하지 못했다.

---

532 28장 '천국으로 가는 계단' 조각 참조. 「창세기」 28:10 이하.
533 예를 들면 라헬이 훔쳤던 드라빔 같은 이방신의 신상을 말한다. 「창세기」 31:19 참조.
534 야훼의 성지를 참배할 준비를 하는 것이다. 「출애굽기」 19:10 참조.
535 nezem, 고대 근동에서는 남녀 모두 귀걸이를 착용했다. 보통 신상 혹은 동물의 문양을 본떠 만들었다.
536 상수리나무는 하느님을 상징한다. 「창세기」 12:6 및 18:1 참조.

6 이렇게 야곱은 가족을 이끌고 남하하여 가나안의 루즈에 도착했고,[537]

7 거기에 제단을 쌓은 후 그곳을 '베델'이라 명명했다. 이곳은 그가 형을 피해 달아날 때 하느님께서 그에게 나타나신 곳이었기 때문이다.

8 이때 리브가의 유모 드보라가 세상을 떠나,[538] 베델 아래의 상수리나무 밑에 안장했다. 사람들은 그 나무를 '알론바굿'[539]이라 불렀다.

9 야곱이 바딴아람에서 돌아왔을 때, 하느님께서 재차 나타나 그에게 복을 내리셨다.[540]

10 하느님께서 말씀하셨다. "네 이름은 야곱이다. 그러나 지금부터 야곱이라 하지 말고 이스라엘이라 하라." 이로 인해 야곱은 이스라엘이라 불리기도 한다.[541]

11 하느님께서는 또 말씀하셨다. "내가 곧 전능한 하느님이다.[542]

---

537 「창세기」 28:19 참조.
538 「창세기」 24:59 참조.
539 `allon baḳuth, '눈물의 상수리나무'라는 뜻이다. 상수리나무는 관을 짜는 자재로 쓰인다.
540 하느님이 처음으로 야곱 앞에 나타난 것은 하늘 계단 꿈에서였다. 「창세기」 28:12 이하 참조.
541 「창세기」 32:29와 중복되는 내용이지만 출처는 다르다.
542 「창세기」 17:1 주석 참조.

내가 네 자손을 번성케 하여, 네게서 나올 나라가 하나로 그
치지 않을 것이다. 천하의 모든 왕이 너를 조상으로 받들 것
이다.

12 내가 아브라함과 이사악의 땅을 너와 네 후손에게 허락하겠
노라!"

13 말씀을 마치시고 하느님께서는 하늘로 올라가셨다.[543]

14 야곱은 하느님께서 내려와 계셨던 곳에 돌기둥 하나를 세워
그 위에 술을 뿌리고 또 기름을 부었다.[544]

15 그는 하느님께서 자신에게 복을 주신 그곳을 '베델'이라 불렀다.

라헬의 난산

16 그들은 베델을 떠나 더 남하했다. 그들이 에브랏[545]에 거의 도
착했을 때, 라헬은 분만을 앞두고 있었다. 그러나 난산이었다.

17 더 이상 버티기 어렵게 되자 산파가 그녀를 위로하며 말했다.
"두려워하지 마십시오. 이번에도 사내아이입니다!"

---

543 원문에는 여기에 '하느님께서 내려와 계셨던 곳'이라는 구절이 더 있었으
나, 14절을 잘못 베낀 것으로 추정된다. 예루살렘본에 의거하여 생략
했다.

544 제사 때는 보통 올리브기름을 사용했다. 「창세기」 28:18 주석 참조.

545 'ephrath, 베들레헴의 옛 이름이다. 예루살렘 남쪽에 위치하고 있다.

18 라헬은 숨을 거두기 전 아이의 이름을 벤오니[546]라 지었으나, 야곱이 베냐민[547]으로 바꿨다.

19 라헬은 죽은 후 에브랏, 곧 오늘날 베들레헴으로 가는 길가에 안장되었다.

20 야곱은 라헬의 무덤 앞에 비석을 세웠는데, 이 비석은 지금까지도 남아 있다.

르우벤

21 이스라엘은 계속 이동하여 에델 망루望樓[믹달에델][548]를 지나 장막을 쳤다.

22 그들이 거기서 지낼 때 르우벤은 부친의 첩 빌하와 잠자리를 같이 했고, 이 소식은 이스라엘의 귀에까지 들어갔다.[549]

---

546 ben'oni, 라헬은 태어나자마자 어미를 잃게 된 아들이 불쌍해 '슬픔의 아들'이라는 뜻의 이름을 베냐민에게 지어주었다.

547 binyamin, '남쪽의 아들'이라는 뜻이다. '남쪽'은 '오른쪽'과 의미가 통하며, '오른쪽'은 '복'으로 해석할 수 있다. 「창세기」 48:17 주석 참조.

548 migdal-`eḏer, 일설에 의하면 베들레헴 동쪽에 위치했다고 한다.

549 「창세기」 49:4에서 야곱이 임종을 맞으며 남긴 축복을 참조할 것.

야곱의 족보

23 야곱에게는 열두 아들이 있었다.[550] 레아가 여섯 아들을 낳았
는데, 야곱의 장남 르우벤과 시므온, 레위, 유다, 이싸갈, 즈
불룬이었다.

24 라헬은 아들 둘을 낳았는데, 요셉과 베냐민이었다.

25 라헬의 하녀 빌하는 두 아들, 곧 단과 납달리를 낳았다.

26 레아의 하녀 질바도 두 아들, 즉 가드와 아셀을 낳았다. 야곱
은 이 아들을 모두 바딴아람에서 낳았다.[551]

이사악의 죽음

27 마침내 야곱은 부친 이사악의 곁으로 돌아왔다. 그곳은 키럇
아르바, 오늘날 헤브론의 마므레로, 아브라함과 이사악이 기
거하던 곳이다.

28 이사악은 향년 180세에

---

550 야곱의 열두 아들로부터 이스라엘의 12지파가 탄생한다. 「창세기」 49:28
참조.

551 그러나 베냐민은 가나안에서 낳았다. 「창세기」 35:18 참조.

29 수명을 다하여 조상들이 있는 곳으로 돌아갔다.[552] 그의 아들
　에사오와 야곱이 그의 장례를 치렀다.

에사오의 족보

36장

1　에돔이라고도 불리는 에사오의 족보는 다음과 같다.[553]
2　에사오는 먼저 두 명의 가나안 여자를 아내로 삼았다. 한 명
　은 헷 사람 엘론의 딸 아다이며, 다른 한 명은 호리 사람[554]
　시브온의 아들인 아나의 딸 오홀리바마다.
3　그는 나중에 이스마엘의 딸이자 느바욧의 여동생인 바스맛을
　아내로 삼았다.[555]

---

552 조각들의 연원이 다르기 때문에, 여기서 언급된 이사악의 향년은 앞 내
　용에 근거해서 계산된 것은 아니다. 이사악이 임종 때 축복한 내용은
　이미 27장에 나와 있으나, 35장에 와서야 비로소 세상을 떠난 것을 언
　급하고 있다.
553 이 장은 여러 족보의 조각으로 이루어져 있기 때문에, 앞선 내용과 중복
　되거나 서로 연결되지 않는 부분도 있다.
554 원문에는 '호리 사람'이 아닌 '히위 사람'으로 기록되어 있다. 칠십인역과
　아래 20절에 근거해 '히위 사람'으로 옮겼다. 그러나 일설로는 '히위 사
　람'이 곧 '호리 사람'이라고 한다.

4 아다는 엘리바즈를 낳았고, 바스맛은 르우엘을 낳았다.

5 오홀리바마는 여우스, 야을람, 코라를 낳았다. 에사오의 이 다섯 아들은 모두 가나안에서 태어났다.

6 에사오는 후에 아우 야곱과 헤어져,[556] 처첩과 자녀, 집안의 노예, 가축을 이끌고 가나안에서 얻은 재물과 함께 다른 곳으로 거처를 옮겼다.

7 두 형제의 재산이 많아지면서 목장이 협소해져 두 집안의 가축을 한 곳에서 방목하기가 어려워졌던 것이다.[557]

8 이러한 이유로 에사오는 세일[558]로 이동했다. 에사오의 다른 이름이 에돔이므로,

9 에사오의 후손은 에돔 사람이라 일컬어졌다. 그들은 대대로 세일의 산간지역에서 살았다.[559] 에돔 사람의 족보는 다음과 같다.

---

555 에사오의 세 부인 이름은 「창세기」 26:34과 28:9에 나온 이름과 다르다. 족보의 연원이 다른 까닭이다.

556 「창세기」 35:29에서 연결된다.

557 조각의 연원이 다르다. 그래서 여기서는 야곱이 에사오를 속여 형제가 분쟁을 일으킨 일을 언급하지 않고 있다. 반면 아브라함과 조카 롯이 헤어지게 된 일을 억지로 끼워 맞췄다. 「창세기」 13:5 이하 참조.

558 se'ir. '털 산'이라는 뜻이다. 털이 많은 에사오의 몸처럼 초목이 무성하다고 해서 이와 같은 이름이 생겼다.

559 「창세기」 27:39 이하 참조.

10 에사오는 아다에게서 엘리바즈를 낳았고, 바스맛에게서 르우엘을 낳았다.

11 장자인 엘리바즈는 데만,[560] 오말, 스보, 가아담, 크나즈를 낳았고,[561]

12 첩 딤나와의 사이에서 아말렉[562]을 낳았다. 이렇게 여섯 명은 모두 에사오의 아내 아다에게서 나온 자손이었다.

13 르우엘은 나핫, 제라, 삼마, 미짜[미사]를 낳았는데, 이 네 명은 모두 에사오의 아내 바스맛에게서 나온 자손이었다.

14 에사오의 다른 부인인 오홀리바마는 시브온의 아들 아나의 딸로, 여우스, 야을람, 코라 등 세 아들을 낳았다.[563]

15 에사오 후손의 각 지파의 족장은 다음과 같다. 장자 엘리바즈는 6명의 족장을 배출했다. 데만, 오말, 스보, 크나즈,[564]

16 가아담, 아말렉이 바로 그들이다. 6명의 족장은 모두 에사오

---

560 teman, '남쪽 사람'이라는 뜻이다. 에사오의 장손이며, 아래 34절과 같이 '데만 사람'은 일반적으로 에돔 부족을 가리킨다.

561 「창세기」 15:19 참조.

562 사해 이남의 유목 민족으로, 이스라엘 부족과는 평생 적이었다. 「창세기」 14:7 참조.

563 이 장 15절부터 19절까지는 에사오 족보의 또 다른 판본으로, 족장의 지위를 강조한다.

564 원문에는 여기에 '코라'도 등장하나, 18절의 '코라'와 중복되므로 불필요하다. 예루살렘본에 따라 삭제했다.

의 부인 아다에게서 나온 자손이었다.

17 차남 르우엘은 4명의 족장을 배출했다. 나핫, 제라, 삼마, 미짜가 바로 그들이다. 이 4명의 족장은 모두 사오의 부인 바스맛에게서 나온 자손이었다.

18 에사오의 부인 오홀리바마는 3명의 족장을 배출했다. 여우스, 야을람, 코라가 바로 그들이다. 이들은 모두 아나의 딸 오홀리바마의 아들이다.

19 이상 13명의 족장은 모두 에사오, 즉 에돔의 후손이다.[565]

세일의 족보

20 호리인은 세일을 조상으로 삼는 토착 민족이다.[566] 세일은 로탄, 소발, 시브온, 아나,

21 디손, 에제르, 디산을 낳았다. 이 7명은 모두 에돔 일대에 사는 호리인의 족장으로 세일의 후예다.

22 로탄은 두 아들을 얻었다. 호리와 헤맘이었다. 로탄에게는 딤

---

565 「창세기」 36:40과 연결된다.
566 땅을 조상으로 삼아 경배하는 호리bori 족은 반 유목 민족으로, 후에 에돔 족에 의해 멸망했다. 「신명기」 2:12 참조.

창세기, 인문의 기원

나[567]라는 여동생이 있었다. .

23 소발은 다섯 아들을 얻었다. 알완, 마나핫, 에발, 스보, 오남
   이 그들이다.

24 시브온은 두 아들을 얻었다. 아야와 아나(즉 부친을 위해 황야
   에서 나귀를 치던 중 온천[568]을 발견한 자)였다.

25 아나는 디손이라는 아들과 오홀리바마라는 딸을 얻었다.[569]

26 디손은 네 아들을 얻었다. 헴단, 에스반, 이드란, 그란이 그들
   이다.

27 에제르[에셀]는 빌한, 자완[사아완], 아칸 등 세 아들을 얻었다.

28 디산은 우스와 아란, 두 아들을 얻었다.

29 이상 로탄, 소발, 시브온, 아나

30 디손, 에제르, 디산 등 7인은 모두 호리인의 족장으로 세일 일
   대의 부족들[570]을 이루었다.

---

567 엘리바즈의 첩이다. 「창세기」 36:12 참조.
568 yemin, 정확한 해석은 알 수 없다. 예루살렘본에 따라 온천으로 번역
   했다. 칠십인역에는 사람 이름으로 나와 있다.
569 「창세기」 36:2, 36:14과 동일하다.
570 원문은 '족장들'이지만, 칠십인역을 바탕으로 '부족들'이라고 옮겼다.

에돔 지역의 왕들

31 에돔이 이스라엘 왕에게 귀속되기 전,[571] 일찍이 다음과 같은 왕들이 있었다.

32 브올의 아들 벨라가 딘하바에 왕성을 세웠다.

33 벨라가 죽고 보스라[572] 사람 제라의 아들 요밥이 왕위를 계승했다.

34 요밥이 죽고 데만 사람 후삼이 왕위를 계승했다.[573]

35 후삼이 죽고 브닷의 아들 하닷이 왕위를 계승했다. 하닷은 모압 들판에서 미디안 사람을 공격해 패배시킨 적이 있다.[574] 그는 아윗[575]에 왕성을 세웠다.

36 하닷이 죽고 마스레카 사람 사믈라[삼라]가 왕위를 계승했다.

37 사믈라가 죽고 강변[576]의 르호봇 사람 사울이 왕위를 계승했다.

---

571 칠십인역의 번역인 "이스라엘을 다스리는 군왕이 있기 전에 에돔에서는" 이라고 해도 의미가 통한다.
572 bozrah, 에돔의 수도다.
573 「창세기」 36:11절 주석 참조.
574 「창세기」 19:37, 25:2 주석 참조.
575 이곳의 위치는 알려지지 않았다.
576 전통적으로 유프라테스 강을 가리킨다. 「창세기」 10:11 참조.

38 사울이 죽고 악볼의 아들 바알하난이 왕위를 계승했다.

39 바알하난이 죽고 하닷이 왕위를 계승하여 바우[577]에 왕성을
세웠다. 왕후인 므헤타브엘은 메자합[578]의 딸인 마드렛이 낳은
딸이었다.

40 에사오의 후손 중 각 지파의 족장을 각 부족과 지역별로 열
거하면 다음과 같다.[579] 즉 딤나, 알와,[580] 여뎃,

41 오홀리바마, 엘라,[581] 비논,

42 크나즈, 데만, 밉살,[582]

43 막디엘, 이람 등이 에돔 지방의 열 한 부족이었다. 이들은 모
두 에사오를 에돔 사람의 조상으로 삼았다.

---

577 이곳의 위치는 알려지지 않았다.
578 me-zahab, 지명이기도 하다. 칠십인역에는 '메자합의 아들'이라고 나와
있다.
579 「창세기」 36:19에서 연결되지만, 연원은 다르다.
580 'alwah, '악'이라는 뜻이다. 일설에는 「창세기」 36:23의 '알완'이라고
한다.
581 'elah, 지명으로도 쓰인다.
582 mibzar, 지명이기도 하다.

요셉

37장

1 야곱은 부친이 기거하던 가나안에서 남하했다.[583]

2 다음은 야곱의 집에서 일어난 일이다. 요셉은 17세가 되었을 때 늘 형들을 따라 양을 쳤다. 그는 부친의 첩 빌하와 질바가 낳은 아들들을 도왔다. 그러나 그는 항상 그들이 저지르는 나쁜 짓을 부친에게 고자질했다.

3 이스라엘은 아들들 가운데 늘그막에 얻은 요셉을 가장 사랑하여,[584] 그를 위해서만 알록달록한 채색옷[585]을 지어 입혔다.

4 형들은 부친의 편애 때문에 요셉을 질투하여 그에게 정다운 말 한마디도 건네지 않았다.

5 하루는 요셉이 간밤에 꾼 꿈을 형들에게 말했다. 그로 인해 형들은 요셉을 더 미워하게 되었다.

---

583 37장부터 「창세기」가 끝날 때까지, 38장과 49장을 제외한 모든 장은 '요셉의 이야기'로 연결되어 있다.

584 아직 막내 베냐민이 태어나기 전으로 추정된다. 「창세기」 35:18과 뒤에 이어지는 10절의 주석 참조.

585 kethoneth passim, 손목과 발목이 드러나는 긴 겉옷을 말한다. 채색옷은 고귀한 신분을 나타낸다. 「사무엘하」 13:18 참조.

6 요셉이 말했다. "제가 꿈을 꾸었는데, 한번 들어보세요.

7 꿈에서 우리는 함께 밭에 내려가 밀단을 묶고 있었어요. 그런데 제가 묶은 밀단이 벌떡 일어서더니, 형들의 밀단이 제 것을 빙 둘러싸고는 절을 하는 게 아니겠어요?"

8 "네가 우리의 왕, 우리의 주인이 되고 싶은 게로구나?" 형들은 화가 났다. 꿈의 내용과 요셉의 말이 그에 대한 형들의 증오심을 더한 것이다.

9 얼마 후 요셉은 또 꿈을 꾸었다. 그는 꿈에서 본 것을 형들에게 설명했다. "형님들, 제가 또 꿈을 꿨어요! 꿈속에서 태양과 달이 11개의 별을 데리고 와서 일제히 제게 큰절을 올리지 않겠어요?"

10 그는 형들뿐 아니라 부친에게도 그 꿈의 내용을 전했다. 부친은 요셉을 꾸짖었다. "그게 무슨 꿈이냐! 나와 네 어미, 그리고 형들이 네게 무릎을 꿇고 머리를 조아려야 한다는 것이냐?"[586]

11 형들은 요셉을 죽도록 미워했으며, 그 아비는 이 일을 마음에 담아두었다.

---

586 「창세기」 35:19에 따르면, 이때 라헬은 이미 베냐민을 낳고 난산으로 죽은 뒤였다. 그러므로 이 구절은 요셉 이야기의 판본이 여러 가지임을 분명히 보여준다.

피 묻은 옷

12 형들은 부친의 양을 치기 위해 세겜으로 향했다.

13 이스라엘이 요셉을 불렀다. "네 형들이 세겜으로 양을 치러
갔는지 내 대신 네가 한번 보고 오너라." 요셉이 대답했다.
"네, 다녀오겠습니다!"

14 부친이 요셉에게 분부했다. "네가 가서 보고 형제들과 가축이
모두 별일 없다면, 돌아와서 내게 소식을 전해주렴." 요셉은
부친과 작별하고 헤브론 골짜기를 따라 북으로 이동했다. 그
러나 세겜에 도착한 후

15 그는 들에서 길을 잃고 말았다. 그가 헤매는 것을 본 어떤 사
람[587]이 물었다. "무엇을 찾고 있느냐?"

16 요셉이 대답했다. "제 형들을 찾고 있습니다. 그들이 어디로
양을 치러 갔는지 알려주십시오."

17 그 사람이 말했다. "그들은 이미 떠났다. '도다인[588]으로 가
자!'고 말하는 걸 들었다." 요셉은 도다인에 이르러 정말 그곳
에서 형들을 찾을 수 있었다.

---

587 의도적으로 신분을 모호하게 드러냈다. 전설에는 천사라고 전해지고
있다.
588 dothan, 세겜 북쪽에 위치하고 있다.

창세기, 인문의 기원

18 그들도 멀리서 요셉이 오는 것을 보았다. 그들은 요셉이 가까이 오기 전에

19 서로 한마디씩 주고받으며 요셉을 해칠 계략을 꾸몄다. "봐, 꿈쟁이가 오고 있다!

20 잘 왔다! 저놈을 해치고 시체는 구덩이589에 버리자. 야수에게 잡아먹혔다고 말하면 그만 아닌가. 저 녀석의 꿈이 진정 이루어지는지 어디 한번 보자!"

21 르우벤은 이 말을 옆에서 듣고 아우를 구하려 했다. "그의 생명을 해치고

22 손에 피를 묻혀서는 안 돼!590 그를 이 황야의 구덩이에 버려두면 굳이 죽일 필요가 없잖아."591 르우벤은 입으로는 이렇게 말하면서도, 속으로는 어떻게 요셉을 그들의 손아귀로부터 구해내 부친에게로 돌려보낼지 생각하고 있었다.

23 요셉이 도착하자 형들은 그의 채색옷을 벗기고

24 그를 들어 구덩이에 던졌다. 그곳은 말라붙은 빈 우물이었다.

---

589 bor, 물을 저장하거나 들짐승을 잡기 위해 파놓은 구덩이. 「출애굽기」 21:33 참조.

590 동생을 죽여 하느님의 저주를 받은 카인의 전철을 밟으면 안 된다는 뜻이다. 아래 26절 유다의 경고를 참조할 것.

591 굶어 죽는 것은 죽임을 당하는 것이 아니다.

25 그러고 나서 그들은 앉아 밥을 먹었다. 식사를 하다 문득 이
  스마엘 부족의 상인들이 길르앗에서[592] 이집트 쪽으로 이동하
  는 광경이 눈에 들어왔다. 그들의 낙타에는 고무, 향유, 몰약
  등이 가득 실려 있었다.[593]

26 유다가 형제들에게 말했다. "우리가 동생을 죽여 그의 핏자국
  을 감춘다 한들[594] 그게 우리에게 무슨 이득이겠어?

27 차라리 그를 저 이스마엘 사람들에게 팔아버리자. 그럼 우리
  가 굳이 손을 쓸 필요도 없으니. 또 어찌 되었든 저 녀석도
  우리 동생이자 혈육이잖아." 모두 그 말에 동의했다.

28 그리하여 미디안 상인이 그곳을 지날 때 그들은 요셉을 마른
  우물에서 끄집어내, 몸값으로 은 20닢을 받고 팔아넘겼다.[595]
  상인은 요셉을 데리고 이집트로 떠났다.

29 르우벤은 우물가로 돌아와 크게 놀랐다.[596] "요셉이 보이지 않

---

592 「창세기」 31:48 참조.
593 「창세기」 24:10 주석 참조.
594 살해를 당한 자의 피가 하늘로 올라가 복수를 부르는 일을 방지하기 위
   함이다. 「창세기」 4:10, 「욥기」 16:18 이하 참조.
595 동일한 전설이지만 두 개의 판본이 존재한다. 미디안 사람이 요셉을 구
   해주었다는 판본과 이스마엘 사람들이 요셉을 노예로 샀다는 판본이다.
   두 판본이 합쳐질 때 모순되는 내용이 삭제되지 않았다. 하지만 성경의
   내용을 존중해 그대로 두었다.

잖아!" 그가 자신의 옷을 찢으며[597]

30 형제들이 있는 곳으로 돌아와 말했다. "동생이 보이지 않으니, 이를 어쩌지?"[598]

31 그들은 산양 한 마리를 죽여 요셉의 겉옷에 그 피를 묻혔다.

32 그런 연후에 부친에게 사람을 보내 요셉의 피 묻은 채색옷과 함께 이런 말을 전하도록 했다.[599] "이것은 저희가 길에서 주운 것입니다. 작은 도련님의 것인지 모르겠으니 주인께서 한번 살펴보십시오."

33 야곱은 그 옷을 보고 통곡했다. "내 아들 요셉의 옷이구나! 내 아들이 들짐승에게 잡아먹히고 말았구나!"

34 그는 자신의 옷을 찢고 허리에 베를 두르며 아들의 죽음을 오래도록 슬퍼했다.

35 아들딸이 모두 와서 위로했으나, 그는 상복을 벗을 생각도 않

---

596 「창세기」 37:24에서 연결된다. 르우벤이 동생들에게 요셉을 죽여서는 안된다고 설득한 일과 유다가 동생을 노예로 팔자고 주장한 일은 각기 다른 판본에서 유래된 것이다. 그런데 편저과정에서 이를 알맞게 배치하지 않았고, 때문에 르우벤은 요셉이 어디로 갔는지 모르는 상황이 벌어진 것이다.

597 비통함을 나타내는 행동이다.

598 원문을 직역하면 다음과 같다. "동생이 보이지 않으니, 나는 어디로 가야 하는가?"

599 「창세기」 37:14의 '전갈'을 가리킨다.

고 이렇게 말했다. "슬픔을 누를 길이 없구나. 나도 내 아들을 따라 저승[600]에 가련다!" 이렇게 아버지는 사랑하는 아들을 위해 울음을 멈추지 않았다.

36 그때 미디안 사람들은 이미 이집트에 도착해 요셉을 파라오의 신하이자 호위대장인 보디발[601]에게 팔아넘겼다.

다말

38장

1 같은 시기, 유다가 형제들과 헤어져 아둘람[602] 사람 히라가 사는 곳으로 이주했다.

2 거기서 그는 가나안 사람 수아[603]의 딸을 알게 되었고, 곧 그녀를 아내로 맞았다. 혼인하고 얼마 후

---

600 she'ol, 사람이 죽은 후 가는 곳. 지옥은 아니다. 「민수기」 16:33 참조. 악인은 저승에 내려가 벌을 받게 된다는 말은 나중에 생겨난 것이다. 「시편」 31:17 참조.

601 potiphar, '태양의 신이 하사하다'라는 뜻이다. 「창세기」 41:45 주석 참조. 「창세기」 39:1과 연결된다.

602 adullam, 베들레헴 서쪽에 위치한 작은 성이다.

603 shua`, '부귀'라는 뜻이다.

3 유다의 아내는 임신하여 아들을 낳았고, 이름을 에르[604]라 지었다.

4 그녀가 또 임신하여 아들을 낳았고, 이름을 오난[605]이라 지었다.

5 그녀가 또 한 명의 아들을 낳았고, 이번에는 이름을 셀라라 지었다. 셀라가 세상에 나올 때, 유다는 그집[거십][606]에서 살고 있었다.

6 유다는 장자인 에르를 다말[607]이라는 여자와 혼인시켰다.

7 그러나 에르가 악을 범하여 야훼의 기분을 상하게 한 까닭에,[608] 야훼께서는 그의 목숨을 빼앗았다.

8 유다가 오난에게 말했다. "너는 네 형수와 동침하거라! 시동생의 의무[609]를 다하여, 형 대신 네가 가문의 대를 이어야 한다."

9 그러나 오난은 형수가 낳을 아이가 자신의 자식이 될 수 없음을 알고, 형수와 잠자리를 할 때마다 일부러 바닥에 사정하여

---

604 `er, '악의 아들[ra`]', '불임[ma`ar]'과 비슷하게 발음된다.

605 `onan, '힘, 재력[`on]'과 독음이 유사하다. 능력이 다하고 재물은 떨어졌음을 반어적으로 풍자한다.

606 kezib, 아둘람 부근의 작은 마을이다. '거짓말[kazab]'과 소리가 비슷하다. 아래 14절 참조.

607 tamar, '종려나무'라는 뜻이다.

608 원문을 직역하면 "에르가 야훼 앞에서 악하므로"가 된다.

609 시동생[yabam]이 과부가 된 형수와 결혼을 해서 낳은 큰아들은 죽은 형의 자손이 되어 형의 재산과 명분을 계승받는다. 「신명기」 25:5 참조.

형에게 후손을 주지 않았다.

10 야훼께서 그가 한 일에 노하시어 그의 생명도 거두어가셨다.[610]

11 유다는 두려운 마음에 며느리 다말에게 말했다. "너는 네 친정[611]으로 돌아가서, 내 아들 셀라가 성인이 될 때까지 수절하라."[612] 유다는 속으로 생각했다. '셀라마저도 그의 두 형처럼 갑자기 목숨을 잃어서는 안 된다!' 그리하여 다말은 친정으로 돌아갔다.

12 세월은 덧없이 흘러, 유다의 부인, 수아의 딸이 세상을 떠났다.[613] 아내의 상을 치른 후 유다는 친구인 아둘람 사람 히라와 양털을 깎기 위해 딤나[614]에 가기로 약속했다.

13 어떤 이가 다말에게 알렸다. "얘야, 네 시아버지가 딤나에 양털을 깎으러 오신단다!"

14 이에 다말은 과부의 옷차림을 벗고 신경을 써서 화장을 했다. 그리고 면사로 얼굴을 가린 후 딤나로 가는 길목에 있는 에나

---

610 오난이 죽게 된 이유는 그가 사심으로 인해 가족의 대를 이어야 하는 의무를 저버렸기 때문이지, 바닥에 사정을 했거나 피임을 했기 때문이 아니다.

611 원문을 직역하면 '아버지의 집'이다. 아래도 동일하다.

612 셀라가 성인이 되면 다시 다말을 셀라의 아내로 맞이하겠다는 말이다.

613 하지만 그때까지도 유다는 다말을 데려가지 않았다.

614 timnah, 아둘람 서북쪽에 있다.

임 성문[615]에 앉았다. 햇수를 손꼽아오던 그녀는 셀라가 이미 성인이 되었다는 사실을 알고 있었다. 그럼에도 시댁에서는 그녀를 맞으러 오는 일을 미루고 있었던 것이다.

15 유다는 면사로 얼굴을 가린 여자를 보고 창녀라 생각하여[616]

16 길가로 내려와 그녀에게 말했다. "이봐, 나와 밤을 같이 보내자." 그는 그녀가 자신의 며느리라는 사실을 전혀 몰랐다. "당신과 밤을 같이 보내면 저에게 무슨 이익이 있나요?"

17 유다가 웃으며 말했다. "내가 양 떼에서 새끼 산양 한 마리를 골라 네게 주마. 어떠냐?" "좋아요!" 그녀가 말했다. "하지만 새끼 산양을 데려오기 전에, 제게 담보할 물건을 주셔야 합니다."

18 유다가 물었다. "무슨 담보물을 원하느냐?" 여인이 대답했다. "당신의 지팡이와 도장,[617] 그리고 도장 끈을 담보물로 맡기세요." 유다는 담보물을 맡기고 그녀와 옷을 벗었다. 다말은 시아버지의 아이를 갖게 되었다.

19 일을 마치고 다말은 몸을 일으켜 떠났다. 그녀는 면사를 떼고 다시 과부의 옷차림으로 갈아입었다.

---

615 pethaḥ `enayim. 에나임은 '두개의 눈'이라는 뜻이다. 『KJV 성경』의 번역대로 '공터'라고 해도 뜻은 통한다.

616 유다는 면사를 쓴 모양 등 다말의 차림새를 보고 그녀를 창녀라고 생각했다.

617 ḥotham, 반지 형태로 신분이 높은 남자들이 갖고 다녔다.

20 유다는 아둘람 친구에게 부탁하여 새끼 산양으로 그녀에게 맡긴 담보물을 바꿔오게 했으나 어디서도 그녀를 찾을 수 없었다!

21 그는 그곳 사람들에게 물었다. "에나임 길가에 있던 신전의 기녀[618]는 어디로 갔습니까?" 그들이 대답했다. "예전부터 여기에는 창녀가 없었소."

22 친구는 이 소식을 유다에게 전할 수밖에 없었다. "그녀를 찾을 수가 없었네. 현지인 말로 거기에는 창녀가 있었던 적이 없다는구먼."

23 유다가 말했다. "됐네, 그 담보물들을 그녀에게 가지라 하지. 이 일이 퍼지면 사람들의 비웃음거리가 될 걸세. 어쨌든 나는 그녀에게 양을 보냈으니 떳떳하네!"[619]

24 그로부터 세 달이 지나 누군가 유다에게 말했다. "당신 집안 며느리인 다말이 밖에서 남자와 사통하여 배가 불룩 나왔소!"[620] 유다는 크게 화를 냈다. "그년을 끌고 오라! 태워 죽이고 말겠다."[621]

---

618 '신전의 기녀qedeshah'는 가나안 생식生殖 숭배의 집례자이자 여성 제사장을 가리킨다. 동시에 「창세기」 38:15에서 처럼, 일반적인 '창녀zonah'를 의미하기도 한다.

619 원문을 직역하면 "나는 그녀에게 양을 보냈으나 그녀를 찾지 못했을 뿐이네!"가 된다.

창세기, 인문의 기원

25 다말은 다른 사람에게 이끌려 문을 나서기 전, 이 말을 시아
버지에게 전하게 했다. "이 물건들의 주인이 저를 임신시켰습
니다. 이 지팡이와 도장, 도장 끈이 누구의 것인지 아버님께서
판단해주십시오."

26 유다는 그 물건들을 알아보고 말했다. "그녀의 말이 이치에
맞다. 내 잘못이구나.[622] 내가 내 아들 셀라를 시켜 그녀를 아
내로 맞이하게 했어야 했는데!" 이후 유다는 더 이상 그녀와
동침하지 않았다.[623]

27 출산이 임박하자 다말이 쌍둥이를 임신했음을 알게 됐다.

28 해산할 때 한 아이의 손이 먼저 나왔다. 산파가 이 손을 잡고 빛
이 나는 붉은 실을 매어주며 말했다. "이 녀석이 먼저 나왔어!"

29 그러나 뜻밖에도 이 작은 손이 다시 들어가더니, 다른 아이가

---

620 당시 매음은 저열한 행동이었지만 큰 죄는 아니었다. 그러나 다말은 명
분상 시동생 셀라와 정혼한 관계였기 때문에 그녀의 매음은 간음에 속
했다. 이런 경우 그 집안의 가장(시아버지)에게 다말을 단속하고 벌할 자
격이 있었다.
621 모세의 율법에 의하면 간음한 죄는 죽음으로 다스렸다. 「레위기」 20:10
참조.
622 다말이 창녀로 분해 죽은 남편의 대를 이어야 하는 그녀의 의무를 다
했음을 인정한 것이다. 다말은 이것으로 후세 사람들의 칭송을 받는다.
「룻기」 4:12 참조.
623 유다가 다말을 며느리가 아닌 아내로 여겼음을 보여준다. 다말은 명분을
얻었다.

먼저 나와 형이 되었다. 산파가 말했다. "너는 기회를 틈타 남의 자리를 차지했으니 이름을 베레스[624]라 불러야겠다."

30 이어서 손에 붉은 실을 맨 동생이 세상에 나왔다. 그리하여 그는 제라[625]라 불리게 되었다.

유혹을 뿌리치다

39장

1 이스마엘 사람에 의해 이집트로 끌려가 파라오의 신하이자 호위대장[626] 보디발에게 팔린 요셉의 이야기는 이러하다.[627]

2 야훼께서 요셉과 함께하셨으므로, 이집트의 주인집에서 그의 일은 모두 순조로웠다.

3 그에게 맡겨진 모든 일이 야훼께서 요셉과 함께하신 덕분에 하나같이 성공적으로 이루어졌음을 그의 주인도 알게 되었다.

---

624 perez, '빈틈'이라는 뜻이다.
625 zerah, '빛나다'라는 뜻이다.
626 또는 신하saris, 시위대장sar hatabahim. 칠십인역은 '태감' 혹은 '주방장'이라고 적고 있다. 단어 자체는 뜻이 통하나 이야기의 내용과는 부합하지 않는다.
627 「창세기」 37:36에서 연결된다.

4 그는 매우 만족하며 속으로 생각했다. '집안의 모든 일과 재산의 드나듦을 차차 요셉에게 일임하고,

5 그를 청지기로 삼아야겠다.'[628] 이를 위해 야훼께서는 이집트의 주인에게 복을 주셨고, 그의 집 안팎의 모든 일이 야훼의 은혜를 입었다.

6 이리하여 보디발은 가문의 모든 일을 요셉에게 맡겼다. 주인은 집에 돌아와 자신이 먹는 것에만 신경을 썼으며, 그 밖의 모든 일은 묻지도, 듣지도 않았다. 요셉은 준수한 미남이었다.

7 어느 날 여주인이 그를 야릇하게 지켜보다가 요셉에게 말했다. "이리오너라, 나와 잠자리에 들자!"

8 요셉은 여주인의 명을 따르지 않았다. "부인께서 잘 아시듯, 주인님은 전 재산을 소인에게 맡기시고, 큰일 작은 일 가릴 것 없이 모두 제가 처리하게 하셨습니다.

9 안팎의 일이야 모두 제가 관리할 수 있지만, 부인은 주인님의 아내이시기에, 제가 어찌할 수 없습니다. 제가 어떻게 그런 커다란 악행을 저질러 하느님 앞에서 죄를 범하겠습니까?"

10 부인이 날마다 요셉을 희롱하며 유혹했지만, 요셉은 시종 그녀와 잠자리에 들지 않았다.

---

628 이집트인들은 다신교를 믿었으므로, 보디발은 복을 내린 요셉의 하느님에게도 감사했다.

11 하루는 요셉이 집에서 사무를 보고 있었다. 마침 방에는 아무도 없었다.

12 부인이 요셉의 겉옷을 붙잡고 말했다. "나와 한 번만 같이 자자꾸나." 요셉은 몸을 돌려 도망쳤지만, 그의 겉옷은 부인의 손에 잡혀 있었다.

13 요셉이 겉옷마저 팽개친 채 도망치는 모습을 보고,[629]

14 그녀가 고함을 지르며 하인들에게 말했다. "너희는 모두 보았느냐? 주인께서 데려온 히브리 놈이 나를 희롱하는 것을 말이다! 방금 그가 이 방에 들어와 나를 범하려 했다.

15 내가 소리치자 저놈이 엉겁결에 이 옷을 내 몸 위에 던져두고 도망쳤다!"

16 그녀는 요셉의 옷을 손에 쥐고[630] 주인이 돌아오기만을 기다렸다.

17 그녀는 같은 말을 되풀이하며 울음으로 호소했다. "당신이 데려온 저 히브리 종놈이 집에 들어와 저를 욕보였어요!

18 제가 죽어라 소리쳤더니, 이 겉옷을 제 몸 위에 던져두고 도망쳤지 뭐예요!"

---

629 수치심이 분노로 변했다.
630 요셉의 옷을 강간 미수의 증거로 삼은 것이다.

19 주인은 부인의 울음 섞인 이야기를 듣고 격노했다.

20 그는 즉시 큰 소리로 명하여 요셉을 포박하고, 왕[631]의 죄수들과 같은 감옥[632]에 가두었다. 그러나 요셉이 감옥에 갇힌 후에도

술 따르는 신하와 떡 굽는 신하

21 야훼께서는 그와 함께하며 늘 은혜를 베푸셨다.[633] 이에 간수장이 그를 귀하게 여겨

22 그로 하여금 다른 죄인들을 감독하고, 옥중의 모든 잡무를 처리하게 했다.

23 또한 야훼께서 항상 그와 함께 계시며 그의 성공을 도우시는 것을 보고, 간수장은 모든 대소사를 요셉의 손에 맡기며 자신은 일절 신경 쓰지 않았다.[634]

---

631 이집트의 파라오를 가리킨다. 이어지는 '왕'도 모두 같다.

632 sohar. 다음 장에서는 '지하 감옥'이라고 명시된다. 「창세기」 40:15 참조. 시위대장에게는 형벌을 내릴 권한이 있었다. 「창세기」 40:3 참조.

633 요셉이 노예로 팔리고 감옥에 갇히게 된 것은 모두 하느님의 계획이었다. 「시편」 105:17 참조.

634 이 장이 시작될 때 언급된 주제가 다시 나오고 있다.

40장

1 어느 날, 이집트 왕의 술 따르는 신하와 떡 굽는 신하가 그들
   의 왕에게 죄를 지었다.

2 파라오가 진노하여 술 따르는 신하와 떡 굽는 신하[635]에게 죄
   를 물어

3 그들을 호위대장의 집에 있는 감옥, 즉 요셉이 갇힌 곳에 가
   두었다.

4 호위대장은 요셉에게 명하여 그들의 시중을 들도록 했다.[636]
   그렇게 몇 날 며칠이 흘렀다.

5 어느 날 밤, 이집트 왕의 술 따르는 신하와 떡 굽는 신하는
   각자 꿈을 꾸었다. 두 죄수의 꿈은 조짐이 서로 달랐다.[637]

6 이른 아침 요셉이 그들의 시중을 들고자 왔을 때, 그들의 얼
   굴은 근심으로 가득했다.

7 요셉은 어려움에 처한 파라오의 두 신하에게 물었다. "무슨
   일인지요. 대인께 무슨 걱정이라도 있습니까?"

---

635 원문에는 '술 따르는 관원장'과 '떡 굽는 관원장'으로 되어 있다. 하지만
     「창세기」 40:5과 40:13에는 '장'을 뺀 '술 따르는 신하'와 '떡 굽는 신하'
     로 나온다.
636 관원이 감옥에 들어오면 시중드는 사람이 따로 있었다.
637 고대인은 꿈의 종류를 욕망의 재현과 미래의 징조로 분류했다.

8 그들이 대답했다. "어젯밤 우리 둘이 각각 꿈을 꿨는데, 해몽을 해줄 사람이 없다네." 요셉이 말했다. "꿈을 해석하는 이는 하느님이시니, 소인께도 들려주실 수 있겠습니까?"[638]

9 술 따르는 신하가 꿈에서 본 것을 설명했다. "꿈에서 보니 내 앞에 포도나무 한 그루가 서 있었네.

10 나무에서 세 개의 나뭇가지가 뻗어 있었지. 그런데 막 싹이 돋고 꽃을 피우더니, 금세 가지 끝에서 포도송이가 여물었네.

11 나는 손에 파라오의 술잔을 들고 포도를 따서 술잔에 짜 넣었네. 그러고 나서 술잔을 파라오께 올렸지."

12 요셉이 이야기를 듣고 말했다. "그 꿈은 이렇게 해석할 수 있습니다. 포도가지 세 개는 3일을 말합니다.

13 3일이 지나기 전에 파라오께서 틀림없이 당신의 머리를 들어[639] 왕을 위해 술을 따르는 원래의 관직으로 복귀시키실 것입니다.

14 당신께서 복직해 뜻을 이루신다면, 소인을 잊지 말고 기억해주십시오. 제가 감옥에서 나갈 수 있도록 파라오께 청을 올려주십시오.

---

638 하느님께서 요셉과 동행하심을 암시한다. 「창세기」 39:21 참조.
639 사면을 받게 된다는 뜻이다.

15 저는 본디 히브리 사람이 사는 곳에서 붙잡혀 왔고, 여기 와
서도 옥살이를 할 만한 나쁜 짓을 한 적이 없습니다!"

16 떡 굽는 신하가 옆에서 요셉의 길한 해몽을 듣고 황급히 말
했다. "꿈에서 나는 머리 위에 버드나무로 짠 세 개의 광주리
640를 올려놓고 있었네.

17 가장 위에 있던 광주리에는 파라오께서 드시는 각종 떡이 있
었지. 그런데 새 떼가 날아와 그 떡을 몽땅 먹어치우고 말았
지 뭔가!"

18 요셉이 대답했다. "그 꿈은 이렇게 해석할 수 있습니다. 세 개
의 광주리는 마찬가지로 3일을 의미합니다.

19 3일이 지나기 전에 파라오께서는 틀림없이 당신의 머리를 들
어641 나무에 매달고, 당신의 살을 새들의 밥이 되게 하실 겁
니다!"

20 3일째 되는 날은 마침 파라오의 생일이었다. 왕은 신하들을
불러 큰 연회를 베풀었고, 그들의 인사를 받았다. 파라오는
정말 술 따르는 신하와 떡 굽는 신하를 석방하고, 그들의 머
리를 들게 했다.

---

640 salle hori, 정확한 풀이는 아니다. '흰 (떡) 바구니'로도 해석할 수 있다.
641 원문에는 이곳에 "(당신의 머리를) 자르고"라는 주注가 붙어 있다.

21 술 따르는 신하는 원래의 직책으로 복귀하여 파라오에게 술을 따랐다.

22 그리고 떡 굽는 신하는 요셉의 예언처럼 교수형에 처해졌다.

23 그러나 술 따르는 신하는 요셉을 기억하지 못하고 그를 머릿속에서 지워버렸다.

파라오의 두 꿈

41장

1 어느덧 2년이라는 시간이 훌쩍 지났다. 하루는 파라오가 꿈에서 나일 강변을 걷는 자신을 보았다.

2 강물이 갑자기 거세게 울부짖더니 일곱 마리의 암소가 강가로 걸어 나왔다. 소들은 살지고 건장했다. 그것들은 갈대숲에서 풀을 뜯었다.

3 곧이어 파도 속에서 일곱 마리의 야윈 암소가 나왔다. 그것들은 볼품없는 몰골로 강가에 나와 살진 암소들 뒤에 멈춰 섰다.

4 일곱 마리의 여윈 소는 입을 벌리더니, 일곱 마리 살진 소를 모조리 잡아먹었다! 파라오는 깜짝 놀라 꿈에서 깼다.

5 파라오는 잠시 후 정신이 혼미해져 다시 꿈을 꾸었다. 이번에

는 하나의 밀 줄기에 매달린 이삭 일곱 송이를 보았다. 그것들은 모두 잘 여물어 있었다.

6 뒤이어 이삭 일곱 송이가 또 돋아났는데, 그것들은 동풍[642]이 불자 말라비틀어졌다.

7 그런데 이 말라비틀어진 이삭들이 잘 여문 이삭들에게 다가가더니, 순식간에 그것들을 삼켜버렸다. 파라오는 깜짝 놀라 잠에서 깨어 그것이 꿈인 줄 알게 되었다.

8 아침이 되니 파라오의 마음은 걱정스럽고 심란했다. 그는 사람을 시켜 이집트 전역에 있는 술객[643]과 현자 들을 궁 안으로 불러들였다. 그는 그들에게 두 가지 꿈을 해석하게 했지만, 어느 누구도 파라오의 꿈을 풀지 못했다.

9 불안해하던 파라오에게 술 따르는 신하가 갑작스레 알현을 청했다. "그간 깜빡 잊었던 일 하나가 오늘에야 갑자기 떠올랐습니다.[644]

10 폐하께서 노하시어 소신과 떡 굽는 자를 호위대장의 감옥에 가두신 해에 있었던 일입니다.

---

642 아라비아 사막에서 불어오는 더운 바람을 말한다. 「출애굽기」 10:13 주석 참조.
643 ḫarṭom, 이집트 상형문자에 정통한 무당을 일컫는다.
644 술 따르는 신하는 잊었던 요셉의 부탁을 떠올렸다.

창세기, 인문의 기원

11 어느 날 밤 소신과 떡 굽는 자가 각각 꿈을 꾸었는데, 조짐이 서로 달랐습니다.

12 그때 어떤 히브리 청년이 저희와 함께 있었는데, 그는 원래 호위대장의 하인이었습니다. 그 사람이 저희가 하는 말을 듣고 저희에게 꿈의 조짐을 낱낱이 밝혀주었습니다.

13 후에 그의 풀이는 모두 들어맞았고, 실제로 벌어진 일과 정확하게 일치했습니다. 즉 소신은 복직되고, 떡 굽는 신하는 교수형에 처해진 것입니다."

14 이에 파라오는 요셉을 불렀다. 대신들은 왕의 명을 듣고 황급히 요셉을 감옥에서 빼내 면도를 시키고 옷을 갈아입힌 후 파라오 앞으로 데려갔다.

15 파라오가 요셉에게 말했다. "과인이 꿈을 꾸었는데, 해석할 줄 아는 이가 없다. 네가 꿈 풀이에 능하다고 하던데, 그 말이 사실이냐?"

16 요셉이 절하며 말했다. "소인에게는 그럴 능력이 없습니다. 오로지 하느님만이 파라오께 길한 계시를 주실 수 있을 것입니다!"[645]

17 파라오가 그 말을 듣고 꿈에서 본 것을 말했다. "꿈에 과인이

---

645 「창세기」 40:8 참조.

홀로 나일 강변을 거닐고 있었는데,

18 살지고 건장한 일곱 마리의 암소가 홀연히 강가로 걸어 나와 갈대숲에서 풀을 뜯기 시작했다.

19 이어서 여위고 몰골이 형편없는 암소 일곱 마리가 강가로 걸어 나왔다. 그것들은 이집트를 통틀어 일찍이 본 적 없는 추한 암소들이었다.

20 그런데 이 여윈 암소들이 갑자기 살진 암소들을 먹어치웠다.

21 그것들은 그러고 나서도 이전과 마찬가지로 몰골이 흉하여, 전혀 살진 암소들을 잡아먹은 것처럼 보이지 않았다. 그러고는 꿈에서 깨어났다.

22 잠시 후 또 꿈을 꾸었는데, 이번에는 밀 줄기 하나에 잘 여문 일곱 송이의 이삭이 달린 것을 보았다.

23 잇달아 이삭 일곱 송이가 또 열렸는데, 동풍이 불자 말라버렸다.

24 그런데 이 말라버린 밀 이삭이 잘 여문 일곱 송이의 이삭을 삼켜버렸다. 과인이 술객들에게 꿈의 의미를 물었으나, 아무도 대답해주지 못했다!"

25 요셉은 꿈 이야기를 듣더니 엎드려 말했다. "폐하의 두 꿈은 하느님께서 자신의 계획을 파라오께 알리는 중요한 꿈입니다.[646]

26 일곱 마리의 살진 암소와 일곱 송이의 잘 여문 이삭은 같은 내용입니다. 곧 7년의 풍년을 말합니다.

27 또한 뒤따라 올라온 야윈 암소 일곱 마리와 동풍에 말라버린 밀 이삭은 7년의 흉년을 뜻합니다.

28 소인이 방금 폐하께 풀이해드린 내용은 하느님께서 파라오께 보여주신 계획입니다.

29 이집트 전역은 7년간 곡식이 풍년을 맞을 것이나

30 바로 뒤이어 기근이 7년 동안 대지를 유린하여, 아무런 수확도 거두지 못할 것입니다.

31 난민이 도처에 가득해지고, 재난을 당한 이들은 앞선 7년간의 풍년을 기억하지 못할 것입니다.

32 폐하께서 같은 징조의 꿈을 두 번 연이어 꾸신 것은, 이 일을 하느님께서 이미 결정하셨고, 지체 없이 진행될 것임을 말해줍니다.

33 그러니 폐하께서는 총명하고 근면한 이를 뽑아 국가를 다스리시고

34 각지에 감독관을 파견하여 풍년이 이어질 7년 동안 전국에서 나는 곡식을 5분의 1씩 거두어들이십시오.

35 풍년이 오기를 기다렸다가 그들에게 오곡을 저장하는 임무를 부여하고, 각 성에는 파라오의 직할 창고를 두어 곡식을 보관

---

646 사실은 요셉이 하느님과 함께하고 있음을 나타낸다.

하십시오.

36 양식을 비축한다면 이집트는 곧 있을 7년의 흉작을 잘 넘겨, 기근으로 멸망하는 데까지는 이르지 않을 것입니다."

재상이 되다

37 파라오는 크게 기뻐했고, 대신들도 하나같이 그를 칭찬했다.

38 파라오는 "이렇게 신께서 임한 이[647]를 어디 가서 또 찾는단 말인가?"라며 탄복했다.

39 마침내 파라오가 요셉에게 말했다. "비록 하느님께서 모든 것을 선생에게 가르쳐주셨다 하지만, 아무도 선생만한 총명함과 근면함에 이르지 못할 것이오.

40 선생께 과인의 조정을 관할하고 천하의 신하와 백성에게 명을 내리도록 할 것이니, 선생 위에는 오직 과인과 이 보좌만이 있을 것이오!"

41 조정의 선포에 따라 요셉은 모든 이집트 사람 위에 있게 되었다.[648]

---

647 즉 하느님의 계시를 받은 자를 말한다. 「다니엘」 13:45 참조. 파라오는 다신교를 숭배했기 때문에 하느님을 배척하지 않았다.
648 요셉을 재상으로 삼았다.

42 또한 파라오는 옥새 반지[649]를 자신의 손에서 빼어 요셉의 손가락에 끼워주고, 친히 그에게 고운 모시로 지은 관복을 걸쳐주며, 금으로 만든 팔찌도 채워주었다.

43 그는 길을 나설 때 파라오의 마차[650]를 사용할 수 있었으며, 시종들은 "물렀거라!"[651] 외치며 길을 열었다. 이렇게 요셉은 전 이집트의 재상이 되었다.

44 파라오가 칙령을 내렸다. "과인이 파라오의 자리에 있으나, 이집트에서 재상의 허락을 거치지 않고는 어떤 이도 자기 마음대로 일을 처리할 수 없을 것이다."[652]

45 이에 파라오는 요셉에게 '사브낫바네아'[653]라는 새 이름을 내리고, 친히 태양 성 온의 사제 보디베라[654]의 딸 아세낫[655]을 아내로 삼도록 주선했다. 이리하여 요셉은 재상의 지위에 올

---

649 ṭabba`ath, 왕의 명을 받았음을 상징한다.

650 이륜마차다.

651 'aḇrek, 이집트어로 '조심하라' 혹은 '비켜라'라는 뜻이다. 통행본은 히브리어의 어근인 'brk'에 따라 '꿇어라'로 해석했는데, 이 역시 의미가 통한다.

652 보디발(「창세기」 39:6), 간수장(「창세기」 39:23)과 마찬가지로 파라오 역시 요셉에게 맡긴 일은 신경 쓸 필요가 없었다.

653 zaphenath-pa`neaḥ, 이집트어로, '신의 돌보심을 입어 생명을 얻다'라는 뜻이다. 「창세기」 41:38과 비교해보라.

654 poṭiphera`, '태양의 신이 하사하다'라는 뜻이다. 「창세기」 37:36에 나오는 보디발과는 다른 인물이다.

655 'asenath, 이집트어로, '(생식의) 여신에게 속한 자'라는 뜻이다.

라 이집트를 통치하게 되었다.[656]

46 요셉이 이집트 왕 파라오의 재상이 된 것은 그가 30세 되던 해였다. 요셉은 왕궁에서 나와 전국 각지를 순찰했다.

47 과연 연이은 7년의 풍년으로 대지는 아낌없이 곡식을 소출했다.

48 7년 동안 요셉은 널리 오곡을 거두었고 각 성에 곡식 창고를 지어 사방에서 온 양식을 쌓아두었다.

49 쌓인 곡식은 바닷가의 모래알처럼 많아 셀 수도, 측량할 수도 없을 정도였다.

요셉의 득남

50 가뭄이 오기 전 요셉은 두 아들을 두게 되었다. 그들은 모두 온의 사제인 보디베라의 딸 아세낫의 소생이었다.

51 요셉은 장자의 이름을 므나쎄[657]라 지었는데, 이는 요셉이 "하느님께서 나로 하여금 과거의 고난과 아버지의 집을 잊게 하시는구나"라고 말한 데서 기인했다.[658]

---

656 원문을 직역하면 「창세기」 41:41, 41:43과 같다. "모든 이집트 사람 위에 서게 되었다."
657 menashsheh, '나로 하여금 잊게 하라nashshani'와 소리가 비슷하다.
658 불행에서 벗어남을 의미한다.

창세기, 인문의 기원

52 또한 차남의 이름은 에브라임이라 지었는데, 이는 요셉이 "하느님께서 곤경의 땅에서 나를 번성하게[659] 하시는구나!"라고 말했기 때문이다.

기근

53 7년간의 풍년이 끝나고

54 요셉의 예언대로 뒤이어 7년간의 기근이 들었다. 모든 나라가 기근에 시달렸으나 오직 이집트만이 곡식에 여유가 있었다.[660]

55 그러나 후에는 이집트 사람들도 굶주려, 파라오에게 도움을 청하기 시작했다. 이에 파라오가 말했다. "너희는 요셉에게 찾아가 모든 것을 그의 처리에 따르라."

56 천하에 극심한 기근이 찾아왔다. 이집트에 내린 재난은 갈수록 심각해졌다. 요셉은 모든 창고를 열어 양식을 배급하여 팔아 백성을 구제했다.

57 다른 나라 사람도 이 소식을 듣고 모두 이집트의 요셉에게 와서 양식을 청했다. 기근이 온 땅에 가득했던 까닭이다.

---

659 hiphrani, '에브라임ephrayim'과 독음이 비슷하다. 후에 야곱이 손자를 아들로 여기게 되는 일을 암시한다. 「창세기」 48:12 이하 참조.
660 이집트 백성이 각자 자신의 집에 저장해둔 양식을 말한다.

형님들

42장

1 야곱이 이집트에 양식이 있음을 듣고 자식들에게 말했다. "왜 아직도 여기 남아 서로 얼굴만 쳐다보고 있느냐?"

2 야곱은 그들에게 분부했다. "듣자하니 이집트에서 곡식 창고를 열었다는구나. 너희는 그곳에 가서 양식을 사들여 집안사람들의 살길을 마련토록 하라."

3 요셉의 형 10명은 양식을 사러 이집트로 향했다.

4 그러나 야곱은 그들이 요셉의 아우 베냐민만은 데려가지 못하게 했다.[661] 야곱은 속으로 '예상치 못한 일에 대비하지 않을 수 없지!'라고 생각했다.

5 그리하여 이스라엘의 아들들도 식량을 사러 모인 인파 속으로 들어갔다. 가나안에 기근이 이미 만연했기 때문이다.[662]

6 한편 이집트에서 곡식을 배급하고 백성을 구제하는 이는 다름 아닌 재상 요셉이었다. 형들은 재상의 면전에 황급히 엎드

---

661 야곱은 사랑하는 아내 라헬이 남긴 막내아들(「창세기」 35:18)을 특별히 총애했다. 「창세기」 42:38 참조.

662 5절의 뒤 문장은 삽입된 것으로 보인다.

려 절했다.

7 요셉은 한눈에 그들을 알아보았지만, 마치 모르는 사람을 대하듯 엄중한 목소리로 물었다. "너희는 어디서 오는 길이냐?" "저희는 가나안에서 식량을 구하러 왔습니다."

8 요셉은 그들이 형들임을 알아보았지만, 형들은 요셉을 알아보지 못했다.

9 요셉은 자신도 모르게 과거 꿈속에서 본 형제들이 떠올랐다.[663] 요셉이 그들을 꾸짖었다. "너희는 우리나라의 허실[664]을 염탐하기 위해 온 간첩이 아니냐!"

10 형들은 당황했다. "나리! 소인들은 간첩이 아닙니다. 식량을 사러 왔을 뿐입니다.

11 저희는 모두 같은 아비에게서 태어나 성실하게 살아온 사람입니다. 절대 간첩이 아닙니다!"

12 "아니다!" 요셉이 그들의 말을 끊었다. "너희는 우리나라의 허실을 엿보러 온 놈들이다!"

13 형들은 스스로를 변호했다. "나리, 소인들은 원래 열두 형제로 모두 한 아비에게서 태어났습니다. 부친은 지금 어린 동생을 데리고 가나안에 살고 있습니다. 그리고 다른 동생 한 명

---

663 「창세기」 37:5 이하 참조.
664 'erwath, 본래 뜻은 '나체', '부끄러운 곳'이다.

은 잃어버렸습니다.

14 "닥쳐라!" 요셉이 소리쳤다. "너희는 간첩이다!

15 너희가 진정 간첩인지 아닌지를 곧 조사할 것이다. 파라오의 생명 앞에 맹세컨대,[665] 너희는 그 어린 동생을 데리고 오기 전까지 여기를 벗어날 생각일랑 조금도 하지 마라!

16 너희 중 한 사람이 돌아가서 동생을 데려와라. 나머지는 여기 에 가둬두겠다. 너희가 진정 성실하고 책임감이 있는지 지켜 보겠다. 만약 조금이라도 거짓을 고했다면, 파라오의 생명에 두고 맹세컨대 너희를 틀림없는 간첩으로 간주하겠다!"

17 그는 형들을 3일 동안 가두었다.

18 그리고 그들에게 말했다. "나도 하느님을 경외한다. 살고자 한 다면 내 말대로 해라.[666]

19 너희가 진정 성실한 자라면, 한 사람만 이 감옥에 남겨두고 나머지는 모두 굶주린 가족들에게 곡식을 가져다주어라.

20 그런 연후에 어린 동생을 내게 데려와 너희가 거짓을 말한 게 아님을 증명하라. 그리하면 너희를 용서해주겠다." 그들은 할 수 없이 동의했다.

---

665 거짓 맹세다. 파라오는 신이 아니므로 영생할 수 없다. 그러므로 맹세의 증인이 될 수도 없다.
666 요셉은 3일 전에 한 맹세를 거두고 새로운 조건을 내걸었다.

창세기, 인문의 기원

21 그들은 서로를 원망하며 말했다. "아우 요셉의 일로 인해 우리가 천벌을 받은 거야. 그 아이가 그토록 우리에게 애걸했건만, 못된 심보로 그를 거들떠보지도 않았잖아. 이제 우리가 벌을 받을 차례야!"

22 르우벤이 그들을 나무랐다. "그날 내가 뭐라 그랬어! 동생에게 해를 입히면 안 된다고 했잖아! 내 말은 듣지도 않더니 꼴좋다. 이제 그 값을 피로 되갚아야 할 때가 온 거라고!"[667]

23 그들은 재상이 자신들의 말을 알아듣는 줄 몰랐다. 재상과의 문답이 통역을 통해 이루어졌기 때문이다.[668]

24 요셉은 그들의 이야기를 듣고 건물 뒤편으로 물러나 한바탕 울었다. 울음을 그치고 돌아온 요셉은 그들을 더 심문한 후, 시므온을 끌어내 인파 앞에서 그를 포박했다.

25 요셉은 하인에게 분부하여 형들의 짐바구니에 양식을 가득 싣고, 돈을 각자의 자루에 돌려주어,[669] 그들이 여정 중에 굶주리지 않게 했다. 하인들은 요셉이 시키는 대로 처리했다.

26 결국 형들은 짐바구니를 나귀에 싣고 귀갓길에 올랐다.[670]

---

667 「창세기」 37:21 이하 참조.
668 통역관은 형제들끼리 나눈 대화를 요셉에게 전하지 않았다.
669 요셉의 형제들이 양식을 사기 위해 각자 준비한 돈이었다.
670 「창세기」 42:29과 연결된다. 아래 두 절은 삽입된 것이다.

27 저녁 무렵 야영지[671]에서 그들 중 누군가가 나귀에게 사료를 먹이려고 자루를 열다 자루 입구에 은이 한가득 들어 있는 것을 발견하고[672]

28 형제들을 급히 불러 모았다. "희한하네. 내 돈이 왜 여기 들어 있지? 이 자루를 보라고!" 일동은 자루 안을 들여다보고 두려운 마음에 서로의 얼굴만 쳐다보았다.[673] "하느님께서 우리를 이리 대하시니, 도대체 어떻게 된 일일까?"[674]

야곱의 불허

29 가나안에 돌아온 형제들은 자신들이 겪은 일을 낱낱이 부친 야곱에게 고했다.[675]

30 "그 이집트의 재상이 저희를 간첩이라며 매우 엄하게 대했습니다.

31 이에 '저희는 성실한 사람이며 절대 간첩이 아닙니다.

---

671 malon, 『KJV 성경』의 번역인 '여관'도 뜻이 통한다.
672 「창세기」 42:35 주석 참조.
673 「창세기」 43:21에 따르면, 다른 형제의 자루에서도 돈이 발견되었다.
674 「창세기」 43:1과 연결된다.
675 「창세기」 42:26절로부터 연결된다.

32 원래 같은 아비에게서 태어난 열두 형제가 있었는데, 그중 한 명은 잃어버렸습니다. 어린 동생과 저희 아비는 가나안에 있습니다'라고 대답했습니다.

33 그런데 그 재상이 이렇게 말하더군요. '너희가 진실을 말한 것인지 확인해야겠다. 너희 중 한 명은 여기에 남고, 나머지는 곡식을 가지고 돌아가 가족들의 배고픔을 해결하라.

34 그러고 나서 너희의 그 어린 동생을 데려와 내게 보여라. 그를 본 후에야 간첩이 아니라는 너희의 말을 믿고, 너희의 형제를 돌려보내주며 너희가 이집트에서 자유롭게 행동[676]하도록 허락하겠다.'"

35 그들이 자루를 쏟자 깜짝 놀랄 일이 벌어졌다. 자루 입구[677]에 각자의 돈이 들어 있었기 때문이다. 모든 사람이 은이 담긴 자루를 하나하나 살펴보며 크게 놀랐고, 야곱은 온몸을 부들부들 떨었다.

36 야곱이 아들들을 나무랐다. "내가 아들을 얼마나 더 잃어야 만족하겠느냐! 요셉도 잃었고 시므온도 잃었는데, 이제 베냐

---

676 saḫar, 칠십인역에는 '매매'로 나와 있는데, 이 역시 의미가 통한다. 「창세기」 34:21 주석 참조.

677 「창세기」 42:27과 연원이 다르다. 이 구절에서 양식을 살 돈은 자루 입구가 아닌 바닥에 숨겨져 있었다. 「창세기」 43:21과 대조해보라.

민까지 데려갈 작정이냐! 아, 어째서 온갖 재앙이 내 머리 위로 떨어지는 것인가!"

37 르우벤이 부친에게 말했다. "어린 동생을 저희에게 맡기세요. 틀림없이 그를 데리고 다시 돌아오겠습니다. 만약 동생과 함께 돌아오지 못한다면 제 두 아들을 죽이셔도 좋습니다!"[678]

38 그러나 야곱이 말했다. "안 된다. 내 아들은 절대 너희와 같이 보낼 수 없다! 그 아이의 형이 죽은 후 내게 남은 건 그 아이뿐이다.[679] 만약 도중에 그가 어떻게 되기라도 하면, 이 고단한 생에 남겨진 늙은 몸뚱이[680]는 너희 손에 의해 저승으로 내던져지게 될 것이다!"[681]

---

678 대가 끊기는 것은 고대인에게 가장 큰 형벌이었다. 다음 장에 나오는 유다의 약속과 비교해보라. 「창세기」 43:9 참조. 아래 족보에 따르면, 르우벤에게는 네 아들이 있었다. 「창세기」 46:9 참조.
679 라헬이 낳은 아들들을 두고 한 말이다.
680 원문을 직역하면 '백발'이다.
681 「창세기」 37:24에서 요셉이 마른 우물에 떨어진 일과 호응한다. 「창세기」 37:35 주석 참조.

창세기, 인문의 기원

베냐민

43장

1   가나안의 기근은 아직 끝나지 않았고[682]

2   이집트로부터 운반해온 양식은 이미 다 소진되었다. 야곱은 자식들에게 말했다. "너희가 한 번 더 이집트에 가서 양식을 사 오너라."

3   유다가 부친에게 대답했다. "하지만 이집트의 재상이 저희에게 경고하길, 어린 동생을 데려오지 않으면 자기[683]를 볼 생각도 하지 말라 했습니다.

4   그러니 아버지께서 어린 동생을 데려가는 것을 허락하시면 그곳에 가서 양식을 사올 수 있을 것이고,

5   허락지 않으시면 저희가 그곳에 가도 소용이 없을 것입니다. 그가 어린 동생을 데려오지 않으면 자신을 볼 생각은 하지 말라고 했기 때문입니다."

6   이스라엘이 발을 동동 구르며 말했다. "너희가 나를 기어이 해치려 드는구나! 어찌하여 그에게 동생이 있다는 사실을 말

---

682 「창세기」 42:28로부터 연결된다.
683 직역하면 '자신의 얼굴'이다.

했느냐?"

7 일동은 이렇게 말했다. "그는 저희와 가족의 상황을 상세히 취조했습니다. 부친은 계시냐, 다른 형제는 없느냐,[684] 이렇게 묻기에 사실대로 대답했을 뿐입니다. 그가 베냐민을 데려오라고 말할 줄 누가 알았겠습니까?"

8 유다가 재차 부친인 이스라엘에게 간청했다. "어린 동생이 저희와 함께 가도록 해주세요! 우리 집안의 남녀노소가 모두 굶어죽지 않으려면 서둘러야 합니다!

9 제가 저의 수하들로 어린 동생의 안전을 담보하겠습니다. 만약 제가 동생을 데려와 아버지 품에 돌려드리지 못한다면,[685] 평생 씻을 수 없는 죗값이라도 흔쾌히 짊어지겠습니다.

10 우리가 이렇게 시간을 지체하지 않았다면, 벌써 이집트를 두 번은 오갔을 것입니다!"

11 이스라엘이 탄식하며 말했다. "꼭 가야 한다면 이렇게 하자. 유향, 꿀, 향고무, 몰약, 아몬드, 피스타치오[686] 등의 토산품을 좋은 것들로만 가려 넣어 그 재상에게 선물로 바쳐라.

---

684 「창세기」 42:8 이하에 나오는 요셉과 형제들의 문답, 보고와 내용이 다른 까닭은 조각의 연원이 다르기 때문이다. 「창세기」 44:19 참조.
685 원문을 직역하면 "만약 동생을 아버지 앞에 두지 않는다면"이다.
686 boṭnim, 또는 피스타치오 기름(칠십인역). 옛 번역 '비자'는 오역이다.

12 그리고 두 배의 은자를 챙기고,[687] 먼젓번 자루에 가지고 돌
   아온 돈도 그 사람에게 돌려주어라. (그들은 그 일이 요셉의 실
   수에서 벌어진 일이라 걱정했다.)[688]

13 너희는 어린 동생을 데리고 재상을 만나라.

14 전능하신 하느님께서 재상 앞에서 너희를 보호하여 시므온,
   베냐민과 너희가 함께 돌아오기만을 바랄 뿐이다. 내 운명이
   자식을 잃을 운명이라면 어쩔 수 없지!"

오찬

15 일동은 이렇게 정성껏 고른 선물과 두 배의 은을 싣고 베냐민
   과 함께 남쪽으로 이동했다. 이집트에 도착한 뒤 그들은 즉시
   요셉을 만났다.

16 요셉은 베냐민도 왔음을 알고 청지기에게 분부했다. "저 사람
   들을 관저로 데려가고, 가축을 한 마리 잡아 음식을 장만하
   라. 내가 그들에게 점심을 대접할 것이다."

17 청지기는 요셉의 명을 받들어 그들을 재상이 머무는 관저로

---

687 기근이 오래 지속되면서 곡물 가격도 비싸졌기 때문이다.
688 세부적인 내용은 「창세기」 42:28과 같지만 아래 21절처럼 「창세기」
   42:35에서 연결되지는 않는다.

데려갔다.

18 요셉의 형제들은 관저를 보고 두려움에 소곤거렸다. "우리를
   이곳에 데려온 건 지난번 자루에 담겨 있던 은 때문임에 틀림
   없어. 그는 우리의 잘못을 찾아 모해하여 나귀를 빼앗는 데서
   그치지 않고, 우리를 잡아다 노예로 삼으려는 걸지도 몰라!"

19 그리하여 문 앞에 이르렀을 때 그들은 앞으로 나아가 청지기
   에게 자초지종을 설명했다.

20 "나리, 저희를 탓하지 말아주십시오! 소인들은 지난번 양식을
   사러 이곳에 왔다가

21 집으로 돌아가는 노상에서 각자의 자루에 은이 조금도 줄지
   않고[689] 그대로 남아 있는 것을 발견했습니다. 지금 저희는 그
   돈을 가져왔고,

22 여기에 더하여 식량을 구입할 돈도 가져왔습니다. 저희는 정녕
   누가 저희 자루에 돈을 도로 넣어놓았는지를 알지 못합니다."

23 청지기가 웃으며 말했다. "여러분, 마음 놓으십시오. 두려워하
   지 않으셔도 됩니다. 지난번의 그 돈은 제가 받았습니다.[690]

---

689 원문을 직역하면 "은의 무게가 조금도 줄지 않고"가 된다. 당시에는 무게
    를 달아 은의 가치를 매겼다. 「창세기」 23:16 참조.
690 요셉이 세운 계획을 실행에 옮긴 사람은 청지기였다. 「창세기」 42:25,
    44:1 참조.

자루에 있던 보물은 아마 당신들 부친의 하느님이 넣으셨을 것입니다."[691] 그는 말을 마치곤 시므온을 데려와 그들에게 넘겨주었다.

24 재상의 관청에 들어오자, 청지기는 사람을 시켜 손님들의 발을 씻기고 나귀에게 먹일 풀을 베도록 했다.

25 형제들은 예물을 내려놓고 점심때가 되어 요셉이 오기만을 공손하게 기다렸다. "듣기로는 재상께서 여러분을 오찬에 초대하신답니다!"

26 요셉이 당도하자 그들은 모두 땅에 무릎을 꿇고 두 손으로 예물을 바쳤다.

27 요셉도 그들에게 인사했다. "지난번 그대들의 춘부장이 계시다 들었는데, 노인께선 별고 없으신가? 아직 건강하신가?"

28 "나리, 소인들의 아버지는 건강합니다!" 그들은 대답을 마치고 다시 정중하게 엎드려 절했다.

29 요셉은 그들을 살피다 자신과 같은 어미에게서 태어난 동생 베냐민을 발견했다. "이 자가 그대들이 말한 그 어린 동생인가? 얘야, 하느님께서 네게 은혜를 베푸시길 바란다!"[692]

---

691 「창세기」 45:8에 나오는 요셉의 설명과 일치한다.
692 요셉의 나이가 베냐민보다 훨씬 많음을 나타낸다. 하지만 이 구절에 관해서는 요셉이 노예로 팔려간 뒤 베냐민이 태어났다는 또 다른 연원이 존재한다. 「창세기」 37:10 참조.

30 요셉은 이 말을 마치고는 고개를 돌려 밖으로 나갔다. 그의 눈은 흐려졌고 하마터면 끓어오르는 감정을 누르지 못할 뻔했다. 그는 도망치듯 내실로 들어가 한바탕 울었다.

31 울음을 그치고 얼굴을 씻은 뒤, 요셉은 감정을 추스르고 하인들에게 분부했다. "음식을 올려라!"

32 요셉과 형들이 각자 한 자리씩 차지했다. 잔치를 돕던 이집트 하인들도 따로 상을 차렸다. 이집트 사람들이 히브리인과 같이 식사를 하는 것은 금기693시되는 일이었기 때문이다.

33 요셉은 형들이 자신을 보고 앉도록 자리를 배정했다. 또한 연장자는 위, 연소자는 아래에 각각 앉게 했는데, 모두 서로의 얼굴을 보며 어리둥절했다.694

34 요셉은 명을 내려 자신의 식탁에 놓인 음식을 그들에게 나누어 주도록 했다. 그런데 베냐민의 음식은 다른 이들의 다섯 배나 되었다.695 그 후 형제는 함께 어울려 취하도록 술을 마셨다.

---

693 to῾eḇah, 사람의 증오심을 불러일으키고 신의 뜻을 모독하는 행위를 말한다. 이 구절에서는 두 민족의 금지된 음식과 예절이 다름을 의미한다.
694 그들이 자신들의 나이를 재상에게 알려준 적이 없었기 때문이다.
695 또는 "다른 사람보다 다섯 배가 더 많았다."(칠십인역, 즉 베냐민은 혼자 6인분을 먹었다는 뜻이다. 결국 라헬의 아들과 레아의 아들은 사람 수에 관계없이 같은 양의 음식을 먹었다.)

은잔

44장

1 연회가 끝나자 요셉은 청지기에게 분부했다. "저들의 식량 주머니를 최대한 가득 채워라. 그리고 저들이 가져온 은도 자루에 도로 넣어라.

2 또한 내 은잔은 저들의 어린 동생이 가져온 자루에 숨겨놓아라."[696] 청지기는 모든 일을 분부대로 처리했다.

3 이튿날 날이 밝자 형제들은 나귀를 타고 길에 올랐다.

4 성을 나선 후 얼마 못 가서 요셉이 청지기를 불렀다. "어서 저들을 쫓아가라. 그리고 '어찌하여 은혜를 원수로 갚아

5 재상의 은잔을 훔쳤느냐,[697] 그 잔은 대인께서 술을 마시고 점을 치는 용도[698]로 쓰는 잔이니, 그대들은 진정 몹쓸 짓을 저질렀다'고 꾸짖어라."

---

696 예전과 다름없이 계획을 실행하도록 했다. 「창세기」 42:25 참조.
697 원문에 "재상의 은잔을 훔쳤느냐?"라는 구절은 없었다. 칠십인역에 따라 보충했다.
698 고대 근동에서는 술잔으로 점을 치는 것이 유행했다. 술이나 기름을 잔에 떨어뜨린 후, 잔에 남은 흔적과 잔을 두드릴 때 나는 소리에 미루어 징조를 해석했다.

6 청지기가 그들을 따라와 명 받은 대로 야단을 쳤다.

7 일동은 크게 놀랐다. "나리,[699] 그게 무슨 말씀입니까? 소인들이 어찌 그런 짓을 저지르겠습니까?

8 보십시오, 저희는 지난번 자루에서 보았던 돈도 모두 가나안에서 다시 가져와 당신께 돌려드리지 않았습니까? 그런 저희가 어째서 재상의 관저에서 금은을 훔칠 생각을 품겠습니까?

9 어르신께서 만약 저희 중 누군가 그 술잔을 훔쳤음을 밝혀내신다면, 이 자리에서 당장 그를 죽이셔도 좋습니다. 그리고 남은 사람은 모두 벌을 받아 노예가 되겠습니다!"

10 청지기가 말했다. "좋소, 두말하기 없기요! 어딘가에서 술잔이 나온다면, 그 자루의 임자를 내 노예로 삼겠소.[700] 하지만 나머지 사람은 그와 무관하오!"[701]

11 그들은 짐 바구니를 내려 양식 자루를 열었다.

12 청지기는 장자부터 막내 베냐민까지 나이 순으로 형제들을 수색했다. 은잔은 베냐민의 양식 자루에서 나왔다.

13 형들은 모두 눈을 치켜뜬 채 꿀 먹은 벙어리가 되어 자신들의 옷을 찢었다.[702] 그들은 짐 바구니를 나귀에 싣고 청지기를 따

---

699 옛 번역은 "내 주여"이지만, 적합하지 않다.
700 '내 수하의 노예'라는 뜻. 진정한 주인은 재상이다. 「창세기」 44:17 참조.
701 neqiyim, 직역하면 "다른 사람은 무고하오!"가 된다.

라 성안으로 들어왔다.

유다의 간청

14 유다와 형제들이 재상의 관저에 도착했을 때, 요셉은 여전히
건물 안에 있었다. 그들은 황급히 땅에 엎드려 죄를 고했다.

15 요셉은 엄한 목소리로 말했다. "어리석은 짓을 하다니! 내가
점술에 능하다는 걸 잊었느냐?"

16 유다가 대답했다. "나리, 일이 이 지경에 이르렀으니 저희가
더 무슨 말씀을 올리겠습니까? 증거가 명백한데 저희의 억울
함을 호소한들 무슨 소용이 있겠습니까? 하느님께서 소인들
의 죄를 벌하신 것입니다![703] 나리께서는 저희와 손 밑[704]에서
이 잔이 발견된 자를 속히 처벌하시고 모두 노예로 만드십시
오!"

17 요셉이 차갑게 웃으며 말했다. "그럴 필요 없다. 누군가의 손
밑에서 술잔이 나왔다면, 그자만 홀로 여기에 남겨 노예로 삼

---

702 상심과 절망을 나타내는 동작이다. 「창세기」 37:29 참조.
703 유다의 말은 자신들의 절도를 인정한다는 뜻이 아니다. 그들에게 닥친
불행이 하느님의 분노에서 비롯됐기 때문에 죄를 인정해야 함을 강조한
것이다.
704 가진 재물을 비유하는 말이다.

으면 될 것이다. 너희는 모두 평안히 집에 돌아가 부친을 뵈어라."

18 유다가 몇 걸음 앞으로 나서며 간청했다. "재상이시여, 소인이 한마디만 더 올릴 수 있도록 해주십시오. 소인은 파라오를 뵙듯이 나리를 뵙사오니,[705] 부디 노여워하지 말아주십시오.

19 대인께서 일찍이 저희에게 부친과 형제가 있느냐 물으셨지요?[706]

20 저희는 대인께 이렇게 말씀드렸습니다. '부친은 아직 살아계시고, 부친에게는 느지막이 얻은 어린 동생이 하나 있습니다. 그와 같은 배에서 난 그의 형은 이미 실종되었습니다. 그 어린 동생은 죽은 어미가 남긴 독자였기 때문에 부친은 그를 특히 아꼈습니다.'

21 그때 나리께서는 소인에게 직접 그를 볼 수 있게[707] 이리로 데려오라고 말씀하셨습니다.

22 저희는 이렇게 고했지요. '그 아이는 부친의 곁을 떠날 수 없습니다. 그가 없으면 늙은 아버지도 더 살지 못할 것입니다.'

---

705 또는 "나리의 권위가 파라오처럼 높으니", 「창세기」 41:44 참조.
706 「창세기」 43:7 주석 참조.
707 베냐민에 대한 요셉의 관심과 사랑을 암시한다. 요셉의 태도는 하느님을 경외하는 자에 대한 그의 '돌보심'과 사랑을 나타낸다. 「시편」 33:18 참조.

23 하지만 나리께서는 '그 동생을 데려오지 않으면 나를 볼 수 없을 것이다!'라고 하셨지요.

24 저희는 아버지께 돌아가 나리의 말씀을 있는 그대로 전했습니다.

25 후에 아버지께서 저희에게 이집트에 가서 양식을 사오라고 하시기에,[708]

26 이리 대답했습니다. '어린 동생을 데려가지 않으면 가봐야 소용없습니다. 그가 가지 않으면 재상[709]을 만날 수 없습니다.'

27 소인들의 부친은 매우 난처해하며 말씀하셨습니다. '너희도 알다시피, 내 사랑하는 아내가 남긴 아들이 둘 뿐이다.

28 그중 하나는 나갔다가 돌아오지 않았고, 들짐승에게 잡아먹혔는지 지금까지도 종적을 찾을 길이 없다.[710]

29 그런데 이제 너희가 남은 한 아이마저 데려가겠다고 하니, 만약 도중에 그가 어떻게 되기라도 한다면, 이 고단한 생에 남겨진 늙은 몸뚱이는 너희 손에 의해 저승으로 내던져지게 되는 것이다!'"[711]

30 "나리!" 유다가 계속 애원했다. "저희 부친의 목숨은 어린 동생과 묶여 있습니다. 만약 어린 동생을 데려가지 못해

---

708 「창세기」 43:2 이하에서 내용이 반복된다.
709 직역하면 '그분의 얼굴'이다. 「창세기」 43:3 참조.
710 「창세기」 37:33 주석 참조.
711 「창세기」 42:38 이하 내용의 중복이다.

31 늙은 부친이 그를 볼 수 없게 된다면, 아버지는 곧 죽고 말 것입니다. 그렇게 되면 소인들이 부친을 해쳐 저승으로 보내는 것이나 마찬가지입니다!

32 저는 부친 앞에서 이 어린 동생을 꼭 데려가기로 약속하며 이렇게 말씀드렸습니다. '만약 아버지께 동생을 데려오지 못한다면, 저는 평생 씻을 수 없는 죗값이라도 흔쾌히 짊어지겠습니다!'[712]

33 그러니 동생 대신 소인이 벌을 받아 나리의 노예가 되고, 동생은 형들과 함께 돌아갈 수 있도록 허락해주십시오.

34 동생을 데려가지 못한다면, 소인이 무슨 낯으로 부친을 뵙겠습니까? 저는 부친이 또다시 불행을 겪는 것은 차마 두 눈 뜨고 볼 수가 없습니다!"

형제가 서로 알아보다

45장

1 요셉은 사람들 앞에서 자신의 감정을 억누르지 못했다. "모두

---

712 「창세기」 43:9 참조.

물러가라!" 요셉이 큰 목소리로 하인들에게 명했다. 이로 인해 요셉이 형들에게 자신의 신분을 밝힐 때 다른 사람은 그곳에 없었다.

2 하지만 이집트 하인들은 그가 목 놓아 통곡하는 소리를 모두 들었다. 이 소식은 파라오의 왕궁까지 흘러들어갔다.[713]

3 "제가 요셉입니다!" 그는 형들에게 말했다. "아버지는 아직 살아 계십니까?" 형들은 얼이 빠지고 혀가 굳어, 그저 말없이 그를 멀뚱멀뚱 쳐다볼 뿐이었다.

4 요셉은 그들을 가까이 다가오게 했다. 형제들이 다가오길 기다리며 요셉이 말했다. "제가 형님들의 동생입니다. 형님들이 이집트에 팔았던 그 요셉이요!

5 하지만 부디 그 일로 걱정하거나 자책하지 마세요.[714] 하느님께서 온 가족의 생명을 구하시려고 이곳에 저를 보내신 것입니다.

6 큰 기근이 온 지 이제 2년이 되었으니, 앞으로 5년 동안 밭을 갈아도 아무런 수확이 없을 겁니다.

7 하느님께서 저를 이곳에 먼저 보내신 것은 형들로 하여금 목

---

713 이 구절의 원문에는 오류가 있어, 칠십인역을 바탕으로 번역했다.
714 이 구절부터 8절까지의 내용이 '요셉 이야기'의 중심 사상이다. 「창세기」
50:20 참조.

숨을 보전하여 세상에 자손을 남기고 번성케 하려 하셨기 때문입니다.

8 그러니 저를 여기에 보내신 것은 형님들이 아니라 하느님입니다. 하느님께서 저를 세워 파라오의 두 번째 아비가 되고 청지기[715]가 되게 하셨습니다. 그리고 온 이집트의 재상이 되게 하셨지요!"

9 요셉은 그들에게 분부했다. "어서 돌아가 아버지께 말씀드리세요. 이미 하느님께서 사랑하는 아들 요셉을 이집트의 재상이 되게 하셨다고요. 그리고 지체 말고 아버지를 모시고 남쪽으로 내려오세요.

10 당신의 자녀와 손자, 그리고 가축을 거느리고, 전 재산을 가지고 여기서 멀지 않은 고센[716]으로 이주하도록 해주세요.

11 제가 효도하며 아버지를 모실 수 있게요. 그래야 5년이나 남은 가뭄에 아버지와 식구들이 더 이상 곤궁을 겪지 않을 테니까요.

12 보세요!" 요셉이 스스로를 가리켰다. "형님들과 동생 베냐민까지 모두 자세히 보세요. 저예요. 요셉[717]이 지금 형님들에게

---

715 직역하면 '온 집(즉 조정)의 주인'이다. 국왕이 재상을 '아버지'로 존중하는 것은 근동의 고대 관습이었다. 칠십인역 「에스더」 3:13:f, 8:12:1 참조.
716 goshen, 나일 강 하류 삼각주 지대 동북쪽에 위치한 지역이다. 고대 이집트의 20번째 주nomos였다.
717 직역하면 '나의 입'이다.

창세기, 인문의 기원

말을 하고 있답니다!

13 저로 하여금 이집트에서 부귀영화를 누리게 해준 사람은 바로 형님들이에요. 여기서 직접 눈으로 본 대로 모두 아버지께 고하고, 어서 아버지를 이곳으로 모셔 오세요!"

14 그는 말을 마친 뒤 동생 베냐민을 끌어안고 울었다.

15 또 뜨거운 눈물을 흘리며 모든 형을 안고 입을 맞추었다. 그제야 그들은 정신을 차리고 그와 이야기를 나눌 수 있게 되었다.[718]

기쁜 소식

16 요셉의 형제들이 한자리에 모였다는 소식이 왕궁에 전해지자 파라오는 매우 기뻐했고, 대신들도 잇달아 축하를 보냈다.

17 파라오는 재상을 통해 형제들에게 다음과 같이 전하도록 명했다. "그대들은 나귀를 준비하여 가나안으로 돌아갔다가,

18 부친과 가족들을 데리고 이곳으로 오라. 과인이 그대들에게 이집트의 기름지고 비옥한 땅[719]을 줄 것이다."

19 또한 요셉에게 이러한 영을 전하게 했다.[720] "그대들은 이집트

---

718 하지만 형들은 여전히 요셉의 복수를 두려워하고 있었다. 「창세기」 50:15 이하 참조.
719 또는 이집트의 좋은 토산물.(칠십인역) 「창세기」 47:6 참조.

에서 수레를 골라 가져가서, 처자식과 부친을 모시고 오라.

20 그곳의 세간[721]은 아까워할 필요 없다. 이집트는 땅이 넓고 풍요롭기 그지없으니, 후에 그대들이 원하는 것을 얻을 수 있을 것이다."[722]

21 이스라엘의 아들은 즉시 명령을 실행에 옮겼다. 요셉은 파라오의 영을 받들어 수레와 여정에 필요한 마른 양식을 준비했다.

22 모든 형제에게 새 옷을 한 벌씩 선물했고, 베냐민에게는 특별히 새 옷 5벌과 은 300닢을 주었다.

23 또한 부친에게 드릴 10쌍의 나귀도 선물로 주었는데, 수컷 나귀에게는 이집트의 토산물을 가득 실었고, 암컷 나귀에게는 부친이 여행 중에 먹을 만한 음식을 실었다.

24 모든 것이 알맞게 준비된 뒤에야 비로소 형제들은 귀갓길에 올랐다. 헤어지기 전 요셉은 형제들에게 한 가지 당부를 했다. "길 위에서 다투지 마십시오!"[723]

25 이렇게 그들은 이집트를 떠나 가나안으로 돌아와서는 부친 야곱에게 기쁜 소식을 전했다.

---

720 원문을 직역하면, "네(요셉)가 명령을 받았으니"가 된다.
721 옛 번역은 '가구'로 되어 있으나, 정확하지 않다.
722 하지만 하느님은 그들이 이집트에서 400년 동안 노예생활을 할 것이라고 예언했다. 「창세기」 15:13 참조.
723 마치 어른이 자녀들에게 시키는 것 같다.

창세기, 인문의 기원

26 "요셉이 살아 있습니다! 게다가 그는 이집트 조정의 재상이 되었어요!" 노인은 마음이 얼어붙은 지[724] 이미 오래라 그들의 말을 믿으려 들지 않았다.

27 그러나 요셉이 말로써 전한 소식[725]을 듣고 부친을 모시기 위해 보낸 수레를 본 뒤에야 야곱은 정신을 차렸다.

28 이스라엘은 기뻐하며 말했다. "내 아들 요셉이 살아 있다는 것만으로 충분하다! 내 아직 눈을 감지 않았으니, 당연히 아들을 보러 가야지!"

브엘세바와의 작별

46장

1 그리하여 이스라엘은 재산을 정리하고[726] 브엘세바에 이르러 부친 이사악의 하느님께 제사를 올렸다.

2 밤이 되자 하느님께서 기이한 형상으로 그에게 나타나셨다.[727]

---

724 yaphog, 무감각해지다. 슬픔이 오랫동안 야곱과 함께했음을 보여준다.
725 「창세기」 37:14과 37:31에 나온 두 번의 '구두로 전한 소식'과 호응한다.
726 헤브론에서 출발해 남하했다. 「창세기」 37:14 참조.
727 이스라엘 부족이 이집트에 들어가기 전에, 야훼께서 마지막으로 그들 앞에 나타나셨다theophania.

"야곱아, 야곱아!" "여기 있습니다!" 야곱이 대답했다.

3 하느님께서 말씀하셨다. "나는 전능자이며 네 부친의 하느님728이다. 이집트로 가라. 두려워할 것 없다. 네729가 거기서 큰 민족을 이루게 하겠다.730

4 내가 친히 너와 함께 남쪽으로 내려갈 것이고 너로 하여금 이집트에서 돌아오게 할 것이다. 너의 눈은 요셉이 감겨줄 것이다!"731

5 이렇게 야곱은 브엘세바를 출발했다. 아들들은 이스라엘을 부축했고, 며느리들과 손자들은 그와 함께 파라오가 보낸 수레에 올랐다.

6 가축들을 이끌고 그들이 가나안에서 얻은 재물을 실은 채, 야곱은 가족들을 인솔하여 이집트로 떠났다.

7 그는 아들과 손자, 딸과 손녀, 이렇게 모든 자손과 함께 남하하여 마침내 이집트에 이르렀다.732

---

728 'el 'elohe 'aḫika, 문장의 구조가 세겜 제단의 '큰 능력자, 이스라엘의 하느님'el 'elohe yisra'el'과 같다. 「창세기」 33:20 참조.
729 모든 이스라엘의 자손을 가리킨다.
730 '고깃덩이의 약속'이 반복된다. 「창세기」 15:13 이하 참조.
731 야곱의 장례를 요셉이 치르게 된다는 의미다. 「창세기」 50:1 이하 참조.
732 아래 족보의 조각은 따로 추가된 것이다. 때문에 아들이 10명 있어 나이가 적지 않아 보이는 베냐민처럼, 이야기 흐름과 맞지 않는 부분이 있다.

야곱의 가족

8 야곱을 따라 이집트에 간 이스라엘의 자손은 아래와 같다. 장
   자 르우벤,

9 그리고 르우벤의 아들인 하녹, 발루, 헤스론, 가르미,

10 차남 시므온과 그의 여섯 아들 여무엘, 야민, 오핫, 야긴, 소
   할, 사울(사울의 모친은 가나안 여자였다),

11 레위와 그의 세 아들 게르손, 크핫,733 므라리,

12 유다와 그의 세 아들 셀라, 베레스, 제라(다른 두 아들 에르와 오
   난은 가나안에서 죽었다),734 그리고 베레스의 두 아들 헤스론735과
   하물,

13 이싸갈과 네 명의 아들 돌라, 부와, 야숩,736 시므론,

14 즈불룬과 그의 세 아들 세렛, 엘론, 야흘르엘 등.

15 이상은 야곱이 레아와의 사이에서 얻은 자손이며, 그 밖에 딸
   디나가 있었다. 바딴아람에서 가족을 이룬 후 레아와 함께 낳

---

733 qehath, 선지자 모세의 직계 조상이다.
734 「창세기」 38:7 이하 참조.
735 ḥezron, 다윗 왕의 직계 조상이다. 르우벤의 아들과 이름이 같다.
736 yashuḇ, 원문은 'yoḇ'이지만 칠십인역과 「민수기」 26:24에 근거해 고
   쳤다.

은 자손은 모두 33명이다.[737]

16 다음은 가드와 그의 일곱 아들 시브욘, 하끼, 수니, 에스본, 에리, 아로디, 아르엘리,

17 아셀과 그의 네 아들 임나, 이스와, 이스위, 브리아, 딸 세라, 그리고 브리아의 아들 헤벨, 말기엘 등으로,

18 이상은 야곱이 질바(라반이 큰딸 레아를 시집보낼 때 딸려준 하녀)와의 사이에서 얻은 자손으로 모두 16명이다.[738]

19 야곱이 사랑했던 아내 라헬은 두 아들을 낳았는데 요셉과 베냐민이다.

20 요셉은 온의 제사장 보디베라의 딸 아세낫을 아내로 맞아 두 아들 므나쎄와 에브라임을 얻었다.[739]

21 그리고 베냐민에게는 벨라, 베겔, 아스벨, 게라, 나아만, 에히, 로스,[740] 무빔, 후빔, 아르드 등 10명의 아들이 있었다.

22 이들은 야곱이 라헬과의 사이에서 얻은 자손으로 총 14명이다.

---

737 죽은 유다의 아들까지 헤아린 숫자다. 그러나 딸 디나는 포함되지 않았다.

738 손녀 제라까지 헤아린 숫자다. 제라는 가나안에서 이집트로 향한 이스라엘 자손의 명단에 포함된 유일한 여성이다. 「창세기」 46:27의 총 인원수 참고.

739 칠십인역은 므나쎄와 에브라임의 자손 5명을 더 열거했다.

740 ro'sh, '머리'라는 뜻이다. 이 이름은 「민수기」 26:38 이하부터 나오는 족보를 포함한 다른 족보에서는 찾을 수 없다.

23 다음으로는 단과 그의 아들 후심,

24 납달리와 그의 네 아들 야하스엘, 구니, 예셀, 실렘 등으로,

25 이상은 야곱이 빌하(라반이 딸 라헬에게 딸려준 하녀)와의 사이에서 얻은 자손[741]으로 모두 7명이다.

26 야곱과 함께 이집트에 간 자손은 며느리를 제외하고 전부 66명이었다.[742]

27 거기에 요셉과 그가 이집트에서 낳은 두 아들을 더하면, 처음 이집트에 도착할 당시 야곱의 가족은 모두 70명이었다.[743]

부자의 상봉

28 이스라엘은 유다를 먼저 보내 요셉과 고센에서 만날 약속을 정하도록 했다.[744] 그들이 고센에 도착했을 때,

29 요셉은 수레를 준비해 한달음에 부친을 영접하러 갔다. 아버

---

741 「창세기」 29:29 참조.

742 만약 「창세기」 46:18처럼 손녀 제라가 포함되었다면, 67명이 되어야 한다.

743 제라가 포함된 숫자다. 칠십인역은 총 75명으로 기록하고 있는데, 이는 「사도행전」 7:14의 숫자와 같다.

744 이 구절은 명확한 풀이가 불가능하다. 대략적인 의미는 칠십인역을 따랐다.

지를 만나자 요셉은 부친의 목을 껴안고 엉엉 울었다.

30 한참이 지난 후 이스라엘이 겨우 말을 꺼냈다. "얘야, 오늘 내 눈으로 널 봤으니 이제 죽어도 여한이 없다!"

31 요셉이 울음을 멈추고 형제와 가족 들에게 말했다. "저는 파라오께 돌아가 형제들이 부친과 가족들을 모시고 가나안에서 이곳으로 오셨음을,

32 그리고 가축을 기르는 것을 생업으로 삼는 분들이기에 가축과 재산을 모두 이곳으로 가져왔음을 보고해야 합니다.

33 파라오께서 여러분을 만나 생업이 무엇이냐 물으시면

34 이렇게 대답하십시오. '폐하, 소인들은 어려서부터 목축을 생업으로 삼아왔고, 자손대대로 목자였습니다.' 이렇게 대답하셔야 고센에 정착하실 수 있을 겁니다. 이집트 사람들은 양치기를 무척 싫어하기에 그렇습니다."[745]

---

745 34절의 마지막 구절은 해석이 난해하다. 바로 앞에서 요셉이 한 말과 모순되기 때문이다. 덧붙여진 주석으로 추정된다.

창세기, 인문의 기원

고센

47장

1   요셉은 궁에 들어가 파라오를 뵙고 "신의 부친과 형제들이 소
    와 양을 비롯한 재산을 가지고 가나안을 떠나 고센에 이르러
    명을 기다리고 있습니다!"라고 말하며,

2   즉시 뒤에 있던 다섯 형제를 파라오에게 소개했다.

3   파라오가 물었다. "그대는 직업이 무엇인가?" 형제들이 대답했
    다. "폐하, 소인들은 자손대대로 목축을 하였습니다!" 그들은
    거듭 절하며 말했다.

4   "가나안의 기근이 극심하여 소인의 소와 양 들이 초장을 찾
    을 수 없기에 이집트로 피난했습니다. 폐하께서 은혜를 베푸
    시어 소인들이 잠시 고센에 머물 수 있도록 허락해주십시오."

5   파라오가 요셉에게 물었다. "춘부장과 모든 형제가 이미 이곳
    에 오셨고

6   이집트의 모든 땅이 친애하는 경 앞에 있으니,[746] 춘부장과 그
    일가는 고센에서 살도록 하시오. 그곳은 전국에서 가장 비옥한

---

746 임의대로 선택하라는 말이다. 「창세기」 13:9, 45:20 참조.

지역이오. 만약 친애하는 경이 보기에 그들 중 총명하고 유능한 자가 있다면 그로 하여금 나의 가축들을 기르게 해주시오."

7 요셉은 그 후 부친을 모셔와 파라오를 뵙도록 했다. 야곱이 파라오에게 안부를 묻자,

8 파라오가 "노인께선 올해 연세가 어찌 되십니까?" 하고 물었다.

9 야곱이 대답했다. "소인은 헛되이 130년이나 살았습니다. 평생을 고단히 살아, 선조들이 세상에서 누린 수명에는 훨씬 못 미칩니다."

10 야곱은 말을 마친 뒤 파라오를 위해 축복을 빌고는 작별 인사를 하고 궁을 나왔다.[747]

11 이렇게 요셉은 파라오의 허락을 얻어 이집트에서 가장 비옥한 라므세스[748] 지역을 골라 순조로이 부친과 형제들을 정착시킬 수 있었다.

12 그는 또 부친과 형제들을 비롯한 일가식솔을 위해 조금의 모자람도 없이 양식을 대주었다.

---

747 원문을 직역하면 "바로 앞에서 나왔다"가 된다.

748 ra`amses, 고센을 가리킨다. 요셉이 죽은 후에 파라오 라므세스 2세(재위 기원전 1279~기원전 1212)는 고센 성을 수리하고 라므세스라는 이름을 붙였다. 그러므로 이 부분은 역사적 오류다. 『출애굽기』 1:11 참조.

창세기, 인문의 기원

요셉의 신정新政

13 기근은 갈수록 심해져서 도처에 양식이 부족해졌다. 이에 이
집트뿐 아니라 가나안도 마찬가지로 견딜 수 없는 굶주림에
직면했다.

14 요셉은 관의 곡식을 풀어 이집트와 가나안의 은을 대량으로
모아들였고, 이로써 파라오의 왕궁을 부강하게 했다.

15 그러나 머지않아 사람들의 돈이 다 떨어지자, 이집트인들은
끊임없이 재상의 관청으로 몰려들어 외쳤다. "저희는 돈이 없
습니다! 재상께 청하오니 부디 먹을 것을 내려주십시오. 그렇
지 않으면 저희는 나리 앞에서 죽게 될 것입니다!"

16 요셉은 대답했다. "돈이 없으면 가축이라도 가져오너라. 가축
을 곡식으로 교환해주겠다!"[749]

17 이에 사람들은 급히 소, 양, 나귀, 말 등의 가축을 몰고 요셉
에게 와서 곡식으로 바꿔갔다. 그해 요셉은 쌓아둔 양식으로
온갖 가축을 얻었다.

18 1년을 견딘 후 사람들이 또 요셉을 찾아와 애걸했다. "저희의
실정을 나리께 말씀드리겠습니다. 저희는 가진 돈도 다 떨어

---

749 원문에는 '곡식'이란 단어가 없었다. 칠십인역에 따라 추가한 것이다.

졌고, 가축도 모두 끌고 와 나리께 바쳤습니다. 이제 몸뚱이와 땅을 빼면 정말로 남은 것이 하나도 없습니다.

19 자비로우신 나리께서 어찌 저희의 몸과 논밭이 못쓰게 되는 것을 지켜보려 하십니까? 차라리 곳간의 양식으로 저희와 저희의 땅을 사십시오! 땅은 파라오께 드리고, 저희는 그의 노예가 되어 그를 대신하여 밭을 경작하겠습니다. 저희에게 살길이 생긴다면, 논밭도 황폐해지지 않을 것입니다!"

20 결국 요셉은 파라오를 대신해 이집트의 모든 땅을 사들였다. 사람들은 기근을 피해 논밭을 팔았다. 그 땅은 모두 왕실에 귀속되었다.

21 또한 북에서 남에 이르기까지[750] 집집마다 모든 사람이 파라오의 종이 되었다.[751]

22 다만 제사장들의 땅은 사들이지 않았는데, 그들에게는 파라오로부터 관례상 받는 곡식이 있어 땅을 팔지 않아도 살아갈 수 있었기 때문이었다.[752]

23 요셉은 전국의 백성에게 선포했다. "들어라, 나는 파라오의 명

---

750 원문을 직역하면 "이집트 이 끝에서 저 끝까지"가 된다.
751 원문은 "모든 사람을 성안으로 이주시켰다"고 적고 있다. 이 책의 번역은 칠십인역을 따랐다.
752 고대 이집트의 토지 제도와 세제 확립의 공을 요셉의 신정에 돌리고 있다.

을 받들어 땅과 함께 너희를 모두 사들였다. 이제 너희에게 씨앗을 주어 밭을 경작하도록 하겠다.

24 너희는 수확 시기를 기다렸다가 거둔 곡식의 5분의 1을 파라오께 바치고 남은 것은 너희가 가져 이듬해의 씨앗으로, 또 온 가족의 식량으로 삼도록 하라."

25 백성은 환호했다. "나리께서 저희의 목숨을 살리셨습니다! 나리의 은혜를 입을 수만 있다면 저희는 기꺼이 파라오의 노예가 되겠습니다!"

26 이렇게 해서 요셉이 이집트에서 만든 법령은 아직도 변함없이 유지되고 있다. 즉 매년 수확량의 5분의 1을 국고에 납부하고, 제사장의 땅을 제외한 천하의 토지는 모두 파라오에게 귀속된 것이다.[753]

야곱의 유언

27 이렇게 이스라엘은 이집트의 고센에 정착했다. 그들의 재산은 점차 늘어났고, 인구도 하루가 다르게 불어났다.

28 야곱은 이집트에서 17년간 지냈고, 이제 그의 나이도 147세가

---

753 신정의 주요 성과다.

되었다.

29 그는 죽을 날이 머지않음을 알고 사랑하는 아들 요셉을 불러
들였다. "애야, 네가 진심으로 나를 사랑한다면 네 손을 나의
사타구니에 넣어 맹세하고,[754] 은정恩情과 의리로 나를 대하여
절대 나를 이집트에 묻지 말아다오.

30 내가 조상들과 함께 잠들면, 나를 이집트에서 내 선조들이 있
는 곳으로 보내 그곳[755]에 묻어다오." 요셉이 대답했다. "아들
이 반드시 그리 하겠습니다."

31 "그럼 내게 맹세하거라!" 부친이 말했다. 요셉은 부친에게 맹
세했다. 이스라엘은 침상[756]에 기대어 하느님께 감사드렸다.[757]

손자를 아들로 여기다

48장

1   얼마 후, 갑작스럽게 부친이 위독하다는 소식을 접한 요셉은

---

754 「창세기」 24:2 주석 참조.
755 마므레의 막벨라 굴을 말한다. 「창세기」 23:20 참조.
756 mittah. 칠십인역의 '지팡이matteh'는 잘못된 번역이지만, 그 역시 '은혜
    에 감사함'이라는 의미를 담고 있다.
757 「창세기」 49:29 이하에서 반복되는 내용과 비교해보라.

두 아들 므나쎄와 에브라임을 데리고 서둘러 부친을 찾았다.

2 요셉이 온다는 말을 듣고 이스라엘은 안간힘을 써서 침상에 앉아

3 사랑하는 아들에게 말했다. "전능하신 하느님께서 일찍이 가나안의 루즈[758]에서 내게 나타나 축복하시며

4 이렇게 말씀하셨다. '내가 너에게 수많은 자손을 주고, 너로부터 수많은 백성이 태어나게 할 것이다. 또 이 땅을 너와 네 자손에게 주어 그들의 영원한 가업으로 삼게 하겠다.'"[759]

5 야곱은 가쁜 숨을 몰아쉬며 말을 이었다. "너의 두 아들은 내가 남쪽으로 오기 전 네가 이집트에서 낳았으므로 모두 내 자식이다.[760] 에브라임과 므나쎄도 르우벤, 시므온과 마찬가지로 모두 내 자식이다.[761]

6 저 아이들 이후에 네가 낳을 아이는 모두 네게 속할 것이다. 그러니 나의 재산을 나눌 때 두 아이에게도 나누어주도록 해라.[762]

---

758 '하느님의 집', 즉 야곱이 꿈에서 하늘로 통하는 계단을 본 곳이다. 「창세기」 28:19 참조.
759 「창세기」 28:13 이하 참조.
760 야곱은 손자를 아들로 여겼다.
761 야곱은 에브라임과 므나쎄를 르우벤과 동등하게 여긴다고 했지만, 실제로는 르우벤의 장자 권한을 박탈하고 요셉의 두 아들에게 재산을 분배한다는 의미다. 「창세기」 49:3 이하 참조.

하르먼스 판 레인 렘브란트,
「요셉의 아들들을 축복하는 야곱Jacob Blessing the Sons of Joseph」, 1656

7 내가 바딴아람에서 돌아올 때, 네 어미[763] 라헬이 가나안에
이미 도착하여 에브랏으로부터 그리 멀지 않은 곳에서 갑자기
나를 떠난 옛일이 떠오르는구나. 나는 할 수 없이 그녀를 에브

---

762 에브라임, 므나쎄에게도 재산을 분배한 이유는 요셉이 이미 다른 형제
들을 능가하는 새로운 세대의 족장이 되었기 때문이다.
763 원문에는 없는 표현이다. 칠십인역을 바탕으로 보충했다.

창세기, 인문의 기원

랏(지금의 베들레헴)을 오가는 길가에 묻을 수밖에 없었다."[764]

8 말을 마친 후 요셉 뒤에 서 있는 두 아이를 보고 이스라엘이 물었다. "저들은 누구냐?"

9 요셉이 대답했다. "제 아들들입니다. 하느님께서 주신 은혜로 여기서 낳은 아이들이지요."[765] 이스라엘이 말했다. "이리로 오도록 하라. 내가 아이들에게 축복하마!"

10 그는 늙어서 두 눈이 어두워 사물을 분간하지 못했다. 요셉은 아이들을 할아버지 앞으로 데려가 야곱이 그들을 안고 입을 맞추도록 했다.

11 이스라엘이 요셉에게 탄식하며 말했다. "본디 너를 다시 만날 기대조차 감히 품을 수 없었다. 그런데 하느님께서 은혜를 주시어 내가 너의 아들들까지 볼 수 있게 되었구나!"

12 요셉은 아이들을 할아버지의 무릎 사이에 내려주고[766] 자신은 땅바닥에 엎드렸다.[767]

13 그리고 다시 두 아들을 부친의 면전으로 데려갔다. 오른손으

---

764 야곱은 사랑하는 아내를 조상들의 무덤에 묻지 못해 안타까워하고 있다. 「창세기」 35:16 이하 참조.

765 「창세기」 41:50 이하 참조.

766 당시에는 입양을 할 때 아이를 무릎 사이에 두고 아들로 인정하는 의식을 행했다.

767 땅바닥에 엎드린 이유는 축복을 받기 위함이다.

로는 에브라임을 끌어 이스라엘 왼쪽에 서도록 했고, 왼손으로는 므나쎄를 끌어다 이스라엘의 오른쪽에 서도록 했다.

14 이스라엘은 양손을 교차하여 오른손은 동생 에브라임의 머리에 올렸고, 왼손을 뻗어 형이자 장자인 므나쎄의 머리 위에 올리고

15 요셉을 위해 축복하며 말했다.[768]

"내 조부 아브라함, 내 부친 이사악을 인도하신 하느님,

이제껏 일생동안 나를 기르신 하느님께서 이 아이들에게 복을

내려주시길 바란다.

16 또한 나로 하여금 모든 재난에서 벗어나게 해준 천사들이

이 두 아이에게 복을 주기를 빈다! 나의 이름,

내 조부 아브라함과 내 부친 이사악의 이름이

그들을 통해 영원히 전해지고, 그들이

자자손손 끊임없이 대를 잇기를 빈다."

17 요셉은 부친의 오른손이 에브라임의 머리에 올려져 있는 것이 옳지 않다고 생각하여, 그의 오른손을 들어 므나쎄의 머리에 올려놓으려 했다.[769]

---

768 요셉의 두 아들은 그들의 아버지 요셉으로 인해 복을 받게 되었다.
769 손의 위치도 축복의 결과에 영향을 끼칠 수 있다. 오른손으로 하는 축복은 왼손으로 했을 때보다 더 많은 복을 가져다준다. 「창세기」 35:18 주석 참조.

18 요셉은 부친에게 말했다. "아버지, 아닙니다! 이 아이가 장자이니, 오른손을 이 아이의 머리에 얹으셔야 합니다."

19 그러나 뜻밖에도 야곱이 이를 원치 않았다. 야곱이 말했다. "애야, 내가 알고 있는 바가 맞다. 형도 장래에 큰 부족을 이루겠지만, 동생이 형을 능가하여 그의 후손이 대국을 일으킬 것이다!"[770]

20 그날 야곱은 형제들을 축복하며 말했다.

"장차 이스라엘[771]은 복을 빌 때

너희[772]의 이름을 말할 것이다.

하느님께서 너희를

에브라임과 므나쎄처럼 세워주시기를 바란다!"[773]

그는 동생의 이름을 형의 이름 앞에 두었다.

21 마지막으로 이스라엘이 요셉에게 당부했다. "들어라, 나는 살 날이 얼마 남지 않았다. 하지만 하느님께서 너희와 함께 계시니, 틀림없이 너희를 조상의 땅[774]으로 이끄실 것이다.

---

770 에브라임의 후손은 이스라엘 북방 민족의 우두머리가 되었다.
771 이스라엘 백성들을 가리킨다.
772 원문의 표기는 '너희'가 아니라 '너'였다. '너희'라는 번역은 칠십인역을 따른 것이다.
773 「창세기」 12:3 주석 참조.
774 가나안을 가리킨다.

22 나는 너희 형제들에게 재산을 나누어주겠지만, 너에게는 어깻
   죽지[775] 한 쪽을 더 주려고 한다. 그것은 내가 검과 활로 아모
   리[776] 사람들의 손에서 빼앗은 재산이다."[777]

임종의 축복

49장

1 야곱은 아들들을 곁으로 불러 말했다.[778] "이리로 모여라. 내
   가 앞으로 너희에게 일어날 일을 알려주마.

2 모여라, 야곱의 아들들아. 그리고 잘 들어라.
   너희의 부친 이스라엘이 너희에게 할 말이 있느니라.[779]

3 르우벤아, 너는 내가 첫 번째로 낳은 아들,

---

775 실제로는 세겜을 가리킨다. 요셉의 시신이 이장된 곳이다. 「여호수아」
    24:32 참조.
776 「창세기」 10:16 주석 참조.
777 이 구절과 야곱이 땅을 사서 장막을 세웠다는 「창세기」 33:19의 내용은
    서로 부합하지 않는다. 따라서 다른 판본이 있음을 알 수 있다.
778 본 장의 예언은 다윗 왕 이후, 즉 「판관기」 5장에 나오는 '드보라의 노래'
    가 묘사하는 시대 이후 이스라엘 부족의 정황을 대략적으로 기술하고
    있다.
779 노아가 가나안을 저주했을 때처럼, 야곱의 예언은 후대에 그 효력을 발
    휘한다. 「창세기」 9:25 참조.

나의 힘과 청춘이 맺은 결실,

너는 가장 존귀하며 첫째가는 권위를 지녔었지만,

4 물처럼 방종하여 장자의 지위를 가질 수 없다!

너는 부친의 침상에 기어올랐고,

내 잠자리를 더럽혔기 때문이다.[780]

5 시므온과 레위야,

칼을 손에 들고 살육만 할 줄 아느냐.[781]

6 내 영혼이 그들의 음모를 피하길 바란다.

나의 이름[782]이 그들과 떨어져 있기를 원한다!

그들의 살인은 오직 분노를 표출하기 위함이요,

그들은 소의 다리 힘줄을 자르며 쾌감을 얻는다.

7 너무도 잔인하고 악독하구나.

스스로 저주를 몰고 오다니.

나는 그들을 떨어뜨려놓아

이스라엘에서 흩어져 살게 할 것이다.[783]

---

780 르우벤은 패륜의 죄를 지어 장자 권한을 박탈당했다. 「창세기」 35:22 참
  조. 예언대로 르우벤의 후손은 번성하지 못했다. 「신명기」 33:6 참조.
781 세겜 성 사람들을 도륙한 사건을 가리킨다. 「창세기」 34:25 이하 참조.
782 kebodi, '영혼' '사람'에 대한 제유提喩다.
783 시므온 지파는 후에 유다 지파에 유입되었고, 레위의 자손들은 흩어져
  각 지파의 제사장이 되었다.

8   유다야, 뭇 형제가 너를 찬양할 것이다.

    네 손은 적의 목을 누를 것이고,

    너는 네 부친의 아들들에게 경배를 받을 것이다!

9   유다는 한 마리 젊은 사자처럼

    사냥한 먹잇감을 발로 짓밟으며 자랄 것이며

    누워 있을 때에도 마치 웅크린 수사자 같을지니

    누가 감히 금수의 왕을 놀라게 하랴?

10 권력의 지팡이가 유다로부터 떠나지 않을 것이고[784]

    통치자의 지휘봉이

    실로 왕[785]이 나타날 그날까지 줄곧 그의 다리 사이에 있어

    만백성이 그에게 귀순할 것이다.

11 그의 나귀는 포도나무 아래 묶일 것이고,

    그의 망아지는 아름다운 덩굴 곁에 있을 것이다.[786]

    그의 옷은 술의 연못에 젖고

    포도의 깨끗한 피로 씻길 것이다.[787]

---

784 다윗 왕은 유다와 다말의 후손이다. 「창세기」 46:12 주석 참조.
785 shiloh, '기름 부음을 받은 자'를 가리킨다. 이하의 두 구절은 '기름 부
     음을 받은 자'의 강림을 묘사한다.
786 「마태오의 복음서」 21:2 이하 참조.
787 「요한의 묵시록」 19:13 참조.

12 그의 눈은 좋은 술처럼 붉을 것이고,

   그의 치아는 젖처럼 하얄 것이다.

13 즈불룬은 바닷가에 정착하여

   배를 항구[788]에 대고

   시돈[789] 땅에서 살게 될 것이다.

14 이싸갈은 건장한 나귀처럼

   마구간[790]에 엎드려 있게 될 것이다.

15 그는 푸른 들판의 한가함에

   익숙하지만, 무거운 멍에를

   기꺼이 메고

   고된 일을 하는 노예가 될 것이다.[791]

16 단은 자신의 부족 사람을 지키기를[792]

   다른 이스라엘 부족을 지키듯 할 것이다.

17 그는 뱀 마냥 길가에 똬리를 틀고

   독사처럼 오솔길에 숨어

---

788 ḥoph, 본래 '해안가'라는 뜻인데 칠십인역을 바탕으로 뜻을 확장시켰다.
789 고대 베니게의 큰 항구도시로, 지금은 베이루트 이남에 위치하고 있다.
    「창세기」 10:15 참조.
790 또는 '짐'으로 해석 가능하다.
791 투지를 상실하고, 가나안 사람들의 노예가 될 것을 비유한다.
792 혹은 통치하다. 'yadin'은 '단'과 소리가 비슷하다.

말발굽을 깨물고

말 탄 사람을 뒤집어 땅바닥에 내동댕이치리라.

18 야훼여, 오셔서 저를 구원하시길 바랍니다.[793]

19 가드의 집에는 강도[794]가 들겠지만

그가 강도의 뒤꿈치를 쳐서 부러뜨릴 것이다.[795]

20 아셀은 성대한 잔치를 열고

귀한 음식을 올려 군왕들이 군침을 흘리게 할 것이다.[796]

21 납달리는

사랑스러운 새끼 사슴[797]을 낳은 발랄한 어미 사슴 같구나.

22 요셉은 시냇가에서 자란 나무처럼 과실이 주렁주렁 달리고

나뭇가지가 담 너머로 무성히 뻗을 것이다.[798]

23 흉악한 궁수가

그를 겨누어 난사할 것이나,

24 능력자가 나타나 그의 활을 꺾고

---

793 아들에 대한 예언을 잠시 멈추고 하느님에게 기원하는 구절이다. 아래 25절과 호응한다.
794 gedud, '가드'와 독음이 비슷하다.
795 가드의 후손은 후에 요르단 강 동쪽에 거주하는데, 그때 유목 민족의 공격을 받게 된다.
796 아셀의 후예는 토산물이 풍부한 갈릴레아 고원 서부에 정주하게 된다.
797 'immere, 독음은 예루살렘본에서 따왔다. 원문은 언사 'imre다.
798 이 구절의 원문은 여러 해석이 존재한다. 이 번역은 『KJV 성경』을 따랐다.

하느님의 손이 그의 팔을 부러뜨릴 것이다.[799]

아, 이스라엘의 목자이고 반석[800]이신

25 네 아버지의 하느님께서 너를 구하고

하느님의 전능함을 네게 베풀어

머리 위의 하늘처럼,

땅속의 심연처럼

젖과 자궁처럼,

26 오곡과 신선한 꽃처럼[801]

길게 이어진 푸른 산, 영원한 준령처럼

모든 복이 내 아들 요셉의 머리 위에 임하기를,

형제들 가운데 바쳐진 자[802]의 이마 위에 깃들기를 기원한다.

27 베냐민은 용맹한 이리처럼[803]

이른 새벽에는 먹이를 삼키고

늦은 밤에도 사냥물을 나눌 것이다."

28 이상이 이스라엘의 열두 자족子族[804]이다. 그들의 아버지는 세

---

799 원문이 난해해 칠십인역에 따라 번역했다.
800 ro'eh 'eben, 야훼에 대한 비유다.
801 원문이 난해하여 칠십인역에 따랐다.
802 nazir, 하느님을 섬기기로 맹세한 자, 즉 요셉을 가리킨다.
803 베냐민 후손의 용맹함을 뜻한다.
804 shibte, 일반적으로 '지파'로 번역하지만, 여기서는 부자관계를 강조하기
    위해 '자족'(평상이 조어한 표현—옮긴이)이라는 단어를 사용했다.

상을 떠나기 전 그들 각자에게 알맞은 복[805]을 기원했다.

야곱이 세상을 떠나다

29 그 후 야곱은 아들들에게 당부했다.[806] "나는 조상들을 뵈러 가야 한다. 너희는 나를 조상들이 있는 곳, 즉 헷 사람의 에브론 땅 끝에 있는 그 동굴에 묻어라.

30 그곳은 가나안의 마므레 동쪽으로 막벨라라 불린다. 내 조부 아브라함께서 헷 사람 에브론에게 사들여 묘소로 삼은 곳이다.[807]

31 거기에 아브라함과 그 아내 사라, 이사악과 그 아내 리브가가 묻혀 있다. 레아도 내가 거기에 묻었다.[808]

32 잊지 마라, 그곳은 땅 끄트머리에서 이어진 동굴로, 헷 사람들이 우리에게 판 곳이다."

33 말을 마친 뒤 야곱은 두 발을 침대 위에 다시 올려놓고 숨을

---

805 화와 복은 함께하는 것이기 때문에, '복'이라고 통칭했다.
806 「창세기」 47:29 이하부터 나오는 유언과 중복된다. 그러나 각각의 연원은 다르다.
807 「창세기」 23:17 이하 참조.
808 레아가 언제 죽었는지에 대한 언급은 성경에 없다. 하지만 야곱 일가가 이집트로 이주하기 전에 죽은 것은 확실하다.

거두었다. 그는 조상들 앞으로 갔다.

50장

1 요셉은 부친의 얼굴을 받쳐 들고 대성통곡하며 입을 맞추기를 그치지 않았다.[809]

2 이어서 자신의 의사를 불러 향료로 부친을 납관하도록 했다. 의사들은 규정에 따라

3 40일을 채워 향료로 이스라엘을 납관했다. 이집트인들은 70일간 야곱을 애도했다.

4 애도 기간이 끝난 후 요셉은 궁에 들어가 파라오의 측근들에게 말했다. "수고스럽겠지만 나를 위해 파라오께 말씀을 올려 주시오.

5 부친께서 돌아가시기 전, 나는 부친을 가나안에 매장해드리기로 맹세했소. 그분은 그곳에 이미 묘소로 쓸 동굴을 마련해 두셨소. 이에 북으로 가서 부친의 관을 안장한 후 돌아올 수 있도록 파라오께 간청을 드리려 하오."

6 얼마 후 파라오의 윤허를 들었다. "그대로 하시오. 이미 맹세

---

809 옛 번역은 "입을 맞추고"이나, 적합하지 않다.

를 하였다니, 어서 가서 장례를 치르도록 하시오."

7   요셉은 즉시 북으로 이동했다. 운구에는 파라오의 대신, 조정
    의 고위 관료, 온 이집트의 장로 들이 따랐고

8   재상의 식구와 모든 형제, 그리고 부친의 종[810]들도 함께 길에
    올랐다. 노약자[811]들만 고센에 남아 가축을 돌보았다.

9   전차와 마병 들도 요셉을 수행했으므로, 운구 행렬은 매우 성
    대했다.

10 일행은 요르단 강 건너[812] 고렌아닷[813]에 이르러 크게 애도하
    며 장중한 장례식을 거행했다. 요셉은 이곳에서 다시 7일간
    부친의 죽음을 슬퍼했다.

11 그곳에 사는 가나안 사람들은 아닷 탈곡장에서의 장례식을
    보고 말했다. "이집트인의 장례 의식이 정말 장중하군!" 이리
    하여 후에 요르단 강 맞은편의 그 지역은 '아벨미스라임'[814]이
    라 불렸다.

---

810 beth, '집안사람들'을 말한다.
811 ṭaph, 본래 뜻은 '어린아이'이나, 「창세기」 43:8과 아래 21절에서처럼 집
     안의 노약자를 가리키는 말로 그 뜻이 확대되었다.
812 즉 강 동쪽을 말한다.
813 goren-ha'aṭad, 구체적인 위치는 알 수 없다.
814 'aḇel-miẓrayim, '이집트인이 애도하다'라는 뜻이다. 본래 뜻은 '이집트
     의 초장'이며, '애도'ᵉᵇᵉˡ와 소리가 비슷하다.

창세기, 인문의 기원

12 야곱의 아들들은 부친의 당부에 따라

13 시신을 가나안으로 옮겨 마므레 동쪽의 막벨라 굴에 안장했
다. 그곳은 아브라함이 헷 사람 에브론에게서 사들여 가족의
묘소로 삼은 곳이다.

14 장례를 마친 뒤 요셉은 모든 형제와 장례식에 참석한 대규모
인마와 함께 이집트로 돌아왔다.

관용

15 부친이 세상을 떠난 후, 요셉의 형들은 서로 의논했다. "만일
요셉이 마음에 미움을 품고, 예전 우리가 그에게 저지른 몹쓸
짓을 복수하려 들면 어쩌지?"

16 그들은 사람을 시켜 요셉에게 말을 전하게 했다. "아버지께서
돌아가시기 전 말씀을 남기셨으니,

17 저희로 하여금 이렇게 나리의 은혜를 구하라 하셨습니다. 형
들이 나리께 해를 입히는 크나큰 죄를 범했지만, 저희도 아버
지의 하느님에게 속한 종이니, 나리께서 은혜를 베푸시어 부디
저희를 용서해주십시오!" 요셉은 이 말을 듣고 눈물을 흘렸고

18 형들도 모두 요셉의 발 앞에 무릎을 꿇고 울며[815] 말했다.[816]
"나리의 종이 되겠습니다!"

19 요셉이 울며 말했다. "형님들, 마음 놓으십시오. 어찌 제가 하

느님을 대신할 수 있겠습니까?"[817]

20 비록 일전에 형님들이 저를 해하려 하셨지만, 하느님께서는 이미 악을 선으로 바꾸어 오늘과 같은 결과를 만드시고, 수많은 사람의 생명을 구하셨잖습니까.[818]

21 그러니 두려워하지 마십시오. 저는 형님들과 집안사람 모두를 잘 보살필 것입니다!"[819] 이렇게 그는 인자함과 애정으로 그들을 위로했다.

요셉의 죽음

22 이때부터 그들은 일가를 이루어 이집트에 살게 되었다. 요셉은 110세에

23 에브라임의 손자를 보았다.[820] 또한 므나쎄의 아들 마길의 자녀도 모두 요셉의 슬하에서 태어났다.[821]

---

815 wayyiḇku, 독음은 마소라본의 주석을 따랐다.
816 요셉이 이전에 꿨던 꿈의 재현이다. 「창세기」 37:5 이하, 43:26 참조.
817 상벌을 판단할 권위는 하느님에게 있다는 뜻이다. 「창세기」 30:2 참조.
818 요셉 이야기의 중심 사상을 말하고 있다. 「창세기」 45:5 이하 참조.
819 족장의 책임을 다하겠다는 뜻이다. 「창세기」 48:6 주석 참조.
820 4대가 함께 살며 천수를 누리는 것은 고대인에게 최고의 복이었다.
821 조부 요셉의 아들로 길렀다는 뜻이다. 야곱이 에브라임을 아들로 여겨 축복을 내린 것과 평행을 이룬다. 「창세기」 48:14 이하 참조.

24 마지막 때가 되어, 요셉은 형제들에게 말했다. "저는 갈 때가 되었습니다. 하지만 하느님께서는 당신들을 보살피시고, 이집트에서 이끌어내시어 그분께서 아브라함, 이사악, 그리고 야곱에게 허락하신 땅으로 돌아가게 하실 것입니다."[822]

25 그는 이스라엘의 아들들에게 맹세했다. "하느님께서 말씀하신 때가 되면 제 유골을 꼭 고향으로 가져가주십시오!"[823]

26 요셉은 110세에 세상을 떠났다. 그의 시신은 향료로 싸여 이집트에 안장되었다.

---

822 「창세기」 46:4 및 48:21 참조.
823 후에 모세가 이집트를 탈출할 때, 요셉의 유골도 함께 가져갔다. 「출애굽기」 13:19 참조.

끝나지 않는 투쟁

이야기를 하나 더 하려고 한다.

여름방학을 맞아 미국에 갔을 때, 나는 또 한 번 배심원을 맡게 되었다. 이번에는 교통사고 사건에 관한 재판이었다. 재판은 전처럼 세일럼 시 중심에 위치한 법원에서 열렸다. 변호사의 대질심문과 변론이 끝나고, 배심원단은 따로 모여 회의를 열었다. 법관은 관례대로 배심원단에게 권리침해의 구성요건과 민사소송에서의 입증책임 기준을 설명했다. 이번 재판의 법관은 경험이 풍부한 노법관이었다. 그는 능수능란하게 재판을 진행했다. 그가 관습법에 관한 용어를 보통 사람이 알아듣기 쉬운 말로 풀어서 설명하는 것을 듣고 있다가, 나도 직업병이 발동하고 말았다. 나는 머릿속으로 관습법 용어의 어원까지 거슬러올라가 노르만 불어와

라틴어 어원을 비교했다. 그런 다음, 이 '국민의 법관'이 변호사와
는 정반대의 언어 전략을 구사한다는 판단에 이르렀다. 변호사들
은 보통 사건을 처리하거나 고객을 응대할 때 혹은 증인을 향해
질문을 던질 때, 사람들이 법의 신비와 위엄에 놀라지 않을 것에
대비해 일부러 난해한 전문용어를 즐겨 쓴다. 그러나 이 법관은
'법의 화신'으로 불리며 검은 법복을 입고 근엄하게 법정에 앉아
있었음에도 매우 쉬운 언어를 구사했다. 그는 의도적으로 난해한
언어를 사용하며 고상한 척하지 않았다. 법관의 차근차근한 설명
에 배심원단, 그리고 재판에 참관한 양측 가족과 방청객 들은 단
숨에 전문용어의 벽을 뛰어 넘을 수 있었다. 그야말로 능력 있는
통역사였다.

성경에서 말하길 아담의 장자, 곧 하와가 '야훼와 함께하여'eth-
YHWH', 하느님의 돌보심을 입어(칠십인역으로는 'dia tou theou') 낳
은 사내아이(「창세기」 4:1 주석 참고)의 이름은 카인이었다. 카인의
아들딸은 목축, 대장일, 음악, 매춘의 창시자로, 문명사회는 그들
로부터 시작되었다.(「창세기」 4:17 이하) 그렇다면 아담의 자손이 맨
처음 통역의 필요를 깨달은 시기는 위에서 말한 4대 업종의 시
작과 맞물릴 것이다. 즉 전문용어가 생기고, 기술을 유지·보호해
야 하는 상황이 되자 발생한 의사소통 장애를 극복하기 위해 통
역이 필요해진 것이다. 하지만 이 시기는 니므롯 대왕의 바벨탑으
로 인해 하느님이 백성의 언어를 혼란하게 만든 시기보다 훨씬 앞

창세기, 인문의 기원

선 시점이다. 인류는 바벨론(지금의 이라크)에서 아담과 하와가 에 덴동산에 살며 배운 천국의 언어를 잃었다. 대신 그들은 훨씬 더 복잡한 '혼돈의 언어'를 사용하는 통역 지식을 얻게 되었고, 다 만 통역을 통한 이해·표현·분석·질의·비판 능력을 지니게 되었 다.(『넓은 우체통과 출애굽기』「바벨탑의 교훈」 참조) 이런 점에 미뤄 볼 때 통역은 서로 다른 민족 간의 소통에만 국한 되는 행위가 아닌, 언어를 해석하는 모든 활동을 의미한다. 따라서 통역은 영 원히 끝나지 않는, 새로운 투쟁의 연속이다.

그날 배심원이 이 사건에 대해 어떤 의견을 냈는지, 또 법관이 어떤 판결을 내렸는지는 이미 잊었지만, '법 앞에 만인이 평등하 다'는 이상이 나의 뇌리를 스쳐 지나갔던 순간만은 기억하고 있 다. 보스턴 교외선 열차를 타고 집으로 돌아가는 길에, 「진흙으로 만든 아담」의 내용과 역주를 수정할 때가 왔다는 걸 느꼈다.

상편에서 다룬 이야기는 수정할 게 별로 없었다. 한 철학자가 말했듯, 같은 강물에 두 번 들어갈 수는 없는 법이다. 마찬가지 로 한 편의 이야기는 기억 속 소재와 영감의 우연한 결합으로 이 루어지기 때문에, 똑같은 이야기를 다시 한번 하거나 다른 이야기 로 대체할 수는 없다. 따라서 상편의 에피소드에서는 몇 개의 단 어만 바로잡았다. 또한 본문에서 인용한 성경 구절 몇 군데와 뒤 이어 출판된 3권의 졸저(『모세오경』, 『지혜서』와 『신약』) 간의 번역에 차이가 있을 시 뒤에 나온 것으로 수정했다.

정말 수정이 필요한 부분은 역주였다. 「창세기」는 성서와 모세오경의 첫 번째 책이다. 옛 사람들이 선지자 모세로부터 전해 내려온 경전으로 여겼던 모세오경은 사실 서로 다른 시대에 쓰인 글의 조각들을 엮어 만든 것이다. 그로 인해 그간 역자들은 각각의 조각 간에 분명하게 드러나는 어휘 풍격의 차이를 재현하기 위해 노력을 기울일 수밖에 없었다.(『넓은 우체통과 출애굽기』 「누가 모세오경을 썼을까」 참조) 이런 까닭에 나는 2002년 여름 초고를 완성한 후에도 이듬해까지 계속해서 그것을 수정했다. 어느 정도는 실험의 의미를 띤 작업이었다. 그로부터 10년이 지난 지금, 그때의 작업을 다시 보니 부족한 면이 적지 않았다. 나는 겨울방학 동안 처음부터 끝까지 한 문장 한 문장을 심사숙고하여 바로잡았고, 이것으로 큰 수확을 얻을 수 있었다. 그러나 한 가지 뜻대로 되지 않았던 것은, 인명이나 지명 들 가운데 글자를 빼거나 바꾸거나 의역할 수 있는 표현들이 여전히 남아 있다는 점이다.(고유명사의 번역에 관해 나는 양장楊絳 선생의 의견에 대체적으로 수긍한다. 성서를 포함한 문학작품의 고유명사 표기는 전반적인 수정이 필요하다고 본다.) 하지만 「창세기」를 제외한 성서 속 다른 복음서들의 고유명사 표기 방식과의 통일성을 고려할 필요도 있어 더는 손을 대지 못했다. 이는 앞으로 5권의 번역이 모두 끝나면, 그때 어떻게 고칠지 고민해보려고 한다.

주석은 거의 고치지 않았다. 대부분의 주석은 단지 단어의 의미, 혹은 의미는 같지만 독음이 다르거나 판본 또는 기록이 상이한 구절, 그리고 일반적인 성서학이나 역사에 관한 지식을 언급하고 있을 뿐이기 때문이다. 또 내게 메일을 보내 옛 번역의 문법적 오류를 언급한 독자들을 위해, 옛 번역(주로 화합본)의 전형적인 오류들을 예로 들며 독자들이 대조해서 읽을 수 있게 했다.

이 책의 초판에는 추천 도서 목록을 싣지 않았었다. 그런데 학생들로부터 성경을 연구하려면 어떤 책들을 읽어야 하냐는 질문을 종종 받으면서, 수정판에는 독자들이 참고할 만한 책의 목록을 실어야겠다고 생각하게 됐다. 이에 졸역 『모세오경』에 실었던 추천서 목록을 좀 더 보충했다. 관심 있는 독자들에게 조금이나마 도움이 되기를 바란다.

세심한 몇몇 독자의 발견대로, 『넓은 우체통과 출애굽기』를 포함한 세 권의 성서 관련 책에 수록된 추천 도서는 대부분 하버드대 출판사에서 출간된 것이다. 사실 여기에는 사연이 있다. 하버드대 출판사는 영문학 관련 학술서로 중요한 곳이지만 문학(특히 고전, 중세에서 르네상스까지), 역사, 철학, 정치, 법학, 성서학에 있어서도 오랜 전통을 갖고 있다. 하버드 스퀘어에 위치한 홀리오크 센터 1층에는 하버드대학 출판사의 전시관이 있었는데, 출판사는 그곳에서 홍보도 하고 신간을 판매하기도 했다. 이 전시관에서 가장 매력적인 곳은 다름 아닌 할인 코너(입구 왼쪽에 쌓여 있는 로

엡Loab 클래식 시리즈 뒤편)였다. 나는 학생 때부터 할인 코너를 드나들며 적지 않은 책을 발견했다. 추천서 목록을 작성할 때마다 그곳에서 골라온 명작들이 서가에서 내게 손짓한다. "이보게 친구, 어째서 나를 목록에서 빼놓는 건가"라면서.

그런데 이 서점은 결국 문을 닫고 말았다. 2009년 금융 위기가 닥쳤을 때 대학 투자금이 크게 줄었고, 그래서 지출과 인원을 감축할 수밖에 없었던 것이다. 결국 이듬해 6월, 61년 역사의 하버드대 출판사 전시관이자 서점은 문을 닫았다. 출판사 사장은 고객이 대부분 아마존을 비롯한 인터넷 서점에서 책을 구입하기 때문에, 요 몇 년간 계속 적자운영을 해왔다고 설명했다. 하버드대 주변에 있던 대여섯 곳의 서점 중 지금까지 살아남은 서점이 얼마나 되는지는 모르겠지만, 이 서점은 처음부터 영리를 목적으로 만든 곳이 아니었다. 그런데도 돈 많은 대학으로 알려진 하버드가 성실한 직원 3명이 일하는 학교의 간판 서점 한 곳조차 지키지 못했다는 것은 당시 금융 위기가 얼마나 심각했는지를 보여준다.

서점이 문을 닫은 뒤, 학교신문은 서점의 옛 모습을 담은 사진과 함께 '추도사'를 실었다. 신문에 따르면, 직원 중 나이가 많았던 두 명의 직원은 조기 은퇴로 처리돼 결국 젊은 직원 한 명만 해고된 셈이었다. 일전에 나는 학교를 방문한 학생들에게 그 전시관을 구경시켜준 적이 있었다. 당시 나는 그들에게 학교에서 제일 만족스러운 곳이 그곳이라는 말을 했었다. 손님도 적고 큰 건물

창세기, 인문의 기원

안에 있어 조용했기 때문이다. 게다가 직원들은 좋은 책을 알아볼 수 있는 심미안을 가졌고, 고객을 독서 친구로 대했다.

그 뒤로 나는 『성경 문학 지침서』, 『무슬림 예수』 혹은 『이상 국가』나 『고대 유대사』를 펼칠 때마다 매번 서점 직원들을 떠올렸다. 나이가 많고 구레나룻을 길렀던 제프는 항상 단색 넥타이를 매고 조용히 서가를 정리했지만, 유럽 관광객들이 서점을 방문하면 그들과 독일어나 프랑스어로 대화를 나누기도 했다. 계산대에 있던 메리게일은 종종 작은 목소리로 내게 "정말 좋은 책이에요!"라고 속삭이거나 "저도 막 읽어봤는데, 정말 잘 쓴 책이더라고요!"라며 한마디씩 건네곤 했다. 모든 책은 새것이든 오래된 것이든 그녀의 손에 들려 있었다. 여름날 녹음 짙은 하버드 캠퍼스를 지나 친구를 만나거나 점심을 먹으러 갈 때면, 머리가 부스스한 청년과 마주치곤 했다. 그때마다 짧은 인사를 건네거나 고개만 끄덕이던 그는 과묵한 베리였다.

세 사람의 미소는 빨간 벽돌 바닥과 책 향기가 밴 흔들의자, 그리고 기울어진 고무나무와 함께 어느 햇빛 찬란한 6월의 기억으로 서점을 찾았던 사람들의 가슴 속에 남을 것이다.

추천 도서

성서학 관련 참고 도서는 그 수가 매우 많아서, 분야마다 그에 관한 전문 서적 목록이 있다. 하지만 그 책들을 다 열거할 수는 없기에, 여기서는 일반 독자들과 학계 인사들이 흥미롭게 읽을 수 있는 문헌, 역본, 그리고 전문 저서들만을 소개하려고 한다. 참고할 만한 책들은 총 네 갈래로 나누었는데, '성경'과 '입문' 분야에서는 각 저서에 대한 약간의 평가를 덧붙였다. '배경'과 '모세' 부분은 저역자의 성 혹은 중국어판 제목의 발음, 그리고 성조와 자획의 순서에 따라 책을 열거했다. 이 책들은 영문학 전문 서점이나 대형 인터넷 서점, 혹은 대학 도서관에서 찾을 수 있을 것이다.

창세기, 인문의 기원

성경

졸역이 이미 세권이나 나왔다. 『모세오경』, 『지혜서』 그리고 『신약』(각각 홍콩 옥스퍼드대학 출판사에서 2006, 2008, 2010년에 출간)이다. 참고한 원문은 독일의 『슈투트가르트 판 히브리어 성경*Biblia Hebraica Stuttgartensia, BHS*』 제5판(1997), 『그리스어 신약 슈투트가르트 판*Novum Testamentum Graece, NTG*』 제27판(1993)이 있다. 모두 서양 학계에서 공인된 권위 있는 책이다. 이 책은 위 두 역본의 각주 외에도 6종의 서구 역본을 참고했다. 그 6종은 그리스어 칠십인역본, 라틴어 불가타역본, 독일어 루터역본, 프랑스어 예루살렘역본, 영어 『KJV 성경』, 그리고 유대교 원전 타나크*Tanakh* 등이다.

중국어 역본 가운데는 『KJV 성경』의 개정판(1885)을 번역한 『신교화합본』(1919)이 가장 일반적이다. 하지만 이 역본은 번역에 오류가 많고 천주교의 사고본思高本 직역보다 꼼꼼하지 못하다. 최근 홍콩에서 몇 종의 개정판이 출간됐는데, 그중에서는 화합본의 오류들을 바로잡은 『신한어본新漢語本』(신약, 2010)이 비교적 잘 읽힌다. 문언문 역본으로는 우징슝吳經熊 박사가 쓴 『성영역의聖咏譯義』(1946)와 『신경전집新經全集』(1949)의 문장이 뛰어나다. 이 두 종은 인터넷으로 열람할 수 있다. 영문판 성경에 있어 나는 줄곧 『KJV 성경』 역본(1611)과 유대교 원전 타나크(1985)를 가장 높게 평가했다. 『KJV 성경』은 불후의 걸작으로 후대에 끼친 영향이 지

대하다. 타나크는 히브리어 마소라본*Masoretic Text*을 번역한 것으로, 10세기 철학자 사아디아 가온*Saadia Gaon*의 아랍어 역본이 지닌 우아하고 고상한 풍격을 계승하고 있으며, 유대교의 여러 교파들 사이에서 통용되고 있다. 이 외에도 미국 남부 신교보수파의 『NIV*New International Version* 성경』(1978)도 참고할 만하다. 또한 영미권 학계에서 유행하는 역본으로는 『KJV 성경』의 4대 '직계 자손'이라고 할 수 있는 『개역 표준역본*NRSV New Revised Standard Version*』이 있다. 『옥스퍼드 제3판 주석본*The New Oxford Annotated Bible*』(Oxford, 2007)은 이해가 쉬워 학습용으로 적당하지만 문체가 딱딱하고, '정치적 엄격함(예컨대 성性, 수數를 바꾸어 남녀평등을 위장하는)'과 연관된 현대인 특유의 언어적 금기로 가득 차 있다.

입문

성경을 처음 접하는 독자라면 스티븐 해리스의 『성경의 이해 *Understanding the Bible*』(8th edition, McGraw-Hill, 2010)를 참고하기 바란다. 이 책은 미국 대학에서 쓰이는 학부생 교재로, 성경의 내용과 종교의 기원, 근동 지방 각 민족의 역사와 문화, 그리고 고고학적 발견을 쉬운 말로 간략하게 소개하고 있다. 문학적 시각에서 비교적 전면적인 토론이 이루어진 책으로는 하버드대

창세기, 인문의 기원

학 출판사의 『성경에 관한 문학적 안내The Literary Guide to the Bible』 (Robert Alter & Frank Kermode ed., 1987)가 있다. 이 책의 편저 자 커모드는 저명한 평론가이며, 앨터는 성경문학을 가르치는 교 수이자 번역가다. 성경 읽기를 도와줄 단행본 지침서로는 『옥스퍼 드 성경 안내서The Oxford Companion to the Bible』(Bruce Metzger & M. Coogan ed., Oxford, 1993)가 있고, 단행본 입문서 및 주해서로는 『피크 성경 주석Peake's Commentary on the Bible』(Matthew Black & H.H Rowley de., Routledge, 2001)이 있다. 성서학 사전은 영미권 학 계에서 두루 쓰이는 6권짜리 세트 『앵커 성경 사전The Anchor Bible Dictionary』(David Freedman ed., Doubleday, 1992)을 참고하기 바 란다.

외경과 위경, 영지주의 및 사해사본에 관심이 있다면 윌리스 반스턴이 편저를 맡은 두 권의 책, 『다른 성경The Other Bible: Jewish Pseude-pigrapha, Christian Apocrypha, Gnostic Scriptures, Kabbalah, Dead Sea Scrolls』(Harper Collins, 1980)과 『그노시스주의 성경The Gnostic Bible』(New Seeds, 2006)을 추천한다. 중세 유대교 신비주의의 경 전 조하르는 꼭 읽어야 할 고전으로, 선집 『조하르Zohar: The Book of Enlightenment』(Daniel Matt tr., Paulist Press, 1983)부터 시작하 길 권한다. 예증과 주해가 없는 유대 법전으로는 옥스퍼드대학 교 출판사에서 출간된 영역본 『미시나The Mishnah』(Herbert Danby tr., 1933)가 있다. 코란은 마젠馬堅 선생의 역서(中國社會科學出版社,

1981)가 가장 널리 읽히며, 수준 높은 중국어 번역으로 꼽힌다.
전통 교의에 입각한 상세한 해석으로는 이븐 카티르의 『코란주해
古蘭註解』(孔德軍譯, 中國社會科學出版社, 2010)를 참고하기 바란다.

배경

Karen Armstrong, *A History of God The 4000: Year Quest of Judaism*, Christianity and Islam, Balantine, 1993.

Donald Akenson, *Surpassing Wonder: The Invention of the Bible and the Talmuds*, Harcourt Brace, 1998.

H.H Ben-Sasson, *A History of the Jewish People*, Harvard University Press, 1997.

Harold Bloom&David Rosenberg, *The Book of J*, Grove Press, 1990.

Benson Bobrick, *Wide as the Waters: The Story of the English Bible and the Revolution it Inspired*, Penguin Classics, 2001.

Walter Burkert, *Creation of the Sacred: Tracks of Biology in Early Religions*, Harvard University Press, 1996.

Stephanie Dalley trans., *Myths Mesopotamia: Creation, the*

창세기. 인문의 기원

Flood, Gilgamesh, and Others, Oxford University Press, 2000.

Rolland de Vaux, *Ancient Israel: Its Life and Institutions*, trans. John McHugh, Wm. B. Eerdmans, 1997.

Israel Finkelstein & Neil Silberman, *The Bible Unearthed: Archaeology's New Vision of Ancient Israel and the Origin of Its Scared Texts*, Free Press, 2001.

Philo of Alexandria, *Philo*, trans. F.H Colson & G.H. Whitaker, HUP/Loeb Classical Library, 1991.

Northrop Frye, *Words with Power: Being a Second Study of the Bible and Literature*, Harcourt Brace Jovanovich, 1990.

Richard Friedman, *Who Wrote the Bible*, Harper & Row, 1987.

Alexander Heidel, *The Gilgamesh Epic and Old Testament Parallels*, University of Chicago Press, 1949.

David Jobling, *The Postmodern Bible Reader*, Blackwell, 2001.

Louis Ginsberg, *The Legends of the Jews*, JHU Press, 1998.

Werner Keller, *The Bible as History*, trans. William Neil, Barnes & Nobel, 1995.

Frank Cross, *Canaanite Myth and Hebrew Epic: Essays in the History of the Religion of Israel*, Harvard University Press, 1973.

James Kugel, *The God of Old: Inside the Lost World of the Bible*, Free Press, 2003.

Michael Coogan, *Oxford History of the Biblical World*, Oxford University Press, 1998.

Jon Levenson, *Sinai and Zion: An Entry into the Jewish Bible*, Harper One, 1985.

Yochanan Muffs, *Love & Joy: Law, Language and Religion in Ancient Israel*, Harvard University Press, 1992.

Ilana Pardes, *Countertraditions in the Bible: A Feminist Approach*, Harvard University Press, 1992.

Jed Wyrick, *The Ascension of Authorship: Attribution and Canon Formation in Jewish, Hellenistic and Christian Traditions*, Harvard University Press, 1992.

Geza Vermes, *The Story of the Scrolls: The Miraculous Discovery and True Significance of the Dead Sea Scrolls*, Penguin Classics, 2010.

Ephraim Urbach, *The Sages: Their Concepts and Beliefs*, trans. Israel Abrahams, Harvard University Press, 2001.

Flavius Josephus, *Ioudaike Archaiologia*, trans. H. St. J Thackeray, HUP/Loeb Classical Library, 1998.

T. G. H. James, *Pharaoh's People: Scenes from Life in Imperial Egypt*, Tauris Parke, 2003.

徐懷啓, 『古代基督敎史』, 華東師範大學校 出版社, 1988.

楊周翰, 『十七世紀英國文學』, 北京大學校 出版社, 1996.

모세

Jan Assmann, *Moses the Egyptian: The Memory of Egypt in Western Monotheism*, Harvard University Press, 1997.

Elias Auerbach, *Moses*, trans. Robert Barclay & Israel Lehman, Wayne State University Press, 1975.

Martin Buber, *Moses: The Revolution and the Covenant*, Harper & Row, 1958.

George Coats, *Moses: Heroic Man, Man of God*, JSOT Press, 1988.

Sigmund Freud, *Moses and Monotheism*, trans. Katherine Jones, Vintage, 1967.

「창세기」 읽기의 유희와 정의

저자 펑샹은 중국 칭화대학 법학부 교수로 1950년대 상하이에서 태어나, 문화대혁명 시기(1966~1976) 지식 청년으로 윈난 성의 산간 오지에 보내져 그곳에서 학부를 졸업했다. 문화대혁명이 끝난 뒤에는 베이징대학에서 영문학을, 하버드대와 예일대에서 각각 고대·중세문학과 법학을 수학했다. 그의 부친인 펑치는 상하이 화둥사범대학에서 철학을 가르친 저명한 철학자였다. 중국 현대사의 갖은 풍상에도 불구하고 2대에 걸쳐 축적된 인문학적 지식의 수준은 이 책의 이채로운 각주와 참고문헌에도 잘 드러난다. 이러한 바탕에서, 국역본과 미묘하게 다른 펑샹의 「창세기」 해석은 독자에게 그 자체로 새로운 성서 읽기의 경험을 선사한다.

많은 독자에게 이미 익숙한 텍스트일 「창세기」는 수필과 설화를 뒤섞어 재구성한 저자의 독특한 글쓰기에 의해 거대한 수수께끼로 변모한다. 그의 서술은 「창세기」라는 익숙한 텍스트를 '낯설고 기이한' 텍스트로, 또한 그것이 내포한 단순명료해 보이는 신앙적·종교적 교훈을 복잡하고 불가해한 윤리적·존재론적 질문으로 탈바꿈시킨다. 이러한 수수께끼의 탐험자로서 펑샹, 그리고 본문에 등장하는 모리 교수와 그의 수강생들이 우리에게 보여주는 태도는 퍽 유희적이다. 펑샹의 글은 종착지에서 무엇을 발견하게 될지 알 수 없는 오리무중의 길을 묘한 흥분과 기대감을 가지고 탐험하는 듯한 인상을 준다. 그리고 그것이 비록 더러는 자의적이고 모순적으로 보임에도, 일관된 의미를 지닌 결론을 도출해내기 위해 애쓴다. 옮긴이가 느끼기에 그러한 결론은 '계몽적'이기는커녕 오히려 그 반대다. 그는 독자에게 어떤 사상과 이념을 가르치려 하기보다 독자를 천만 갈래 미로 속에 빠뜨려, 그 안에서 자신이 맛본 즐거움을 그들과 나누고자 하는 듯하다. 그러니 이 책을 유희할 줄 아는 독자는 특별한 '수수께끼의 애호가'라 불릴 수 있을 것이다.

물론 펑샹의 텍스트 유희는 단지 유희로 그치지 않는다. 그는 「창세기」(더 나아가 성서 전체)를 다루기 위한 기본적인 자세와 신념을 지니고 있다. 저자는 「창세기」 속 이야기를 단순히 황당무계한 고대신화의 일종으로 치부해버리지 않고, 그것을 일단 '진실한 것'으로 받아들여 경건하고 진지하게 다룬다. (참고로 그는 기독교

창세기, 인문의 기원

신자가 아니다.) 가령 그는 「창세기」의 하느님을 잔학무도하고 폭력적인 존재가 아닌 전지전능하고 자애로운 존재로 전제한 후, 신과의 관계 속에서 인간이 보여주는 희생, 헌신, 의지, 숭고 등에 커다란 가치를 부여한다. 그러한 태도가 기성 기독교 교리의 입장을 지지하기 위한 수단으로 활용되고 있지 않다는 점도 간과해서는 안 된다.

그가 이 책에서 보여주는 핵심은 바로 휴머니즘이라 할 수 있다. 휴머니즘이야말로 그의 「창세기」 해석이 비신자들의 통념이나 기독교의 기성 교리와 다르다면 다른 부분일 것이다. 물론 옮긴이의 이러한 견해에 응당 다음과 같은 반발이 있을 것이다. '노아의 홍수, 소돔, 아브라함에게 아들을 제물로 바치도록 한 신의 명령 등이 드러내는 것은 휴머니즘이라기보다 그 반대다!' 이러한 반발에도 일리가 없지는 않다. 그러나 이는 위 사건들이 품고 있는 양가적 의미의 일면에만 주목한 것으로, 「창세기」 속 신과 인간의 언행에서 들여다볼 수 있는 찬탄할 만한 의미를 지나치게 폄하하거나 도외시하고 있다. 위의 에피소드에서 저자는 「창세기」를 비난하는 사람들과 달리 인류에 대한 신의 인내와 애정, 그리고 '정의'와 '진리'를 위해 전적으로 자신을 낮추고 부정하며, 그러한 삶에 수반되는 고통을 감내하는 인간의 위대함을 부각시키려 애쓴다. 그는 신을 지나치게 가학적이고 변덕스런 존재로 묘사하지도, 인간을 신의 꼭두각시 같은 하잘 것 없는 존재로만 그리지도 않는다. 평상의 해석대로라면, 인간은 신이 그토록 아끼고 사랑할 만큼 위대하고 가치 있는 존재다.

오늘날 한국 기독교를 보면 전국 각지의 대형 교회를 가득 메운 수많은 사람 중에 '정의'와 '진리'를 위해 스스로 희생할 준비가 되어 있는 이들이 과연 존재할까 하는 의문이 든다. 아무것도 희생할 준비가 되어 있지 않은 이들의 입에서 나오는 축복의 기도가, 오늘도 화려하기 이를 데 없는 저들의 예배당을 쩌렁쩌렁 울려대고 있다. 그렇다면 그들이 희생하고 헌신할 대상인 '정의'와 '진리'란 무엇인가? 대답은 간단하다. 신을 사랑하고, 신이 사랑한 인간을 사랑하는 것이다. 인간은 신의 모습대로 창조되었기에, 인간을 사랑하는 것은 곧 신을 사랑하는 것이며 마찬가지로 신을 진정 사랑하는 사람이라면 인간을 사랑하지 않을 수 없다. 즉 신에 대한 인간의 사랑은 인간에 대한 인간의 사랑에 비례한다. 인간에 대한 사랑이 없는 신앙은 아무런 내용이 없는 믿음, 곧 '죽은 신앙'이다. 안타깝게도 오늘날 인류는 '정의'와 '진리'로부터 이미 되돌아갈 수 없을 만큼 멀리 떨어져 있는 것처럼 보인다. 그렇기에 예배당의 기도와 찬송 소리가 커질수록, 조물주의 후회와 시름도 날로 크고 깊어질 듯하다.

옮긴이 일동

창세기, 인문의 기원

창세기, 인문의 기원

초판 인쇄	2016년 11월 17일
초판 발행	2016년 11월 24일

지은이	평상
옮긴이	박민호 박은혜
펴낸이	강성민
편집장	이은혜
기획	노승현
편집	장보금 박세중 박은아 곽우정
편집보조	조은애 이수민
마케팅	정민호 이연실 정현민 김도윤 양서연
홍보	김희숙 김상만 이천희

펴낸곳	(주)글항아리 ｜ **출판등록** 2009년 1월 19일 제406-2009-000002호

주소	10881 경기도 파주시 회동길 210
전자우편	bookpot@hanmail.net
전화번호	031-955-8891(마케팅) 031-955-2663(편집부)
팩스	031-955-2557

ISBN	978-89-6735-391-9 03160

글항아리는 (주)문학동네의 계열사입니다.

이 도서의 국립중앙도서관 출판예정도서목록(CIP)은 서지정보유통지원시스템
홈페이지(http://seoji.nl.go.kr)와 국가자료공동목록시스템(http://www.nl.go.kr/
kolisnet)에서 이용하실 수 있습니다. (CIP제어번호 : 2016026029)